ZIESCHANG

Strafrecht Allgemeiner Teil

REIHE

Studienprogramm Recht

Strafrecht
Allgemeiner Teil

Professor Dr. Frank Zieschang
Universität Würzburg

3., aktualisierte Auflage, 2012

 BOORBERG

Bibliografische Information der Deutschen Nationalbibliothek | Die Deutsche Nationalbibliothek verzeichnet diese Publikation in der Deutschen Nationalbibliografie; detaillierte bibliografische Daten sind im Internet über www.dnb.de abrufbar.

3. Auflage, 2012
ISBN 978-3-415-04748-8

© 2005 Richard Boorberg Verlag

Satz: Thomas Schäfer www.schaefer-buchsatz.de | Druck und Bindung: Laupp & Göbel, Talstraße 14, 72147 Nehren

Richard Boorberg Verlag GmbH & Co KG | Scharrstraße 2 | 70563 Stuttgart
Stuttgart | München | Hannover | Berlin | Weimar | Dresden
www.boorberg.de

Vorwort zur ersten Auflage

Das vorliegende Buch verfolgt ein wesentliches Ziel: Es soll kompakt denjenigen Stoff vermitteln, der im Ersten Juristischen Staatsexamen im Bereich des Allgemeinen Teils des Strafrechts vorausgesetzt wird. Angesichts der Neugliederung der Juristenausbildung und des Examens – Stichwort „Schwerpunktbereiche" – nimmt der Umfang der Prüfungsmaterie, welche die Studenten im Examen beherrschen müssen, weiter zu. Umso mehr bedarf es eines Lehrbuchs, das unter Einbeziehung von Aufbau- und Klausurbearbeitungshinweisen über den examensrelevanten Stoff informiert. Um diesem Bedürfnis gerecht zu werden, wird der Allgemeine Teil des Strafrechts in dem vorliegenden Buch unter dem Gesichtspunkt der Prüfungsrelevanz aufbereitet. Das Buch ist so konzipiert, dass es bereits in den Anfangssemestern als vorlesungsbegleitende Lektüre ohne Weiteres benutzt werden kann. Es dient insbesondere aber auch zur komprimierten Wiederholung in der Phase der Examensvorbereitung.

Würzburg, im April 2005   Frank Zieschang

Vorwort zur dritten Auflage

Das Buch ist unter Berücksichtigung neuerer Rechtsprechung und jüngerer wissenschaftlicher Veröffentlichungen auf den aktuellen Stand gebracht und ergänzt worden. Das Grundkonzept, die Konzentration auf das examensrelevante Wissen, ist auch für die dritte Auflage beibehalten.

Würzburg, im Oktober 2011   Frank Zieschang

Inhaltsverzeichnis

Seite   Rdn.

Literaturverzeichnis

Verzeichnis der zitierten Lehrbücher, Kommentare, Fallsammlungen sowie Fallrepetitorien.

Baumann, Jürgen/Weber, Ulrich/ Mitsch, Wolfgang	Strafrecht Allgemeiner Teil, 11. Auflage, Bielefeld 2003.
Beulke, Werner	Klausurenkurs im Strafrecht I, 5. Auflage, Heidelberg 2010.
ders.	Klausurenkurs im Strafrecht III, 3. Auflage, Heidelberg 2009.
ders.	Strafprozessrecht, 11. Auflage, Heidelberg 2010.
Blei, Hermann	Strafrecht Allgemeiner Teil, 18. Auflage, München 1983.
Bockelmann, Paul/Volk, Klaus	Strafrecht Allgemeiner Teil, 4. Auflage, München 1987.
Dölling, Dieter/Duttge, Gunnar/ Rössner, Dieter	Gesamtes Strafrecht, 2. Auflage, Baden-Baden 2011.
Ebert, Udo	Strafrecht Allgemeiner Teil, 3. Auflage, Heidelberg 2001.
Fischer, Thomas	Strafgesetzbuch, 58. Auflage, München 2011.
Frank, Reinhard	Das Strafgesetzbuch für das Deutsche Reich, 18. Auflage, Tübingen 1931.
Freund, Georg	Strafrecht Allgemeiner Teil, 2. Auflage, Berlin, Heidelberg, 2009.
Frister, Helmut	Strafrecht Allgemeiner Teil, 4. Auflage, München 2009.
Gössel, Karl Heinz	Strafrecht, 8. Auflage, Heidelberg 2001.
Gropp, Walter	Strafrecht Allgemeiner Teil, 3. Auflage, Berlin, Heidelberg, New York u. a. 2005.
Haft, Fritjof	Strafrecht Allgemeiner Teil, 9. Auflage, München 2004.
Hauf, Claus-Jürgen	Strafrecht Allgemeiner Teil, 2. Auflage, Neuwied, Kriftel 2001.
Heinrich, Bernd	Strafrecht, Allgemeiner Teil I und II, 2. Auflage, Stuttgart 2010.
Heintschel-Heinegg, Bernd von (Bandredakteur)	Münchener Kommentar zum Strafgesetzbuch, Band 1, §§ 1 – 51 StGB, München 2003.
Hilgendorf, Eric	Fallsammlung zum Strafrecht, 5. Auflage, München 2008.
ders.	Fälle zum Strafrecht für Anfänger, Klausurenkurs I, München 2011.
ders.	Fälle zum Strafrecht für Fortgeschrittene, Klausurenkurs II, München 2010.
ders.	Fälle zum Strafrecht für Examenskandidaten, Klausurenkurs III, München 2010.
ders.	Fallsammlung zum Strafrecht, 5. Auflage, München 2008.
Hillenkamp, Thomas	32 Probleme aus dem Strafrecht, Allgemeiner Teil, 13. Auflage, München 2010.
Jäger, Christian	Examens-Repetitorium Strafrecht Allgemeiner Teil, 5. Auflage, Heidelberg, München u. a. 2011.
Jakobs, Günther	Strafrecht, Allgemeiner Teil, 2. Auflage, Berlin, New York 1991.
Jescheck, Hans-Heinrich/ Weigend, Thomas	Lehrbuch des Strafrechts, Allgemeiner Teil, 5. Auflage, Berlin 1996.
Joecks, Wolfgang	Strafgesetzbuch, 9. Auflage, München 2010.
Kindhäuser, Urs	Strafrecht Allgemeiner Teil, 5. Auflage, Baden-Baden 2011.
ders./Neumann, Ulfried/ Paeffgen, Hans-Ullrich (Hrsg.)	Nomos Kommentar zum Strafgesetzbuch, 3. Auflage, Baden-Baden 2010.
Köhler, Michael	Strafrecht, Allgemeiner Teil, Berlin, Heidelberg, New York u. a. 1997.
Krey, Volker/Esser, Robert	Deutsches Strafrecht Allgemeiner Teil, 4. Auflage, Stuttgart 2011.
ders.	Strafrecht Besonderer Teil Band 1, 14. Auflage, Stuttgart 2008.
Kudlich, Hans	Prüfe dein Wissen, Strafrecht Allgemeiner Teil, 3. Auflage, München 2009.
Kühl, Kristian	Strafrecht Allgemeiner Teil, 6. Auflage, München 2008.
Lackner, Karl/Kühl, Kristian	Strafgesetzbuch, 27. Auflage, München 2011.
Laufhütte, Heinrich Wilhelm/ Rissing-van Saan, Ruth/	

Tiedemann, Klaus	Leipziger Kommentar zum Strafgesetzbuch, 12. Auflage, Berlin, New York 2006.
Liszt, Franz von	Lehrbuch des Deutschen Strafrechts, 21. und 22. Auflage, Berlin, Leipzig 1919.
Marxen, Klaus	Kompaktkurs Strafrecht Allgemeiner Teil, München 2003.
Maurach, Reinhart/Zipf, Heinz	Strafrecht Allgemeiner Teil Teilband 1, 8. Auflage, Heidelberg 1992.
Mayer, Hellmuth	Strafrecht Allgemeiner Teil, Stuttgart, Berlin, Köln, Mainz 1967.
Mayer, Max Ernst	Der allgemeine Teil des deutschen Strafrechts, 2. Auflage, Heidelberg 1923.
Otto, Harro	Grundkurs Strafrecht, Allgemeine Strafrechtslehre, 7. Auflage, Berlin 2004.
Rengier, Rudolf	Strafrecht Allgemeiner Teil, 3. Auflage, München 2011.
ders.	Strafrecht Besonderer Teil I, 13. Auflage, München 2011.
ders.	Strafrecht Besonderer Teil II, 12. Auflage, München 2011.
Roxin, Claus	Strafrecht Allgemeiner Teil, Band I, 4. Auflage, München 2006.
ders.	Strafrecht Allgemeiner Teil, Band II, München 2003.
Rudolphi, Hans-Joachim	Fälle zum Strafrecht Allgemeiner Teil, 5. Auflage, München 2000.
ders./Wolter, Jürgen (Gesamtredaktion)	Systematischer Kommentar zum Strafgesetzbuch, 7./8. Auflage, Neuwied, Kriftel, Berlin 2000 ff.
Schmidhäuser, Eberhard	Strafrecht Allgemeiner Teil, Lehrbuch, 2. Auflage, Tübingen 1975.
Schmidt, Rolf	Strafrecht Allgemeiner Teil, 9. Auflage, Grasberg bei Bremen 2010.
Schönke, Adolf/Schröder, Horst	Strafgesetzbuch, 28. Auflage, München 2010.
Stratenwerth, Günter/Kuhlen, Lothar	Strafrecht Allgemeiner Teil, 6. Auflage, München 2011.
Welzel, Hans	Das Deutsche Strafrecht, 11. Auflage, Berlin 1969.
Wessels, Johannes/Beulke, Werner	Strafrecht Allgemeiner Teil, 41. Auflage, Heidelberg 2011.
Wessels, Johannes/Hettinger, Michael	Strafrecht Besonderer Teil 1, 35. Auflage, Heidelberg 2011.
Wessels, Johannes/Hillenkamp, Thomas	Strafrecht Besonderer Teil 2, 34. Auflage, Heidelberg 2011.
Wolters, Gereon	Fälle mit Lösungen für Fortgeschrittene im Strafrecht, 2. Auflage Neuwied, Kriftel 2006.

Abkürzungsverzeichnis

a. A.	anderer Ansicht
Abs.	Absatz
a. E.	am Ende
Alt.	Alternative
Art.	Artikel
AT	Allgemeiner Teil
BayEUG	Bayerisches Gesetz über das Erziehungs- und Unterrichtswesen
BGB	Bürgerliches Gesetzbuch
BGH	Bundesgerichtshof
BGHR	BGH-Rechtsprechung in Strafsachen
BGHSt.	Entscheidungen des Bundesgerichtshofes in Strafsachen
BT	Besonderer Teil
BtMG	Gesetz über den Verkehr mit Betäubungsmitteln
BVerfG	Bundesverfassungsgericht
BVerfGE	Entscheidungen des Bundesverfassungsgerichts
cm	Zentimeter
DDR	Deutsche Demokratische Republik
EMRK	Konvention zum Schutze der Menschenrechte und Grundfreiheiten
EU	Europäische Union
€	Euro
f.	folgende Seite
Festschr.	Festschrift
ff.	folgende Seiten
GA	Goltdammer's Archiv für Strafrecht
GG	Grundgesetz für die Bundesrepublik Deutschland
GmbH	Gesellschaft mit beschränkter Haftung
GmbHG	Gesetz betreffend die Gesellschaften mit beschränkter Haftung
Halbs.	Halbsatz
h. M.	herrschende Meinung
i. V. m.	in Verbindung mit
JA	Juristische Arbeitsblätter
JGG	Jugendgerichtsgesetz
JK	Rechtsprechungskartei der Zeitschrift Juristische Ausbildung
JR	Juristische Rundschau
Jura	Juristische Ausbildung
JuS	Juristische Schulung
JZ	Juristenzeitung
Kap.	Kapitel
km/h	Kilometer pro Stunde
LK	Leipziger Kommentar zum Strafgesetzbuch
Lkw	Lastkraftwagen
m	Meter
MDR	Monatsschrift für Deutsches Recht
MK	Münchener Kommentar zum Strafgesetzbuch
NJW	Neue Juristische Wochenschrift

NK	Nomos Kommentar zum Strafgesetzbuch
Nr.	Nummer
NStZ	Neue Zeitschrift für Strafrecht
NStZ-RR	NStZ-Rechtsprechungs-Report-Strafrecht
NVwZ	Neue Zeitschrift für Verwaltungsrecht
NW	Nordrhein-Westfalen
OWiG	Gesetz über Ordnungswidrigkeiten
Rdn.	Randnummer
S.	Satz, Seite
s.	siehe
scil.	scilicet (nämlich)
SDÜ	Schengener Durchführungsübereinkommen
SK	Systematischer Kommentar zum Strafgesetzbuch
StGB	Strafgesetzbuch
StPO	Strafprozessordnung
StV	Strafverteidiger
StVG	Straßenverkehrsgesetz
StVO	Straßenverkehrsordnung
str.	strittig
u. a.	unter anderem
u. Ä.	und Ähnliches
usw.	und so weiter
vgl.	vergleiche
Vorbem.	Vorbemerkung
z. B.	zum Beispiel
ZStW	Zeitschrift für die gesamte Strafrechtswissenschaft

1. KAPITEL
Das vorsätzliche vollendete Begehungsdelikt

Bevor auf die Voraussetzungen des vorsätzlichen vollendeten Begehungsdelikts im Detail eingegangen wird, bedarf es zunächst einiger einführender Hinweise.

I. Einleitende Bemerkungen

Prototyp für die Prüfung, ob sich jemand wegen eines bestimmten Delikts strafbar gemacht hat, ist das **vorsätzliche vollendete Begehungsdelikt**. In dieser Formulierung sind bereits drei Informationen enthalten. **1**

Einmal verdeutlicht der Begriff „**Vorsatz**", dass nicht bloß sorgfaltswidriges, fahrlässiges Verhalten in Rede steht, sondern ein wissentliches und willentliches. Nach § 15 StGB ist hinsichtlich der im Besonderen Teil des StGB normierten strafbaren Verhaltensweisen ein Vorsatzbezug erforderlich, es sei denn, **Fahrlässigkeit** ist ausdrücklich unter Strafe gestellt. Das Vorsatzdelikt stellt also den im StGB geregelten Normalfall dar. Das Fahrlässigkeitsdelikt wird dementsprechend eigenständig erst im 3. Kapitel behandelt. **2**

Der Begriff „**Vollendung**" bildet den Gegensatz zum lediglich versuchten Delikt. Der **Versuch**, welcher im StGB in den §§ 22 f. StGB geregelt ist, gehorcht vor dem Hintergrund, dass dieser maßgeblich auch durch subjektive Komponenten geprägt wird und eine Abgrenzung zur grundsätzlich straflosen Vorbereitung erfolgen muss, anderen Aufbauregeln als das vollendete Delikt. Bei Letzterem ist zunächst einmal zu erörtern, ob ein bestimmter Straftatbestand überhaupt in objektiver Hinsicht verwirklicht worden ist, bevor auf den Willen zu seiner Erfüllung eingegangen wird. Zudem ist der Versuch nicht stets strafbar. Im StGB bildet das vollendete Delikt die Grundkonstellation. Der Versuch wird demgemäß erst im 4. Kapitel dargestellt. **3**

Schließlich ist auch mit dem Begriff „**Begehungsdelikt**" eine Präzisierung verbunden: Den Gegensatz bildet das **Unterlassungsdelikt**, bei dem der Gesetzgeber gegenüber dem Rechtsgenossen ein Gebot zum Handeln aufstellt, wobei Untätigkeit Strafe nach sich zieht. Typisches Beispiel ist die unterlassene Hilfeleistung gemäß § 323 c StGB, jedoch kann – über § 13 StGB – grundsätzlich auch jede als Begehungsdelikt nach dem StGB ausgestaltete Strafnorm durch Unterlassen verwirklicht werden. Beim Begehungsdelikt handelt es sich dagegen um ein Handlungsverbot, das der Gesetzgeber unter Strafandrohung anordnet; es ist wiederum der Normalfall, von dem das StGB ausgeht. Folglich wird das Unterlassungsdelikt mit seinen eigenen Aufbauregeln erst im 5. Kapitel des Buches erörtert. **4**

Angesichts dieser Abgrenzungen wird deutlich, dass dem Strafgesetzbuch in erster Linie der Fall zugrunde liegt, in dem ein Täter willentlich eine Straftat durch aktives Tun vollständig ausführt, also ein vorsätzliches vollendetes Begehungsdelikt realisiert. Dieses wird im 1. Kapitel näher dargestellt.

1. Der verfassungsrechtliche Ausgangspunkt

Aus **Art. 103 Abs. 2 GG**, der wortidentisch mit § 1 StGB ist, folgt zunächst mit Verfassungsrang, dass ein Täter nur bestraft werden kann, wenn das Verhalten vor der Tatbegehung vom Gesetzgeber bereits unter Strafe gestellt ist. Es gibt **keine Strafe ohne Gesetz** (nulla poena sine lege). Nur so kann der Einzelne wissen, welches Verhalten verboten ist, was ihn vor Willkür schützt. Ausgangspunkt für die Prüfung **5** einer Strafbarkeit ist daher immer eine **gesetzliche Norm**, die ein bestimmtes Verhalten pönalisiert. Dabei bestimmt § 2 StGB im Einzelnen, welches Strafgesetz auf die Tat anzuwenden ist.

6   Mit dem so genannten **Gesetzlichkeitsprinzip** des Art. 103 Abs. 2 GG sind mehrere wichtige Gesichtspunkte verbunden. So muss nach dem **Bestimmtheitsgrundsatz** für den Einzelnen erkennbar sein, welches Verhalten unter Strafe steht und welche Rechtsfolgen mit einem Verstoß dagegen verbunden sind. Der Bestimmtheitsgrundsatz gilt also sowohl für die Tatbestands- als auch für die Rechtsfolgenebene.

7   Zudem resultiert aus Art. 103 Abs. 2 GG das Verbot rückwirkenden Strafens. Das **Rückwirkungsverbot** bedeutet, dass ein Verhalten nicht erst nachträglich mit Strafe belegt oder einer Strafschärfung unterzogen werden darf. Das Rückwirkungsverbot gilt im **materiellen Strafrecht**. In Bezug auf die Strafverfolgungsvoraussetzungen hat das Bundesverfassungsgericht hingegen entschieden, dass eine rückwirkende Verlängerung (laufender) Verjährungsfristen keinen Verstoß gegen Art. 103 Abs. 2 GG darstellt (BVerfG, NStZ 2000, 251). Darüber hinaus greift das Rückwirkungsverbot **nicht bei Maßregeln der Besserung und Sicherung** gemäß § 61 StGB. Diese setzen – mit Ausnahme der Sicherungsverwahrung gemäß § 66 StGB – nicht die Schuld des Täters voraus, sondern knüpfen entscheidend an die **Gefährlichkeit des Täters für die Allgemeinheit**. Fehlt z. B. wegen Geisteskrankheit des Täters (§ 20 StGB) dessen Schuld, kann keine Strafe verhängt werden, jedoch sieht § 63 StGB die Unterbringung in einem psychiatrischen Krankenhaus vor, wenn von dem Täter infolge seines Zustands erhebliche rechtswidrige Taten zu erwarten sind und er deshalb für die Allgemeinheit gefährlich ist. Das deutsche Strafrecht ist also durch eine **Zweispurigkeit** gekennzeichnet, indem zwischen Strafen, welche Schuld voraussetzen, einerseits und Maßregeln, die an einen gefährlichen Zustand anknüpfen, andererseits unterschieden wird. Bei Letzteren ist nun gemäß § 2 Abs. 6 StGB, sofern gesetzlich nichts anderes bestimmt ist, nach dem Gesetz zu entscheiden, das zur Zeit der Entscheidung gilt.

8   **Verboten** durch Art. 103 Abs. 2 GG sind schließlich **Gewohnheitsrecht zu Lasten des Täters und die Analogie zu Lasten des Täters**. Ein Verstoß gegen Art. 103 Abs. 2 GG liegt daher z. B. vor, wenn man die Strafvorschrift des unbefugten Gebrauchs eines Fahrzeugs gemäß § 248 b StGB auf Tretroller analog anwendet. Das wäre eine verbotene Analogie zulasten des Täters. Dagegen sind **Gewohnheitsrecht und auch Analogie zu Gunsten des Täters zulässig**. So ist etwa der Rechtfertigungsgrund der Einwilligung gewohnheitsrechtlich anerkannt. Sofern die Voraussetzungen der Analogie gegeben sind (unbewusste Unvollständigkeit des Gesetzes [planwidrige Gesetzeslücke], Vergleichbarkeit von Normzweck und Interessenlage), kommt ebenfalls **Analogie zu Gunsten des Täters** in Betracht.

9   Es bedarf also jeweils einer bereits vor Tatbegehung vorhandenen gesetzlichen Regelung, die das verbotene Verhalten hinreichend präzisiert. Vor allem **im Besonderen Teil des StGB** (§§ 80 bis 358 StGB) finden sich derartige Strafvorschriften, wohingegen im Allgemeinen Teil des StGB (§§ 1 bis 79 b StGB) primär Vorschriften zusammengefasst sind, die gemeinsame Voraussetzungen der Strafvorschriften enthalten. Daneben gibt es auch im so genannten **Nebenstrafrecht**, also dem materiellen Strafrecht, welches nicht im StGB selbst geregelt ist, strafrechtlich relevante Bestimmungen; diese sind zwar in der Praxis sehr bedeutsam, regelmäßig ist aber in strafrechtlichen Klausuren oder Hausarbeiten darauf nach dem Bearbeitervermerk nicht einzugehen. Ein Beispiel für Nebenstrafrecht ist das Gesetz über den Verkehr mit Betäubungsmitteln; dort werden im Zusammenhang mit dem Umgang mit Betäubungsmitteln auch Strafvorschriften normiert. § 29 Abs. 1 Nr. 1 BtMG bedroht u. a. mit Freiheitsstrafe bis zu fünf Jahren, wer Betäubungsmittel unerlaubt anbaut, herstellt, mit ihnen Handel treibt oder einführt.

Im Folgenden werden als Beispiele vor allem Strafvorschriften aus dem Besonderen Teil des StGB herangezogen, so etwa die Körperverletzung gemäß § 223 StGB oder der Totschlag gemäß § 212 StGB, aber auch der Diebstahl gemäß § 242 StGB sowie der Betrug gemäß § 263 StGB. In diesem Zusammenhang sei erwähnt, dass die Überschriften über den Strafvorschriften solche sind, die der Gesetzgeber festgelegt hat. Dabei lassen die Vorschriften des Besonderen Teils erkennen, dass es bei ihnen um den **Schutz bestimmter Rechtsgüter** (Leben, körperliche Unversehrtheit, Freiheit) geht. Insofern unterscheidet man die Individualrechtsgüter wie Leben und Eigentum von den kollektiven Rechtsgütern (Rechtsgüter der Allgemeinheit) wie etwa die Rechtspflege. Da Strafrecht Ultima Ratio ist, gerät der strafrechtliche Rechtsgüterschutz hierbei nicht lückenlos; man spricht vom **fragmentarischen Charakter** des Strafrechts. So ist zum Beispiel in § 248 b StGB der unbefugte Gebrauch eines Kraftfahrzeugs oder Fahrrads pönalisiert, nicht aber der etwa eines Tretrollers oder Pferdes.

10

2. Der dreistufige Verbrechensaufbau

Ausgangspunkt für die Prüfung einer Strafbarkeit nach einer bestimmten Norm ist etwa folgender Satz: „A könnte sich im Hinblick auf den dem O versetzten Faustschlag wegen Körperverletzung gemäß § 223 Abs. 1 StGB strafbar gemacht haben." Es steht also letztlich eine Frage am Beginn der Prüfung, die der Beantwortung bedarf. Dabei sollte man konkretisieren, welches bestimmte Verhalten des Täters in Bezug auf welches Opfer nach welcher konkreten Strafvorschrift untersucht wird. Anzusprechen sind sämtliche Strafvorschriften, die durch den Täter möglicherweise verwirklicht worden sind. Zu unterbleiben haben aber ganz fernliegende Prüfungen. So wäre es in dem Fall, dass A dem O einen Faustschlag versetzt, abwegig, eine schwere Körperverletzung gemäß § 226 StGB anzusprechen, es sei denn, der Sachverhalt enthält Hinweise darauf, dass derartige Folgen eingetreten sind oder von A gewollt waren.

11

Ausgehend von einer bestimmten Strafnorm ist Voraussetzung dafür, dass gegenüber einem Täter eine Strafe verhängt werden kann, sein **tatbestandliches, rechtswidriges und schuldhaftes Verhalten**. Hierbei handelt es sich um den so genannten **dreistufigen Verbrechensaufbau**. Er gilt selbstverständlich nicht nur für Verbrechen im Sinne des § 12 Abs. 1 StGB, sondern ebenfalls für Vergehen gemäß § 12 Abs. 2 StGB. Nur wenn die genannten drei Voraussetzungen erfüllt sind, kann sich ein Täter strafbar machen und ihm gegenüber eine Strafe verhängt werden. Dabei unterteilt sich die erste Prüfungsebene, die Tatbestandsmäßigkeit, in den **objektiven und subjektiven Tatbestand**. Daraus ergibt sich der

12

Aufbau des vorsätzlichen, vollendeten Begehungsdelikts
1. Tatbestandsmäßigkeit
   a) Objektiver Tatbestand
   b) Subjektiver Tatbestand
2. Rechtswidrigkeit
3. Schuld

Zunächst ist also im Rahmen der ersten Stufe des Verbrechensaufbaus der **objektive Tatbestand** mit seinen Voraussetzungen im Einzelnen zu prüfen. Nur dann, wenn dieser bejaht werden kann, darf zu der zweiten Ebene gewechselt werden, also dem subjektiven Tatbestand. Gelangt man hingegen zu dem Ergebnis, dass ein Merkmal des objektiven Tatbestands nicht erfüllt ist, muss die Prüfung des vollendeten Delikts beendet werden. Stets ist dann aber zu überlegen, ob nicht möglicherweise eine Strafbarkeit wegen Versuchs in Betracht kommt.

13

Im **subjektiven Tatbestand** als zweitem Element der Tatbestandsmäßigkeit sind das **Wissen um die objektiven Tatbestandsmerkmale sowie der Wille zu deren Verwirk-**

14

lichung zu erörtern. Es geht also um den **Vorsatz**, der sich vom Ausgangspunkt als Spiegelbild des objektiven Tatbestands in der Vorstellung des Täters begreifen lässt. Zudem sind auf der Ebene des subjektiven Tatbestands etwaige **besondere subjektive Merkmale** zu untersuchen. Einzelne Tatbestände verlangen neben dem Vorsatz ein solches Erfordernis. Beispiel dafür ist der Diebstahl gemäß § 242 StGB, bei dem neben dem Vorsatz in Bezug auf die Anforderungen des objektiven Tatbestands – Wegnahme einer fremden beweglichen Sache – zusätzlich als besonderes subjektives Merkmal die Zueignungsabsicht zu erörtern ist. Sie hat kein Pendant auf objektiver Ebene, ist damit also eine so genannte **überschießende Innentendenz** (*Rengier*, BT I, § 2 Rdn. 38). Fehlt der Vorsatz (oder das besondere subjektive Merkmal), ist die Prüfung des vorsätzlichen, vollendeten Begehungsdelikts zu beenden. In Betracht zu ziehen ist dann aber insbesondere eine Strafbarkeit wegen fahrlässiger Deliktsbegehung, sofern – wie etwa in § 222 StGB (fahrlässige Tötung) – die fahrlässige Tat unter Strafe gestellt ist (vgl. § 15 StGB). Im Übrigen ist durchaus auch an Versuch zu denken, so etwa, wenn der objektive Geschehensablauf nicht mehr vom Vorsatz des Täters umfasst war; dann kommt bezüglich der eigentlich intendierten Tat Versuch in Betracht.

15   Ist der subjektive Tatbestand verwirklicht, muss in der weiteren Prüfung zu der zweiten Verbrechensstufe übergegangen werden, also zur **Rechtswidrigkeit**. Auf dieser Ebene ist zu untersuchen, ob dem Täter möglicherweise **Rechtfertigungsgründe** zugute kommen. Klassischer Rechtfertigungsgrund im StGB ist die Notwehr gemäß § 32 StGB. Ist das objektiv tatbestandsmäßig-vorsätzliche Verhalten gerechtfertigt, muss die Prüfung beendet und eine Strafbarkeit nach der untersuchten Norm verneint werden. Liegen hingegen keine Rechtfertigungsgründe vor, ist in der weiteren Erörterung schließlich die dritte Verbrechensstufe anzusprechen.

16   Die dritte Voraussetzung, die erfüllt sein muss, um Strafe zu verhängen, ist die **Schuld** des Täters. Hierbei handelt es sich um das höchstpersönliche Merkmal im Rahmen des Straftataufbaus. Zu erörtern ist auf dieser Stufe, sofern der Sachverhalt dazu Anhaltspunkte liefert, ob Gründe vorliegen, welche die Schuld des Täters ausschließen oder seine Tat entschuldigen. Ein klassischer **Schuldausschließungsgrund** ist § 20 StGB, also die Schuldunfähigkeit wegen seelischer Störungen. Als typischer **Entschuldigungsgrund** ist der entschuldigende Notstand gemäß § 35 StGB zu nennen. Liegen im konkreten Fall in Bezug auf die jeweils erörterte Strafnorm keine Gründe vor, welche die Schuld des Täters entfallen lassen, ist die Schuld des Täters zu bejahen.

17   Ergebnis der Prüfung ist dann, dass sich der Täter im Hinblick auf ein ganz bestimmtes Verhalten nach der geprüften Strafvorschrift strafbar gemacht hat. Beispiel: „A hat sich angesichts des dem O zugefügten Faustschlags wegen Körperverletzung nach § 223 Abs. 1 StGB strafbar gemacht."
Nach diesen einleitenden Bemerkungen sollen im Folgenden die mit den jeweiligen Verbrechensstufen verknüpften Voraussetzungen im Detail dargestellt werden.

3.   Straftaten mit Auslandsberührung

18   Zu beachten ist, dass in Ausnahmefällen **vor** der Prüfung von Tatbestandsmäßigkeit, Rechtswidrigkeit und Schuld untersucht werden muss, ob das deutsche Strafrecht **überhaupt anwendbar** ist. Insbesondere dann, wenn eine Straftat im Ausland begangen worden ist, stellt sich die Frage, ob der Täter sich nach **deutschem Strafrecht** strafbar gemacht hat. Diese Fragen werden vom so genannten **internationalen Straf(anwendungs)recht** beantwortet. Es ist in den §§ 3 ff. StGB geregelt.

Beispiel:
Der Franzose A tötet vorsätzlich in Paris die Deutsche O. Er wird beim Grenz-übertritt in Aachen festgenommen. Kann A nach deutschem Strafrecht gemäß § 212 StGB bestraft werden?

A hat die Tat nicht im Inland begangen, sodass das deutsche Strafrecht nicht über § 3 StGB (**Territorialitätsgrundsatz**) anwendbar ist. Auch das **Flaggenprinzip** gemäß § 4 StGB greift nicht.   **19**

Das **Schutzprinzip** des § 5 StGB (Auslandstaten gegen inländische Rechtsgüter) ist ebenso wenig einschlägig wie das in § 6 StGB verankerte **Weltrechtsprinzip** (Auslandstaten gegen international geschützte Rechtsgüter).   **20**

Die Voraussetzungen des **§ 7 Abs. 1 StGB** könnten vorliegen. A hat die Tat im Ausland – Frankreich – begangen. Ort der Begehung einer Tat ist nach § 9 Abs. 1 StGB der Ort, an dem der Täter gehandelt hat oder an dem der Erfolg eingetreten ist. Opfer der Straftat ist eine Deutsche. Auch ist diese Tat am Tatort mit Strafe bedroht (homicide volontaire, meurtre [vorsätzliche Tötung], Art. 221–1 Code pénal [französisches Strafgesetzbuch]). Damit ist deutsches Strafrecht anwendbar. § 7 Abs. 1 StGB verankert das so genannte **passive Personalitätsprinzip (Individualschutzprinzip)**. A hat einen anderen Menschen getötet. Er handelt vorsätzlich, rechtswidrig und schuldhaft. A hat sich daher gemäß § 212 StGB strafbar gemacht.   **21**

Ergänzend sei auf das **aktive Personalitätsprinzip** (Straftat eines Deutschen im Ausland) im Sinne des § 7 Abs. 2 Nr. 1 StGB hingewiesen; die Vorschrift setzt einschränkend ebenfalls voraus, dass die Tat am Tatort mit Strafe bedroht ist oder keiner Strafgewalt (Niemandsland) unterliegt. Schließlich ist in § 7 Abs. 2 Nr. 2 StGB das **Prinzip der stellvertretenden Strafrechtspflege** geregelt.   **22**

Angemerkt sei, dass gemäß § 51 Abs. 3 StGB eine im Ausland wegen derselben Tat vollstreckte Strafe auf die neue Strafe angerechnet wird, soweit die ausländische Strafe vollstreckt ist. Die bereits erfolgte Verurteilung im Ausland hindert also die Anwendung des deutschen Strafrechts grundsätzlich nicht, es kommt lediglich zur Anrechnung. Zwei Besonderheiten gilt es aber dabei zu beachten: Zum einen kommt gemäß § 153 c StPO in solchen Fällen die Einstellung des Verfahrens in Betracht. Zum anderen wird u. a. durch Art. 54 des Schengener Durchführungsübereinkommens (SDÜ) der Grundsatz ne bis in idem (Verbot der Doppelbestrafung), der bezogen auf das **nationale Recht** in Art. 103 Abs. 3 GG verankert ist, internationalisiert: Wenn ein Täter durch eine Vertragspartei rechtskräftig abgeurteilt worden ist, darf er durch eine andere Vertragspartei wegen derselben Tat nicht verfolgt werden, sofern im Fall einer Verurteilung die Strafe vollstreckt ist, vollstreckt wird oder nach dem Recht des Urteilsstaates nicht mehr vollstreckt werden kann. Das SDÜ ist in den Geltungsbereich der Europäischen Union einbezogen, sodass Art. 54 SDÜ für die EU-Mitgliedstaaten zu beachten ist.   **23**

Wäre also im Beispielfall A in Frankreich wegen der Tat verurteilt und dort die Strafe auch vollstreckt worden, könnte A wegen Art. 54 SDÜ nicht noch einmal wegen dieser Tat in Deutschland verfolgt werden. Auch Art. 50 der Grundrechtecharta der EU enthält ein Doppelbestrafungsverbot.

Die Frage der Anwendbarkeit des deutschen Strafrechts ist gegebenenfalls der eigentlichen Prüfung der jeweiligen Strafbestimmung, also der Untersuchung von Tatbestandsmäßigkeit, Rechtswidrigkeit und Schuld, **voranzustellen**. Die Fälle, in denen in Prüfungsarbeiten die Tat **Auslandsbezug** aufweist, sind jedoch selten.   **24**

Hingewiesen sei schließlich darauf, dass der Begriff „internationales Strafrecht" heute auch noch in einem anderen Zusammenhang benutzt wird, nämlich im Hinblick auf die **transnationale Bedeutung** des Strafrechts (Strafrecht und Europäische Union; Bedeutung der Europäischen Menschenrechtskonvention für das Strafrecht; Völkerstrafrecht).   **25**

Nach diesen kurzen Erläuterungen zum internationalen Strafrecht soll nunmehr im Detail auf die Gesichtspunkte „Tatbestandsmäßigkeit, Rechtswidrigkeit und Schuld" eingegangen werden.

II.   Der objektive Tatbestand

26 Die Strafbestimmungen des Besonderen Teils des StGB weisen jeweils ausgehend von dem Grundsatz, dass sie dem **Schutz bestimmter Rechtsgüter** dienen (z. B. Schutz des Rechtsguts „Leben" in den §§ 211 ff. StGB, der „körperlichen Unversehrtheit" in den §§ 223 ff. StGB oder der „Willensentschließungs- und Willensbetätigungsfreiheit" in § 240 StGB), ganz unterschiedliche tatbestandliche Voraussetzungen auf. So geht es in § 212 StGB darum, dass der Täter einen anderen Menschen tötet. Bei § 242 StGB verlangt der objektive Tatbestand die „Wegnahme einer fremden beweglichen Sache". Die Körperverletzung gemäß § 223 StGB setzt tatbestandsmäßig voraus, dass der Täter einen anderen Menschen körperlich misshandelt oder an der Gesundheit schädigt. So unterschiedlich jedoch die Voraussetzungen im Detail sind, können die Tatbestände dennoch – abstrakt gesehen – jeweils auf wenige Voraussetzungen reduziert werden:

27 Erforderlich ist ein **Täter**, der eine bestimmte **Tathandlung** vornimmt, die **ursächlich** für den **Taterfolg** ist, wobei – dies ist strittig – der Erfolg dem Täter **objektiv zurechenbar** sein muss. Die fünf Voraussetzungen – Täter, Tathandlung, Taterfolg, Ursächlichkeit, objektive Zurechnung – kennzeichnen den objektiven Tatbestand des so genannten **Erfolgsdelikts**, mögen diese Erfordernisse in den Formulierungen der jeweiligen Strafvorschriften teilweise auch kaum zum Ausdruck kommen.

28 Was bedeutet nun der Begriff „Erfolgsdelikt"? Das StGB kennt unterschiedliche Arten von Straftaten. Klassisch unterscheidet man **Erfolgsdelikte** einerseits und schlichte **Tätigkeitsdelikte** andererseits.

29 Unter die Rubrik der **Erfolgsdelikte** fallen herkömmlich insbesondere **zwei Arten** von Straftaten: die **Verletzungsdelikte** und die **konkreten Gefährdungsdelikte**.

30 **Verletzungsdelikt** bedeutet, dass in der entsprechenden Strafvorschrift die tatsächliche Beeinträchtigung eines jeweils geschützten Rechtsgutobjekts vorausgesetzt wird. Klassisches Beispiel dafür ist etwa die Körperverletzung; dort ist zur vollständigen Verwirklichung des Tatbestands auch ein bestimmter Erfolg vorausgesetzt, nämlich die tatsächliche Beeinträchtigung der körperlichen Unversehrtheit eines anderen Menschen. Damit ist § 223 StGB ein Erfolgsdelikt, das in die Untergruppe „Verletzungsdelikt" fällt.

31 Aber auch **konkrete Gefährdungsdelikte** sind Erfolgsdelikte. Bei ihnen besteht der vom Tatbestand vorausgesetzte Erfolg jedoch nicht in einer Verletzung, sondern in einer **konkreten Gefahr**. Typisches Beispiel ist die Gefährdung des Straßenverkehrs gemäß § 315 c StGB. So verlangt etwa der objektive Tatbestand des § 315 c Abs. 1 Nr. 1 a StGB, dass der Täter im Straßenverkehr ein Fahrzeug führt, obwohl er infolge des Genusses alkoholischer Getränke oder anderer berauschender Mittel nicht in der Lage ist, das Fahrzeug sicher zu führen, und dadurch Leib oder Leben eines anderen Menschen oder fremde Sachen von bedeutendem Wert gefährdet. Tathandlung ist also das Führen des Fahrzeugs im fahruntüchtigen Zustand, wobei diese Handlung einen Erfolg verursachen muss, nämlich eine konkrete Gefahr für Leib oder Leben eines anderen Menschen oder fremde Sachen von bedeutendem Wert. Anders als beim Verletzungsdelikt brauchen hierbei das Leben, die körperliche Unversehrtheit oder eine fremde Sache nicht tatsächlich beeinträchtigt werden. Selbst wenn niemand verstirbt, keine Person verletzt wird und auch keine Sachen beschädigt werden, kann die konkrete Gefahr vorliegen. Es handelt sich bei der konkreten Gefahr um einen **Erfolgssachverhalt**, welcher der Verletzung vorgelagert ist. Dementsprechend hat dann, wenn tatsächlich der Tod oder eine Verletzung einer Person oder die Beschädigung einer Sache eingetreten ist, immer auch zwingend – als notwendiges Durchgangs- und Vorstadium – auch eine konkrete Gefahr bezüglich dieser Rechtsgutobjekte vorgelegen. Aber auch ohne tatsächliche Beeinträchtigung von Rechtsgutobjekten kann eine konkrete Gefahr gegeben sein, was oftmals Bearbeiter in Prüfungsarbeiten nicht klar genug herausstellen. Eine **konkrete Gefahr** ist (schon) dann gegeben, **wenn es nur noch vom Zufall abhängt, ob der Schaden eintritt oder nicht.** Zufall bedeutet dabei nichts anderes als **Nichtbeherrschbarkeit der Situation.** Bezogen auf die Verkehrsstraftaten liegt die konkrete Gefahr bereits bei einem „Beinaheunfall" vor, in einer Situation also, die gerade noch einmal gut gegangen ist. Bereits bei einer solchen Situation ist der tatbestandliche Erfolg „konkrete Gefahr" zu bejahen.

Den **Gegensatz zu den Erfolgsdelikten** (Verletzungsdelikte, konkrete Gefährdungsdelikte) bilden die schlichten **Tätigkeitsdelikte.** Ein typisches Beispiel dafür ist der Tatbestand der Trunkenheit im Verkehr gemäß § 316 StGB. Hier wird – in Abgrenzung zu § 315 c StGB – sehr schön deutlich, dass eine bloße Tätigkeit ohne den Eintritt eines bestimmten Erfolges pönalisiert ist. So wird nach § 316 StGB bereits derjenige bestraft, der im Verkehr ein Fahrzeug führt, obwohl er infolge des Genusses alkoholischer Getränke oder anderer berauschender Mittel nicht in der Lage ist, das Fahrzeug sicher zu führen, ohne dass der Eintritt einer Verletzung oder konkreten Gefährdung verlangt wird. Die Tathandlung des § 315 c Abs. 1 Nr. 1 a StGB als solche ist also bereits unter Strafe gestellt, das heißt eine schlichte Tätigkeit, wohingegen der Eintritt einer konkreten Gefahr nicht verlangt wird. Geschütztes Rechtsgut des § 316 StGB ist die Sicherheit des Verkehrs, jedoch braucht die Sicherheit des Verkehrs durch die Tathandlung tatsächlich nicht verletzt oder konkret gefährdet worden zu sein. Der Gesetzgeber knüpft die Strafe vielmehr an ein typischerweise gefährliches Verhalten, ohne auf die Gefährlichkeit im Einzelfall zu achten. Es handelt sich um ein gemeinhin als **abstraktes Gefährdungsdelikt** bezeichnetes Delikt, das man treffender, da allein ein Verhalten in Rede steht, als **abstraktes Gefährlichkeitsdelikt** bezeichnen sollte. Selbst wenn der im Sinne des § 316 StGB alkoholisierte Täter sein Fahrzeug lediglich um einen Meter nach vorne versetzt, wobei weit und breit keine andere Person zugegen ist und auch andere Sachen mit Sicherheit nicht beeinträchtigt werden können, also bei einem ungefährlichen Verhalten im Einzelfall, ist der Tatbestand verwirklicht. Ob das noch mit dem Schuldprinzip vereinbar ist, erscheint für einige Vertreter im Schrifttum zweifelhaft (*Zieschang*, Gefährdungsdelikte, S. 372 f.), jedoch wendet die Gegenauffassung auch in solchen Fällen der Ungefährlichkeit im Einzelfall den Tatbestand an (*Rengier*, BT II, § 43 Rdn. 1). Der BGH hat jüngst speziell beim Tatbestand des Verwendens von Kennzeichen verfassungswidriger Organisationen (§ 86 a StGB), bei dem es sich um ein abstraktes Gefährlichkeitsdelikt handelt, entschieden, dass der Gebrauch solcher Kennzeichen in einer Weise, die offenkundig und eindeutig die Gegnerschaft zu der Organisation und die Bekämpfung der Ideologie zum Ausdruck bringt, dem Schutzzweck der Vorschrift ersichtlich nicht zuwiderlaufe und daher vom Tatbestand nicht erfasst werde (BGH, NJW 2007, 1602). Damit schränkt der BGH letztlich dieses abstrakte Gefährlichkeitsdelikt bei Ungefährlichkeit im Einzelfall ein, ohne dass daraus jedoch der Schluss gezogen werden darf, dass der BGH dies allgemein so sieht. Ein weiteres Beispiel für ein schlichtes Tätigkeitsdelikt ist § 153 StGB. Bereits die Falschaussage als solche, also die schlichte Tätigkeit, ist unter Strafe gestellt. Das geschützte Rechtsgut des § 153 StGB, die staatliche Rechtspflege, braucht also weder konkret gefährdet noch verletzt zu sein.

Geht es um ein **schlichtes Tätigkeitsdelikt**, dann ergibt sich aus den vorangehenden Erwägungen, dass im objektiven Tatbestand **kein Erfolg** vorausgesetzt ist und logischerweise auch nicht die Kausalität zwischen der tatbestandsmäßigen Handlung und dem Erfolg, denn Letzterer wird ja vom Tatbestand nicht verlangt. Es verbleiben damit für den objektiven Tatbestand des Tätigkeitsdelikts lediglich zwei Erfordernisse: Es müssen ein (tauglicher) Täter gegeben sein sowie die jeweils vom einzelnen Tatbestand geforderte Tathandlung.

Im Folgenden soll nunmehr auf die einzelnen genannten Voraussetzungen näher eingegangen werden. Zu erörtern sind also die Täterqualität, die Tathandlung und – bei Erfolgsdelikten zusätzlich – der Taterfolg sowie die Kausalität zwischen Taterfolg und Tathandlung. Zudem ist die Figur der objektiven Zurechnung darzustellen.

1.   Die Täterqualität

34   Normalerweise sind mit der Täterqualität in Prüfungsarbeiten keine besonderen Probleme verbunden. Die überwiegende Anzahl der Straftaten des Besonderen Teils stellt keine spezifischen Anforderungen an die Tätereigenschaft. So wird regelmäßig die Formulierung benutzt „Wer" (vgl. z. B. § 212 StGB, § 223 StGB). Damit ist zum Ausdruck gebracht, dass **jede natürliche Person** als Täter in Betracht kommen kann. Es handelt sich um so genannte **Jedermanndelikte (Allgemeindelikte).**

35   Aus dem Umkehrschluss ergibt sich, dass insbesondere **juristische Personen** von vornherein als taugliche **Täter ausscheiden.** Zwar werden von Teilen des Schrifttums die grundsätzliche Handlungs- und Schuldfähigkeit von juristischen Personen (also etwa einer Aktiengesellschaft oder GmbH) bejaht (*Hirsch*, ZStW 107 [1995], 285), was die Gegenauffassung jedoch mit gewichtigen Argumenten bestreitet (*Jescheck/Weigend*, AT, § 23 VII). In der Tat erscheint es kaum möglich, gegenüber einer juristischen Person als solcher die Frage zu beantworten, ob sie die Einsicht hatte, Unrecht zu tun (vgl. den Wortlaut des § 17 StGB). Jedenfalls existiert nach geltendem Recht keine Vorschrift im StGB, wonach sich juristische Personen strafbar machen können. Lediglich im **Ordnungswidrigkeitenrecht** sieht § 30 OWiG die Möglichkeit vor, gegenüber einer juristischen Person eine Geldbuße zu verhängen. Da der Unterschied zwischen Ordnungswidrigkeitenrecht und Strafrecht jedoch nicht, wie häufig behauptet, qualitativer Natur ist, sondern quantitativer – es sollen zumindest vom theoretischen Ansatz her Verhaltensweisen mit einem im Vergleich zum Kriminalstrafrecht geringeren Unrechtsgehalt geahndet werden –, erscheint es angesichts der vorhandenen Zweifel an der Handlungs- und Schuldfähigkeit der juristischen Person dogmatisch ungereimt, eine solche Vorschrift zu normieren. De lege lata existiert sie jedoch. Zudem soll nicht unerwähnt bleiben, dass die Zahl der Befürworter einer auch kriminalstrafrechtlichen Heranziehung der juristischen Person in der Wissenschaft zunimmt. **Einig** ist man sich aber, dass **zurzeit das StGB** ihre strafrechtliche Heranziehung **nicht zulässt.**

36   Es bleibt zu erwähnen, dass **§ 14 StGB** u. a. die Möglichkeit eröffnet, besondere persönliche Merkmale, welche die juristische Person treffen, ebenfalls bezüglich des Vertreters anzuwenden. So spricht z. B. die Bankrottvorschrift gemäß § 283 Abs. 1 Nr. 1 StGB davon, dass der Täter bei Überschuldung „Bestandteile seines Vermögens" beiseite schafft. Wenn nun der Geschäftsführer als vertretungsberechtigtes Organ einer GmbH (vgl. § 35 GmbHG) nach Eintritt der Überschuldung der GmbH Vermögen der GmbH beiseite schafft, dann ist weder er persönlich überschuldet noch handelt es sich um „seine" Vermögensbestandteile, sondern um diejenigen der GmbH. Über § 14 Abs. 1 Nr. 1 StGB aber ist der Geschäftsführer dennoch tauglicher Täter. Zu beachten ist jedoch, dass § 14 StGB lediglich die **Strafbarkeit natürlicher Personen** betrifft und nicht die Strafbarkeit der Personenvereinigung selbst begründet.

37   Neben den Allgemeindelikten gibt es im StGB aber auch eine gewisse Anzahl von Strafvorschriften, welche **besondere Anforderungen an die Tätereigenschaft** stellen. Man bezeichnet sie als **Sonderdelikte.** So sind etwa taugliche Täter der falschen uneidlichen Aussage gemäß § 153 StGB lediglich Zeugen oder Sachverständige. Bei

§ 173 StGB („Beischlaf zwischen Verwandten") ist der taugliche Täterkreis von vorneherein eingegrenzt. Bei der Misshandlung von Schutzbefohlenen kommen als Täter nur diejenigen in Betracht, welche zum Opfer im Sinne von § 225 Abs. 1 Nr. 1 bis 4 StGB in einer besonderen Beziehung stehen. Täter des Parteiverrats nach § 356 StGB können nur Anwälte oder andere Rechtsbeistände sein. Zu erwähnen sind in diesem Zusammenhang insbesondere auch die Straftaten im Amt (§§ 331 ff. StGB): Wenn auch nicht sämtliche in diesem Abschnitt normierten Straftaten besondere Anforderungen an die Täterqualität stellen (vgl. etwa §§ 333, 334 StGB: „Wer"), können etwa taugliche Täter der Vorteilsannahme gemäß § 331 StGB oder der Bestechlichkeit gemäß § 332 StGB lediglich Amtsträger oder für den öffentlichen Dienst besonders Verpflichtete sein. Zu beiden Begriffen enthält **§ 11 Abs. 1 Nr. 2, Nr. 4 StGB** Legaldefinitionen. Steht damit eine Strafbarkeit etwa wegen Bestechlichkeit in Rede, muss zunächst geprüft werden, ob der Handelnde die dort vorausgesetzte Täterqualität aufweist. Ist das nicht der Fall, scheidet eine Bestrafung jedenfalls wegen vollendeten Delikts aus. Eine andere Frage ist, ob eine Versuchsstrafbarkeit in Betracht kommt (vgl. § 332 Abs. 1 S. 3 StGB), wenn der Täter irrtümlich davon ausgeht, er sei Amtsträger. Auf dieses Problem wird näher im Zusammenhang mit der Strafbarkeit des (untauglichen) Versuchs eingegangen (siehe unten Rdn. 466).

Der Vollständigkeit halber sei erwähnt, dass „**echte**" (eigentliche) und „**unechte**" (uneigentliche) **Amtsdelikte** (Sonderdelikte) unterschieden werden. Echte Amtsdelikte sind diejenigen, die keinen Grundtatbestand aufweisen, der von jedermann begangen werden kann. Die Amtsträgereigenschaft begründet also in diesem Fall die Strafbarkeit (Beispiel: Rechtsbeugung gemäß § 339 StGB). Bei einem Teilnehmer (Anstifter oder Gehilfe), der nicht Amtsträger ist, muss daher, da die Amtsträgereigenschaft die Strafbarkeit begründet und besonderes persönliches Merkmal ist, die Strafe gemäß § 28 Abs. 1 StGB i. V. m. § 49 Abs. 1 StGB gemildert werden (**obligatorische Strafmilderung** im Gegensatz zu einer **fakultativen** Strafmilderung [„kann"] etwa in § 23 Abs. 2 StGB). Bei den unechten Amtsdelikten hingegen existiert ein Grundtatbestand, der von jedermann verwirklicht werden kann. Beispiele dafür sind die Strafvereitelung im Amt gemäß § 258 a StGB sowie die Körperverletzung im Amt gemäß § 340 StGB. In beiden Fällen gibt es einen Grundtatbestand (§ 258 StGB sowie §§ 223 ff. StGB), der von jedermann verwirklicht werden kann. Unechte Amtsdelikte sind daher **Qualifikationen**. Eine Qualifikation liegt vor, wenn der Gesetzgeber einen Grundtatbestand um spezifische weitere Merkmale anreichert und dann als **eigenständigen Tatbestand** mit einer Strafschärfung verbindet. So ist die gefährliche Körperverletzung gemäß § 224 StGB (z. B. § 224 Abs. 1 Nr. 2 Alt. 2 StGB: Körperverletzung [§ 223 StGB] mittels eines gefährlichen Werkzeugs) eigenständiger Tatbestand und Qualifikation des § 223 StGB. Aber eben auch § 340 StGB (Körperverletzung durch einen Amtsträger) ist Qualifikation des § 223 StGB. Ein Nichtamtsträger, der an der Körperverletzung im Amt als Täter oder Teilnehmer beteiligt ist, ist aus §§ 223 ff. StGB zu bestrafen, was § 28 Abs. 2 StGB ausdrücklich festlegt.

Weiter ist im vorliegenden Zusammenhang das **eigenhändige Delikt** zu erwähnen. Typisches Beispiel dafür ist die Falschaussage vor Gericht (siehe insbesondere §§ 153, 154 StGB) oder das Führen eines Fahrzeugs (vgl. vor allem § 315 c Abs. 1 Nr. 1 a StGB, § 316 StGB). Kennzeichen des eigenhändigen Delikts ist, dass Täter nur derjenige sein kann, der die Tathandlung in seiner Person ausführt. Er muss sie also persönlich vornehmen. Andere Personen, welche an der Straftat beteiligt sind, können weder Mittäter noch mittelbare Täter sein (siehe zu diesen beiden Täterschaftsformen unten Rdn. 645 ff.), sondern lediglich Teilnehmer, also Anstifter oder Gehilfen. Um die daraus sich ergebenden Probleme zu vermeiden, hat der Gesetzgeber teilweise Sondervorschriften geschaffen. So erhebt z. B. der Tatbestand der Verleitung zur Falschaussage gemäß § 160 StGB die Falschaussage in mittelbarer Täterschaft zum selbstständigen Tatbestand.

38

39

Hinzuweisen ist darauf, dass in Prüfungsarbeiten nähere Erörterungen zur Täterqualität nur dann erforderlich sind, wenn diesbezüglich Probleme bestehen, sei es, dass ein Tatbestand zu erörtern ist, der eine besondere Tätereigenschaft erfordert, sei es, dass die Beteiligung an einem eigenhändigen Delikt in Rede steht.

2. Die Tathandlung

40 Unabhängig davon, ob ein Erfolgs- oder ein schlichtes Tätigkeitsdelikt Prüfungsgegenstand ist, bedarf es stets der Erörterung der jeweils relevanten Tathandlung. Sie ist im Gesetz ganz unterschiedlich beschrieben: So geht es in § 212 StGB um ein „Töten", in § 223 StGB um ein „Verletzen" (körperliches Misshandeln, Gesundheit schädigen) oder etwa in § 303 StGB um ein „Beschädigen", wobei hinsichtlich dieser Beispielfälle sämtlich Erfolgsdelikte in Rede stehen und zu beachten ist, dass mit der Beschreibung der Tathandlung auch der jeweils geforderte Erfolg als solcher bereits genannt ist. Bei dem Tätigkeitsdelikt des § 153 StGB geht es um das falsche Aussagen, bei § 257 StGB um das Hilfeleisten.

41 Unabhängig davon, welche Umschreibung der Tathandlung in concreto erfolgt, müssen bei der Prüfung jeweils zwei Punkte bedacht werden, auf die es einzugehen gilt, **falls der Sachverhalt dazu Anhaltspunkte liefert**: Zum einen ist an dieser Stelle die **Abgrenzung zwischen positivem Tun und Unterlassen** vorzunehmen, zum anderen kann sich die Frage stellen, ob die **Mindestanforderungen** erfüllt sind, die gegeben sein müssen, um überhaupt von einer Handlung zu sprechen.

a) Die Abgrenzung von positivem Tun und Unterlassen

42 Oberbegriff für positives Tun und Unterlassen ist der Ausdruck „**Verhalten**". Oftmals wird es nicht problematisch sein, ob von einer Aktivität (Handlung) oder von einer Untätigkeit (Unterlassen) auszugehen ist. Wenn der Täter in seiner Hand ein Messer hält und damit dem Opfer einen Stich versetzt, dann handelt es sich um eine Handlung, welche § 224 Abs. 1 Nr. 2 Alt. 2 StGB erfüllt, ohne dass auf die Abgrenzung zum Unterlassen einzugehen ist. Umgekehrt bedarf es keiner weiteren Ausführungen, dass ein Unterlassen vorliegt, wenn eine Aufsicht im Schwimmbad erkennt, dass ein Kind zu ertrinken droht und nunmehr der Betreffende schlicht untätig bleibt. Es gibt jedoch auch Problemfälle, welche sich nicht so eindeutig lösen lassen. So kann man das Ausschalten des Beatmungsgerätes, welches im Krankenhaus die vitalen Funktionen des Patienten erhält, als positives Tun erachten; das Ausschalten wäre die Aktivität, an die angeknüpft wird. Es könnte sich aber auch um ein schlichtes Unterlassen handeln, wenn man den Blick darauf richtet, dass das Abschalten des Geräts sich als Unterlassen der Weiterbehandlung des Patienten darstellt. Hinzu kommt, dass insbesondere auch im Bereich des unvorsätzlichen, jedoch fahrlässigen Verhaltens dem Betroffenen zum Vorwurf gemacht wird, dass er sich nicht den Sorgfaltsanforderungen gemäß verhalten hat, was ein Unterlassen darstellen könnte. Dass Letzteres grundsätzlich nicht der Fall ist und regelmäßig in diesem Fällen positives Tun vorliegt, soll zur Vermeidung von Missverständnissen bereits jetzt erwähnt sein, wird jedoch im Einzelnen erst beim Fahrlässigkeitsdelikt ausgeführt (siehe unten Rdn. 427).

43 Die Abgrenzung der Handlung vom Unterlassen ist besonders auch deswegen bedeutsam, weil das StGB nur wenige Tatbestände kennt, bei denen das Unterlassen als solches ausdrücklich unter Strafe gestellt ist (vgl. insbesondere die Nichtanzeige geplanter Straftaten gemäß § 138 StGB sowie die unterlassene Hilfeleistung gemäß § 323 c StGB). Im Übrigen können die als Begehungsdelikte ausgestalteten Straftatbestände des StGB nur unter den Voraussetzungen des **§ 13 StGB** durch Unterlassen

verwirklicht werden; dazu ist aber insbesondere das Vorliegen einer Garantenstellung notwendig (siehe zu den Einzelheiten Rdn. 600 ff.).

Nach welchen Maßstäben ist nun das Handeln vom Unterlassen abzugrenzen? Hierzu werden unterschiedliche Standpunkte vertreten (siehe dazu auch unten Rdn. 589 ff.):

44

Die Rechtsprechung (BGHSt. 6, 46, 59; teilweise kritisch aber BGH, NJW 2010, 2963 beim Behandlungsabbruch: Die Annahme von Unterlassen sei eine Umdeutung der Wirklichkeit in eine dieser widersprechende normative Wertung; siehe dazu auch unter Rdn. 590) und Teile des Schrifttums (*Hilgendorf*, Klausurenkurs III, Fall 1 Rdn. 25; *Wessels/Beulke*, AT, Rdn. 700) ziehen die Formel vom **Schwerpunkt der Vorwerfbarkeit** heran. Danach kommt es darauf an, ob das Hauptgewicht bei wertender Betrachtung in der Untätigkeit oder in der Aktivität liegt.

45

Andere hingegen stellen auf die Kausalität im Sinne einer Bedingung für den Erfolgseintritt ab (*Roxin*, AT, II, § 31 Rdn. 78 ff.) oder erachten das äußere Erscheinungsbild für maßgeblich und prüfen, ob ein **Energieeinsatz** des Täters erfolgt (*Engisch*, Festschr. für Gallas, 1973, S. 163, 170), was zu der Annahme positiven Tuns führt.

46

Stellungnahme: Die Position, welche die Formel vom Schwerpunkt der Vorwerfbarkeit befürwortet, scheint zunächst die besseren Argumente auf ihrer Seite zu haben, indem die Umstände des jeweiligen Einzelfalls in eine Gesamtbetrachtung einfließen können. Gegen diese Auffassung spricht jedoch maßgeblich, dass damit letztlich die Abgrenzung von einer bloßen Wertentscheidung abhängig gemacht wird, was Zweifel im Hinblick auf das in Art. 103 Abs. 2 GG verankerte **Bestimmtheitsgebot** hervorruft. Es bedarf daher eines objektiven Kriteriums, um eine hinreichend klare Unterscheidung vornehmen zu können. Abzustellen ist daher auf den **Gesichtspunkt der Kausalität sowie das Entfalten positiver Energie in Bezug auf das geschützte Rechtsgut.** Daher liegt in dem Abschalten (Kausalität, positive Energie) eines Beatmungsgeräts **ein Handeln** hinsichtlich des Rechtsguts „Leben", nicht jedoch, wie von vielen Befürwortern der Formel vom Schwerpunkt der Vorwerfbarkeit vertreten, ein bloßes Unterlassen.

47

Weitere Einzelheiten, insbesondere das Abbrechen eigener sowie fremder Rettungsbemühungen, werden im Zusammenhang mit der Erörterung des Unterlassungsdelikts dargestellt (siehe unten Rdn. 589 ff.).

b)   Die an die Handlung zu stellenden Mindestanforderungen

Unter Umständen kann es problematisch sein, ob überhaupt von einer Handlung auszugehen ist. So gebieten es bereits rechtsstaatliche Gesichtspunkte, dass bloße Gedanken oder Wünsche noch keine Handlung darstellen, will man Gesinnungsstrafrecht vermeiden. Zweifel ergeben sich aber auch dann, wenn etwa Verletzungen des Opfers nicht unmittelbar von einer natürlichen Person verursacht werden, sondern unter Zwischenschaltung eines Tieres, wie etwa dann, wenn der Hundehalter sein Tier auf einen Passanten hetzt. Um derartige Fälle zu lösen, bedarf es der Prüfung der konkreten, mit einer Handlung verknüpften Voraussetzungen. Im Einzelnen gilt:

48

Bereits im Zusammenhang mit der Täterqualität ist ausgeführt worden, dass lediglich natürliche Personen als Täter in Betracht kommen. Nur **menschliches Verhalten** ist als Handlung im strafrechtlichen Sinn zu erachten. Dies darf aber nicht darüber hinwegtäuschen, dass in dem erwähnten Fall des Hetzens eines Hundes auf einen Anderen nicht ein bloß tierisches, sondern sehr wohl ein Verhalten einer natürlichen Person in Rede steht, nämlich dasjenige des Hundehalters. Sein Verhalten besteht in dem Hetzen des Hundes auf den Passanten; der Täter benutzt ein (tierisches) Werkzeug. Im Übrigen aber liegt bei rein tierischem Verhalten ebenso wenig wie bei Naturgewalten oder bei Verhaltensweisen von juristischen Personen ein Handeln im Sinne des Strafrechts vor.

49

50   Weitere Voraussetzung für die Annahme einer Handlung ist eine **Willensbetätigung nach außen**. Bloße Gedanken, Wünsche, Überlegungen u. Ä. erfüllen nicht den Handlungsbegriff. Anderenfalls wäre der Boden rechtsstaatlichen Strafens verlassen.

51   Drittes Erfordernis der Handlung ist, dass ein **willensgesteuertes Verhalten** vorliegt. Damit scheiden Bewegungen im Zustand der Bewusstlosigkeit, epileptische Anfälle, Reflexbewegungen sowie solche im Schlaf aus dem Handlungsbegriff aus. Aber auch Verhaltensweisen im Zustand unwiderstehlicher Gewalt (vis absoluta) stellen keine Handlung im Sinne des Strafrechts dar: Wird etwa das Opfer O an Armen und Beinen gefesselt gegen eine Fensterscheibe geworfen, die zerbricht, dann entfällt eine Strafbarkeit des O wegen Sachbeschädigung bereits im objektiven Tatbestand, da vis absoluta vorlag und damit eine Handlung des O ausscheidet.

52   Ist festgestellt worden, dass die an eine Handlung zu stellenden Anforderungen nicht erfüllt sind, bleibt aber immer noch zu prüfen, ob nicht möglicherweise an ein **vorangegangenes Verhalten** angeknüpft werden kann: Wenn A am Steuer seines Fahrzeugs einschläft und den Passanten O verletzt, dann fehlt im Zeitpunkt des Schlafs die Handlungsqualität. Sorgfaltswidrig ist jedoch ein vorangegangenes Verhalten des A, nämlich das Weiterfahren trotz sich abzeichnender Ermüdungserscheinungen. Insofern kommt eine Strafbarkeit gemäß § 229 StGB in Betracht.

Ist von einem positiven Tun sowie einer Handlung im Sinne des Strafrechts auszugehen, bedarf es dann jeweils der Prüfung der mit der Handlung in einer bestimmten Strafvorschrift konkret verbundenen Voraussetzungen. So verlangt etwa § 224 Abs. 1 Nr. 2 StGB die Begehung der Körperverletzung mittels einer Waffe oder eines anderen gefährlichen Werkzeugs.

3.   Der Taterfolg

53   Im Zusammenhang mit den Voraussetzungen des objektiven Tatbestands ist bereits einleitend ausgeführt worden, dass Erfolgsdelikte einerseits und reine Tätigkeitsdelikte andererseits zu unterscheiden sind. Die Erfolgsdelikte wiederum untergliedern sich nach herkömmlicher Zweiteilung in die Verletzungsdelikte und konkreten Gefährdungsdelikte. Liegt eine dieser beiden Deliktsformen vor, bedarf es neben der Erörterung von Täterqualität sowie Tathandlung des Eingehens auf den Taterfolg sowie auf die Ursächlichkeit der Tathandlung für den Erfolg. Bei den schlichten Tätigkeitsdelikten hingegen sind lediglich die Täterqualität sowie die Tathandlung zu prüfen.

54   Handelt es sich um ein **Verletzungsdelikt**, also um ein solches, bei dem zur Vollendung ein von der Strafvorschrift geschütztes Rechtsgutobjekt tatsächlich beeinträchtigt worden sein muss, ist stets zumindest kurz zu erwähnen, dass dieser Erfolg auch tatsächlich eingetreten ist. So muss im Zusammenhang mit der Prüfung eines vollendeten Totschlags jedenfalls der Hinweis erfolgen, dass es zum Tod des Opfers gekommen ist. Fehlt es an der Erfolgsherbeiführung, scheidet eine Strafbarkeit wegen vollendeten Delikts aus.

55   Auch bei den **konkreten Gefährdungsdelikten** ist auf den Erfolg „konkrete Gefahr" (Synonym: konkrete Gefährdung) stets einzugehen. Er liegt – wie bereits ausgeführt (siehe Rdn. 31) – vor, wenn eine Situation herbeigeführt worden war, in der es nur noch vom Zufall abhing, ob der Schaden eintritt oder nicht. Auch wenn der Schaden (Verletzung) ausbleibt, kann die konkrete Gefahr als dazu vorgelagerter Zustand durchaus zu bejahen sein. Ist es tatsächlich zu einer Verletzung gekommen, war auch stets – als zwingendes Durchgangsstadium – eine konkrete Gefahr für das geschützte Rechtsgutobjekt gegeben.

4. Die Kausalität

Weitere Voraussetzung bei den Erfolgsdelikten ist neben dem Eintritt des Erfolges die **56** **Ursächlichkeit**, also die Kausalität, zwischen der Tathandlung und dem Taterfolg. Der Erfolg muss durch das Verhalten des Täters verursacht werden.

Das StGB schweigt zu der Frage, wie diese Ursächlichkeit zu bestimmen ist. Recht- **57** sprechung (BGHSt. 1, 332, 333) und überwiegende Auffassung im Schrifttum (etwa *Ebert*, AT, S. 46) bedienen sich zur Präzisierung der Kausalität der so genannten **Äquivalenztheorie**, die auch als **condicio-sine-qua-non-Formel** bezeichnet wird. Alle Erfolgsbedingungen sind danach gleichwertig:

Ursächlich ist jede Bedingung, die nicht hinweggedacht werden kann, ohne dass **58** **der Erfolg in seiner konkreten Gestalt entfiele.**

> **Beispiel:**
> *A tötet seinen 80-jährigen Erbonkel O durch Giftbeibringung. Die Obduktion der Leiche ergibt, dass O wenige Stunden später an einem Herzinfarkt verstorben wäre. Strafbarkeit des A gemäß § 212 StGB?*

Vorüberlegungen: Nach der konkreten Frage ist lediglich § 212 StGB zu erörtern. **59** Zwar spricht vieles für das Vorliegen eines Mordes (heimtückische Tötung, Tötung aus Habgier), jedoch muss man sich strikt an die Fragestellung halten, sodass ausschließlich § 212 StGB anzusprechen ist.

Fraglich ist, ob sich A im Hinblick auf die Giftbeibringung wegen Totschlags gemäß **60** § 212 StGB strafbar gemacht hat. Die Tathandlung des A besteht in der Beibringung des Gifts. Der Erfolg, der Tod des O, ist eingetreten. Zu untersuchen ist, ob A für den Tod des O auch ursächlich geworden ist. Nach der Äquivalenztheorie ist jede Bedingung ursächlich, die nicht hinweggedacht werden kann, ohne dass der Erfolg in seiner konkreten Gestalt entfiele. Möglicherweise könnte hier das Verhalten des A hinweggedacht werden, da O ja ohnehin – auch ohne die Giftbeibringung – wenig später an dem Herzinfarkt verstorben wäre. Dann würde jedoch nicht berücksichtigt, dass es auf den **Erfolg in seiner konkreten Gestalt** ankommt. Bezüglich des Todes durch Giftbeibringung kann indes die Handlung des A nicht hinweggedacht werden, ohne dass dieser konkrete Erfolg entfällt. A ist daher für den Tod des O in seiner konkreten Gestalt ursächlich geworden. **Hypothetische Kausalverläufe sind unbeachtlich.** Der objektive Tatbestand ist folglich verwirklicht.

A handelt auch vorsätzlich, rechtswidrig und schuldhaft, sodass er sich gemäß § 212 StGB strafbar gemacht hat.

Ein Problem der Äquivalenztheorie ist ihre Reichweite. So stellt sich die Frage, ob in **61** dem vorangegangenen Fall die Eltern des A ebenfalls für den Tod des O ursächlich geworden sind. Insofern ergibt sich: Die Zeugung des A kann nicht hinweggedacht werden, ohne dass A den O vergiften konnte. Auch die Eltern des A sind daher kausal für den Erfolg im Sinne der Äquivalenztheorie. Das gilt ebenfalls für seine Großeltern, Urgroßeltern usw. Freilich ist mit der Bejahung der Kausalität noch kein Urteil über die Strafbarkeit gefällt. So sind die Eltern, die ja die Straftat nicht selbst ausführen (vgl. § 25 Abs. 1 Alt. 1 StGB) weder Mittäter im Sinne des § 25 Abs. 2 StGB noch mittelbare Täter gemäß § 25 Abs. 1 Alt. 2 StGB. Auch Anstiftung und Beihilfe scheiden aus. Insbesondere fehlt auch der Vorsatz und die Zeugung des Kindes ist nicht sorgfaltswidrig im Sinne eines Fahrlässigkeitsdelikts. Dennoch verdeutlicht der Fall die Reichweite der Äquivalenztheorie. Das veranlasst große Teile des Schrifttums, bereits auf Tatbestandsebene nach einem begrenzenden Korrektiv zu suchen.

So ist zur Einschränkung der Kausalität die Anwendung der **Adäquanztheorie** im **62** Strafrecht vorgeschlagen worden, wonach die Kausalität insbesondere bei atypischen Kausalverläufen entfallen soll; diese Theorie hat sich jedoch im Strafrecht nicht durchzusetzen vermocht (*Frisch*, JuS 2011, 19, 20 f.). Vielmehr zieht heute die überwiegende Ansicht im Schrifttum als einschränkendes Korrektiv die **Lehre von der objektiven Zurechnung** heran (siehe dazu unten Rdn. 83 ff.). Diese Lehre ist jedoch **keine Kausalitätstheorie**, sondern will den objektiven Tatbestand im Übrigen **nach Bejahung der Kausalität** eingrenzen.

63   Eine Kausalitätstheorie ist dagegen die Formel von der gesetzmäßigen Bedingung, die teilweise im Schrifttum zur Bestimmung der Ursächlichkeit herangezogen wird. Danach ist eine Handlung kausal, wenn sich an sie zeitlich nachfolgende Veränderungen in der Außenwelt anschließen, die mit der Handlung gesetzmäßig verbunden sind und sich als tatbestandsmäßiger Erfolg darstellen (*Kühl*, AT, § 4 Rdn. 22).

Im Folgenden soll auf die typischerweise im Zusammenhang mit der Kausalität erörterten Fallkonstellationen eingegangen werden.

a)   Atypische Kausalität

64   Nach der Äquivalenztheorie ist ausgehend von der Gleichwertigkeit aller Bedingungen Kausalität auch dann zu bejahen, wenn es sich um einen Geschehensablauf handelt, der **außerhalb jeglicher Lebenserfahrung** liegt und damit atypisch ist.

> **Beispiel:**
> *A versetzt dem O mit Tötungsvorsatz mehrere Messerstiche. Der von Passanten herbeigerufene Rettungswagen nimmt den O auf. Auf der Fahrt zum Krankenhaus wird der Wagen von einem herabstürzenden Flugzeug getroffen; O stirbt bei dem Aufprall des Flugzeugs. Strafbarkeit des A gemäß § 212 StGB?*

65   Die Tathandlung liegt in dem Zufügen der Messerstiche. Der Taterfolg ist eingetreten, O ist tot. Fraglich ist, ob A ursächlich für den Tod des O geworden ist. Ohne die Messerstiche hätten die Passanten nicht den Rettungswagen gerufen und wäre O nicht im Rettungswagen transportiert worden. Das Verhalten des A kann also nicht hinweggedacht werden, ohne dass der Erfolg in seiner konkreten Gestalt entfällt. A ist für den Tod des O ursächlich. Dass der Geschehensablauf außerhalb der Lebenserfahrung liegt und damit **atypisch** ist, ändert nichts daran, dass **Kausalität nach der Äquivalenztheorie zu bejahen** ist. Die Lehre von der objektiven Zurechnung verneint jedoch in einem solchen Fall die Zurechenbarkeit (siehe dazu unten Rdn. 92) und kommt zur Versuchsstrafbarkeit. Diejenigen, welche diese Lehre nicht befürworten, verneinen (erst) den Vorsatz des A bezüglich des konkreten objektiven Geschehensablaufs und gelangen dann im Ergebnis ebenfalls zur Strafbarkeit wegen versuchten Totschlags (siehe dazu unten Rdn. 93).

b)   Hypothetische Kausalität

66   Nach der Äquivalenztheorie sind hypothetische Kausalverläufe unbeachtlich. Der bereits angesprochene Fall, in dem A seinen Erbonkel durch Giftbeibringung tötet, wobei die Obduktion der Leiche ergibt, dass O wenig später an einem Herzinfarkt verstorben wäre (siehe oben Rdn. 59 f.), zeigt, dass es auf den Erfolg in seiner konkreten Gestalt ankommt. Dieses Ergebnis ist auch zwingend, denn sonst könnte sich ein Täter darauf berufen, dass ohnehin – früher oder später – sein Opfer gestorben wäre. Aus der **Unbeachtlichkeit hypothetischer Kausalverläufe** folgt auch, dass die zuweilen insbesondere von Tätern während der Zeit des Nationalsozialismus vorgebrachte Behauptung „Hätte ich nicht die Tat ausgeführt, hätte dies ein anderer gemacht" von vornherein nicht greift. Es kommt auf den Erfolg in seiner konkreten Gestalt an.

c) Überholende Kausalität

Eine weitere im Zusammenhang mit Fragen der Ursächlichkeit relevante Fallkonstel- **67**
lation ist die der **überholenden Kausalität**. Sie ist dadurch gekennzeichnet, dass die
gesetzte Bedingung **nicht bis zum Erfolg fortwirkt**, sondern von einer anderen Ursa-
chenkette überholt wird. Dann kommt lediglich eine Strafbarkeit wegen Versuchs in
Betracht.

> **Beispiel:**
> *A verabreicht dem O eine tödliche Menge Gift. Noch bevor das Gift wirkt, wird*
> *O von B, der von der Giftbeibringung nichts weiß, erschossen. Strafbarkeit der*
> *Beteiligten nach § 212 StGB?*

Vorüberlegungen: Zunächst ist festzustellen, wer sich möglicherweise strafbar ge- **68**
macht haben kann. Das sind A und B. Sodann ist zu überlegen, in welcher Reihenfolge die beiden Beteiligten zu prüfen sind. Hier könnte man daran denken, chronologisch zunächst mit A zu beginnen. Andererseits ist zu beachten, dass hinsichtlich
des B offensichtlich ein vollendeter Totschlag vorliegt. Daher sollte man mit B anfan-
gen.

B könnte sich gemäß § 212 StGB strafbar gemacht haben. Tathandlung ist der Schuss **69**
auf O, der Taterfolg ist mit dem Tod des O gegeben. Der Schuss des B kann auch nicht
hinweggedacht werden, ohne dass der Erfolg in seiner konkreten Gestalt entfällt. Der
Erfolg ist B objektiv zurechenbar, er handelt vorsätzlich, rechtswidrig und schuldhaft. B hat sich wegen vollendeten Totschlags gemäß § 212 StGB strafbar gemacht.

A könnte sich ebenfalls wegen vollendeten Totschlags strafbar gemacht haben. Die **70**
Tathandlung liegt in der Giftbeibringung, ebenfalls ist mit dem Tod des O der tatbestandliche Erfolg gegeben. Fraglich ist, ob A ursächlich für den Tod des O geworden ist. Insofern ist jedoch festzustellen, dass die Giftbeibringung hinweggedacht
werden kann, ohne dass der Erfolg in seiner konkreten Gestalt entfiele. Die von A
gesetzte Bedingung **wirkt nicht bis zum Erfolg fort**. Seine Ursachenreihe ist überholt
worden. Der objektive Tatbestand ist nicht verwirklicht. Eine Strafbarkeit wegen vollendeten Totschlags scheidet aus. A ist jedoch strafbar wegen versuchten Totschlags.

Zu unterscheiden ist dieser Fall von der folgenden Konstellation: **71**

> *A verabreicht dem O Gift. Um dem O den qualvollen Tod durch Giftbeibrin-*
> *gung zu ersparen, erschießt der B den O.*

B macht sich in diesem Fall wiederum strafbar wegen vollendeten Totschlags. Frag- **72**
lich ist die Strafbarkeit des A: Handlung und Erfolg sind zu bejahen. Im Hinblick auf
die Kausalität lässt sich feststellen, dass die Giftbeibringung des A nicht hinweggedacht werden kann, ohne dass der Erfolg in seiner konkreten Gestalt entfiele. Hätte A
dem O nicht das Gift verabreicht, hätte B den O nicht erschossen. Die von A gesetzte
Bedingung wirkt bis zum Erfolg fort. Kausalität ist zu bejahen. Ein **Regressverbot**, wie
es zum Teil früher vertreten wurde (*Frank*, StGB, § 1 II 2 a), wonach das vorsätzliche
und schuldhafte Dazwischentreten eines Dritten die Kausalität entfallen lässt, ist
überholt und mit den Grundsätzen der Äquivalenztheorie nicht vereinbar (*Wolters*,
Fälle zum Strafrecht, S. 12). Problematisch ist jedoch, ob nicht möglicherweise aufgrund des Dazwischentretens die **objektive Zurechnung** zu verneinen ist, wie es teilweise von den Anhängern dieser Theorie vertreten wird (*Ebert*, AT, S. 49); dann
bleibt jedoch die Versuchsstrafbarkeit (zu dem Problem der objektiven Zurechnung
siehe unten Rdn. 107). Bejaht man hingegen die objektive Zurechnung, ist der objektive Tatbestand verwirklicht. Dann stellt sich die Frage, ob der objektive Geschehensablauf noch vom Vorsatz des A umfasst war. Wer dies verneint, muss eine Strafbarkeit wegen vollendeten Totschlags ablehnen und kommt zur Versuchsstrafbarkeit.

d)   Alternative Kausalität

73   Typischer **Beispielsfall** für die alternative Kausalität ist folgende Konstellation:

> *A und B verabreichen jeweils unabhängig voneinander dem O eine je tödliche Menge Gift. O verstirbt. Es kann nicht geklärt werden, welches Gift den Tod herbeigeführt hat. Strafbarkeit gemäß § 212 StGB?*

74   Vorüberlegungen: Da A und B unabhängig voneinander tätig sind, kommt eine Zurechnung über mittäterschaftliche Grundsätze gemäß § 25 Abs. 2 StGB nicht in Betracht.

75   Relativ einfach sind Konstellationen, wenn im Nachhinein feststeht, dass das Gift des A den Tod herbeigeführt hat und nicht dasjenige des B (oder umgekehrt). Dann ist A zu bestrafen wegen vollendeten Totschlags, B hingegen wegen versuchten Totschlags; die von B gesetzte Bedingung wirkte nicht bis zum Erfolg, sodass B nicht wegen Vollendung bestraft werden kann.

76   Problematisch ist jedoch der hier in Rede stehende Fall. Beginnt man mit der Strafbarkeit des A, so können sowohl Tathandlung als auch Taterfolg bejaht werden. Fraglich ist die Kausalität. Da tatsächlich nicht geklärt werden kann, welche Bedingung den Erfolg herbeigeführt hat, müsste in konsequenter Anwendung des Grundsatzes **in dubio pro reo** die Kausalität verneint werden. Es bleibt dann bei der Bestrafung wegen versuchten Totschlags. Entsprechendes würde hinsichtlich des B gelten.

77   Dieses Ergebnis wird jedoch von Befürwortern der Äquivalenztheorie bestritten (BGHSt. 39, 195). Vielmehr soll gelten: **Können mehrere Bedingungen zwar nicht kumulativ, jedoch alternativ hinweggedacht werden, ohne dass der Erfolg in seiner konkreten Gestalt entfiele, ist jede Bedingung ursächlich.** Im Ergebnis führt das jeweils zu einer Strafbarkeit von A und B wegen vollendeten Totschlags.

e)   Kumulative Kausalität

78   Die Konstellation der kumulativen Kausalität stellt sich grundsätzlich nicht als spezielles Problem dar, sondern lässt sich in konsequenter Heranziehung der Äquivalenztheorie lösen.

> **Beispiel:**
> *A und B geben unabhängig voneinander je eine für sich genommen nicht tödliche Menge Gift in den Kaffee des O. O stirbt an den beiden Giften in ihrem Zusammenwirken. Strafbarkeit von A und B wegen Totschlags?*

79   Beginnt man mit der Strafbarkeit des A, so stellt die Giftbeibringung die Tathandlung dar, ebenfalls ist der Taterfolg mit dem Tod des O eingetreten. Der Prüfung bedarf die Kausalität.

80   Unter Heranziehung der Äquivalenztheorie gelangt man hierbei zu dem Ergebnis, dass die Giftbeibringung des A **nicht hinweggedacht werden kann, ohne dass der Erfolg in seiner konkreten Gestalt entfällt**. Können einzelne Verursachungsbeiträge nur in ihrem Zusammenwirken den Erfolg herbeiführen, dann ist jede dieser Bedingungen ursächlich (*Wolters*, Fälle zum Strafrecht, S. 5). Es bedarf dann noch der Erörterung der objektiven Zurechnung. Insofern könnte man Zweifel erheben, da die Giftmenge des A allein nicht genügt hat. Teilweise wird daher die objektive Zurechnung verneint (*Wessels/Beulke*, AT, Rdn. 196). Wer diese Lehre insgesamt ablehnt oder meint, der Tod des O sei auch Werk des A, sodass der Erfolg ihm zurechenbar ist, muss den subjektiven Tatbestand erörtern. Auf der Ebene des Vorsatzes ist konkret das Vorstellungsbild des A zu prüfen. Wusste er, dass seine Giftmenge nicht ausreicht und hatte er keine Kenntnis davon, dass von anderer Seite eine weitere Giftzufuhr erfolgt, ist der Tötungsvorsatz abzulehnen. In Betracht kommt aber fahrlässige

Tötung. Rechnete er mit der Möglichkeit der Giftzufuhr durch andere, kommt Vorsatz in der Form des dolus eventualis in Betracht (siehe dazu im Einzelnen unten Rdn. 123 ff.). Ging A irrtümlich davon aus, dass seine Giftmenge tödlich ist, stellt sich die Frage, ob die Abweichung seiner Vorstellung von den objektiven Gegebenheiten unwesentlich ist oder nicht. Insofern ist aber festzustellen, dass objektiv seine Menge nicht ausreichte und erst durch das Hinzutreten eines Dritten der Erfolg herbeigeführt wurde. Insbesondere der letztere Gesichtspunkt ist als eine wesentliche Abweichung zu erachten. Daher ist in dieser Konstellation nur von einem versuchten Totschlag (untauglicher Versuch) auszugehen.

f) Generelle Kausalität

Bislang bezogen sich sämtliche Ausführungen auf die konkrete Kausalität. Es ging also darum, ob im Einzelfall jemand durch sein Verhalten für einen bestimmten Erfolg ursächlich geworden ist. Dieser Frage vorgelagert ist die **generelle Kausalität**. Hierbei ist zu prüfen, ob **abstrakt** gesehen aus einem bestimmten Verhalten eine bestimmte Folge überhaupt resultieren kann. Normalerweise bestehen insofern keine Probleme. So steht etwa fest, dass ein Schuss aus einer Pistole der Marke X den Tod eines Menschen herbeiführen kann. Die generelle Kausalität ist gegeben. Vor allem mit der fortschreitenden technischen Entwicklung nehmen jedoch Fälle zu, in denen das Vorliegen der generellen Kausalität zweifelhaft ist. So war in den Sechzigerjahren des letzten Jahrhunderts umstritten, ob der in dem Medikament Contergan enthaltene Wirkstoff Thalidomid abstrakt gesehen zu Nervenschäden und Missbildungen bei Embryos führen kann. In jüngerer Zeit musste sich der BGH vor allem im Holzschutzmittelprozess mit der Frage auseinandersetzen, ob die Verwendung des Holzschutzmittels der Marke X Gesundheitsschäden hervorzurufen vermag (BGHSt. 41, 206), worüber unterschiedliche wissenschaftliche Auffassungen bestehen. In Zukunft können derartige Fragen u. a. im Bereich „Elektrosmog" bedeutsam werden, insbesondere bei der Benutzung von Mobiltelefonen und den damit verbundenen letztlich noch nicht abschließend geklärten Auswirkungen auf die Gesundheit. **81**

Vereinzelt ist vertreten worden, die Frage der generellen Kausalität sei ein Problem des **Tatbestands**. Herrsche Streit über das Vorliegen der Kausalität, sei bereits der Tatbestand nicht gegeben (*Armin Kaufmann*, JZ 1971, 569, 573 f.). Diese Auffassung hat sich jedoch zu Recht nicht durchzusetzen vermocht. Vielmehr gehen Rechtsprechung (BGHSt. 41, 206, 214 f.) und Schrifttum (*Kuhlen*, NStZ 1990, 566, 567) heute davon aus, dass die Frage nach der generellen Kausalität eine Frage der **Beweiswürdigung** sei. Umstritten ist innerhalb dieser Ansicht jedoch, was zu gelten hat, wenn das Vorliegen der generellen Kausalität unter Wissenschaftlern umstritten ist. Ein Großteil des Schrifttums ist der Auffassung, dass dann in Anwendung des Grundsatzes **in dubio pro reo** ein Freispruch erfolgen müsse (*Maiwald*, Kausalität und Strafrecht, S. 108 ff.). Der BGH (BGHSt. 41, 206) hat im Gegensatz dazu jedoch zu Recht betont, dass ein Richter trotz wissenschaftlich umstrittener Wirkungszusammenhänge im Wege der **freien richterlichen Beweiswürdigung** zu dem Ergebnis gelangen könne, dass die generelle Kausalität zu bejahen ist. Für diese Ansicht spricht, dass der Sachverständigenbeweis keinen Vorrang vor anderen Beweisen genießt und der Richter im konkreten Fall unter Heranziehung der Gesamtumstände (Indizien) durchaus zu dem Ergebnis kommen kann, dass die generelle Kausalität zu bejahen ist. **82**

5. Die objektive Zurechnung

Schon im Zusammenhang mit den Ausführungen zur Kausalität ist dargelegt worden, dass ein wesentlicher Nachteil der Äquivalenztheorie ihre Reichweite ist. Wie sich gezeigt hat, sind nach der condicio-sine-qua-non-Formel auch die Eltern, Groß- **83** eltern, Urgroßeltern usw. des Täters für den Erfolg kausal. Die Lehre von der objektiven Zurechnung dient nun dazu, bereits auf der Ebene des objektiven Tatbestands eine Einschränkung vorzunehmen und bei bestimmten Fallgruppen den objektiven Tatbestand zu verneinen.

84   Dabei handelt es sich bei der objektiven Zurechnung **nicht um eine Kausalitätstheorie**. Vielmehr wird die Kausalität nach der Äquivalenztheorie bestimmt und **erst im Anschluss** daran erfolgt die Erörterung, ob nicht möglicherweise aus Zurechnungsgesichtspunkten der objektive Tatbestand entfällt.

85   Bevor im Einzelnen inhaltlich auf die Lehre eingegangen wird, ist zu betonen, dass die Lehre von der objektiven Zurechnung nicht unumstritten ist. Zwar wird diese Rechtsfigur inzwischen von der herrschenden Ansicht im Schrifttum zur Einschränkung des Tatbestands herangezogen (z. B. *Roxin*, AT I, § 11 Rdn. 44 ff.). Es wird jedoch auch gegenüber dieser Lehre nach wie vor der Vorwurf erhoben, sie sei zu unbestimmt (*Hilgendorf*, Klausurenkurs I, Fall 6 Rdn. 10). Zudem könnten die Fallgruppen, in denen die objektive Zurechnung zu verneinen sei, auch ohne Heranziehung dieser Rechtsfigur sachgerecht gelöst werden (*Hirsch*, Festschr. für Lenckner, 1998, S. 119 ff.). Ebenfalls die Rechtsprechung hat sich bislang nicht zu der Lehre von der objektiven Zurechnung bekannt.

86   **Stellungnahme:** Im Hinblick auf den Vorwurf der mangelnden Bestimmtheit ist zwar zu erwähnen, dass im Rahmen der Lehre von der objektiven Zurechnung einzelne Fallgruppen entwickelt worden sind, sodass insofern eine gewisse Präzisierung erfolgt ist. Dennoch erheben sich vor dem Hintergrund des Art. 103 Abs. 2 GG Zweifel an dieser Lehre. So hängt die Frage, ob der Erfolg dem Täter „als sein Werk zurechenbar ist", sehr stark von bloßen Wertungsgesichtspunkten ab. Über eine solche allgemeine Klausel kann die jeweils intuitiv als richtig empfundene Entscheidung jederzeit im Nachhinein legitimiert werden. Damit aber steht für den Einzelnen nicht von vornherein mit hinreichender Klarheit fest, was verboten ist und was nicht. Hinzu kommt, dass die im Folgenden erörterten Fallgruppen auch ohne Heranziehung der Rechtsfigur bei exakter juristischer Subsumtion lösbar sind. Von daher erscheint die Lehre von der objektiven Zurechnung überflüssig und sogar schädlich, da sie den Boden der präzisen juristischen Aufarbeitung eines Falls verlässt und die Beantwortung nach der Bestrafung eines Täters eher von persönlichen Wertungen abhängig macht. Sie ist daher abzulehnen.

87   In Prüfungsarbeiten ist, sofern der Sachverhalt dafür Anlass gibt, auf die objektive Zurechnung einzugehen. Falls Zurechenbarkeit gegeben ist, bedarf es nicht der Entscheidung, ob die Lehre zu befürworten ist oder nicht. Nur dann, wenn Anhänger und Gegner der Lehre von der objektiven Zurechnung im konkreten Fall zu unterschiedlichen Ergebnissen gelangen, ist der Meinungsstreit zu diskutieren und zu entscheiden.

88   Was besagt nun die Lehre von der objektiven Zurechnung inhaltlich? Allgemein kann man den Aussagegehalt der Lehre in folgendem Merksatz zusammenfassen:
Objektiv zurechenbar ist dem Täter ein Erfolg nur dann, wenn sich die mit der Handlung des Täters verbundene missbilligte Gefahr in dem tatbestandsmäßigen Erfolg verwirklicht hat. Es geht darum, ob dem Täter der Erfolg „als sein Werk" zurechenbar ist.
Man sieht, dass es sich hierbei um eine doch sehr allgemein gehaltene Formel handelt. Dies ist jedoch lediglich der Ausgangspunkt, der von den Befürwortern der Lehre in einzelnen Fallgruppen konkretisiert wird. Auf diese ist nunmehr einzugehen.

a) Allgemeine Lebensrisiken

Beispiel:
A schenkt seinem Erbonkel O ein Flugticket für eine Fernreise. Insgeheim hofft A, dass das Flugzeug abstürzen wird und O stirbt. So geschieht es auch tatsächlich; aufgrund eines technischen Defekts kommt es zum Absturz des Flugzeugs, bei dem O getötet wird. Hat sich A nach § 212 StGB strafbar gemacht?

Dieser klassische Beispielfall soll Prototyp für die Verneinung der objektiven Zurechnung sein. A sei zwar durch die Schenkung des Tickets ursächlich für den Erfolg in seiner konkreten Gestalt geworden, jedoch habe er mit der Schenkung des Flugtickets keine missbilligte Gefahr geschaffen, sodass der Erfolg ihm nicht als sein Werk zurechenbar sei (*Wessels/Beulke*, AT, Rdn. 184). Es verwirkliche sich ein allgemeines Lebensrisiko. **89**

Befürwortet man diese Lehre nicht, fragt sich, wie der Fall zu lösen ist. Insofern ist zu beachten, dass A zwar dem O das Flugticket geschenkt hat, jedoch eine freiwillige und eigenverantwortliche Entscheidung des O erfolgt ist, das Flugzeug zu betreten. O hat das Flugzeug unter Kenntnis der allgemein mit einem Flug verbundenen Risiken ohne Zwang bestiegen. Es liegt daher im Verhältnis zu A eine freiverantwortliche Selbstgefährdung des O vor, was zur Konsequenz hat, dass A hier keine Straftat im Sinne des § 25 Abs. 1 Alt. 1 StGB selbst begeht. Vielmehr handelt es sich allenfalls um eine straflose Teilnahme (es fehlt an der für die Teilnahme im Sinne der §§ 26, 27 StGB erforderlichen Haupttat) an der eigenverantwortlichen Selbstgefährdung des O. Zwar wird der Gesichtspunkt der eigenverantwortlichen Selbstgefährdung von den Befürwortern der Lehre der objektiven Zurechnung als eine Fallgruppe benannt, die unter die objektive Zurechnung fällt; tatsächlich geht es hierbei jedoch um Folgerungen, welche sich unmittelbar aus den §§ 25 ff. StGB ergeben. Bei der eigenverantwortlichen Selbstgefährdung fehlt es an der Voraussetzung des § 25 Abs. 1 Alt. 1 StGB, dass der Täter die Straftat selbst begeht. Sollte O – etwa aufgrund seines altersbedingten Geisteszustands – nicht zu einer freiverantwortlichen Entscheidung in der Lage sein, ist der Fall ebenfalls über § 25 StGB lösbar, nämlich wiederum über den Gesichtspunkt, dass es sich nicht um ein von A im Sinne des § 25 StGB beherrschtes Geschehen handelt. **90**

b) Atypischer Kausalverlauf

Die Konstellation des atypischen Kausalverlaufs ist bereits im Zusammenhang mit der Kausalität erörtert worden. Es geht etwa um Fälle wie den dort beschriebenen, dass der von A durch Messerstiche verletzte O auf dem Transport ins Krankenhaus durch ein herabstürzendes Flugzeug verstirbt (siehe oben Rdn. 64 f.). **91**

Die Befürworter der Lehre von der objektiven Zurechnung nehmen in dieser Konstellation an, dass die von A gesetzte missbilligte Gefahr sich nicht im tatbestandsmäßigen Erfolg verwirklicht habe. Damit sei die objektive Zurechnung und somit der objektive Tatbestand zu verneinen (*Ebert*, AT, S. 48 f.). Es bleibt bei einer Bestrafung des A wegen versuchten Totschlags. **92**

Die Gegner der objektiven Zurechnung bejahen hingegen den objektiven Tatbestand. Da somit die Ansichten zu unterschiedlichen Ergebnissen gelangen, muss in Prüfungsarbeiten diskutiert werden, ob man die Rechtsfigur der objektiven Zurechnung befürwortet oder nicht (zu den Argumenten siehe oben Rdn. 83 ff.). Lehnt man sie ab, ist der objektive Tatbestand gegeben. Zu verneinen ist jedoch dann der Vorsatz des A hinsichtlich des objektiven Geschehensablaufs. Es bleibt dann ebenfalls die Versuchsstrafbarkeit. **93**

c)   Risikoverringerung

94   Als weitere Fallgruppe, in der die objektive Zurechnung entfallen soll, wird die Konstellation der „Risikoverringerung" genannt.

95   Typisches dafür angeführtes Beispiel ist der Fall, dass B mit einem Hammer zum Schlag gegen den Kopf des O ausholt. A wirft sich dem B entgegen, sodass der Schlag abgelenkt und O lediglich am Arm verletzt wird. Was nun die Strafbarkeit des A wegen Körperverletzung anbetreffe, sei die objektive Zurechnung zu verneinen, da A keine rechtlich missbilligte Gefahr geschaffen habe (*Wessels/Beulke*, AT, Rdn. 194).

96   Aber auch ohne die objektive Zurechnung ist der Fall lösbar. So ist zwar A mitursächlich für die Verletzung, jedoch wird ihm regelmäßig der diesbezügliche Vorsatz fehlen. Eine Strafbarkeit wegen Fahrlässigkeitstat kann an der fehlenden Sorgfaltswidrigkeit scheitern. Abgesehen davon ist der Täter in einem solchen Fall gemäß § 34 StGB über die Notstandshilfe gerechtfertigt. Der Figur der objektiven Zurechnung bedarf es also nicht.

d)   Schutzzweck der Norm

97   Auch der Gesichtspunkt des Schutzzwecks der Norm wird unter der Rubrik „objektive Zurechnung" angesprochen. Beeinträchtige der Täter ein Rechtsgut, sei zu prüfen, ob die verletzte Norm überhaupt dem Schutz dieses Rechtsguts dient.

> **Beispiel:**
> *A missachtet in Würzburg ein Rotlichtzeichen. Zwei Stunden später springt dem A in Aschaffenburg für ihn unvermeidbar und bei Einhaltung sämtlicher Sorgfaltsanforderungen ein Kind vor das Auto, das getötet wird.*
> *Hätte A in Würzburg das Rotlichtzeichen beachtet, wäre er erst zu einem späteren Zeitpunkt in Aschaffenburg gewesen, sodass das Kind von ihm nicht überfahren worden wäre.*

98   Insofern argumentiert man, die Beachtung des Rotlichtzeichens diene lediglich dem Schutz der Verkehrsteilnehmer in dem konkreten Straßenbereich, wo das Rotlichtzeichen aufgestellt sei (*Wessels/Beulke*, AT, Rdn. 182). A habe durch den Verstoß keine für das Kind relevante Gefahr geschaffen.

99   Gegen den Begriff des „Schutzzwecks der Norm" spricht, dass damit ein weiterer Unsicherheitsfaktor in die Prüfung getragen wird. Auch ohne die Heranziehung dieser Formulierung kann der Fall jedoch einer Lösung zugeführt werden. Es fehlt nämlich in Bezug auf das getötete Kind an einem sorgfaltswidrigen Verhalten. Die vom fahrlässigen Delikt geforderte Sorgfaltswidrigkeit muss stets in Bezug auf das in Rede stehende konkret beeinträchtigte Rechtsgutobjekt geprüft werden. Der Verstoß in Würzburg war nun aber sorgfaltswidrig in Bezug auf die sich in dem spezifischen Gefahrenbereich befindlichen Rechtsgutobjekte, nicht aber hinsichtlich des Kindes in Aschaffenburg.

e)   Sozialadäquates Verhalten

100   Teilweise wird die Auffassung vertreten, dass sozialadäquates Verhalten aus dem tatbestandlichen Anwendungsbereich einer Norm herausfallen soll (siehe *Gropp*, AT, § 6 Rdn. 227 f.). Hier geht es um Fälle wie den des Weihnachtsgeschenks an einen Amtsträger, bei dem eine Bestrafung des Amtsträgers nach § 331 StGB in Betracht kommt.

101   Es ist leicht einsichtig, dass der Begriff der „Sozialadäquanz" konturenlos ist und damit die nötige Bestimmtheit vermissen lässt. So fragt sich, ob 5 € als Weihnachtspräsent sozialadäquat sind oder eventuell auch noch 50 €. Derartige Fälle sind vielmehr über eine exakte Subsumtion unter die jeweiligen tatbestandlichen Voraus-

setzungen zu lösen. So mag es im Einzelfall selbst an einer gelockerten Unrechtsvereinbarung im Sinne des § 331 StGB fehlen, im Übrigen ist § 331 Abs. 3 StGB zu beachten. Der Gesichtspunkt der Sozialadäquanz allein reicht jedoch nicht aus, um die Strafbarkeit entfallen zu lassen.

f) Freiverantwortliche Selbstschädigung, -gefährdung des Opfers

Die Befürworter der Lehre von der objektiven Zurechnung ordnen dieser Rechtsfigur **102** ebenfalls die Konstellationen der freiverantwortlichen Selbstschädigung sowie -gefährdung unter (*Jäger*, AT, Rdn. 44 ff.).

> *Z. B.: A besorgt dem Wunsch des O entsprechend ein tödlich wirkendes Gift, das O sich selbst verabreicht und daran stirbt.*
> *Weiteres Beispiel:*
> *A schlägt dem O vor, ein Freeclimbing-Center zu besuchen. An der Kletterwand stürzt O ab und verletzt sich dabei tödlich.*

Die Befürworter der Lehre von der objektiven Zurechnung gehen in diesen Fällen **103** davon aus, dass der tatbestandliche Erfolg nach dem Prinzip der Eigenverantwortlichkeit nicht zugerechnet werden dürfe (*Kühl*, AT, § 4 Rdn. 83 ff.).

Zur Erzielung dieses Ergebnisses bedarf es jedoch nicht der Heranziehung der Lehre **104** von der objektiven Zurechnung. Im ersten Fall (A besorgt Gift, damit O Suizid begehen kann) hat A hat im finalen Augenblick keine Herrschaft über das Geschehen. O verabreicht sich das Gift selbst und entscheidet sich dazu freiverantwortlich, sodass sowohl unmittelbare als auch mittelbare Täterschaft des A ausscheiden. In Betracht käme also allenfalls Teilnahme des A an der Tat des O, insbesondere Beihilfe gemäß § 27 StGB. Die Teilnahme hat jedoch stets das Vorliegen einer vorsätzlichen, rechtswidrigen Haupttat zur Voraussetzung. O müsste eine solche vorsätzliche, rechtswidrige Tat begangen haben. Die Tötungsdelikte setzen nun aber die Tötung eines **anderen** Menschen voraus, sodass das Verhalten des O tatbestandslos ist. Folglich fehlt es an einer teilnahmefähigen Haupttat. A macht sich nicht strafbar.

Im zweiten Fall ist an eine Strafbarkeit des A gemäß § 222 StGB zu denken. Hierbei **105** ist bereits fraglich, ob der Vorschlag, das Freeclimbing-Center zu besuchen, als solches den Vorwurf der Fahrlässigkeit begründen kann. Jedenfalls ist zu beachten, dass O eigenverantwortlich den Entschluss fasst, die Kletterwand heraufzusteigen und die Herrschaft über den Geschehensablauf ausübt (dieses Kriterium erachtet BGHSt. 53, 55 [60 f.] zur Abgrenzung von der Fremdgefährdung für maßgeblich), sodass eine freiverantwortliche Selbstgefährdung des O vorliegt. Insofern gilt: Tatbeiträge, welche bei einer freiverantwortlichen Selbstschädigung nicht zur Strafbarkeit führen, können erst recht nicht bei einer Mitwirkung an einer bloß freiverantwortlichen Selbstgefährdung Strafe auslösen. Das mag man mit fehlender Zurechnung bezeichnen, jedoch ergibt sich daraus kein weiterer Erkenntnisgewinn, im Gegenteil: Die maßgeblichen Gesichtspunkte werden eher verschleiert.

g) Eingreifen Dritter in den Geschehensablauf

Schließlich ist auf die Gruppe des Eingreifens eines Dritten in den Geschehensablauf **106** einzugehen.

> *Ein Beispiel hierzu wurde bereits im Rahmen der Erwägungen zur Kausalität genannt: A verabreicht dem O eine tödliche Dosis Gift. Um dem O die Qualen eines Gifttodes zu ersparen, erschießt B den O.*

Anerkannt ist heute, dass A für den Tod des O kausal ist. Dies ist bereits im Zusammenhang mit der Kausalität erörtert worden (siehe oben Rdn. 72). Umstritten ist aber, **107** ob die objektive Zurechnung zu verneinen ist. Teilweise wird vertreten, dass die Verneinung der Zurechnung beim Dazwischentreten eines Dritten in Betracht komme. Die Zurechnung sei jedoch ausnahmsweise gegeben, wenn das Verhalten des Dritten typischerweise in der Ausgangsgefahr begründet ist, was hier bejaht werden könne (vgl. *Wessels/Beulke*, AT, Rdn. 192). Auf dieses Problem wird nochmals bei der Erörterung des Fahrlässigkeitsdelikts zurückzukommen sein (siehe unten Rdn. 441 ff.).

108   Der Fall kann jedoch gelöst werden, ohne dass es der Heranziehung von Gesichtspunkten (Ausgangsgefahr) bedarf, welche die Prüfung eher belasten und verdunkeln als erhellen. Es handelt sich um ein Problem des subjektiven Tatbestands, nämlich um die Frage nach dem wesentlichen Abweichen vom Kausalverlauf (siehe dazu im Einzelnen die Ausführungen unten Rdn. 160 ff.). Der Vorsatz ist zu verneinen, wenn das objektive Geschehen so sehr außerhalb der allgemeinen Lebenserfahrung liegt, dass vernünftigerweise nicht mehr damit zu rechnen ist. Gab es keinerlei Anhaltspunkte für das eigenverantwortliche Eingreifen des B, entfällt der Vorsatz des A. Es bleibt dann bei einer Strafbarkeit wegen Versuchs.

III.   Der subjektive Tatbestand

109   Nach der älteren **kausalen Handlungslehre** ist die menschliche Handlung ein auf einen Willensimpuls zurückzuführender äußerer Kausalvorgang (*von Liszt,* Strafrecht, S. 116). Maßgeblich war damit die Veränderung in der Außenwelt, wobei der menschliche Wille lediglich in seiner verursachenden Funktion, nicht jedoch in seiner den Geschehensablauf steuernden Kraft erfasst wurde. Für den Verbrechensaufbau hatte dieses Verständnis der Handlung zur Konsequenz, dass der Vorsatz **erst im Rahmen der Schuld geprüft wurde.**

110   Dem steht die von *Welzel* begründete **finale Handlungslehre** gegenüber, wonach der Willensinhalt Teil der Handlung ist. Menschliches Handeln sei ein vom Willen gelenktes Geschehen (*Welzel*, AT, § 8 I). Das hat zur Konsequenz, dass der Vorsatz bereits zur Tatbestandsmäßigkeit gehört. Er wird im **subjektiven Tatbestand** angesprochen.

111   Die **soziale Handlungslehre** erachtet als Kriterium des Handlungsbegriffs die soziale Relevanz des menschlichen Verhaltens. Handlung ist danach das vom menschlichen Willen getragene Bewirken objektiv bezweckbarer sozialerheblicher Folgen (*Wessels/Beulke*, AT, Rdn. 91 ff.). Auch nach dieser Theorie gehört der Vorsatz zum Unrechtstatbestand und wird dort im subjektiven Tatbestand erörtert.

112   Heute kann als anerkannt gelten, dass ein **subjektiver Unrechtstatbestand** existiert, in dem der **Vorsatz** sowie etwaige **besondere subjektive Merkmale** zu prüfen sind. Daraus ergibt sich der hier zu Beginn aufgezeigte Aufbau: Die Tatbestandsmäßigkeit unterteilt sich in einen objektiven und subjektiven Tatbestand, zunächst sind die objektiven Tatbestandsmerkmale zu erörtern, im Anschluss der hierauf bezogene Vorsatz sowie etwaige besondere subjektive Merkmale.

1.   Der Vorsatz

113   Der Vorsatz setzt sich aus einem voluntativen und einem kognitiven Element zusammen.
Vorsatz bedeutet den Willen zur Verwirklichung des objektiven Tatbestands in Kenntnis aller seiner objektiven Tatbestandsmerkmale.
Der Vorsatz ist also das Spiegelbild des objektiven Tatbestands: Sämtliche objektiven Merkmale – Täterqualität, Tathandlung, Taterfolg, Kausalität – müssen sich in der Vorstellung des Täters wiederfinden. Gemäß § 15 StGB sind die im StGB angeführten Strafbestimmungen Vorsatzdelikte, es sei denn, Fahrlässigkeit ist ausdrücklich unter

Strafe gestellt. Im Folgenden ist auf klassische prüfungsrelevante Probleme im Zusammenhang mit dem Vorsatz einzugehen.

a) Der Vorsatz in Bezug auf deskriptive und normative Merkmale

Der Gesetzgeber benutzt zur Konkretisierung, unter welchen Voraussetzungen sich eine Person strafbar machen kann, teilweise deskriptive, zum Teil aber auch normative Merkmale. 114

Deskriptive Merkmale sind der sinnlichen Wahrnehmung zugänglich; diese Merkmale verdeutlichen durch bloße Beschreibung, was im Einzelnen unter Strafe gestellt ist. Beispiel für ein deskriptives Merkmal ist der Begriff des „Beschädigens" in § 303 StGB oder der des „Wegnehmens" im Sinne des § 242 StGB. Zu beachten ist indes, dass die Grenze zwischen deskriptiven und normativen Merkmalen oftmals nicht klar gezogen werden kann und die Unterschiede verschwimmen. 115

Normative Merkmale sind wertausfüllungsbedürftige Umstände. Es geht also nicht bloß um eine Beschreibung, sondern erforderlich ist eine wertende Betrachtung; es handelt sich hierbei nicht nur um eine sinnliche Wahrnehmung, vielmehr auch um ein geistiges Verstehen. Beispiel für normative Merkmale sind die Begriffe „Urkunde" in § 267 StGB oder das Merkmal „fremd" in § 242 StGB. 116

Bei deskriptiven Merkmalen muss der Täter zur Bejahung des Vorsatzes den natürlichen Sinngehalt des Merkmals verstehen. Schwieriger ist die Feststellung des Vorsatzes in Bezug auf normative Merkmale. So bedeutet etwa das normative Merkmal der „Urkunde" eine verkörperte Gedankenerklärung, die zum Beweis im Rechtsverkehr bestimmt und geeignet ist und ihren Aussteller erkennen lässt. Ausgehend von dieser Definition sind nach h. M. auch Waren i. V. m. einem Preisetikett Urkunden (so genannte zusammengesetzte Urkunde). 117

Würde man nun vom jeweiligen Täter das Wissen um die exakte juristische Definition verlangen, liefe der Tatbestand weitgehend leer, da sich letztlich nur Täter mit hinreichenden juristischen Kenntnissen strafbar machen könnten. Ausreichend ist vielmehr nach der **Lehre von der Parallelwertung in der Laiensphäre** zur Bejahung des Vorsatzes, dass der **Täter den rechtlich-sozialen Bedeutungsgehalt des Merkmals nach Laienart zutreffend erfasst** (*Marxen*, AT, S. 49). Der Täter muss also nicht die präzise juristische Definition kennen, vielmehr geht es darum, dass er den Inhalt der juristischen Definition in seinem Sprachgebrauch versteht. Zur Bejahung des Vorsatzes bezüglich des Merkmals „Urkunde" reicht daher das Bewusstsein, dass etwa die Ware i. V. m. dem Preisetikett eine Aussage über den konkreten Preis der Ware enthält (verkörperte Gedankenerklärung), die dazu dienen soll, den Preis an der Kasse festzustellen (Beweisbestimmung und -eignung), wobei der Täter weiß, dass der Warenhausinhaber die Preisauszeichnung vorgenommen hat (Erkennbarkeit des Ausstellers). Wendet nun der Täter ein, er sei nicht davon ausgegangen, dass eine Ware i. V. m. einem Preisetikett eine Urkunde darstellen könne, dann handelt es sich hierbei um einen **für den Vorsatz unbeachtlichen Subsumtionsirrtum,** weil der Täter die Bedeutung des Merkmals zutreffend verstanden hat. Möglich ist allenfalls, dass sich der Subsumtionsirrtum zu einem Verbotsirrtum gemäß § 17 StGB entwickelt. Dazu ist aber Voraussetzung, dass dem Täter die Einsicht fehlt, Unrecht zu tun, was der Prüfung im Einzelfall bedarf. 118

b) Die verschiedenen Arten des Vorsatzes

Bislang wurde Vorsatz definiert als Wissen und Wollen der objektiven Tatbestandsmerkmale. Nun können jedoch die Wissens- und Willensseite im Einzelfall durchaus unterschiedlich ausfallen. Daraus ergeben sich unterschiedliche Arten des Vorsatzes. 119

aa)   Dolus directus 1. Grades

120   Die stärkste Form des Vorsatzes ist der dolus directus 1. Grades, der oftmals auch bloß „Absicht" genannt wird. Gegen diese Bezeichnung spricht jedoch, dass der Begriff der „Absicht" bei den besonderen subjektiven Merkmalen Verwendung findet („Zueignungsabsicht", „Bereicherungsabsicht"), obwohl er dort nicht zwingend inhaltlich identisch ist mit der Vorsatzform dolus directus 1. Grades. Daher erscheint der Ausdruck „dolus directus 1. Grades" zur Kennzeichnung der Vorsatzform vorzugswürdiger; der Begriff der „Absicht" sollte für die besonderen subjektiven Merkmale vorbehalten werden.

121   Dolus directus 1. Grades bedeutet, dass der Täter den tatbestandlichen Erfolg **erstrebt.** Dem Täter kommt es gerade auf die Erfolgsherbeiführung an, das heißt es geht um einen zielgerichteten Willen. In diesem Fall liegt also der Schwerpunkt auf dem voluntativen Element. Als intellektuelles Element, das auch hier erforderlich ist, genügt dabei die bloße Möglichkeitsvorstellung (*Lackner/Kühl*, StGB, § 15 Rdn. 20).

bb)   Dolus directus 2. Grades

122   Dolus directus 2. Grades, der auch als direkter Vorsatz oder dolus directus (in Abgrenzung zur Absicht) bezeichnet wird, liegt vor, wenn sich der Täter **gewiss** ist, dass er den Tatbestand verwirklicht. Dolus directus 2. Grades ist also sicheres Wissen. Wer mit dieser Kenntnis willentlich tätig wird, nimmt in den Willen alles auf, was er sich als notwendige und sichere Folge seines Verhaltens vorstellt, mögen ihm auch einzelne Auswirkungen seines Verhaltens an sich unerwünscht sein (*Wessels/Beulke*, AT, Rdn. 213). Diese zweitstärkste Vorsatzform genügt ebenfalls zur Bejahung des Vorsatzes, sofern nicht eine Strafbestimmung ihren Anwendungsbereich auf dolus directus 1. Grades beschränken sollte. So verlangt etwa das besondere subjektive Merkmal der Bereicherungsabsicht in § 263 StGB als Vorsatzform dolus directus 1. Grades, sodass dolus directus 2. Grades nicht genügt.

cc)   Dolus eventualis

123   Dritte und zugleich meistdiskutierte Vorsatzform ist der **Eventualvorsatz,** also der dolus eventualis. Er ist deswegen so problematisch, weil der Täter es in diesem Fall ebenso wie bei der bewussten Fahrlässigkeit für **möglich** hält, dass es zur Verwirklichung des objektiven Tatbestands kommt. **Dolus eventualis und bewusste Fahrlässigkeit stimmen in der Möglichkeitsvorstellung überein.** Daraus resultiert das **Problem der Unterscheidung der bewussten Fahrlässigkeit von dem Eventualvorsatz,** wozu in der Wissenschaft über die Laufe der Jahre eine Vielzahl von Abgrenzungstheorien entwickelt worden sind.

> **Beispiel:**
> *A wirft aus Langeweile Steine von einer Autobahnbrücke. Dabei sieht er die Möglichkeit, dass dadurch Autofahrer getötet werden können, macht sich darüber aber keine weiteren Gedanken. Handelt A mit Tötungsvorsatz?*

124   Zur Verdeutlichung: Dolus eventualis ist eine Vorsatzform und reicht in den allermeisten Strafbestimmungen zur Bejahung des Vorsatzes aus. So genügt etwa in Bezug auf die Tötung eines anderen Menschen in § 211 StGB und in § 212 StGB dolus eventualis. Auch bei §§ 223, 224 StGB ist der subjektive Tatbestand schon bei dolus eventualis erfüllt. Nur selten wird Eventualvorsatz ausgeschieden: Beispielsweise verlangt die Strafvereitelung gemäß § 258 StGB ein „absichtliches" oder „wissentliches" Vereiteln. Damit fordert der Tatbestand hinsichtlich der Vereitelungshandlung dolus directus 1. Grades („absichtlich") oder dolus directus 2. Grades („wissentlich"), dolus eventualis genügt hingegen insofern nicht. Weitere Beispiele sind

§§ 145 d, 164, 187 StGB, welche die Formulierung „wider besseres Wissen" benutzen, womit dolus directus 2. Grades erforderlich ist. Bei den meisten Strafbestimmungen ist jedoch Eventualvorsatz als Vorsatzform ausreichend.

Die bewusste Fahrlässigkeit („luxuria") ist hingegen keine Vorsatzform, sondern dem Bereich der Fahrlässigkeit zuzuordnen. Liegt kein dolus eventualis, sondern lediglich bewusste Fahrlässigkeit vor, scheidet etwa eine Strafbarkeit wegen Mordes, bei dem der Gesetzgeber obligatorisch lebenslange Freiheitsstrafe vorsieht, aus; es kommt dann lediglich eine Strafbarkeit wegen fahrlässiger Tötung in Betracht, die im Vergleich zum Mord lediglich mit einer Freiheitsstrafe bis zu fünf Jahren oder mit Geldstrafe pönalisiert ist. Die unterschiedliche Schwere der jeweils vorgesehenen Strafdrohungen verdeutlicht gleichzeitig die ganz besondere praktische Relevanz einer klaren Grenzziehung zwischen dolus eventualis einerseits und bewusster Fahrlässigkeit andererseits. **125**

Der BGH vertritt vom Ausgangspunkt in ständiger Rechtsprechung die **Einwilligungstheorie (Billigungstheorie):** **126**

Danach ist kennzeichnend für **dolus eventualis,** dass der Täter **neben der Möglichkeitsvorstellung den tatbestandsmäßigen Erfolg billigend in Kauf nimmt** (BGHSt. 36, 1, 9 f.). Der Täter findet sich also mit der als möglich erkannten Tatbestandsverwirklichung ab. Den Gegensatz dazu bildet die **bewusste Fahrlässigkeit,** die vom BGH dann angenommen wird, wenn der Täter **darauf vertraut, dass der als möglich vorausgesehene Erfolg nicht eintreten werde.**

Ist in einem Prüfungssachverhalt davon die Rede, dass der Täter die Tatbestandsverwirklichung „billigend in Kauf nimmt", wird damit deutlich gemacht, dass der Täter mit dolus eventualis handelt. Im Fall des Steinwurfs von der Brücke rechnet A mit der Möglichkeit der Tötung von Autofahrern. Anhaltspunkte, dass er auf das Ausbleiben des Erfolges vertraut, sind nicht ersichtlich. Vielmehr findet A sich mit der als möglich erkannten Tatbestandsverwirklichung ab, sodass dolus eventualis und damit Tötungsvorsatz vorliegt.

Zur weiteren Präzisierung führt der BGH (BGH, JZ 1981, 35) insbesondere aus, dass die Annahme von Billigung naheliege, wenn der Täter sein Vorhaben trotz äußerster Gefährlichkeit durchführe, ohne auf einen glücklichen Ausgang vertrauen zu können, und es dem Zufall überlasse, ob sich die von ihm erkannte Gefahr verwirkliche oder nicht. Andererseits zieht der BGH (BGHSt. 36, 1, 15) vor allem bei Tötungsdelikten die **Hemmschwellentheorie** heran, wonach vor dem Tötungsvorsatz eine viel höhere Hemmschwelle als vor dem Gefährdungs- und Körperverletzungsvorsatz bestehe, was gegen dolus eventualis spreche. Der BGH führt aus, dass bei äußerst gefährlichen Gewalthandlungen Tötungsvorsatz zwar naheliege, es seien aber auch die konkrete Angriffsweise, die psychische Verfassung des Täters sowie seine Motivation in die Beurteilung einzubeziehen (BGH, NStZ-RR 2009, 372). Angesichts der hohen Hemmschwelle gegenüber der Tötung bedürfe die Frage nach dem bedingten Tötungsvorsatz einer Gesamtschau der objektiven und subjektiven Tatumstände (BGH, NStZ 2011, 338). **127**

In Bezug auf die praktische Handhabung ist gegenüber den Entscheidungen des BGH der Vorwurf einer gewissen Zufälligkeit in den Ergebnissen nicht von der Hand zu weisen. So hat sich etwa der BGH im Fall von mindestens 23 Hammerschlägen auf Kopf, Nacken und Hals des Opfers gegen dolus eventualis ausgesprochen (BGH, StV 1987, 92), dagegen beim Schleudern eines Beils in Richtung eines in ca. 4 bis 5 Meter Entfernung hinter einer Glastür stehenden Polizeibeamten Eventualvorsatz bejaht (BGH, NStZ 1981, 22). Dagegen soll bei Schlägen mit einer schweren Schaufel in den Kopf- und Schulterbereich wiederum dolus eventualis zu verneinen sein (BGH, NStZ-RR 1997, 233). **128**

Mit den vom BGH im Ausgangspunkt herangezogenen Kriterien – Vertrauen auf das Ausbleiben des Erfolges, Abfinden mit der Tatbestandsverwirklichung – stimmt die **129**

herrschende Meinung im Schrifttum weitgehend überein, wenn dort darauf abgestellt wird, ob der Täter ernstlich mit der **Möglichkeit der Rechtsgutsverletzung** rechnet und sich mit ihr **abfindet** (*Jescheck/Weigend*, AT, § 29 III 3 a).

130 Es wird jedoch auch eine Vielzahl abweichender Auffassungen vertreten. Insbesondere ist auf folgende Ansichten hinzuweisen:

Die **Möglichkeitstheorie** lässt für den Eventualvorsatz ausreichen, dass sich der Täter den Erfolg als konkret möglich vorstellt und dennoch handelt (*Schmidhäuser*, GA 1957, 305).

Die **Wahrscheinlichkeitstheorie** will genügen lassen, dass der Täter den Eintritt des Erfolges für wahrscheinlich hält, was mehr als möglich und weniger als überwiegend wahrscheinlich sein soll (*H. Mayer*, AT, S. 120 f.).

Vereinzelt wird darauf abgestellt, ob der Täter eine **unerlaubte und unabgeschirmte Gefahr** gesetzt hat (*Herzberg*, JuS 1986, 249).

Die **Gleichgültigkeitstheorie** bejaht Vorsatz, wenn der Täter die bloß mögliche Folge positiv gutheißt oder gleichgültig hinnimmt (*Engisch*, NJW 1955, 1688).

131 **Stellungnahme:** Stellt man auf die bloße Möglichkeit ab, erscheint eine hinreichend klare Abgrenzung zur bewussten Fahrlässigkeit kaum durchführbar, da dort ebenfalls die Möglichkeit der Tatbestandsverwirklichung besteht. Zudem ist mit diesem Kriterium die Gefahr der Ausuferung des Vorsatzes gegeben. Das bloße Abstellen auf die Wahrscheinlichkeit erscheint in der vorgetragenen Form zu unbestimmt. Soweit eine unabgeschirmte Gefahr für maßgeblich erachtet wird, handelt es sich um ein Kriterium, das bei einer Vielzahl von Tatbeständen sehr schwierig anwendbar ist und die Praxis mit Begrifflichkeiten konfrontiert, die wiederum neue Fragen eröffnen. Bei der Gleichgültigkeitstheorie wiederum wird zu stark die Gesinnung des Täters betont. Von daher erscheint es vorzugswürdig, auf das Kriterium des Vertrauens auf das Ausbleiben des Erfolges oder das Abfinden mit dem Erfolg abzustellen.

132 Im Einzelfall mag dann durchaus bei besonderer objektiver Gefährlichkeit des Verhaltens des Täters seine Behauptung, er habe auf das Ausbleiben des Erfolges vertraut, als bloße unbeachtliche Schutzbehauptung zu werten sein; das ist aber eine strafprozessuale Beweisfrage und hat nichts mit den materiellen Anforderungen zu tun, die für die Abgrenzung des dolus eventualis von der bewussten Fahrlässigkeit heranzuziehen sind. In Bezug auf die Hemmschwellentheorie ist anzumerken, dass ihr durchaus eine gewisse Kontrollfunktion zuzubilligen sein mag, jedoch darf sie nicht darüber hinwegtäuschen, dass es stets und ausnahmslos einer eingehenden Prüfung bedarf, ob ein Täter vorsätzlich handelt oder nicht.

c)   Die Unkenntnis von Tatumständen

133 Gemäß § 16 Abs. 1 S. 1 StGB handelt derjenige nicht vorsätzlich, wer bei Begehung der Tat einen Umstand nicht kennt, der zum gesetzlichen Tatbestand gehört. Damit sagt § 16 StGB zunächst etwas Selbstverständliches: Wenn Vorsatz zu definieren ist als Wissen und Wollen der objektiven Tatbestandsmerkmale, dann ist logischerweise der Vorsatz nicht gegeben, wenn der Täter Tatbestandsmerkmale nicht kennt.

> **Beispiel:**
> *Der Jäger A schießt auf einen Gegenstand, den er vermeintlich für ein Reh hält. In Wahrheit handelt es sich um das im Wald spielende Kind O, das getötet wird. Strafbarkeit des A?*

134 A hat durch den Schuss einen anderen Menschen getötet und damit den objektiven Tatbestand des § 212 StGB erfüllt. A wusste jedoch nicht, dass er auf ein Kind schießt. Ihm fehlt daher der Vorsatz bezüglich des Tatbestandsmerkmals „Mensch", sodass gemäß § 16 Abs. 1 S. 1 StGB der Vorsatz zu verneinen ist. A befindet sich in

einem Tatbestandsirrtum und hat sich nicht wegen Totschlags gemäß § 212 StGB strafbar gemacht.

Unberührt bleibt jedoch – was in § 16 Abs. 1 S. 2 StGB ausdrücklich hervorgehoben wird – eine mögliche Strafbarkeit wegen einer Fahrlässigkeitstat. Das setzt zunächst gemäß §§ 1, 15 StGB voraus, dass die Fahrlässigkeit unter Strafe gestellt ist. Vorliegend kommt die fahrlässige Tötung gemäß § 222 StGB in Betracht. Eine Fallfrage ist dann, ob das Verhalten des A als sorgfaltswidrig zu erachten ist. **135**

Ergänzend ist darauf hinzuweisen, dass für den Vorsatz ein sachgedankliches Mitbewusstsein genügt: Es liegt vor, wenn der Täter zwar aktuell nicht an einen Umstand denkt – etwa die Tatsache, eine Waffe bei sich zu führen, vgl. § 244 Abs. 1 Nr. 1 a StGB –, bei einer entsprechenden Nachfrage aber spontan und ohne Zweifel Kenntnis von dem entsprechenden Sachverhalt hätte (*Kudlich*, AT, Nr. 52). **136**

d) Dolus antecedens und dolus subsequens

§ 16 StGB enthält jedoch eine weitere wichtige Aussage: Der Vorsatz muss „bei Begehung der Tat" vorliegen. § 8 StGB präzisiert, wann die Tat begangen wird: Das ist bei Begehungsdelikten der Zeitpunkt, zu welchem der Täter gehandelt hat. Wann der Erfolg eintritt, ist nicht maßgebend. Der Vorsatz muss demgemäß im Zeitpunkt der Handlung gegeben sein. Daraus folgt, dass ein vorhergehender Vorsatz – so genannter **dolus antecedens** – sowie ein nachträglicher Vorsatz, den man als **dolus subsequens** bezeichnet, **unbeachtlich** sind (*Rengier*, AT, § 14 Rdn. 56, 60). **137**

> **Beispiel:**
> *A erwirbt von B das gestohlene Fahrrad des O, ohne zu wissen, dass es sich um Diebesgut handelt. Dies erfährt A erst einige Tage später, was ihn nach seiner Auffassung jedoch nicht daran gehindert hätte, das Fahrrad von B anzunehmen. Hat sich A strafbar gemacht?*

In Betracht kommt Hehlerei gemäß § 259 StGB. A hat sich eine Sache – das Fahrrad –, die ein anderer, B, gestohlen hat, verschafft. Der objektive Tatbestand der Hehlerei ist erfüllt. In subjektiver Hinsicht verlangt § 259 StGB Vorsatz und Bereicherungsabsicht. Im Zeitpunkt der Tathandlung, also des Sichverschaffens, wusste A jedoch nicht, dass es sich um eine gestohlene Sache handelt. Ihm fehlt daher der Vorsatz. A erfährt dies erst einige Tage später. Wenn A nun meint, er hätte das Fahrrad auch in Kenntnis des Diebstahls von B angenommen, dann handelt es sich um einen unbeachtlichen nachträglichen Vorsatz – dolus subsequens –, der zur Bejahung einer vorsätzlichen Begehung nicht genügt. Mangels Vorsatzes hat sich A daher nicht wegen Hehlerei strafbar gemacht. **138**

In dem Zeitpunkt, in dem A erfährt, dass es sich um Diebesgut handelt, und das Fahrrad behält, könnte jedoch eine Strafbarkeit wegen Unterschlagung gemäß § 246 StGB gegeben sein. Im Hinblick darauf, dass an gestohlenen Gegenständen kein Eigentum erworben werden kann (Ausnahme: § 935 Abs. 2 BGB), ist die Sache „Fahrrad" für A fremd. Wenn A das Fahrrad behält, obwohl er weiß, dass es gestohlen ist, könnte darin eine Zueignung zu sehen sein. Das scheitert jedoch, falls man schon in dem Sichverschaffen eine Zueignung erachtet und eine Zweitzueignung ablehnt (so BGHSt. 14, 38, 43 f., sofern eine strafbare Zueignung vorausgegangen ist, was hier nicht der Fall ist). Dagegen können diejenigen, welche eine Zweitzueignung tatbestandlich für möglich ansehen (*Seelmann*, JuS 1985, 699, 702), den objektiven Tatbestand bejahen. A handelt auch angesichts des Umstands, dass er von dem Diebstahl des Fahrrads weiß, im Zeitpunkt des Behaltens (Tathandlung), also der Zueignung, vorsätzlich. Rechtswidrigkeit und Schuld liegen ebenfalls vor, sodass sich A wegen Unterschlagung strafbar gemacht hat. **139**

e)   Die irrige Annahme von Tatumständen

140   § 16 StGB verhält sich jedoch nicht nur zur Unkenntnis von Tatumständen und zur Unbeachtlichkeit von dolus antecedens und dolus subsequens, sondern auch zu der Konstellation, dass der Täter irrig Umstände annimmt, welche den Tatbestand eines milderen Gesetzes verwirklichen.

> **Beispiel:**
> *A injiziert dem bewusstlosen O eine tödliche Dosis Gift. Aufgrund eines Irr-tums geht er davon aus, dass ein Tötungsverlangen des O vorliegt, was tatsäch-lich nicht der Fall ist. Strafbarkeit des A?*

141   A hat objektiv den Tatbestand des § 212 StGB verwirklicht. Er hat einen anderen Menschen getötet. Insofern handelt A auch vorsätzlich. A nahm jedoch irrtümlich Umstände an, welche den Tatbestand der Privilegierung des § 216 StGB erfüllen. A ging von einem ausdrücklichen und ernstlichen Tötungsverlangen aus. Gemäß § 16 Abs. 2 StGB hat dies zur Konsequenz, dass eine Strafbarkeit des A nur nach § 216 StGB in Betracht kommt, welche hier auch tatsächlich gegeben ist, da A rechtswidrig und schuldhaft handelt.

f)   Der error in persona

142   Es fragt sich, ob es Auswirkungen auf den Vorsatz hat, wenn der Täter einer Per-sonen- oder Objektsverwechslung unterliegt.

> **Beispiel:**
> *A will den X erschießen. In der Dämmerung verwechselt er jedoch den X mit dem O, zielt auf O und erschießt ihn. X hält sich zu diesem Zeitpunkt 200 km vom Tatort entfernt auf. Strafbarkeit des A gemäß § 212 StGB?*

143   A könnte sich wegen Totschlags des O gemäß § 212 StGB strafbar gemacht haben. A hat durch den Schuss den O getötet, sodass der objektive Tatbestand verwirklicht ist. Fraglich ist, ob A vorsätzlich handelt. In dem Augenblick, als A auf O schießt, weiß er, dass er eine Tötungshandlung in Bezug auf einen anderen Menschen durchführt und will in diesem Augenblick auch diesen Menschen töten. Zwar unterliegt A einem Identitätsirrtum, da er irrtümlich davon ausgeht, es handele sich um X. Dieser **error in persona** ist jedoch bei Gleichwertigkeit der in Rede stehenden Rechtsgut-objekte **unbeachtlich.** A hat die Tötung eines anderen Menschen bewusst und gewollt ausgeführt, die Identität der Person spielt insofern keine Rolle. A handelt **vorsätzlich.** Man spricht insofern auch von einem unbeachtlichen Motivirrtum (*Ren-gier*, AT, § 15 Rdn. 22).

144   Festgehalten werden kann: **Der error in persona des Täters ist unbeachtlich, sofern identische Rechtsgüter in Rede stehen.**

145   Zu prüfen bleibt, ob sich A möglicherweise wegen versuchten Totschlags des X straf-bar gemacht hat, §§ 212, 22, 23 StGB. Die Tat ist nicht vollendet, X lebt. Der Versuch des Verbrechens des § 212 StGB ist strafbar, §§ 23 Abs. 1, 12 Abs. 1 StGB. Fraglich ist, ob A Tatentschluss gehabt hat. Insofern könnte man nun möglicherweise argumentie-ren, dass A den X töten wollte, sodass Tatentschluss vorliegt. Hierbei erscheint jedoch bedenklich, dass man bei einer solchen Sicht im Ergebnis hinsichtlich des A zwei Tötungsvorsätze annehmen würde, nämlich sowohl hinsichtlich des O als auch hinsichtlich X, obwohl A mit dem Schuss nur einen Menschen töten wollte. Von daher ist der Tatentschluss abzulehnen. Wer hingegen den Tatentschluss bejaht, muss weiter prüfen, ob A unmittelbar zur Tat nach seiner Vorstellung angesetzt hat. Insofern ist zu überlegen, ob nicht möglicherweise der Schuss auf das falsche Opfer

O ein unmittelbares Ansetzen hinsichtlich des eigentlichen Opfers X darstellt. Der Fall zeigt jedoch relativ deutlich, dass eine solche Sichtweise verfehlt ist. X hielt sich im Zeitpunkt des Schusses 200 km vom Tatort entfernt auf. Er befand sich damit nicht im Gefahrenbereich der Tathandlung; wesentliche Zwischenschritte waren bis hin zur Tatbestandsverwirklichung durchzuführen: so das Hineingelangen des Opfers in den Gefahrenbereich des Täters, das Zielen auf das Opfer sowie die Schussabgabe. Das Zielen auf das falsche Opfer ist somit kein Ansetzen hinsichtlich des eigentlichen Opfers. Daher scheidet ein unmittelbares Ansetzen nach zutreffender Sicht aus. Folglich hat sich A nicht wegen versuchten Totschlags strafbar gemacht.

Führt der error in persona dazu, dass verschiedene Rechtsgüter beeinträchtigt werden, hat dies indes Auswirkungen auf den Vorsatz.   **146**

> **Beispiel:**
> *A will den im Zoo arbeitenden Tierpfleger O töten. In der Dunkelheit meint A irrtümlich, den O im Visier zu haben. Tatsächlich zielt und schießt A auf einen Braunbären. Ist A strafbar?*

Im Hinblick auf den Bären kommt eine Strafbarkeit des A wegen Sachbeschädigung   **147**
in Betracht. Hierbei stellt sich zunächst die Frage, ob Tiere Sachen im Sinne des § 303 StGB sind. Grundsätzlich orientiert sich der Sachbegriff am BGB. Gemäß § 90 a S. 1 BGB sind jedoch Tiere keine Sachen. Auf Tiere sind aber die Vorschriften über Sachen gemäß § 90 a S. 3 BGB entsprechend anzuwenden.

Gilt dies nun auch für das Strafrecht oder handelt es sich hierbei („entsprechende Anwendung") um eine gemäß Art. 103 Abs. 2 GG verbotene Analogie zu Lasten des Täters? Im Ergebnis ist man sich einig, dass Tiere unter den Sachbegriff des Strafrechts fallen. Teilweise bildet man den strafrechtlichen Sachbegriff insofern eigenständig, sodass § 90 a BGB keine Bedeutung für das Strafrecht hat (*Beulke*, Klausurenkurs I, Rdn. 104). Eine weitere Lösungsmöglichkeit besteht darin, dass § 90 a S. 3 BGB nicht als eine Analogie aufgefasst wird, da die Norm ausdrücklich die Geltung der Sachvorschriften anordnet.

Der Bär stand weder im Eigentum des A noch war er herrenlos, sodass es sich um eine für A fremde Sache handelt. Durch die „Tötung" des Tieres hat A diese fremde Sache im Sinne des § 303 StGB zerstört. Der objektive Tatbestand ist daher gegeben.

Problematisch erscheint der Vorsatz. Der Wille des A bezog sich auf die Tötung eines   **148**
Menschen, nicht jedoch auf die Zerstörung einer Sache. Es stehen damit **unterschiedliche Rechtsgüter** in Rede. Dann hat jedoch der **error in persona Auswirkungen auf den Vorsatz**: Da A ein Merkmal des objektiven Tatbestands (Sache) nicht kennt, handelt er gemäß § 16 Abs. 1 S. 1 StGB ohne Vorsatz. A hat sich nicht wegen Sachbeschädigung strafbar gemacht.

In Betracht käme gemäß § 16 Abs. 1 S. 2 BGB allenfalls eine Strafbarkeit wegen Fahrlässigkeit. Die fahrlässige Sachbeschädigung ist jedoch – abgesehen von dem Spezialfall der Sachbeschädigung gemäß § 306 StGB i. V. m. § 306 d Abs. 1 StGB – nicht unter Strafe gestellt.

Zu prüfen bleibt eine Strafbarkeit wegen versuchten Totschlags. Die Tat ist nicht voll-   **149**
endet, der Versuch des Totschlags gemäß §§ 23 Abs. 1, 12 Abs. 1 StGB strafbar. A wollte den O töten, sodass man Tatentschluss noch bejahen kann. Fraglich ist dann das unmittelbare Ansetzen. Insofern könnte der Schuss auf das Tier gleichzeitig wiederum ein unmittelbares Ansetzen hinsichtlich des O bedeuten. Gegen diese Sichtweise ist aber erneut einzuwenden, dass das Zielen und der Schuss auf ein anderes Objekt nicht zwingend gleichzeitig ein unmittelbares Ansetzen bezüglich des eigentlichen Opfers darstellen müssen. Zu dessen Tötung sind noch wesentliche Zwischenschritte (Hineingelangen des Opfers in den Gefahrenbereich des Täters, [erneutes] Zielen und Schussabgabe) erforderlich. Ein unmittelbares Ansetzen ist daher zu verneinen. A bleibt damit straflos.

Ein klassisches Problem im Zusammenhang mit dem error in persona ist insbesondere die Frage, welche Auswirkungen der error in persona des Angestifteten auf den Anstifter hat. Auf diese Frage wird im Zusammenhang mit der Anstiftung eingegangen (siehe unten Rdn. 740 ff.).

g)   Die aberratio ictus

150   Ein weiterer Irrtumsfall ist das Fehlgehen der Tat, also die aberratio ictus. Diesbezüglich ist umstritten, ob dieser Irrtum Auswirkungen auf den Vorsatz hat oder nicht.

> **Beispiel:**
> *A will den X erschießen. A lauert dem X auf und zielt auf X. Der Schuss verfehlt jedoch sein Ziel und trifft den hinter X gehenden Passanten O tödlich. Strafbarkeit des A?*

151   Hinsichtlich des O könnte sich A wegen vollendeten Totschlags gemäß § 212 StGB strafbar gemacht haben. Durch den Schuss des A ist es zum Tod des O gekommen. Der objektive Tatbestand ist damit verwirklicht. Fraglich ist, ob A vorsätzlich handelt. A hat auf X gezielt, der Schuss hat den O getroffen. Es geht hier nicht um einen unbeachtlichen error in persona (derjenige wird getroffen, auf den gezielt worden war), sondern um ein Fehlgehen der Tat, also eine **aberratio ictus.**

152   Nach der herrschenden **Konkretisierungstheorie** (BGHSt. 34, 53, 55; *Kühl*, AT, § 13 Rdn. 32 ff.) hat die aberratio ictus Auswirkungen auf den Vorsatz. Der Täter habe bereits seinen Vorsatz auf das Opfer, auf das er zielt – hier also X –, konkretisiert. Bezüglich des Opfers, bei dem der Eintritt des Erfolges gewollt war (hier X), trete er nicht ein. Im Hinblick auf das Opfer, bei dem der Erfolg eingetreten sei (hier O), sei der Erfolg nicht gewollt. In Bezug auf den Getöteten sei daher Vorsatz zu verneinen. Bestraft werden könne der Täter hinsichtlich des getöteten Opfers daher nur wegen **Fahrlässigkeitstat** gemäß § 222 StGB. Bezüglich desjenigen, auf den er gezielt habe, sei der Täter wegen **Versuchs** gemäß §§ 212, 22, 23 StGB zu bestrafen (*R. Schmidt*, AT, Rdn. 293).

153   Eine Mindermeinung (etwa *Loewenheim*, JuS 1966, 310, 313) vertritt die **Gleichwertigkeitstheorie.** Danach hat die aberratio ictus, sofern **gleichwertige Rechtsgüter** betroffen sind, **keine Auswirkungen auf den Vorsatz.** Vorliegend geht es jeweils um das Rechtsgut „Leben", also gleichwertige Rechtsgüter. Folglich ist nach dieser Auffassung der Tötungsvorsatz des A gegeben und – da Rechtswidrigkeit und Schuld vorliegen – A wegen vollendeten Totschlags des O zu bestrafen. In Tateinheit dazu steht eine versuchte Tötung des X.

154   **Stellungnahme:** Der Vorsatz des Täters muss sich auf sämtliche Merkmale des objektiven Tatbestands beziehen, also auch auf den Kausalverlauf. Diesen muss der Täter zumindest in den wesentlichen Zügen in den Vorsatz aufgenommen haben. Nicht mehr vom Vorsatz umfasst sind wesentliche Abweichungen (siehe zu diesem Aspekt im Einzelnen unten Rdn. 160 ff.). Der Umstand, dass die Kugel nicht denjenigen tötet, auf den gezielt worden ist, sondern eine andere Person, führt jedoch zu einer anderen Bewertung der konkreten Tat und ist daher nicht unbeachtlich. Daher sprechen die besseren Argumente für die Konkretisierungstheorie. Danach scheidet eine Strafbarkeit des A wegen vorsätzlicher Tötung des O aus. Zu prüfen und zu bejahen ist jedoch § 222 StGB. Hinsichtlich des anvisierten Opfers X macht sich A wegen versuchten Totschlags strafbar. Beide Taten stehen als durch eine Handlung begangen in Idealkonkurrenz (§ 52 StGB) zueinander.

155   Der Meinungsstreit braucht nicht entschieden werden, wenn die Auffassungen zu übereinstimmenden Ergebnissen gelangen. Das ist der Fall, wenn unterschiedliche Rechtsgüter in Rede stehen.

Beispiel:

A will den Hund des X töten. Der Schuss geht fehl und trifft den Fußgänger O tödlich.

Die Konkretisierungstheorie bestraft in diesem Fall wegen versuchter Sachbeschädigung (§ 303 Abs. 2 StGB) und fahrlässiger Tötung des O. Auch die Gleichwertigkeitstheorie kommt in diesem Fall zu diesem Ergebnis, da nicht gleichwertige Rechtsgüter betroffen sind. A hatte schon keinen Vorsatz, einen Menschen zu töten.

Bisweilen kann die Abgrenzung von error in persona einerseits und aberratio ictus andererseits Probleme bereiten. Das ist insbesondere dann der Fall, wenn der Täter das Opfer nicht sinnlich wahrnimmt und nur mittelbar individualisiert.

156

Beispiel:

A will X töten, indem er unter dem Pkw des X Sprengstoff installiert. Er verwechselt jedoch den Wagen und bringt unter dem des O den Sprengstoff an. Als O losfährt, explodiert das Fahrzeug.

Der BGH (NStZ 1998, 294) ist in einem solchen Fall von einem error in persona ausgegangen. Dies erscheint zustimmungswürdig, da der Täter eine Individualisierung des Opfers über das Fahrzeug vorgenommen hat, was dem Zielen auf das „falsche" Opfer entspricht.

157

Komplizierter ist die Konstellation, dass A zwar den Wagen des X auswählt, nun aber zufällig der Nachbar O den Wagen ausgeliehen erhält und stirbt. Vergleichbar ist der Fall, dass A dem X vergiftete Pralinen schickt, die zufällig O isst.

158

Teilweise wird in solchen Fällen von einem unbeachtlichen error in persona ausgegangen (so etwa *Wessels/Beulke*, AT, Rdn. 255). Mehr scheint hingegen für eine aberratio ictus zu sprechen: Der Täter nimmt mit der Installation des Sprengstoffs am Wagen des X oder mit der Adressierung an den X eine Individualisierung vor, welche mit dem Zielen auf das Opfer vergleichbar ist, sodass dann, wenn zufällig O getötet wird, ein Fehlgehen der Tat anzunehmen ist.

Sehr theoretisch ist der Fall, dass ein error in persona und eine aberratio ictus zusammentreffen.

159

Beispiel:

A möchte den O erschießen, verwechselt ihn jedoch in der Dunkelheit mit dem des Weges kommenden X. Der Schuss auf X geht jedoch fehl und trifft den O, der einige Meter hinter X geht, ohne dass A dies erkannt hatte, tödlich.

In diesem Fall ist A nach zutreffender Ansicht in Bezug auf X wegen versuchter Tötung und hinsichtlich des O wegen fahrlässiger Tötung zu bestrafen. Das ist das Ergebnis einer konsequenten Anwendung der Konkretisierungstheorie. Der Umstand, dass eine andere Person getötet wird als die, auf die gezielt worden ist, führt zu einer anderen konkreten Bewertung der Tat selbst dann, wenn der Getötete derjenige ist, der ursprünglich einmal getötet werden sollte.

h) Die Abweichung vom Kausalverlauf

Bereits angeklungen ist, dass sich der Vorsatz des Täters auf sämtliche Merkmale des objektiven Tatbestands beziehen muss, also neben der Täterqualität, der Tathandlung und dem Taterfolg auch auf die Kausalität. Nun ist leicht einsichtig, dass der Täter den konkreten Geschehensablauf niemals bis in sämtliche Details kennen kann und dies auch nicht erforderlich ist. Ansonsten könnte sich etwa bei der Abgabe eines Schusses nur ein Ballistiker strafbar machen, der die Bewegung des geschossenen

160

Körpers berechnen würde. Von daher muss der Täter Kausalverläufe nicht bis in jedes Detail in seinen Vorsatz aufgenommen haben.

161   Ausreichend ist vielmehr, dass der **Vorsatz den Kausalverlauf in den wesentlichen Zügen** umfasst.

> **Beispiel:**
> *A wirft den O von einer Brücke, damit O im Fluss ertrinkt. Tatsächlich wird O bereits durch den Aufprall auf das Wasser getötet. Ist A strafbar?*

162   A hat einen anderen Menschen, den O, durch das Hinunterwerfen und den daraus resultierenden Aufprall getötet; die mit der Handlung des A verbundene Gefahr hat sich im Erfolg realisiert. Der objektive Tatbestand des § 212 StGB ist daher verwirklicht. Fraglich ist, ob A auch vorsätzlich handelt. A wollte einen anderen Menschen töten. Seine Vorstellung vom Kausalverlauf weicht jedoch von dem objektiven Geschehensverlauf ab. A hatte sich vorgestellt, dass O durch Ertrinken verstirbt; objektiv kam O bereits durch den Aufprall auf das Wasser zu Tode. Da sich der Vorsatz auch auf den Kausalverlauf beziehen muss, ist zu prüfen, ob die Abweichung des objektiven vom vorgestellten Kausalverlauf zum Vorsatzausschluss führt. Im Hinblick darauf jedoch, dass der Täter einen Geschehensablauf nicht in allen Details in den Vorsatz aufnehmen kann, muss der Kausalverlauf nur in den wesentlichen Zügen vom Vorsatz umfasst sein. Abweichungen des vorgestellten vom tatsächlichen Kausalverlauf sind dabei für den Vorsatz unbeachtlich, wenn es sich um eine **unwesentliche Abweichung** handelt.

163   **Unwesentlich und damit für den Vorsatz unbeachtlich ist eine Abweichung, wenn sie sich noch im Rahmen des nach allgemeiner Lebenserfahrung Vorhersehbaren hält und keine andere Bewertung der konkreten Tat rechtfertigt.**
Dass es zum Tod des Hinabstürzenden bereits durch den Aufprall auf das Wasser und nicht erst durch Ertrinken kommt, liegt nun aber nicht außerhalb der allgemeinen Lebenserfahrung. Auch rechtfertigt die Art des Todeseintritts des O keine andere konkrete Bewertung der Tat. Die Abweichung ist daher unwesentlich und lässt den Vorsatz des A nicht entfallen. Da A auch rechtswidrig und schuldhaft handelt, hat er sich eines vollendeten Totschlags strafbar gemacht.

164   Betont sei nochmals, dass es sich bei der hier behandelten Frage der Abweichung vom Kausalverlauf nicht um eine solche handelt, die im objektiven Tatbestand eine Rolle spielt; es geht vielmehr um ein **Vorsatzproblem**. Es mag aber durchaus sein, dass in objektiver Hinsicht – etwa bei atypischen Kausalverläufen – bereits die objektive Zurechnung entfallen kann. Befürwortet man diese Rechtsfigur, gelangt man in solchen Fällen schon gar nicht mehr zur Ebene des subjektiven Tatbestands.

165   Problematischer noch als der Ausgangsfall ist folgender Sachverhalt, der regelmäßig im Zusammenhang mit dem Aspekt der Abweichung vom Kausalverlauf diskutiert wird:

> **Beispiel:**
> *A tritt mit Tötungsvorsatz mehrfach gegen den Kopf des auf dem Boden liegenden O. Nach Prüfung der Halsschlagader hält A irrtümlich den O für tot. Tatsächlich ist O lediglich bewusstlos. Um die vermeintliche Leiche zu verbergen, wirft A den O in einen Fluss, in dem O ertrinkt.*

166   Der tatbestandliche Erfolg des § 212 StGB ist mit dem Tod des O eingetreten. Als Handlung kann hier an die Fußtritte sowie an das Werfen in den Fluss angeknüpft werden. Beide Handlungen sind ursächlich für den Tod des O. Auch die Fußtritte können nicht hinweggedacht werden, ohne dass der Erfolg in seiner konkreten Gestalt entfiele; ohne die Fußtritte hätte A den O nicht in den Fluss geworfen. Fraglich ist die objektive Zurechnung. Im Hinblick auf die Tritte könnte man annehmen, die damit verbundene Gefahr habe sich nicht verwirklicht; so trat der Tod durch Ertrinken ein. Insofern wäre objektive Zurechenbarkeit allein bezogen auf das Werfen in den Fluss und den damit verbundenen Tod zu bejahen. Dem wird jedoch zum Teil entgegengehalten, im Erfolg habe sich durchaus die Gefahr verwirklicht, welche der Täter bereits durch den Erstakt geschaffen habe (*Beulke*, Klausurenkurs I, Rdn. 111).

Im subjektiven Tatbestand bedarf es der Vorsatzprüfung. Hier stellt sich nun das Problem, dass der Täter im Zeitpunkt der Fußtritte zwar mit Tötungsvorsatz handelte, diese Fußtritte jedoch nicht allein den Tod herbeigeführt haben. Beim todbringenden Hineinwerfen in den Fluss fehlt der Tötungsvorsatz hingegen, da A irrtümlich davon ausgegangen ist, dass O bereits tot sei. Zur Lösung dieses Problems werden unterschiedliche Auffassungen vertreten: | **167**

Die früher vertretene Lehre vom **dolus generalis** erstreckte den Vorsatz auf das Gesamtgeschehen (*Welzel*, AT, § 13 I 3 d); beide Teilakte gehörten zu einem einheitlichen Geschehen, das insgesamt vom Tötungsvorsatz getragen sei. Danach ist der Tötungsvorsatz zu bejahen. | **168**

Der BGH (BGHSt. 14, 193) und die h. M. im Schrifttum (etwa *Hilgendorf*, Klausurenkurs I, Fall 10 Rdn. 7 f.; *Wessels/Beulke*, AT, Rdn. 265) vertreten die Auffassung, entscheidender Anknüpfungspunkt sei die mit Tötungsvorsatz begangene Ersthandlung. Die dadurch ausgelöste Zweithandlung bewirke lediglich eine **unwesentliche Abweichung des vorgestellten vom tatsächlichen Geschehensablauf,** sodass der Tötungsvorsatz anzunehmen sei. Für diese Lösung brauche es nicht der Heranziehung des überholten Begriffs des Generalvorsatzes. Danach ist A wegen vollendeten Totschlags zu bestrafen. | **169**

Die Gegenauffassung kommt zu einer Bestrafung wegen versuchten Totschlags in Tatmehrheit mit fahrlässiger Tötung (*Kühl*, AT, § 13 Rdn. 48). Sie geht davon aus, dass zwei selbstständige Handlungen vorliegen: Hinsichtlich der ersten Handlung (Fußtritte) sei Tötungsvorsatz gegeben, jedoch fehle es am Erfolgseintritt (O überlebt die Fußtritte). Insofern sei eine Versuchsstrafbarkeit anzunehmen. Die zweite Handlung (Werfen in den Fluss) führe zwar zum Erfolg, jedoch mangele es am Vorsatz; folglich sei insofern wegen fahrlässiger Tötung zu bestrafen. | **170**

Stellungnahme: Die Annahme, es liege ein einheitliches, insgesamt vom Tötungsvorsatz getragenes Geschehen im Sinne des dolus generalis vor, ist eine bloße Unterstellung zu Lasten des Täters. Tatsächlich mangelt es beim Zweitakt am Vorsatz, obwohl der Vorsatz gemäß § 16 StGB bei Begehung der Tat vorliegen muss. Letztlich führt diese Auffassung dazu, dass contra legem der dolus antecedens als ausreichend erachtet wird. Möglicherweise handelt es sich jedoch im Sinne der zweitgenannten Auffassung um eine unwesentliche Abweichung. Entscheidender Unterschied zu der klassischen Konstellation des Abweichens vom Kausalverlauf ist jedoch, dass nicht nur eine, sondern zwei selbstständige Handlungen in Rede stehen. Es stellt eine Verwischung dieses Umstands dar, wenn diese Selbstständigkeit der Handlungen nun bezogen auf die subjektive Seite nivelliert wird. Im Zeitpunkt der Zweithandlung kann vielmehr nichts darüber hinwegtäuschen, dass A in diesem Augenblick keinen Tötungsvorsatz mehr hatte. Dogmatisch vorzugswürdiger ist daher die drittgenannte Auffassung, welche A bezogen auf die Fußtritte wegen versuchten Totschlags und in Tatmehrheit dazu im Hinblick auf das Werfen in den Fluss wegen fahrlässiger Tötung bestraft. | **171**

i) Der dolus alternativus

Es sind Konstellationen denkbar, in denen sich der Vorsatz des Täters auf zwei sich gegenseitig ausschließende Tatbestände bezieht, wobei nur einer der beiden Tatbestände verwirklicht werden kann. | **172**

Beispiel:

A ist mit seinem Nachbarn O verfeindet. Als A den O mit dessen Hund H im Garten sieht, schießt A, um entweder O oder H zu treffen. Beide Möglichkeiten erkennt A und nimmt sie in Kauf. A schießt in Richtung Garten. O wird tödlich getroffen. Wie ist A zu bestrafen?

173 Derartige Fallgestaltungen werden unter dem Stichwort **dolus alternativus** diskutiert. Dabei gehen die Meinungen über die Frage, wie die Konstellation des Alternativvorsatzes zu lösen ist, stark auseinander (*Jeßberger/Sander*, JuS 2006, 1065; *Kühl*, AT, § 5 Rdn. 27 b). Teilweise wird allein der objektiv verwirklichte Tatbestand für maßgeblich erachtet. Andere stellen ausschließlich auf das schwerere Delikt ab. Überzeugender erscheint es, in diesem Fall von einer Strafbarkeit des A wegen vollendeten Totschlags in Idealkonkurrenz mit versuchter Sachbeschädigung bezüglich des Hundes auszugehen. Damit trägt man dem Umstand hinreichend Rechnung, dass der Vorsatz des Täters mehrere Rechtsverletzungen umfasste.

174 Unter Berücksichtigung dieser Erwägungen ist ergänzend zur aberratio ictus anzumerken: Bei der aberratio ictus nimmt der Täter ein konkretes Opfer ins Visier, aufgrund eines Fehlgehens der Tat tritt der Erfolg jedoch in Bezug auf ein Objekt ein, auf das sich der Vorsatz nach der zu befürwortenden Konkretisierungstheorie **nicht** bezog. Anders ist jedoch nun der Fall zu beurteilen, in dem der Täter dolus eventualis aufweist und damit rechnet, dass die Tat fehlgeht und ein anderes Opfer getroffen wird (BGH, NStZ 2009, 210).

Beispiel:

A schießt auf X. Dabei rechnet er mit der Möglichkeit und findet sich damit ab, dass der Schuss fehlgeht und den neben X gehenden O trifft. Tatsächlich geschieht es so. O wird getötet.

In diesem Fall bezog sich der Vorsatz auf beide Personen. A ist zu bestrafen wegen vollendeter Tötung des O in Idealkonkurrenz mit versuchter Tötung des X.

2.   Besondere subjektive Merkmale

175 Eine Reihe von Strafbestimmungen des Besonderen Teils des StGB verlangen im subjektiven Tatbestand neben dem Vorsatz als zusätzliches Erfordernis das Vorliegen **besonderer subjektiver Merkmale**. Hierzu zählen insbesondere die vor allem praxis- und prüfungsrelevanten Bestimmungen des Diebstahls gemäß § 242 StGB sowie des Betrugs gemäß § 263 StGB. So setzt der **Diebstahl** die **Zueignungsabsicht** („Absicht … zuzueignen") voraus und der **Betrug** die so genannte **Bereicherungsabsicht** („Absicht … Vermögensvorteil zu verschaffen").

176 Im Unterschied zum Vorsatz, in dem sich in subjektiver Hinsicht die objektiven Umstände widerspiegeln, besteht eine derartige Kongruenz zwischen besonderen subjektiven Merkmalen und den objektiven Tatumständen nicht. Das wird insbesondere auch dadurch verdeutlicht, dass man im Zusammenhang mit derartigen Delikten von solchen mit **überschießender Innentendenz** spricht, was nichts anderes heißt, als dass kein Pendant in objektiver Hinsicht existiert.

177 Welche konkrete Vorsatzform (dolus directus 1. Grades, dolus directus 2. Grades oder dolus eventualis) von einem besonderen subjektiven Merkmal umfasst ist, kann nicht allgemein beantwortet werden, sondern hängt vom jeweiligen Merkmal ab.

So setzt sich die Zueignungsabsicht beim Diebstahl aus einer Aneignungskomponente und einer Enteignungskomponente zusammen. Hinsichtlich der Ersteren verlangt man dolus directus 1. Grades, wohingegen bezüglich der Enteignung dolus eventualis genügen soll. Beim Betrug gemäß § 263 StGB geht man davon aus, dass die

Bereicherungsabsicht nur dann gegeben ist, wenn es dem Täter auf die Erlangung des Vorteils ankommt, sei es auch nur als notwendiges Zwischenziel. Es muss also dolus directus 1. Grades vorliegen. In Bezug auf die Nachteilszufügungsabsicht des § 274 StGB sind die Anforderungen umstritten (*Lackner/Kühl*, StGB, § 274 Rdn. 7): Nach wohl überwiegender Ansicht sollen dolus directus 1. und 2. Grades umfasst sein, andere fordern stets dolus directus 1. Grades; es findet sich aber auch die Auffassung, dass sogar dolus eventualis ausreicht.

Die besonderen subjektiven Merkmale sind im Anschluss an den Vorsatz im subjektiven Tatbestand zu erörtern. Dabei können sich im Aufbau Besonderheiten ergeben. So muss bei § 242 StGB die Zueignung rechtswidrig sein (verfehlt ist es, wenn – wie oft in Prüfungsarbeiten – von „rechtswidriger Zueignungsabsicht" gesprochen wird), worauf sich auch der Vorsatz zu beziehen hat. Beides kann aber logischerweise erst angesprochen werden, **nachdem** die Zueignungsabsicht bejaht worden ist. Daraus ergibt sich zusammenfassend folgender **Aufbau für den Diebstahl gemäß § 242 StGB**:

178

Objektiver Tatbestand:
 Wegnahme einer fremden beweglichen Sache
Subjektiver Tatbestand:
 Vorsatz in Bezug auf die Wegnahme einer fremden beweglichen Sache
 Zueignungsabsicht
 Objektive Rechtswidrigkeit der Zueignung
 Vorsatz in Bezug auf die Rechtswidrigkeit der Zueignung
Rechtswidrigkeit
Schuld

Entsprechendes gilt für den Betrug und die dort vorausgesetzte Bereicherungsabsicht.

3. Annex: Objektive Bedingungen der Strafbarkeit

Im StGB sind einzelne wenige Strafbestimmungen enthalten, mit denen so genannte objektive Bedingungen der Strafbarkeit verbunden sein sollen. Es handelt sich hierbei um selbstständige Strafbarkeitsvoraussetzungen. So sollen die in § 104 a StGB genannten Erfordernisse solche objektiven Bedingungen der Strafbarkeit sein. Darüber hinaus werden insbesondere folgende Merkmale als objektive Bedingungen der Strafbarkeit diskutiert: Die Nichterweislichkeit der Wahrheit in § 186 StGB, der Tod oder die schwere Körperverletzung in § 231 StGB, der so genannte Zusammenbruch gemäß § 283 Abs. 6 StGB sowie das Begehen einer rechtswidrigen Tat, also die Rauschtat, in § 323 a StGB.

179

Nach überwiegender Ansicht soll in Bezug auf die objektiven Bedingungen der Strafbarkeit weder ein Vorsatz- noch ein Fahrlässigkeitsbezug erforderlich sein (so z. B. *Frister*, AT, 21. Kap. Rdn. 4). Die Gegenauffassung fordert – je nach Tatbestand unterschiedlich – zumindest Fahrlässigkeit, wofür im Hinblick auf das Schuldprinzip einiges spricht.

180

Fraglich ist, an welcher Stelle des Verbrechensaufbaus die objektiven Bedingungen der Strafbarkeit angesprochen werden sollten. Oft wird vorgeschlagen, auf sie nach Bejahung des objektiven und subjektiven Tatbestands einzugehen oder erst nach der Schuld. Dafür lässt sich anführen, dass objektive Bedingungen der Strafbarkeit außerhalb von Tatbestand, Rechtswidrigkeit und Schuld stehen. Vorzugswürdiger erscheint dennoch, sie bereits nach Bejahung der objektiven Tatbestandsmerkmale anzusprechen. Damit wird aufbaumäßig im Zusammenhang mit dem objektiven Tatbestand die Möglichkeit eröffnet, gegebenenfalls im Detail zu diskutieren, ob es sich überhaupt um eine objektive Bedingung handelt oder um ein herkömmliches objektives Tatbestandsmerkmal. Nachfolgend kann dann im subjektiven Tatbestand darge-

181

legt werden, dass hinsichtlich der objektiven Bedingung Vorsatz nicht vorausgesetzt ist, sowie – abhängig vom jeweiligen Tatbestand – die Diskussion erfolgen, ob zumindest Vorhersehbarkeit der Bedingung zu verlangen ist, wie die Mindermeinung es vertritt.

IV.   Die Rechtswidrigkeit

182   Nach Bejahung des objektiven und subjektiven Tatbestands ist auf die Ebene der Rechtswidrigkeit zu wechseln. Es handelt sich hierbei nach der Tatbestandsmäßigkeit, die sich in den objektiven und subjektiven Tatbestand unterteilt, um die zweite Stufe des Verbrechensaufbaus.

1.   Einleitende Bemerkungen

183   Die Tatbestandsmäßigkeit indiziert die Rechtswidrigkeit, wobei dieses Indiz dann entfällt, wenn Rechtfertigungsgründe vorliegen.

Die im Rahmen der Rechtswidrigkeit zu prüfende Frage ist daher, ob dem Täter in Bezug auf die jeweils in Rede stehende Strafbestimmung möglicherweise Rechtfertigungsgründe zugutekommen, sodass sein Verhalten gerechtfertigt und damit nicht strafbar ist.

Greifen zu Gunsten des Täters Rechtfertigungsgründe ein, endet die Prüfung auf der zweiten Verbrechensstufe, sodass auf die dritte Ebene der Schuld nicht mehr eingegangen werden darf.

184   Die wichtigsten **Rechtfertigungsgründe** sind **im Allgemeinen Teil des StGB** geregelt. An erster Stelle ist insoweit die **Notwehr gemäß § 32 StGB** zu nennen. Auch der **rechtfertigende Notstand gemäß § 34 StGB** bildet einen Rechtfertigungsgrund, der vom entschuldigenden Notstand gemäß § 35 StGB, welcher erst im Bereich der Schuld von Bedeutung ist, strikt unterschieden werden muss. Es gibt aber auch **Rechtfertigungsgründe** im **Besonderen Teil des StGB**. Insoweit ist im Bereich der Beleidigungsdelikte auf die **Wahrnehmung berechtigter Interessen gemäß § 193 StGB** hinzuweisen, wobei umstritten ist, ob dieser Rechtfertigungsgrund auch auf andere Delikte, insbesondere § 203 StGB, anwendbar ist, was wohl überwiegend abgelehnt wird. Als weitere, ausdrücklich vom Gesetzgeber als Rechtfertigungsgrund ausgestaltete Vorschrift ist **§ 218 a Abs. 2, Abs. 3 StGB** zu erwähnen. Bei anderen Regelungen nimmt der Gesetzgeber weniger klar Stellung, jedoch ist nach überwiegender Auffassung auch etwa die Genehmigung nach § 331 Abs. 3 StGB ein Rechtfertigungsgrund; ebenfalls § 218 a Abs. 1 StGB ist der Sache nach ein Rechtfertigungsgrund.

185   Es finden sich aber **auch außerhalb des StGB Rechtfertigungsgründe**. So ist etwa das in der **Strafprozessordnung** geregelte **Festnahmerecht gemäß § 127 Abs. 1 S. 1 StPO** ein Grund, welcher die Rechtswidrigkeit entfallen lässt. Rechtfertigende Wirkung entfalten zudem die in der StPO geregelten Zwangsmaßnahmen; so ist z. B. die Körperverletzung bei der zwangsweisen Blutabnahme unter den Voraussetzungen des § 81 a Abs. 1 S. 2 StPO gerechtfertigt. Zudem handelt es sich bei zahlreichen in den **Polizeigesetzen der Länder** geregelten präventiven Maßnahmen zur Gefahrenabwehr (z. B. der Platzverweis und seine gegebenenfalls zwangsweise Durchsetzung) im Hinblick auf die Frage der Strafbarkeit um Rechtfertigungsgründe. Aber nicht nur im öffentlichen Recht (auch das Strafrecht ist Teil des öffentlichen Rechts) finden sich Rechtfertigungsgründe, sondern vor allem auch im **Zivilrecht**: Neben der zu § 32 StGB inhaltlich identischen Vorschrift über die **Notwehr gemäß § 227 BGB** sind insbesondere die beiden Notstandsvorschriften nach **§ 228 BGB (Defensivnotstand)**

sowie **§ 904 BGB (Aggressivnotstand)** zu erwähnen. Darüber hinaus haben u. a. die **Selbsthilfe gemäß § 229 BGB** sowie die **Besitzwehr gemäß § 859 Abs. 1 BGB** und **Besitzkehr gemäß § 859 Abs. 2, Abs. 3 BGB** rechtfertigende Wirkung.

Aus dem Vorerwähnten lässt sich bereits ein wichtiges Prinzip im Bereich der Rechtfertigung herauslesen: Es handelt sich um den **Grundsatz der Einheit der Rechtsordnung**. Eine Vorschrift, die in einem bestimmten Bereich der Rechtsordnung rechtfertigende Wirkung hat, stellt gleichzeitig auch einen Rechtfertigungsgrund im Strafrecht dar. Zwar ist dieses Prinzip vereinzelt bestritten worden, jedoch kommt es zu Widersprüchen, etwa ein Verhalten nach einer bestimmten Norm im Polizeirecht zu rechtfertigen, nicht aber im Strafrecht. So fragt sich dann nämlich, ob die Möglichkeit besteht, Regressansprüche erfolgreich geltend zu machen, die regelmäßig die Rechtswidrigkeit des Verhaltens voraussetzen. Auch ergeben sich Schwierigkeiten, ob der handelnde Beamte disziplinarrechtlich zur Verantwortung gezogen werden kann. Vielmehr ist im Gegensatz zu dieser vereinzelt geäußerten Sicht die Frage der Rechtfertigung in den verschiedenen Rechtsgebieten einheitlich zu beantworten. Zwar verfolgen Strafrecht einerseits und insbesondere Zivilrecht andererseits vom Ausgangspunkt unterschiedliche Zielsetzungen. So geht es im Zivilrecht primär um Schadensausgleich und -kompensation, hingegen im Strafrecht um die Pönalisierung verbotenen Verhaltens. Dieser qualitative Unterschied besitzt jedoch für die Ebene der Rechtswidrigkeit keine Gültigkeit. Dort gelten einheitliche Grundsätze, was sich bereits aus der identischen Formulierung in § 227 Abs. 2 BGB und § 32 Abs. 2 StGB ergibt.

186

Neben den ausdrücklich normierten Rechtfertigungsgründen gibt es darüber hinaus **gewohnheitsrechtlich anerkannte Rechtfertigungsgründe**. Hierzu zählt etwa die **rechtfertigende Einwilligung**. Zwar findet sich in § 228 BGB diesbezüglich eine Regelung, jedoch handelt es sich dabei nicht um eine allgemeine Festlegung der mit der Einwilligung verbundenen Voraussetzungen. Vielmehr wird dort nur – noch dazu speziell im Zusammenhang mit den Körperverletzungsdelikten – ein Teilaspekt der Einwilligung erwähnt. § 228 StGB regelt den Rechtfertigungsgrund der Einwilligung nicht, sondern setzt ihn voraus.

187

Aus dem Umstand, dass es Rechtfertigungsgründe kraft Gewohnheitsrechts gibt, folgt ein weiteres Prinzip im Bereich der Rechtswidrigkeit: **Der Katalog der Rechtfertigungsgründe ist nicht abschließend.** So können insbesondere kraft Gewohnheitsrechts neue Rechtfertigungsgründe entstehen. Darin liegt kein Verstoß gegen Art. 103 Abs. 2 GG, denn diese Vorschrift verbietet lediglich Gewohnheitsrecht zu Lasten des Täters. Im Gegensatz dazu wirkt ein Rechtfertigungsgrund kraft Gewohnheitsrecht zu Gunsten des Täters.

188

Aus der Rechtfertigung eines Verhaltens folgt als eine wichtige Konsequenz eine **Duldungspflicht** des Gegenübers. Das ergibt sich aus Folgendem: Notwehr gemäß § 32 StGB ist nur dann möglich, wenn der sich darauf Berufende sich einem gegenwärtigen rechtswidrigen Angriff ausgesetzt sieht. Ist nun aber das Verhalten des Angreifers gerechtfertigt, dann fehlt es an der Rechtswidrigkeit des Angriffs. Folglich darf sich der Angegriffene nicht zur Wehr setzen. Auch § 34 StGB kann ihm nicht zugute kommen, da bei einem gerechtfertigten Verhalten die Interessenabwägung immer zugunsten der Rechtfertigung ausfällt. Der gerechtfertigte Angriff ist daher **zu dulden**, dem gerechtfertigten Angreifer steht ein Eingriffsrecht zu.

189

Nach überwiegender Auffassung verlangen sämtliche Rechtfertigungsgründe ein **subjektives Rechtfertigungselement**. Umstritten sind jedoch dabei die im Einzelnen damit verknüpften Anforderungen. Darauf soll jeweils in Bezug auf die verschiedenen Rechtfertigungsgründe eingegangen werden. Uneinig ist man sich zudem hinsichtlich der Frage, welche Konsequenz das Fehlen des subjektiven Rechtfertigungselements hat. Der Meinungsstand dazu wird im Zusammenhang mit der Notwehr dargestellt (siehe unten Rdn. 229 ff.).

190

191   Sehr stark umstritten ist weiterhin, ob sich auch **Hoheitsträger** insbesondere auf die allgemeinen Rechtfertigungsgründe nach §§ 32, 34 StGB berufen können (*Hillenkamp*, AT, Problem Nr. 5). Zum Teil wird das insgesamt abgelehnt, andere lassen es nur zum Zweck der Selbstverteidigung zu. Teilweise wird vertreten, die allgemeinen Rechtfertigungsgründe seien keine hoheitlichen Eingriffsbefugnisse, der Amtsträger sei aber nicht strafbar. Die Rechtsprechung (BGHSt. 27, 260) und überwiegende Ansicht im Schrifttum (etwa *Gössel*, JuS 1979, 162, 164 f.) sind der Auffassung, dass sich auch Hoheitsträger zur Legitimation eines Angriffs auf die allgemeinen Rechtfertigungsgründe berufen können, soweit nicht eine öffentlich-rechtliche Sonderregelung existiere.

192   **Stellungnahme:** Gegen die Auffassung, welche ein differenziertes Rechtswidrigkeitsurteil befürwortet – keine Eingriffsbefugnis, jedoch strafrechtlich gerechtfertigt –, spricht der bereits erläuterte Grundsatz der Einheit der Rechtsordnung. Soweit überwiegend die Heranziehung der Rechtfertigungsgründe für zulässig erachtet wird, berücksichtigt man nicht hinreichend, dass dadurch die zum Teil fein abgestuften Eingriffsvoraussetzungen im öffentlichen Recht missachtet werden, sodass die Gefahr besteht, §§ 32, 34 StGB als Auffangbecken für Problemfälle im öffentlichen Recht heranzuziehen und damit die dort aufgestellten engen Voraussetzungen zu umgehen. So wurde etwa teilweise angenommen, der Abschuss eines entführten Flugzeuges durch die Bundeswehr, um andere Menschen zu retten (Fall in Anlehnung an die Anschläge auf das World Trade Center am 11. 9. 2001), könne über § 34 StGB gerechtfertigt werden (*Wilkesmann*, NVwZ 2002, 1316, 1322). Auch bei Folter eines Geiselnehmers durch Hoheitsträger, um den Aufenthaltsort eines entführten Kindes zu erfahren, erachtet man teilweise eine Rechtfertigung über die allgemeinen Rechtfertigungsgründe für möglich (*Erb*, Jura 2005, 24). Das zeigt anschaulich die Gefahr, hoheitliche Schranken unter Berufung auf die allgemeinen Rechtfertigungsgründe zu umgehen, wobei hinzukommt, dass derartige Maßnahmen über §§ 32, 34 StGB ohnehin nicht zu rechtfertigen sind (siehe dazu auch die Ausführungen zu § 32 StGB Rdn. 224 und zu § 34 StGB Rdn. 268). Zutreffend erscheint daher die Auffassung, dass die allgemeinen Rechtfertigungsgründe bei Hoheitsträgern nur zur Selbstverteidigung in Betracht kommen und allenfalls dort, wo es um Eingriffe in Güter der Allgemeinheit geht, da dort die Verletzung von Individualrechten nicht zu befürchten ist.

193   Was den Prüfungsaufbau anbetrifft, ist darauf hinzuweisen, dass die Frage der Rechtfertigung stets konkret **bezogen auf die jeweils untersuchte Strafbestimmung** zu erörtern ist. Es ist also fehlerhaft, die Rechtfertigungsprüfung quasi vor die Klammer zu ziehen und allgemein für sämtliche in Betracht kommenden Strafvorschriften lösen zu wollen. Es ist durchaus möglich, dass das Verhalten des Täters nach einer Strafbestimmung – etwa § 240 StGB – gerechtfertigt ist, hingegen bezüglich einer anderen Strafnorm – etwa § 224 StGB – die Rechtfertigung ausscheidet. Folglich muss die Rechtfertigung jeweils konkret in Bezug auf die erörterte Strafbestimmung angesprochen werden.

194   Hinsichtlich der soeben erwähnten Nötigungsvorschrift bleibt anzumerken, dass es sich hierbei um einen so genannten **offenen Tatbestand** handelt, der aufgrund seiner Weite über § 240 Abs. 2 StGB, also die Verwerflichkeitsklausel, eine Einschränkung erfährt. Dabei gilt, dass ein Verhalten, welches gerechtfertigt ist, nicht verwerflich sein kann. Folglich ist bei der Nötigung, nachdem objektiver und subjektiver Tatbestand bejaht worden sind, zunächst zu prüfen, ob zu Gunsten des Täters Rechtfertigungsgründe eingreifen. Nur wenn dies nicht der Fall ist, bedarf es der Untersuchung der Verwerflichkeit und bei ihrer Annahme dann noch der Schuld.

195   Es bleibt darauf hinzuweisen, dass die **Rechtfertigungsgründe grundsätzlich nebeneinander** stehen. Da ein Gutachten erstellt wird, sind sämtliche möglicherweise in Betracht kommenden Rechtfertigungsgründe anzusprechen, selbst wenn beispiels-

weise bereits festgestellt worden ist, dass das Verhalten über Notwehr gerechtfertigt ist. Unter Umständen sind einzelne Rechtfertigungsgründe jedoch gegenüber anderen spezieller und verdrängen diese. So sind etwa §§ 228, 904 BGB spezieller als § 34 StGB und gehen diesem vor.

Im Folgenden ist nun auf examensrelevante Rechtfertigungsgründe und auf die damit verbundenen Probleme näher einzugehen.

2. Die Notwehr gemäß § 32 StGB

Wichtigster Rechtfertigungsgrund im Strafrecht ist die Notwehr gemäß § 32 StGB. Die Voraussetzungen der Notwehr sollen an folgendem Fall veranschaulicht werden.

196

> *Fall: Der von einem Theaterbesuch heimkehrende langjährige Sportschütze A, der Preissieger vieler Schusswettbewerbe ist, bemerkt beim Betreten seines Hauses, dass sich in seinem Haus ein Fremder befindet. Er nimmt sich seine im Flur liegende Waffe, in der sich noch eine Kugel befindet, und betritt das Wohnzimmer. Dort ist der Einbrecher O gerade im Begriff, wertvolle Schmuckstücke in seine Tasche zu stecken. Nachdem O auf eine Warnung des A nicht reagiert, schießt A gezielt in das Bein des O. O bleibt verletzt liegen. Zu prüfen ist die Strafbarkeit des A.*

In Betracht kommt eine Strafbarkeit des A wegen versuchten Totschlags. Der Erfolg ist ausgeblieben, O hat überlebt. Der Versuch des Verbrechens des § 212 StGB ist stets strafbar (§§ 12 Abs. 1, 23 Abs. 1 StGB). Fraglich ist, ob A Tatentschluss gehabt hat, also mit Vorsatz in Bezug auf die objektiven Merkmale des § 212 StGB gehandelt hat. Hier könnte dolus eventualis vorliegen, der für § 212 StGB genügt. Voraussetzung dafür wäre nach der Billigungstheorie, dass A die Möglichkeit der Tatbestandsverwirklichung erkannt hat und den Erfolg billigend in Kauf genommen, also sich damit abgefunden hat. Dagegen spricht jedoch, dass A dem O gezielt in die Beine und nicht etwa in den Oberkörperbereich geschossen hat. Hinzu kommt, dass A langjähriger und mit Preisen ausgezeichneter Sportschütze ist, sodass der Treffer in die Beine sich auch nicht als bloßer Zufall darstellt. Dolus eventualis ist daher zu verneinen.

197

Vermerk: Die Ablehnung eines Tötungsvorsatzes erscheint angesichts der Sachverhaltsangaben relativ klar. Dennoch sollte die Prüfung des versuchten Totschlags nicht gänzlich unterbleiben. Immer dann, wenn der Täter auf sein Opfer schießt, ist angesichts der damit verbundenen Gefährlichkeit der Schussabgabe eine Strafbarkeit wegen versuchten Totschlags nicht von vornherein ausgeschlossen.

A könnte sich jedoch durch den Schuss auf den O wegen gefährlicher Körperverletzung gemäß § 224 StGB strafbar gemacht haben.

Aufbauhinweis: In Prüfungsarbeiten stellt sich oftmals die Frage, in welcher Reihenfolge **Grundtatbestand** (hier: § 223 StGB) und **Qualifikation** (hier: § 224 StGB) zu prüfen sind. Insoweit gelten folgende Grundsätze: Dann, wenn die Qualifikation im Ergebnis abzulehnen ist oder ihr Vorliegen zumindest zweifelhaft erscheint, sollte zunächst isoliert der Grundtatbestand geprüft und bejaht werden. Mit dem Grundtatbestand ist auch dann zu beginnen, wenn bereits mit diesem Probleme verbunden sind. Verhält es sich hingegen so, dass die Qualifikation neben dem Grundtatbestand relativ klar erfüllt ist, kann unmittelbar mit der Prüfung der Qualifikation begonnen werden, wobei der Grundtatbestand dann inzidenter – also im Rahmen der Erörterung der Qualifikation – anzusprechen ist. So verhält es sich hier: Der Tatbestand des § 223 StGB ist (relativ) deutlich erfüllt, ebenso zumindest § 224 Abs. 1 Nr. 2 Alt. 1 StGB. Durchaus nicht falsch wäre es aber dennoch, zunächst § 223 StGB isoliert zu untersuchen. Dafür würde auch sprechen, dass die Körperverletzung im Sinne des

198

1. KAPITEL   Das vorsätzliche vollendete Begehungsdelikt

§ 223 StGB – wie noch im Einzelnen aufzuzeigen sein wird – gerechtfertigt ist. Im Anschluss an dieses Ergebnis könnte dann relativ zügig auch eine Strafbarkeit gemäß § 224 StGB aufgrund Rechtfertigung abgelehnt werden.

199 A hat durch den Schuss auf das Bein des O dessen körperliche Unversehrtheit beeinträchtigt und damit den O körperlich misshandelt. Gleichzeitig hat er durch die Schusswunde bei dem O einen krankhaften Zustand hervorgerufen und ihn daher an der Gesundheit beschädigt. Ausweislich des Sachverhalts hat A die Körperverletzung mittels einer Waffe begangen und folglich die Qualifikation des § 224 Abs. 1 Nr. 2 Alt. 1 StGB verwirklicht. Dagegen kommt angesichts des Umstands, dass A den O gewarnt und damit nicht planmäßig wahre Absichten verborgen hat, nicht die Variante des hinterlistigen Überfalls gemäß § 224 Abs. 1 Nr. 3 StGB in Betracht. Gegeben sein könnte jedoch § 224 Abs. 1 Nr. 5 StGB. Bezüglich dieses Merkmals ist umstritten, ob die abstrakte Gefährlichkeit der Handlung genügt, eine konkrete Gefahr entstanden sein muss oder das Verhalten konkret gefährlich gewesen sein muss (*Lackner/Kühl*, StGB, § 224 Rdn. 8). Der Schuss mit einer Waffe auf einen Menschen ist typischerweise für das Leben gefährlich, sodass nach der erstgenannten Ansicht § 224 Abs. 1 Nr. 5 StGB erfüllt ist. Eine konkrete Lebensgefahr, also eine Situation, bei der es nur noch vom Zufall abhängt, ob der Tod eintritt oder nicht, liegt hingegen angesichts des Beinschusses nicht vor. Auch kann der gezielte Schuss auf die Beine durch einen geübten Sportschützen nicht als konkret lebensgefährliches Verhalten aufgefasst werden. Da die jeweiligen Ansichten im konkreten Fall zu unterschiedlichen Ergebnissen führen, bedarf es der Entscheidung des Meinungsstreits.

Vermerk: Es bedarf vorliegend nur der Entscheidung zwischen der erstgenannten Ansicht einerseits und der zweit- und drittgenannten Auffassung andererseits, denn die letzten beiden Ansichten kommen im konkreten Fall zu übereinstimmenden Ergebnissen, sodass sich insofern eine Streitentscheidung erübrigt.

§ 224 StGB enthält keine Anhaltspunkte für eine Abstraktion von den Einzelfallumständen. Der Wortlaut gebietet eine Betrachtung, wonach es nur auf die Typizität des Verhaltens ankommt, nicht. Daher ist die Ansicht, welche eine abstrakte Sicht zugrunde legt, abzulehnen und demgemäß mit den beiden anderen Ansichten eine das Leben gefährdende Behandlung im Sinne des § 224 Abs. 1 Nr. 5 StGB zu verneinen.

A hat in Kenntnis der Umstände willentlich die Körperverletzung mittels einer Waffe begangen, sodass Vorsatz zu bejahen ist.

A ist jedoch möglicherweise gerechtfertigt. Die gefährliche Körperverletzung könnte durch Notwehr gemäß § 32 StGB gerechtfertigt sein. Eine Präzisierung der Erfordernisse der Notwehr enthält § 32 Abs. 2 StGB.

a)   Die Notwehrlage: Gegenwärtiger rechtswidriger Angriff

200 Erste Voraussetzung der Notwehr ist ein **gegenwärtiger rechtswidriger Angriff**. Hierbei handelt es sich um die so genannte **Notwehrlage**.

201 Problematisch ist zunächst, von welchem Standpunkt aus die Notwehrlage zu beurteilen ist. Teilweise wird vertreten, es sei **ex ante** auf die Sicht eines Dritten in der Situation des Täters abzustellen (*Herzog*, in: NK, StGB, § 32 Rdn. 3). Damit würde jedoch in einer nicht unerheblichen Anzahl von Fällen, in denen **ex post** betrachtet gar keine Notwehrlage vorgelegen hat, von einer solchen ausgegangen werden (Beispiel: Der mit A verfeindete O greift in die Jackentasche und scheint aus der Sicht ex ante eine Waffe herauszuziehen, tatsächlich hatte O nur – aus einer Betrachtung ex post – ein Fernglas hervorgezogen). Der Anwendungsbereich des Erlaubnistatbestandsirrtums wäre nur gering, nämlich auf die Fälle beschränkt, in der aus der Sicht des Dritten ex ante keine Notwehrlage vorliegt, jedoch nach Auffassung des Täters. Gegen eine ex-ante-Sicht spricht aber vor allem, dass damit eine zu einseitige

Verlagerung zu Gunsten desjenigen erfolgt, der sich auf Notwehr beruft, was automatisch den Schutz des Gegenübers einschränkt, selbst wenn von ihm objektiv gar kein Angriff ausgeht. Das gilt umso mehr, als aus der Notwehr eine Duldungspflicht des Gegenübers resultiert und der Verhältnismäßigkeitsgrundsatz bei der Notwehr keine Anwendung findet. Entsprechende Fälle, bei denen aus der Sicht ex ante eine Notwehrlage gegeben zu sein scheint, können vielmehr über die Grundsätze des Erlaubnistatbestandsirrtums sachgerecht gelöst werden. Daher ist die Notwehrlage im Einklang mit der h. M. nicht aus der Sicht eines Dritten in der Situation des Täters ex ante, sondern **ex post** zu beurteilen (ebenso etwa *Lackner/Kühl*, StGB, § 32 Rdn. 6; *Rengier*, AT, § 18 Rdn. 12), was auch dem Wortlaut des § 32 StGB entspricht.

aa) Angriff

Angriff ist die Bedrohung rechtlich geschützter Interessen durch ein menschliches Verhalten. O beeinträchtigt Besitz, Eigentum sowie das Hausrecht des O.   **202**

Ergänzende Hinweise: Aus der Definition ergibt sich, dass die Notwehr nur bei einem **menschlichen Verhalten** in Betracht kommen kann. Sie scheidet daher insbesondere aus bei Naturgewalten, die Rechtsgüter beeinträchtigen, zudem bei Verhaltensweisen von Menschen, die nicht den Anforderungen an eine Handlung als ein willensgesteuertes Verhalten genügen (etwa bei vis absoluta oder Bewegungen im Schlaf), sowie bei Verhaltensweisen eines Tieres, sofern nicht dahinter ein menschliches Verhalten steht (Beispiel: A hetzt seinen Hund auf O).

Dagegen liegt nicht nur bei vorsätzlichem, sondern auch bei bloß **fahrlässigem Verhalten** ein Angriff vor. Umstritten ist, ob von einem Angriff auszugehen ist, wenn es um das **Verhalten Schuldunfähiger** geht. Ein Teil der Lehre verlangt einen schuldhaften Angriff (*Hoyer*, JuS 1988, 89). Dagegen spricht jedoch, dass auch durch schuldloses menschliches Verhalten rechtlich geschützte Interessen beeinträchtigt werden können. Zudem wird nach dem Gesetzeswortlaut nur ein „rechtswidriger", nicht aber ein „schuldhafter" Angriff gefordert (*Duttge*, Gesamtes Strafrecht, § 32 StGB Rdn. 5). Etwaige Einschränkungen können dann erforderlichenfalls auf der Ebene der Gebotenheit erfolgen.   **203**

Uneinigkeit besteht auch in der Frage, ob der Angriff in einem **Unterlassen** bestehen kann. Dafür spricht, dass auch durch bloßes Unterlassen geschützte Interessen bedroht werden können. Zu verlangen ist jedoch eine Rechtspflicht zum Handeln im Sinne des § 13 StGB, was jedoch wiederum umstritten ist; so wird nämlich teilweise im Schrifttum die Pflicht aus § 323 c StGB schon für ausreichend erachtet. Hinzuweisen ist schließlich darauf, dass Notwehr nicht in Betracht kommt, um ausschließlich Allgemeininteressen zu verteidigen. Hierzu sind vielmehr die staatlichen Organe berufen.   **204**

bb) Gegenwärtigkeit

Gegenwärtig ist der Angriff, wenn er unmittelbar bevorsteht, gerade stattfindet oder noch andauert. Der Angriff des O auf das Hausrecht des A sowie auf Eigentum und Besitz des A findet durch das Einstecken der Schmuckstücke im Haus des A gerade statt, sodass Gegenwärtigkeit zu bejahen ist.   **205**

Ergänzende Hinweise: Für den Gesichtspunkt des unmittelbaren Bevorstehens kann auf die Kriterien abgestellt werden, die man für die Frage heranzieht, wann vom Versuchsbeginn auszugehen ist (siehe dazu im Einzelnen unten Rdn. 481 ff.), wobei es im Hinblick auf die erforderliche Objektivierung nicht auf die Vorstellung des Täters, sondern auf die äußeren Umstände ankommt. Davon ausgehend ist maßgeblich, ob es ohne weitere wesentliche Zwischenschritte zu einer Beeinträchtigung des in Rede stehenden rechtlich geschützten Interesses kommt. Eine präventive Notwehr, also eine „Verteidigung", obwohl ein Angriff noch nicht unmittelbar bevorsteht, scheidet   **206**

angesichts des eindeutigen Wortlauts des § 32 StGB aus, denn es fehlt dann an der Gegenwärtigkeit; dieses Ergebnis darf auch nicht dadurch umgangen werden, indem man – wie dies vereinzelt geschieht – von einer „notwehrähnlichen Lage" ausgeht und die Notwehrvorschriften entsprechend anwendet.

207 Der Angriff dauert an, solange er noch nicht beendet ist. Beendet ist er dann, wenn der Angriff abgeschlossen ist, sei es, dass er fehlgeschlagen ist, sei es, dass er aufgegeben wird (vgl. zum Begriff des „Fehlschlags" und der „Aufgabe" die Darlegungen zum Rücktritt vom Versuch gemäß § 24 StGB unten Rdn. 528 ff.) oder dass er vollständig durchgeführt worden ist (*Wessels/Beulke*, AT, Rdn. 328). Nach diesen Grundsätzen ist Notwehr gegen einen mit der Beute fliehenden Dieb möglich, wobei man jedoch einen gewissen zeitlichen und räumlichen Zusammenhang verlangen muss. Wenn der Dieb dagegen ohne Beute flieht, ist der Angriff bereits abgeschlossen, sodass Notwehr nicht mehr in Betracht kommt.

208 Zu beachten ist, dass der „gegenwärtige Angriff" des § 32 StGB enger ist als „die gegenwärtige Gefahr" im Sinne des § 34 StGB, denn der Notstand umfasst im Gegensatz zur Notwehr auch Dauergefahren.

cc)   Rechtswidrigkeit

209 **Rechtswidrig ist der Angriff, wenn er im Widerspruch zur Rechtsordnung steht.** Handelt also der Angreifer seinerseits gerechtfertigt, kommt Notwehr nicht in Betracht. Im Ausgangsfall handelt O rechtswidrig.

Umstritten ist in diesem Zusammenhang, ob die Rechtswidrigkeit zu verneinen ist, wenn nicht zumindest ein sorgfaltswidriges Verhalten vorliegt. Klassisches Beispiel ist der Autofahrer, der die im Verkehr erforderliche Sorgfalt einhält, dennoch aber andere zu verletzen droht. Teilweise wird im Schrifttum mangels Sorgfaltswidrigkeit die Rechtswidrigkeit verneint, sodass § 32 StGB ausscheidet (*Gropp*, AT, § 6 Rdn. 73); zu prüfen bleibt dann Notstand. Die Gegenauffassung stellt lediglich auf den Erfolgsunwert ab, der hier angesichts der Bedrohung anderer Personen gegeben ist, und kommt zur Anwendung des § 32 StGB (*Jescheck/Weigend*, AT, § 32 II 1 c).

Ist eine Notwehrlage gegeben, bedarf es der weiteren Prüfung, ob die Notwehrhandlung **erforderlich** und **geboten** ist und der Täter das **subjektive Rechtfertigungselement** aufweist.

b)   Die Erforderlichkeit

210 **Erforderlich ist diejenige Verteidigung, die eine sofortige und endgültige Beseitigung des Angriffs erwarten lässt.**
Die **Erforderlichkeit** der Verteidigungshandlung bestimmt sich – im Gegensatz zur Notwehrlage – nach zutreffender Auffassung aus der ex-ante-Sicht eines besonnenen Dritten in der Situation des Täters (*Rengier*, AT, § 18 Rdn. 47). Das ergibt sich daraus, dass ein Verhalten in Rede steht und die Verhaltensanforderungen nicht erst nachträglich festgelegt werden können, sondern ex ante zu bestimmen sind.

211 Im Hinblick darauf, dass derjenige von der Verteidigungshandlung betroffen wird, von dem der rechtswidrige Angriff ausgeht – ein Eingriff in **unbeteiligte** Personen oder Güter ist über die Notwehr **nicht** gedeckt –, gilt der Grundsatz **Recht braucht Unrecht nicht zu weichen.** Eine **Verhältnismäßigkeitsprüfung** im Sinne einer Angemessenheit **findet bei der Notwehr** demgemäß **nicht statt.** So ist unter Umständen auch die schwere Verletzung einer Person zur Verteidigung einer Sache durch Notwehr gedeckt (zu der Frage, ob eine Tötung zur Verteidigung von Sachwerten zulässig ist, siehe die Ausführungen zur Gebotenheit unten Rdn. 216 f.). Eine Güterabwägung erfolgt nicht. Der Täter darf das Mittel anwenden, welches mit Sicherheit die Abwehr des Angriffs erwarten lässt, also eine sofortige und endgültige Beseitigung des Angriffs gewährleistet.

Abzustellen bei der Beurteilung ist auf die Erforderlichkeit der Verteidigungs**handlung**, selbst wenn diese zu schweren Folgen führt.

Wenn damit auch insgesamt dem Betroffenen ein schneidiges Notwehrrecht zur Verfügung steht, gibt es **gewisse Einschränkungen,** die zu beachten sind. So wird betont, dass der Täter von mehreren gleich wirksamen Abwehrmitteln, die ihm zur Verfügung stehen, das **mildeste Mittel** auswählen muss (BGHSt. 42, 97, 100). Andererseits gilt: Im Zweifel über die Wirksamkeit von mehreren Abwehrmitteln braucht sich der Angegriffene nicht mit einem solchen begnügen, dessen Anwendung mit Unsicherheiten in Bezug auf eine erfolgreiche Abwehr verbunden ist. Auf eine für den Angreifer minder schwere Abwehrmöglichkeit darf der sich Verteidigende im Übrigen nur dann verwiesen werden, wenn ihm Zeit zur Auswahl sowie zur Abschätzung der Gefährlichkeit zur Verfügung steht. Zudem muss auch die weniger schwere Abwehr geeignet sein, den Angriff zweifelsfrei und endgültig auszuräumen (BGH, NStZ 2005, 31). Schließlich wird von dem Angegriffenen im Rahmen der Erforderlichkeit ein Ausweichen durch Flucht nicht verlangt.

212

Eher zurückhaltend ist die Rechtsprechung (BGH, NStZ 2001, 530) in Bezug auf die **Verwendung von Schusswaffen.** Grundsätzlich ist folgendes Vorgehen angezeigt: Zunächst bedarf es der **Androhung** des Waffengebrauchs, sodann ist gegebenenfalls ein **Warnschuss** abzufeuern; dann ist zu prüfen, ob ein **Schuss in die Beine** ausreicht, bevor als **Ultima Ratio** ein **gezielter Todesschuss** erfolgen darf. Natürlich sind stets die Umstände des Einzelfalls zu berücksichtigen. Gegebenenfalls – so etwa, wenn der Angreifer selbst auf das Opfer mit einer Waffe zielt – kann auch unmittelbar ein Todesschuss erfolgen.

213

Im Ausgangsfall hat A den O zunächst gewarnt. Angesichts des Umstands, dass lediglich eine Kugel in der Waffe des A war, kam ein Warnschuss nicht in Betracht. Der Schuss des A erfolgte gezielt in das Bein des O. Damit ist den Erfordernissen, die an den Einsatz von Schusswaffen zu stellen sind, Genüge getan. Die Verteidigung des A war somit erforderlich.

Ein im Zusammenhang mit dem Gebrauch von Schusswaffen in Bezug auf die Erforderlichkeit bestehendes Sonderproblem sind **Selbstschussanlagen**. Zwar handelt es sich bei der Installation einer Selbstschussanlage nicht um eine unzulässige Abwehr eines noch nicht gegenwärtigen, zukünftigen Angriffs, denn derartige Vorrichtungen aktivieren sich erst im Zeitpunkt des gegenwärtigen Angriffs (*Kunz*, GA 1984, 539, 541). Problematisch ist jedoch die Erforderlichkeit, denn bei Selbstschussanlagen ist eine auf den konkreten Angriff zugeschnittene Verteidigungshandlung schwer möglich. Insofern werden unterschiedliche Ansichten vertreten (*M. Heinrich*, ZIS 2010, 183, 186 ff.): Teilweise wird ausgeführt, die Erforderlichkeit sei nach den Abwehrmöglichkeiten zu bestimmen, die der Angegriffene hätte, wenn er dem Angreifer selbst gegenüberstünde. Andere betonen, dass die Selbstschussanlage für den Angreifer erkennbar sein müsse. Schließlich stellt man darauf ab, ob dem Angegriffenen bei der Installation andere gleich wirksame Abwehrmittel zur Verfügung standen, welche einen geringeren Schaden verursachen.

214

Stellungnahme: Der Einzelne kann nicht dadurch, dass er im Vorhinein Verteidigungsmittel installiert, das Maß der Erforderlichkeit der Verteidigung im konkreten Fall zu seinen Gunsten verschieben. Es kommt vielmehr jeweils darauf an, ob in der konkreten Situation die Verteidigung erforderlich war. So muss bei Selbstschussanlagen also etwa ein Warnschild angebracht sein. Daher ist bei Selbstschussanlagen darauf abzustellen, welche Abwehrmöglichkeiten der Verteidiger hätte, wenn er selbst dem Angreifer gegenüberstünde.

c) Die Gebotenheit: Verbot des Rechtsmissbrauchs

Festgehalten werden kann, dass angesichts des Grundsatzes „Recht braucht Unrecht nicht zu weichen" im Prinzip keine besonders hohen Anforderungen an die Erforder-

215

lichkeit der Abwehrhandlung gestellt werden. Es gibt jedoch eine Grenze, die zu einer deutlichen Einschränkung bis hin zum Ausschluss des Notwehrrechts führen kann: Hierbei handelt es sich um **das Verbot des Rechtsmissbrauchs**, wobei der Begriff der „Gebotenheit" der Notwehr die Grundlage im Wortlaut des § 32 StGB bildet („Wer eine Tat begeht, die durch Notwehr geboten ist . . ."), diesen einschränkenden Gesichtspunkt berücksichtigen zu können. Abgesehen davon handelt es sich beim Verbot des Rechtsmissbrauchs ohnehin um eine immanente Schranke des Notwehrrechts.

Teilweise spricht man nicht von Fällen des Rechtsmissbrauchs, sondern von den so genannten **sozialethischen Einschränkungen des Notwehrrechts**. Diese Bezeichnung bewirkt aber keinen Unterschied im Inhalt.

Das Verbot des Rechtsmissbrauchs ist ein allgemeiner Begriff, welcher der Konkretisierung bedarf. Insofern existieren Fallgruppen, bei denen eine Einschränkung oder ein Ausschluss des Notwehrrechts vor dem Hintergrund des Rechtsmissbrauchs erörtert wird. Im Folgenden soll auf diese Konstellationen eingegangen werden.

aa)   Fälle des krassen Missverhältnisses zwischen beeinträchtigtem und geschütztem Gut

216   Ein klassisches Beispiel ist die gezielte Tötung des Kindes, welches fremdes Obst vom Baum pflückt, wobei kein anderes Abwehrmittel zur Verfügung steht. Es ist rechtsmissbräuchlich, ein Kind (siehe dazu auch die nachstehende Fallgruppe Rdn. 218) zu töten, um den **Bagatellangriff** auf Eigentum und Besitz am Obst abzuwehren.

217   Problematisch ist, ob nach § 32 StGB überhaupt die Tötung eines Menschen zur Verteidigung einer Sache zulässig sein kann (*Hillenkamp*, AT, Problem Nr. 3). Nach Art. 2 Abs. 2 a der Konvention zum Schutz der Menschenrechte und Grundfreiheiten (Europäische Menschenrechtskonvention; EMRK) ist eine Tötung nur möglich, um jemanden gegen rechtswidrige Gewalt zu verteidigen. Daher wird zum Teil in der Literatur die Auffassung vertreten, die Tötung einer anderen Person sei nur zur Verteidigung von Menschen, nicht aber von Sachen zulässig. Die Gegenansicht meint, die EMRK betreffe nicht das Verhältnis der Bürger untereinander, sondern nur das des Staates zum Bürger, sodass die Tötung eines Menschen zur Verteidigung einer Sache gerechtfertigt sein könne. Schließlich findet sich die Auffassung, die Regelung in Art. 2 EMRK stimme sachlich mit der des § 32 StGB überein, da auch nach § 32 StGB die absichtliche Tötung, um die es in Art. 2 EMRK gehe, zur Verteidigung einer Sache nicht geboten und unzulässig sei.

Stellungnahme: Nach den dargestellten Grundsätzen findet bei der Notwehr ausgehend von dem Gesichtspunkt, dass das Recht dem Unrecht nicht zu weichen braucht, keine Verhältnismäßigkeitsprüfung statt. Zudem ist zu berücksichtigen, dass es auf die Erforderlichkeit und Gebotenheit der konkreten Verteidigungshandlung ankommt. Nun gibt es Sachlagen, bei denen eine erforderliche Abwehrhandlung zur Verteidigung einer Sache ungewollt den Tod des Angreifers herbeiführt (Beispiel: Der Verteidiger bringt den Dieb zum Stolpern, der unglücklich fällt und sich das Genick bricht). Hier scheidet die Berufung auf Notwehr unter dem Gesichtspunkt des Rechtsmissbrauchs (Gebotenheit) nicht aus, denn Rechtsmissbrauch kann man nur bei dolus directus 1. und 2. Grades annehmen, nicht jedoch bei dolus eventualis und Fahrlässigkeit (*Zieschang*, GA 2006, 415, 417 f.). Es ist also unzutreffend, dass die Tötung eines Menschen zur Verteidigung einer Sache generell nicht über § 32 StGB zu rechtfertigen ist. Noch unbeantwortet ist die Frage, ob die erstrebte (dolus directus 1. Grades) oder wissentliche (dolus directus 2. Grades) Tötung des Angreifers zur Verteidigung einer Sache über Notwehr gerechtfertigt sein kann. Angesichts der Bedeutung des Rechtsguts Leben wird man dies jedoch unter sozialethischen Gesichtspunkten zu verneinen haben. Dieses Ergebnis steht auch in Einklang mit

Art. 2 EMRK. Er verbietet nach der maßgeblichen englischen und französischen Fassung die willentliche Tötung (intention). Hierunter ist angesichts der Unsicherheiten um den dolus eventualis nur der dolus directus 1. und 2. Grades zu verstehen. Damit ist festzuhalten, dass die erstrebte oder wissentliche Tötung eines Menschen zur Verteidigung einer Sache nicht über § 32 StGB zu rechtfertigen ist. Ausgehend von diesem Ergebnis durfte der Eigentümer der Obstbäume unabhängig von einem krassen Missverhältnis das Kind nicht gezielt töten.

bb) Fälle des Angriffs schuldlos Handelnder

Einigkeit besteht, dass eine Einschränkung des Notwehrrechts insbesondere bei Angriffen Geisteskranker (siehe § 20 StGB) sowie von Kindern (vgl. § 19 StGB) anzunehmen ist. Soweit es die Umstände zulassen, hat der Angegriffene zunächst **auszuweichen**. Kommt dies nicht in Betracht, ist – sofern möglich – zunächst bloße defensive **Schutzwehr** zu üben. Erst dann kommt aktive **Trutzwehr** in Betracht.

218

cc) Fälle enger persönlicher Beziehungen

Der BGH (BGH, GA 1969, 117) und ein großer Teil des Schrifttums (z. B. *Roxin*, AT I, § 15 Rdn. 93 ff.) gehen davon aus, dass bei Angriffen innerhalb enger persönlicher Beziehungen – insbesondere unter Ehegatten – das Notwehrrecht nur eingeschränkt ausgeübt werden darf. So sei, falls möglich, dem Angreifer auszuweichen. Komme dies nicht in Betracht, sei unter möglichster Schonung des Angreifers vorzugehen. Eine derartige Einschränkung wird jedoch von Teilen des Schrifttums insgesamt abgelehnt (*Frister*, GA 1988, 305, 308 f.). Dem ist vor dem Hintergrund zuzustimmen, dass ansonsten die Ehe Legitimationsgrundlage für Misshandlungen des Ehepartners wird, wobei in der Rechtswirklichkeit regelmäßig die Frau das Opfer ist (*Zieschang*, Jura 2003, 527).

219

dd) Fälle der provozierten Notwehrlage

Stark umstritten ist die Konstellation, dass der sich später Verteidigende die Notwehrlage absichtlich oder zumindest unabsichtlich vorwerfbar provoziert hat.

220

> **Beispiel für die absichtliche Herbeiführung der Notwehrlage:**
> *A will seinen Zechkumpanen O töten. A weiß, dass O selbst auf Nichtigkeiten aggressiv reagiert. Bei einem gemeinsamen Gaststättenbesuch kippt A vermeintlich unbeabsichtigt seinen Bierkrug in Richtung des O, dessen Hemd durchnässt wird. O holt daraufhin mit seinem Bierkrug in Richtung des Kopfes von A aus, der zur Abwehr ein Messer zieht und O einen tödlichen Stich versetzt. Das gesamte Vorgehen hatte A so von vornherein beabsichtigt. Ist A strafbar?*

Es handelt sich hierbei um ein Beispiel für eine so genannte **Absichtsprovokation**. Die aus ihr resultierenden Konsequenzen sind umstritten. Ein Teil des Schrifttums will dem Angegriffenen trotz absichtlicher Provokation der Notwehrlage das Notwehrrecht zubilligen (*Baumann/Weber/Mitsch*, AT, § 17 Rdn. 38), wobei einzelne Autoren verlangen, dass der Verteidiger – soweit möglich – zunächst auszuweichen hat (*Berz*, JuS 1984, 340, 343). Andere argumentieren, trotz Provokation verliere der Angegriffene nicht das Notwehrrecht, jedoch sei er nach den Grundsätzen der actio illicita in causa (einer im Ursprung verbotenen Tat) wegen der begangenen Tat (hier also des Totschlags) zu bestrafen (*Haft*, AT, S. 91). Der BGH (BGH, NStZ 2003, 425, 427) und die h. M. im Schrifttum (etwa *Rudolphi*, AT, S. 20) versagen dagegen dem Angegriffenen die Berufung auf Notwehr. Hierzu werden unterschiedliche Begrün-

221

dungen angeboten: So wird vereinzelt argumentiert, der Provokateur verzichte auf den Rechtsgüterschutz; oftmals beruft man sich zum Ausschluss der Notwehr auf den Gesichtspunkt des Rechtsmissbrauchs oder auf den fehlenden Verteidigungswillen.

Stellungnahme: Jemand, welcher die Notwehrlage absichtlich provoziert, will den Angreifer unter dem Vorwand der Notwehr straffrei verletzen. Derjenige jedoch, der absichtlich eine Notwehrlage herbeiführt, handelt widersprüchlich, wenn er nun meint, diese Notwehrlage straffrei beseitigen zu dürfen. Insofern liegt ein klassischer Fall des Rechtsmissbrauchs (Verbot widersprüchlichen Verhaltens) vor, sodass die Notwehr unter diesem Aspekt ausscheidet. Zudem fehlt es bei der Absichtsprovokation auch an dem für die Notwehr erforderlichen Verteidigungswillen.

> **Beispiel für die unabsichtlich provozierte Notwehrlage:**
> *In Abwandlung des Falls zur Absichtsprovokation kippt A tatsächlich aus Versehen den Bierkrug des O um, der dadurch eine Schnittwunde am Arm erleidet. O ist erbost, ergreift einen Bierkrug und verfolgt damit den fliehenden A. Schließlich stellt O den A und setzt zu einem Schlag mit dem Bierkrug gegen den Kopf des A an; A bleibt kein anderer Ausweg, als dem O einen tödlichen Messerstich zu versetzen. Wie ist A jetzt zu bestrafen?*

222   Auch die Behandlung der unabsichtlich provozierten Notwehrlage ist umstritten. Zunächst gehen die Ansichten darin auseinander, ob es sich um ein rechtswidriges Vorverhalten handeln muss (*Freund*, AT, § 3 Rdn. 117) oder ob sozialethisch zu missbilligendes Verhalten (so BGHSt. 42, 97, 101; *Wessels/Beulke*, AT, Rdn. 348) bereits genügt. Zudem dürfe zwischen Provokation und Angriff keine Zäsur bestehen und der spätere Angriff müsse adäquate Folge des Vorverhaltens sein (BGH, NStZ 2011, 82, 83). Im Übrigen werden unterschiedliche Auffassungen zur Lösung der Konstellation unterbreitet:

223   Einige Autoren lehnen eine Einschränkung generell ab, sodass der Betreffende sich auf Notwehr berufen könne. Andere ziehen wiederum die Figur der actio illicita in causa heran: Das Notwehrrecht bleibe – zumindest bei fehlender Ausweichmöglichkeit – bestehen, jedoch sei über die Grundsätze der actio illicita in causa bei unabsichtlicher Provokation wegen Fahrlässigkeitstat zu bestrafen. Der BGH (BGHSt. 24, 356) und Teile des Schrifttums (*Rudolphi*, AT, S. 20) gehen grundsätzlich davon aus, dass der Angegriffene zunächst **ausweichen** müsse. Sei dies nicht möglich, habe er sich auf **Schutzwehr** zu beschränken. Erst wenn diese ausscheide, komme **Trutzwehr** in Betracht. Der BGH hat jedoch dargelegt, dass eine Bestrafung wegen fahrlässiger Tötung in Betracht komme, wenn der Betreffende durch das Vorverhalten die Gefahr einer tätlichen Auseinandersetzung mit tödlichem Ausgang herbeigeführt hat, selbst wenn er den tödlichen Schuss in Notwehr abgibt (BGH, JZ 2001, 664 mit insoweit ablehnender Anmerkung *Roxin*).

Stellungnahme: Die vorliegende Konstellation ist dadurch gekennzeichnet, dass die Notwehrlage unabsichtlich herbeigeführt wird. Dann erscheint jedoch eine Berufung auf den Gesichtspunkt des Rechtsmissbrauchs nicht überzeugend. Bei einer Provokation kann über den Rechtsmissbrauchsgedanken im Sinne eines widersprüchlichen Verhaltens eine Einschränkung nur erfolgen, wenn ein Verhalten vorliegt, dass von dolus directus 1. oder zumindest 2. Grades getragen wird. Hat damit der Betreffende die Situation nur mit dolus eventualis oder fahrlässig hervorgerufen, scheidet eine Einschränkung des Notwehrrechts aus. A steht daher sein volles Notwehrrecht zu. Eine Bestrafung wegen Fahrlässigkeitstat kommt entgegen der Auffassung des BGH nicht in Betracht, denn wenn die Notwehr das Verhalten rechtfertigt, kann keine fahrlässige Tötung vorliegen.

ee) Folter zur Erzwingung einer Aussage

In jüngerer Zeit wird angesichts aktueller Fälle diskutiert, ob Folter gegenüber einem Geiselnehmer, damit dieser das Versteck des Entführten preisgibt, über § 32 StGB (Nothilfe zu Gunsten des Entführten) zulässig ist. Insoweit ist vom Ausgangspunkt zwischen Hoheitsträgern (etwa Polizeibeamten) einerseits und Privatpersonen (insbesondere Angehörigen) andererseits zu unterscheiden.

224

In Bezug auf Hoheitsträger wird teilweise eine Rechtfertigung über § 32 StGB für möglich erachtet (*Brugger*, JZ 2000, 165, 167). Dagegen sprechen jedoch zwei Aspekte: Zum einen können sich – wie bereits einleitend zu den Rechtfertigungsgründen dargelegt (siehe oben Rdn. 192) – Hoheitsträger zur Legitimation ihrer Maßnahmen nicht auf allgemeine Rechtfertigungsgründe berufen. Abgesehen davon wären die Voraussetzungen des § 32 StGB ohnehin nicht erfüllt: Art. 1 Abs. 1 GG (Achtung der Menschenwürde), Art. 104 Abs. 1 S. 2 GG sowie das Verbot der Folter in zahlreichen internationalen Konventionen, die auch Deutschland anerkannt hat, verbieten jede Art von Folter ((BGH, NJW 2005, 656, 657; LG Frankfurt am Main, NJW 2005, 692, 693 f.; ferner EGMR, NJW 2010, 3145). Insoweit wäre also von einer sozialethischen Einschränkung der Notwehr auszugehen.

225

Im Hinblick auf Privatpersonen ist zunächst darauf hinzuweisen, dass dort der Begriff der „Folter" nicht passt, da es hierbei um von staatlicher Seite ausgehende Handlungen geht. Ohne dass es sich daher um Folter im eigentlichen Sinn handelt, stellt sich die kontrovers diskutierte Frage, ob etwa Verwandte Gewaltmaßnahmen gegenüber dem Entführer zur Ermittlung des Aufenthaltsorts einer entführten Person durchführen dürfen. Insoweit ist natürlich zunächst im Rahmen der Erforderlichkeit zu prüfen, ob nicht dem Privaten andere gleich wirksame mildere Maßnahmen zur Verfügung stehen. Ist dies nicht der Fall, stellt sich die Frage der Gebotenheit. Hier nun aber erscheint die gewaltsame Erzwingung einer Aussage von einem Entführer zur Preisgabe des Verstecks des Entführten nicht als Fall, der unter den Begriff „Rechtsmissbrauch" zu subsumieren ist. Rechtfertigung kann daher durchaus Platz greifen.

ff) Notwehr gegen Erpressung

Im Zusammenhang mit den sozialethischen Einschränkungen des Notwehrrechts wird schließlich noch die Frage diskutiert, ob und inwieweit ein Erpressungsopfer A, dem mit der Veröffentlichung einer ihn kompromittierenden Sachlage (etwa Fotos, die ihn bei einem Diebstahl zeigen) gedroht wird (Schweigegelderpressung; chantage; § 253 StGB), gegen den Erpresser O Notwehr üben kann (Einbruch in dessen Wohnung, um die Fotos zu entwenden, oder gar Tötung des Erpressers).

226

Insoweit ist zunächst die Erforderlichkeit der Notwehr problematisch. Diesbezüglich wird darauf hingewiesen, das Erpressungsopfer habe die Möglichkeit, zur Polizei zu gehen, zumal dort gemäß § 154 c StPO die Möglichkeit der Einstellung des Strafverfahrens gegen den Erpressten – hier also wegen des Diebstahls – bestehe (*Wessels/ Beulke*, AT, Rdn. 348 a). Dagegen spricht jedoch, dass damit die Tat, um deren Verheimlichung es dem Erpressungsopfer gerade geht, bekannt wird, sodass es sich nicht um ein gleich geeignetes, milderes Mittel handelt. Im Übrigen sei erwähnt, dass die Einstellung nach der Vorschrift des § 154 c StPO ohnehin nur fakultativer Natur ist.

227

Fraglich ist jedoch, ob die Notwehr unter dem Gesichtspunkt der Gebotenheit Einschränkungen unterliegt (offengelassen von BGH, NJW 2003, 1955, 1959). Insofern besteht Einigkeit, dass dem Erpressten nicht jedes Verteidigungsmittel zur Verfügung steht. Umstritten ist jedoch, welche Verteidigungsmittel er benutzen darf. Im Allgemeinen geht man davon aus, dass leichtere Gegenmaßnahmen (Diebstahl des Materials) zulässig seien. Tötungen oder schwere Misshandlungen seien jedoch unzuläs-

228

sig (*Gropp*, AT, § 6 Rdn. 88 f.). Richtigerweise wird man zur Lösung derartiger Sachverhalte keine allgemeinen Richtlinien angeben können. Es kommt auf die Umstände des Einzelfalls an. Je nach Sachkonstellation und Schwere der Erpressung scheiden daher Gewaltmaßnahmen nicht von vornherein als zulässiges Verteidigungsmittel aus.

Im Ausgangsfall liegen keine Anhaltspunkte für eine Einschränkung des Notwehrrechts des A unter dem Gesichtspunkt des Rechtsmissbrauchs (Gebotenheit) vor. Zwar geht es um die Verteidigung einer Sache, jedoch handelt es sich bei der Abwehrhandlung nicht um eine gezielte Tötung, sondern tatbestandlich lediglich um eine gefährliche Körperverletzung. Bei dem Diebstahl von Schmuck im Haus des A steht die Verteidigung mittels einer Körperverletzungshandlung auch nicht in einem krassen Missverhältnis zu dem drohenden Schaden.

d)   Der Verteidigungswille

229   Nach Auffassung des BGH (BGHSt. 2, 111, 114; BGH, NStZ 2007, 325, 326) und der ganz überwiegenden Ansicht im Schrifttum (z. B. *Kühl*, AT, § 7 Rdn. 124) bedarf es bei den Rechtfertigungsgründen der Prüfung eines subjektiven Rechtfertigungselements. Bei der Notwehr ist dies der **Verteidigungswille**. Das setzt zunächst die Kenntnis der Notwehrlage voraus. Umstritten ist, ob darüber hinaus die Verteidigung das Motiv seiner Handlung sein muss. Zudem besteht Uneinigkeit darin, welche Konsequenzen das Fehlen des subjektiven Rechtfertigungselements hat.

> **Beispiel:**
> *A will den O töten. Als A bei einem abendlichen Spaziergang zufällig den O in der Dämmerung in einiger Entfernung sieht, erachtet er die Gelegenheit für günstig, zieht seine Waffe und erschießt den O. Dabei hatte A nicht bemerkt, dass O selbst kurz vor dem Schuss des A mit einer Waffe auf A gezielt hatte, um ihn zu erschießen. Hat sich A gemäß § 212 StGB strafbar gemacht?*

A hat durch den Schuss auf O den Tod des O verursacht. In dem Erfolg hat sich auch die mit der Tathandlung verbundene spezifische Gefahr verwirklicht, sodass ihm der Erfolg auch objektiv zurechenbar ist. Der objektive Tatbestand ist daher verwirklicht. A handelte in Kenntnis der objektiven Tatbestandsmerkmale des § 212 StGB und er wollte den Erfolg auch herbeiführen. Zwar wusste A nicht, dass der O seinerseits auf A zielt, jedoch handelt es sich hierbei nicht um ein Tatbestandsmerkmal des § 212 StGB, auf das sich der Vorsatz beziehen muss, sodass diese Unkenntnis für den Tatbestandsvorsatz irrelevant ist.

230   Möglicherweise ist A jedoch durch Notwehr gerechtfertigt. Durch das Zielen des O auf den A liegt ein gegenwärtiger rechtswidriger Angriff des O auf das Leben des A vor. Angesichts des Umstands, dass O auf den A zielte, musste A auch keinen Warnschuss abgeben oder bloß in Richtung der Beine des O schießen, sodass der gezielte Todesschuss des A auch erforderlich war. Für eine Fallgruppe des Rechtsmissbrauchs liegen keine Anhaltspunkte vor. Problematisch ist jedoch die Unkenntnis des A davon, dass O im Zeitpunkt des Schusses des A seinerseits mit der Waffe auf A zielte. A fehlt damit die Kenntnis der Notwehrlage und damit der Verteidigungswille.

Welche Konsequenzen der fehlende Verteidigungswille hat, wird unterschiedlich beurteilt.

231   Nach der nur noch ganz vereinzelt vertretenen Ansicht, welche einen Verteidigungswillen nicht verlangt, sondern das objektive Vorliegen der Notwehrvoraussetzungen ausreichen lässt (*Spendel*, JR 1991, 250), wäre A gerechtfertigt. Die ganz h. M. und die Rechtsprechung hingegen setzen zur Rechtfertigung ein subjektives Rechtfertigungselement voraus. Umstritten ist innerhalb dieser Ansicht jedoch, wie der Täter zu bestrafen ist, wenn der Verteidigungswille fehlt. Die ältere Rechtsprechung (BGHSt. 2, 111, 115) und ein Teil des Schrifttums (*Hilgendorf*, Strafrecht, S. 53) bestrafen bei fehlendem Verteidigungswillen mangels Rechtfertigung wegen vollendeter Tat. Danach wäre – da A auch schuldhaft handelt – A wegen vollendeten Totschlags strafbar. Die Gegenauffassung bestraft hingegen bloß wegen Versuchs (*Kudlich*, AT, Nr. 71; so auch BGHSt. 38, 144, 155 f. für § 218 a StGB). Dies sei keine Analogie zu Lasten des Täters, sondern zu Gunsten, da die Alternative die Bestrafung wegen vollendeten Delikts wäre.

Stellungnahme: Für eine rein objektive Betrachtung könnte sprechen, nicht der Bestrafung der bloßen „bösen" Gesinnung zu verfallen. Andererseits ist zu berücksichtigen, dass der Unrechtsbegriff sowohl aus Handlungs- als auch aus Erfolgsunrecht besteht. Das Erfolgsunrecht wird beseitigt durch das objektive Bestehen der Notwehrlage, das Handlungsunrecht durch die Kenntnis der Situation. Folglich ist ein subjektives Rechtfertigungselement zu verlangen. Fraglich ist, wie der Täter nun bei dessen Fehlen zu bestrafen ist. Für die Versuchslösung könnte sprechen, dass das Erfolgsunrecht bereits durch das objektive Bestehen der Notwehrlage beseitigt wird, sodass nur das Handlungsunrecht verbleibt, was mit einer Versuchskonstellation vergleichbar ist. Andererseits ist zu berücksichtigen, dass objektiv tatsächlich der tatbestandliche Erfolg eingetreten ist, was gegen die Versuchslösung spricht. Die bloße Annahme eines Versuchs berücksichtigt daher die objektiven Gegebenheiten zu wenig, sodass der Vollendungslösung zu folgen ist. A macht sich daher wegen vollendeten Totschlags strafbar.

232

Im Ausgangsfall (Sportschütze A schießt auf Einbrecher O) handelte A in Kenntnis der Notwehrlage und sogar in der Absicht, sich zu verteidigen; das subjektive Rechtfertigungselement ist daher gegeben. A ist daher gemäß § 32 StGB gerechtfertigt.

Ergänzend sei darauf hingewiesen, dass A auch gemäß § 34 StGB gerechtfertigt ist (siehe zu diesem Rechtfertigungsgrund im Einzelnen unten Rdn. 243 ff.). § 34 StGB wird durch § 32 StGB nicht ausgeschlossen. Zudem ist er gemäß § 859 Abs. 1 und Abs. 2 BGB (Besitzwehr, Besitzkehr) gerechtfertigt. Eine Rechtfertigung gemäß § 127 Abs. 1 StPO scheidet jedoch aus, da von dieser Vorschrift nicht der Schusswaffengebrauch gedeckt ist. Das ist auch bezüglich § 229 BGB (Selbsthilfe) anzunehmen. Im Ergebnis ist das Verhalten des A aber gerechtfertigt. A hat sich nicht gemäß § 224 StGB strafbar gemacht.

Eine Strafbarkeit des A gemäß § 240 StGB scheidet ebenfalls aufgrund der genannten Rechtfertigungsgründe aus.

A bleibt straflos.

e) Annex: Die Nothilfe

Nach § 32 StGB ist Notwehr die Verteidigung, um einen gegenwärtigen rechtswidrigen Angriff von sich oder einem anderen abzuwehren. Damit erkennt der Gesetzgeber ausdrücklich die Möglichkeit an, dass ein Dritter den Angegriffenen verteidigt, also die Nothilfe.

233

Im Grundsatz unterscheiden sich die Voraussetzungen der Nothilfe nicht von denen der Notwehr. So muss ein gegenwärtiger rechtswidriger Angriff vorliegen, was jedoch in Bezug auf denjenigen, dem Hilfe geleistet wird, zu prüfen ist. Sofern etwa diesem gegenüber der Angriff nicht rechtswidrig ist (etwa wegen § 229 BGB), darf Nothilfe nicht ausgeübt werden. Hinsichtlich der Erforderlichkeit gelten die allgemeinen Grundsätze. Soweit der Angegriffene aufgrund einer Fallkonstellation des Rechtsmissbrauchs in seinem Notwehrrecht eingeschränkt oder gar ausgeschlossen ist, hat dies auch der Nothelfer zu beachten. Ansonsten würden dem Angegriffenen mehr Rechte zugebilligt werden als bei der Selbstverteidigung. In subjektiver Hinsicht muss der Verteidigungswille in der Person des Nothelfers vorliegen.

234 Ein spezifisches Problem der Nothilfe ist die Konstellation, dass der Angegriffene ein Einschreiten des Nothelfers ablehnt. Zu dieser unter dem Stichwort „**aufgedrängte Nothilfe**" diskutierten Frage werden ganz unterschiedliche Positionen vertreten.

> **Beispiel:**
> *X wird von O auf offener Straße tätlich angegriffen. Das sieht der Ehemann der X, der A, der X zu Hilfe eilen will. X verweigert jedoch ein Einschreiten des A, da sie befürchtet, dass A verletzt werden kann. Insofern will sie lieber die Schläge des O hinnehmen, als dass A durch O Schaden erleidet. A setzt sich jedoch über die Weigerung der X hinweg und streckt O mit einem Faustschlag zu Boden.*

A könnte sich gemäß § 223 StGB strafbar gemacht haben. Der Faustschlag stellt eine körperliche Misshandlung dar. Zu wenig Anhaltspunkte enthält der Sachverhalt indes zur Bejahung einer Gesundheitsschädigung. A handelt auch mit Wissen und Wollen um die objektiven Tatbestandsmerkmale.

A könnte jedoch nach § 32 StGB wegen Nothilfe gerechtfertigt sein. Ein gegenwärtiger Angriff des O auf die körperliche Unversehrtheit der X liegt vor. Dieser Angriff ist auch nicht von einer Einwilligung der X gedeckt und folglich rechtswidrig. Mangels anderweitiger Anhaltspunkte im Sachverhalt war der Faustschlag des A zur Abwehr des Angriffs erforderlich. Problematisch ist jedoch die Gebotenheit, die aufgrund des entgegenstehenden Willens der X möglicherweise entfallen könnte. Es herrscht Uneinigkeit, welche Konsequenzen es hat, wenn Nothilfe aufgedrängt wird.

235 Die Rechtsprechung (BGHSt. 5, 245) und der überwiegende Teil des Schrifttums (z. B. *Stratenwerth/Kuhlen*, AT, § 9 Rdn. 97) halten den entgegenstehenden Willen des Angegriffenen für beachtlich, in der Regel aber mit der Einschränkung verbunden, dass der Angegriffene über das Rechtsgut dispositionsbefugt sein muss. Da X über ihre körperliche Unversehrtheit dispositionsbefugt ist, kann sich A danach nicht auf Nothilfe berufen. Es werden aber auch eine Vielzahl abweichender Ansichten vertreten: So sei im Einzelfall die Rechtfertigung davon abhängig zu machen, wie das Veto auszulegen sei. Eine Rechtfertigung müsse lediglich dann versagt werden, wenn der Angegriffene über das Rechtsgut dispositionsbefugt sei und der Angegriffene um der Person des Angreifers willen dessen Schonung wünsche. Hier geht es X nicht um die Schonung des O, sodass A gerechtfertigt wäre. Andere halten den entgegenstehenden Willen des Angegriffenen für unbeachtlich (*Schmidhäuser*, AT, 9/107). Auch danach wäre A gerechtfertigt.

236 **Stellungnahme:** Angesichts der hier vorliegenden Konstellation, in der der Angegriffene die Nothilfe verweigert, weil er gerade vermeiden möchte, dass der Nothelfer Schaden erleidet, erscheint es nicht überzeugend, den entgegenstehenden Willen stets für beachtlich zu halten, denn ansonsten würde der Nothelfer auch noch bestraft, obwohl der Angegriffene nur dessen Schutz bezweckte. Umgekehrt überzeugt es ebenfalls nicht, den Willen stets für unbeachtlich zu halten, wenn man Konstellationen heranzieht, in denen es dem Angegriffenen um die Schonung des Angreifers geht. Von daher erscheint es überzeugend (*Seuring*, Die aufgedrängte Nothilfe, S. 247), den entgegenstehenden Willen des Angegriffenen nur dann für beachtlich zu halten, wenn in ihm bei vorhandener Dispositionsbefugnis die freiverantwortliche Entscheidung zur Duldung des Angriffs zum Ausdruck kommt. X trifft jedoch keine freiverantwortliche Entscheidung zur Duldung des Angriffs. Damit ist dem A die Nothilfe nicht verwehrt, sodass A gemäß § 32 StGB gerechtfertigt ist.

3. Der zivilrechtliche Notstand gemäß §§ 228, 904 BGB

Spezialregelungen gegenüber § 34 StGB sind die zivilrechtlichen Notstandsvorschrif- **237**
ten. Sie verdrängen § 34 StGB.

a) Der Defensivnotstand gemäß § 228 BGB

Es handelt sich einmal um den **Defensivnotstand** gemäß § 228 BGB. Die Bezeichnung **238**
„**Defensiv**notstand" ist in Bezug auf § 228 BGB angebracht, da dort eine fremde Sache
beschädigt oder zerstört wird, um eine **durch sie** drohende Gefahr abzuwenden. Es
wird also derjenige Gegenstand beeinträchtigt, von dem die Gefahr ausgeht.

> **Beispiel:**
> *Der dem O entlaufene Hund H stürmt auf A zu, um diesen zu beißen. A tötet*
> *den Hund mit seinem Spazierstock.*

In Betracht kommt eine Strafbarkeit des A wegen Sachbeschädigung gemäß § 303
StGB. A hat eine dem O gehörende Sache, den Hund H, zerstört (zur Sachqualität
von Tieren siehe bereits oben Rdn. 147). Insoweit handelt A auch vorsätzlich.
A könnte gemäß § 32 StGB gerechtfertigt sein. Die Notwehr setzt einen gegenwärtigen
rechtswidrigen Angriff voraus. Angriff ist jedoch nur die Bedrohung rechtlich
geschützter Interessen durch ein menschliches Verhalten. Es geht jedoch um ein tierisches Verhalten, sodass § 32 StGB ausscheidet.
A könnte jedoch über § 228 BGB gerechtfertigt sein. A hat eine fremde Sache zerstört, **239**
um (subjektives Rechtfertigungselement) eine durch sie drohende Gefahr für seine
körperliche Unversehrtheit abzuwenden. Diese Zerstörung war zur Abwendung der
Gefahr erforderlich. Zudem verlangt § 228 BGB, dass der Schaden nicht außer Verhältnis zu der Gefahr steht. Hier bestand die Gefahr für die körperliche Unversehrtheit des A, der Schaden ist die Beeinträchtigung des Eigentums des O. Dieser Schaden steht nicht außer Verhältnis zu der Gefahr. A ist daher gemäß § 228 BGB
gerechtfertigt.
Indem § 228 BGB lediglich verlangt, dass der Schaden nicht außer Verhältnis zu der **240**
Gefahr stehen darf, stellt die Vorschrift geringere Anforderungen an die Abwägung
als § 904 BGB und § 34 StGB (*Zieschang*, JA 2007, 679, 680). Das resultiert aus dem
Umstand, dass bei § 228 BGB die Gefahr von dem beeinträchtigten Gut selbst ausgeht. Bei § 904 BGB hingegen wird verlangt, dass der drohende Schaden gegenüber
dem aus der Einwirkung entstehenden Schaden unverhältnismäßig groß ist, was sich
daraus erklärt, dass in ein unbeteiligtes Gut eingegriffen wird; ähnlich muss bei § 34
StGB das geschützte das beeinträchtigte Interesse wesentlich überwiegen. Gegebenenfalls kann jedoch der in § 228 BGB zum Ausdruck kommende Rechtsgedanke
auch die Interessenabwägung des § 34 StGB beeinflussen (siehe dazu die Ausführungen zu § 34 StGB Rdn. 258).

b) Der Aggressivnotstand gemäß § 904 BGB

Die zweite Spezialregelung zum rechtfertigenden Notstand bildet § 904 BGB. Sie **241**
wird als **Aggressiv**notstand bezeichnet, da der Täter ein unbeteiligtes Gut beeinträchtigt.

> **Beispiel:**
> *Zur Abwehr der Attacke eines Hundes reißt A eine Latte aus dem Jägerzaun des*
> *O und tötet damit den Hund. Hat sich A im Hinblick auf die Beschädigung des*
> *Zauns des O wegen Sachbeschädigung strafbar gemacht?*

A hat die Substanz des Zaunes des O durch das Herausreißen der Latte beeinträchtigt und damit im Sinne des § 303 StGB eine fremde Sache beschädigt. Insofern handelt A auch vorsätzlich.

Zu prüfen ist, ob A möglicherweise gerechtfertigt ist. Mangels gegenwärtigen Angriffs des O scheidet eine Rechtfertigung gemäß § 32 StGB aus. § 32 StGB rechtfertigt nicht den Eingriff in Rechtsgüter Unbeteiligter.

242   A könnte jedoch gemäß § 904 BGB gerechtfertigt sein. A hat auf eine Sache des O, dessen Zaun, eingewirkt. Diese Beeinträchtigung war notwendig, um die von dem Hund ausgehende gegenwärtige Gefahr für die körperliche Unversehrtheit des A abzuwenden. A handelt in der Absicht, die Gefahr abzuwenden. Zudem ist erforderlich, dass der drohende Schaden gegenüber dem aus der Einwirkung entstehenden Schaden unverhältnismäßig groß ist. Der drohende Schaden ist die bevorstehende Beeinträchtigung der körperlichen Unversehrtheit des A, der aus der Einwirkung entstehende Schaden ist die Beschädigung des Jägerzauns. Ersterer ist nun aber im Vergleich zu dem als eher gering einzuschätzenden Sachschaden am Zaun – Herausreißen einer Latte – unverhältnismäßig groß. A ist daher gemäß § 904 BGB gerechtfertigt.

4.   Der rechtfertigende Notstand gemäß § 34 StGB

243   Das StGB unterscheidet zwei Formen des Notstands, nämlich den rechtfertigenden Notstand gemäß § 34 StGB und den entschuldigenden Notstand gemäß § 35 StGB. Während § 34 StGB als Rechtfertigungsgrund – sofern nicht § 228 BGB oder § 904 BGB vorliegen, die vorrangig zu prüfen sind – die Rechtswidrigkeit entfallen lässt, handelt es sich bei § 35 StGB um einen Entschuldigungsgrund, der erst auf der dritten Verbrechensstufe, also der Schuld, von Relevanz ist. Damit folgt das Gesetz der so genannten Differenzierungstheorie, der die Einsicht zugrunde liegt, dass nicht sämtliche Notstandssituationen entweder nur entschuldigt oder schon gerechtfertigt sind.

> **Fall:** *A ist mit seiner Frau O zum Wochenende in ein einsam gelegenes Ferienhaus gefahren. Dort gibt es weder ein Telefon noch hat das Ehepaar ein Handy mitgenommen. Während des gemeinsamen Abendessens gerät O ein Knochen in die Luftröhre. O droht zu ersticken. Daraufhin fährt A mit seinem Pkw die O zum nächstgelegenen Arzt, obwohl er aufgrund Alkoholkonsums einen Blutalkoholgehalt von 1,5 Promille aufweist. Der Arzt entfernt erfolgreich den Knochen. Zu prüfen ist die Strafbarkeit des A.*

A könnte sich gemäß § 315 c Abs. 1 Nr. 1 a StGB strafbar gemacht haben.

244   **Hinweis:** Aufgrund der Subsidiaritätsklausel in § 316 StGB darf nicht mit der Prüfung des § 316 StGB begonnen werden, falls eine Strafbarkeit gemäß § 315 a StGB oder § 315 c StGB gegeben sein kann. Ansonsten müsste die Prüfung dieser Vorschriften inzident im Rahmen des § 316 StGB erfolgen. Um dies zu vermeiden, ist zunächst § 315 c StGB zu erörtern.

245   A hat im Straßenverkehr ein Fahrzeug geführt. Aufgrund seines Blutalkoholgehalts von 1,5 Promille zur Zeit der Tat war er **absolut fahruntüchtig**. Dies ist bei Führern von Kraftfahrzeugen ab einem Promillegehalt von 1,1 Promille gegeben. Bei absoluter Fahruntüchtigkeit ist der Fahrer unabhängig von weiteren Beweisanzeichen und unter Ausschluss des Gegenbeweises fahruntüchtig.

Hinweis: Ist der Grenzwert von 1,1 Promille nicht erreicht, kommt **relative Fahruntüchtigkeit** in Betracht, und zwar ab einem Promillegehalt von 0,3 Promille. Dann müssen jedoch weitere Beweisanzeichen für die Fahruntüchtigkeit gegeben sein, die sich insbesondere aus der Fahrweise (etwa Fahren in Schlangenlinien) ergeben können.

§ 315 c Abs. 1 StGB verlangt aber als konkretes Gefährdungsdelikt (siehe dazu oben Rdn. 31) darüber hinaus, dass der fahruntüchtige A durch seine Tathandlung eine konkrete Gefahr für Leib oder Leben eines anderen Menschen oder fremde Sachen von bedeutendem Wert verursacht. Das Fahrzeug, welches A führt, scheidet aus zwei Gründen als Gefährdungsobjekt aus: Zum einen ist es kein fremdes Fahrzeug, zum anderen ist das Kraftfahrzeug, das der Täter führt, kein taugliches Gefährdungsobjekt. Es könnte jedoch die O gefährdet worden sein. Der BGH geht indes heute davon aus, dass der Beifahrer nicht allein durch die Mitfahrt im Auto gefährdet wird (BGH, NJW 1995, 3131 f.). Hinzukommen muss ein konkret bedrohlicher Zustand etwa im Sinne eines Beinaheunfalls. Dafür bestehen jedoch ebenso wenig Anhaltspunkte wie für die Gefährdung anderer Personen oder Sachen. Mangels konkreter Gefahr hat sich A daher nicht gemäß § 315 c Abs. 1 Nr. 1 a StGB strafbar gemacht.

246

In Betracht kommt jedoch eine Strafbarkeit des A gemäß § 316 StGB wegen Trunkenheit im Verkehr. A hat – wie bereits festgestellt – im Verkehr ein Fahrzeug im fahruntüchtigen Zustand geführt, sodass der objektive Tatbestand erfüllt ist. A handelte auch vorsätzlich.

Möglicherweise ist A jedoch gerechtfertigt. Notwehr scheidet mangels eines Angriffs aus. In Betracht kommt jedoch eine Rechtfertigung gemäß § 34 StGB wegen rechtfertigenden Notstands.

a) Die Notstandslage: Gegenwärtige Gefahr für ein Rechtsgut

Erste Voraussetzung für eine Rechtfertigung gemäß § 34 StGB ist das Vorliegen der Notstandslage. Es muss also eine gegenwärtige Gefahr für ein notstandsfähiges Rechtsgut gegeben sein.

247

Teilweise wird auch die Nicht-anders-Abwendbarkeit zur Notstandslage gezählt (*Jescheck/Weigend*, AT, § 33 IV 3 a). Hierbei geht es jedoch inhaltlich um nichts anderes als um die Prüfung der Erforderlichkeit der Notstandshandlung. Diese Erforderlichkeitsprüfung gehört aber in Parallele zur Notwehrlage nicht zur Notstandslage hinzu.

aa) Notstandsfähiges Rechtsgut

Notstandsfähig sind sowohl **Rechtsgüter des Einzelnen** als auch der **Allgemeinheit**. Die in § 34 StGB aufgezählten Rechtsgüter – Leben, Leib, Freiheit, Ehre, Eigentum – sind nur beispielhafter Natur.

248

Im Ausgangsfall geht es um das Leben der O.

bb) Gegenwärtige Gefahr

§ 34 StGB setzt eine **Gefahr** für das Rechtsgut voraus. Darunter ist vom Ausgangspunkt die Wahrscheinlichkeit eines Schadens zu verstehen, was jedoch der Konkretisierung bedarf: Es geht um eine Situation, bei der es im ungestörten Fortgang des Geschehensverlaufs – also ohne das Ergreifen von Abwehrmaßnahmen – zum Eintritt eines Schadens kommen wird.

249

Entgegen einer nicht selten anzutreffenden Auffassung unterscheiden sich die konkrete Gefahr des Gefährdungsdelikts und die Gefahr im Sinne der Notstandsvorschriften. Bei der zuerst Genannten handelt es sich um eine Situation, die unbeherrschbar ist, da es nur noch vom Zufall abhängt, ob der Schaden eintritt oder nicht; Abwehrmaßnahmen sind nicht mehr berechenbar einzusetzen. Im Gegensatz dazu betrifft § 34 StGB gerade eine Gefahrensituation, in der berechenbar Abwehrmaßnahmen ergriffen werden. Die Situation ist damit noch nicht so weit vorangeschritten wie bei der konkreten Gefahr des konkreten Gefährdungsdelikts. Beide Konstellationen sind damit nicht deckungsgleich.

250   **Gegenwärtig** ist die Gefahr, wenn sich die Wahrscheinlichkeit so verdichtet hat, dass die zum Schutz des bedrohten Rechtsguts notwendigen Maßnahmen sofort einzuleiten sind.

251   Im Unterschied zu § 32 StGB genügt für § 34 StGB eine so genannte **Dauergefahr:** Der Eintritt des Schadens mag dann zwar erst nach Ablauf einer gewissen Zeit zu erwarten sein, aber sofortiges Handeln ist angezeigt, um ihm wirksam begegnen zu können. Der Ursprung der Gefahr spielt keine Rolle. Ursache kann ein menschliches Verhalten, aber auch das Verhalten eines Tieres oder ein Naturereignis sein.

Ohne Abwehrmaßnahmen des A wäre es im weiteren ungestörten Fortgang des Geschehens zum Erstickungstod der O gekommen. Aufgrund des Umstands, dass sich der Knochen in der Luftröhre der O befunden hatte, waren die zum Schutz des Lebens der O notwendigen Maßnahmen ohne Aufschub einzuleiten, sodass eine gegenwärtige Gefahr für das Leben der O vorlag.

b)   Nicht-anders-Abwendbarkeit

252   § 34 StGB verlangt, dass die Gefahr nicht anders abwendbar ist als durch die begangene Tat. Inhaltlich entspricht dieses Merkmal dem der **Erforderlichkeit** bei der Notwehr. Es darf also kein milderes Mittel zur Verfügung stehen, mit dem die Gefahr ebenso aussichtsreich abwendbar ist.

Im Ausgangsfall könnte in Erwägung gezogen werden, dass A einen Notarzt herbeiruft oder ein Taxi, um O zum Arzt zu bringen. In Betracht käme auch die Benachrichtigung anderer Personen, etwa Nachbarn. Nach den Angaben im Sachverhalt handelt es sich jedoch um ein einsam gelegenes Ferienhaus ohne Telefon. Das Ehepaar hatte auch kein Handy zur Hand. Daher ist keine mildere Abwehrmöglichkeit ersichtlich und zu Gunsten des A von der Nicht-anders-Abwendbarkeit auszugehen.

c)   Gefahrabwendungsabsicht

253   § 34 StGB verlangt, dass der Täter die Tat begeht, um die Gefahr von sich oder einem anderen (Notstandshilfe) abzuwenden. Damit wird im Gesetzestext das subjektive Rechtfertigungselement gekennzeichnet.

Umstritten ist dabei, ob die bloße Kenntnis der notstandsbegründenden Tatsachen genügt (*Frister*, AT, 14. Kap. Rdn. 23 ff., 17. Kap. Rdn. 20 a. E.) oder der Täter die Abwendung der Gefahr bezwecken muss (*Jescheck/Weigend*, AT, § 32 II 2 a; *Rengier*, AT, § 19 Rdn. 63), wobei für die letztere Ansicht der Gesetzeswortlaut spricht. Teilweise verlangt der BGH (BGHSt. 2, 111, 114) zusätzlich noch eine gewissenhafte Prüfung der Notstandslage, obwohl § 34 StGB ein derartiges Erfordernis nicht enthält.

A handelte in Kenntnis der Notstandslage und bezweckte die Rettung der O (Notstandshilfe). Nach beiden Literaturansichten ist daher das subjektive Rechtfertigungselement zu bejahen.

d)   Interessenabwägung

254   Zusätzlich zu den genannten Erfordernissen muss nach § 34 StGB eine Interessenabwägung erfolgen: Die Tat ist nicht rechtswidrig, wenn bei Abwägung der widerstreitenden Interessen, namentlich der betroffenen Rechtsgüter und des Grades der ihnen drohenden Gefahren, das geschützte Interesse das beeinträchtigte wesentlich überwiegt.

aa) Allgemeines zur Interessenabwägung

Es hat also eine umfassende **Interessen**abwägung im Einzelfall, nicht dagegen eine reine Güterabwägung, stattzufinden, wenn auch den in Rede stehenden abstrakten Rechtsgütern ausweislich des Gesetzeswortlauts bei der Abwägung eine wichtige Rolle zukommt; sie sind jedoch nicht alleine entscheidend.

255

Zunächst sind die durch die Notstandsmaßnahme betroffenen **Rechtsgüter** gegenüberzustellen. Sodann ist die Größe der Wahrscheinlichkeit des Schadenseintritts, also der **Grad** der den Rechtsgütern drohenden Gefahren, zu ermitteln. Aber auch weitere Gesichtspunkte sind zu beachten. So können die Größe des konkreten Schadens und die Höhe der Rettungschance von Bedeutung sein; aber auch etwa besondere Gefahrtragungspflichten (Polizei, Feuerwehr), ein pflichtwidriges Vorverhalten und insbesondere der Umstand, dass die Gefahr von dem durch die Notstandshandlung beeinträchtigten Gut ausging (Defensivnotstand), beeinflussen die Interessenabwägung (siehe dazu auch die nachfolgend aufgelisteten Einzelfälle Rdn. 257 ff.).

Im Ausgangsfall stehen sich die allgemeine Verkehrssicherheit einerseits und das Rechtsgut Leben andererseits gegenüber. O drohte zu ersticken, dagegen handelt es sich bei § 316 StGB um ein abstraktes Gefährdungsdelikt, das ein typischerweise gefährliches Verhalten unter Strafe stellt, ohne dass konkrete Individualrechtsgüter beeinträchtigt sein müssen. Die Rettungsmaßnahme duldete keinen Aufschub. Unter Einbeziehung dieser Umstände im konkreten Fall geht damit die Interessenabwägung zu Gunsten des A aus; das geschützte Interesse überwiegt das beeinträchtigte Interesse wesentlich.

256

bb) Einzelfälle

Im Folgenden ist auf bestimmte, im Zusammenhang mit der Interessenabwägung examensrelevante Einzelaspekte einzugehen.

257

(1) Defensivnotstand

Beispiel:
Der Passant O erleidet plötzlich in einer belebten Fußgängerzone einen epileptischen Anfall. O droht durch den Anfall auf den 12-jährigen X zu fallen und ihn zu verletzen. A sieht dies und stößt O zur Seite, der dabei einen Armbruch erleidet. Ist das Handeln des A gerechtfertigt?

Die von A begangene vorsätzliche Körperverletzung ist nicht gemäß § 32 StGB gerechtfertigt, da angesichts des Umstands, dass von O kein willensgesteuertes Verhalten ausgeht, kein Angriff im Sinne der Notwehrvorschrift gegeben ist.

258

A könnte jedoch gemäß § 34 StGB gerechtfertigt sein. Eine von O ausgehende gegenwärtige Gefahr für die körperliche Unversehrtheit des X liegt vor. Mangels weiterer Angaben im Sachverhalt ist zu Gunsten des A davon auszugehen, dass die Gefahr nicht anders abwendbar war. A handelte, um die Gefahr von X abzuwenden.

Im Hinblick auf die Interessenabwägung ergibt sich, dass bei einem Vergleich der betroffenen Rechtsgüter sowohl für O als auch für X die körperliche Unversehrtheit in Rede steht. Bei einer reinen Betrachtung der jeweiligen Güter würde es daher nicht zu einem Übergewicht auf Seiten des X kommen. Zu berücksichtigen ist aber, dass ein Gut beeinträchtigt wird, **von dem die Gefahr selbst ausgeht**, sodass ein **Defensivnotstand** vorliegt. Auf ihn ist die Spezialregelung des § 228 BGB nicht unmittelbar anwendbar, da es nicht um die Beeinträchtigung einer Sache geht, von der die Gefahr droht. Der in § 228 BGB zum Ausdruck kommende Rechtsgedanke kann jedoch auch für § 34 StGB für den Fall fruchtbar gemacht werden, dass sich die Notstandshandlung gegen eine Person richtet, von der die Gefahr ausgeht. Daher verschiebt sich die Abwägung zu Gunsten des X. Es genügt, dass der durch den Eingriff angerichtete

Schaden nicht außer Verhältnis zu der drohenden Gefahr steht. Hier geht es um den Armbruch des O, der zur drohenden körperlichen Beeinträchtigung des X nicht außer Verhältnis steht. Folglich ist A über § 34 StGB gerechtfertigt.

(2)   Opferung einzelner Menschenleben zur Rettung vieler?

Beispiel:
Im Maschinenraum eines Schiffs strömen aufgrund einer Kollision Wassermassen ein. Das Schiff, auf dem sich insgesamt 200 Personen befinden, droht zu sinken. A schließt daraufhin die Schotten zum Maschinenraum, wodurch zehn Maschinisten sterben, jedoch die restlichen 190 Personen gerettet werden können. Ist das Handeln des A gerechtfertigt?

259   A ist für den Tod der zehn Menschen ursächlich geworden. Er handelt auch vorsätzlich. Eine Rechtfertigung gemäß § 32 StGB scheidet aus, da von diesen Personen kein Angriff ausging. In Betracht kommt jedoch § 34 StGB. Eine gegenwärtige Gefahr für das Leben der 190 Personen, die nicht anders abwendbar war, hat A mit Gefahrabwendungswillen beseitigt. Problematisch ist die Interessenabwägung: Hier stehen 190 gerettete Passagiere zehn Todesopfern gegenüber. Insofern scheint zunächst die Interessenabwägung zu Gunsten des A auszufallen. Zu berücksichtigen ist jedoch, dass **der Wert menschlichen Lebens nicht quantifizierbar ist.** Bei Menschenleben ist es nicht möglich, durch Addition der geretteten Menschen im Vergleich zu den geopferten Leben zu einem Interessenübergewicht zu gelangen. **Eine Abwägung Leben gegen Leben findet nicht statt.** § 34 StGB scheidet aus. Das Handeln des A ist nicht gerechtfertigt. (Auch der Umstand, dass das Leben der zehn Personen „jedenfalls verloren ist", führt zu keinem anderen Ergebnis; siehe dazu sogleich. In Betracht kommt jedoch möglicherweise § 35 StGB oder übergesetzlicher entschuldigender Notstand; siehe jeweils dort Rdn. 371 ff. und Rdn. 384 ff.).

Das gilt erst recht, wenn ganz unbeteiligte Personen zur Rettung einer Vielzahl von Menschen getötet werden. Typisches Beispiel ist der Weichenstellerfall: Weichensteller A lenkt einen voll besetzten Personenzug zur Vermeidung eines Zusammenpralls mit einem anderen Zug auf ein Abstellgleis, wodurch einige Gleisarbeiter, die sich auf dem Abstellgleis aufhalten, getötet werden; siehe dazu auch unten Rdn. 385 ff.

(3)   Rechtfertigung bei „unentrinnbar verlorenem" Leben?

Klassisches Beispiel ist der Bergsteigerfall:
A und O machen eine Bergtour. Plötzlich stürzt der durch ein Seil mit A verbundene O. Wenn A das Seil nicht durchtrennt, werden beide gemeinsam abstürzen und getötet. Dagegen kann A sein Leben retten, wenn er das Seil kappt. Das Leben des O ist jedenfalls nicht mehr zu retten. A durchtrennt das Seil und rettet sich, O wird getötet. Ist das Handeln des A gerechtfertigt?

260   A hat den Tod des O durch das Trennen des Seils verursacht. Dass O ohnehin wenig später gestorben wäre, ist eine unbeachtliche hypothetische Kausalerwägung. A handelt auch mit Tötungsvorsatz.

Zu prüfen ist eine Rechtfertigung des A gemäß § 32 StGB. Dann müsste ein gegenwärtiger rechtswidriger Angriff des O auf das Leben des A vorliegen. Es fehlt indes an einem willensgesteuerten Verhalten des O (vis absoluta). Ein Angriff scheidet daher aus.

Möglicherweise ist das Handeln des A gemäß § 34 StGB gerechtfertigt. Eine gegenwärtige Gefahr für das Leben des A liegt vor. Diese ist auch nicht anders abwendbar als durch das Kappen des Seils. A handelt ebenfalls mit Gefahrabwendungswillen.

261   Problematisch ist jedoch die Interessenabwägung: Ein nicht unerheblicher Teil des Schrifttums nimmt in Konstellationen wie der vorliegenden an, dass die Interessenabwägung zu Gunsten des A ausfiele und er über § 34 StGB gerechtfertigt sei (*Erb*, in: MK, StGB, § 34 Rdn. 117 ff.; *Neumann*, in: NK, StGB, § 34 Rdn. 76 f.). Das Leben des O sei unentrinnbar verloren, es werde noch dazu das Rechtsgut beeinträchtigt, von dem die Gefahr ausgehe. Die Gegenansicht lehnt hingegen eine Rechtfertigung ab (*Krey/ Esser*, AT, Rdn. 616; *Maurach/Zipf*, AT 1, § 27 Rdn. 25).

Stellungnahme: Tatsächlich stehen sich hier Leben des A und Leben des O gegen- 262
über. Nimmt man nun an, eine Rechtfertigung komme in Betracht, da das Leben des O ohnehin verloren sei, wird der Wert menschlichen Lebens unzulässigerweise rela- tiviert. Abgesehen von dem Umstand, dass es durchaus aufgrund eines glücklichen Zufalls noch zur Rettung des O in letzter Sekunde kommen kann, wird dem abge- stürzten Bergsteiger – noch dazu inakzeptabel vorweggenommen – der Lebenswert abgesprochen. Jeder Mensch hat unabhängig davon, wie lange er noch zu leben hat und wie sicher sein Tod ist, den gleichen Lebenswert (*Zieschang*, in: LK, StGB, § 34 Rdn. 74 a. E.). Daran kann auch der Umstand, dass ein Defensivnotstand vorliegt, nichts ändern. Es gibt bestimmte Konstellationen, die über eine Abwägung nicht rela- tivierbar sind. Ebenso wenig wie der Wert menschlichen Lebens quantifizierbar ist, darf der Wert menschlichen Lebens unterschiedlich gewichtet werden, zumal stets die mit der Rechtfertigung verbundene Duldungspflicht zu beachten ist. Das Handeln des A ist daher nicht gerechtfertigt. (In Betracht kommt jedoch eine Entschuldigung über § 35 StGB.)

Entsprechend käme – in Anlehnung an die **Terroranschläge auf das World Trade** 263
Center am 11. 9. 2001 – ein vorheriger Abschuss eines entführten Flugzeugs, um eine Vielzahl anderer Menschenleben zu retten, über § 34 StGB nicht in Betracht (§ 14 Abs. 3 a. F. Luftsicherheitsgesetz, der als Ultima Ratio den Abschuss gestattete, ist durch Urteil des BVerfG richtigerweise für verfassungswidrig erklärt worden [BVerfGE 115, 118]). Über den Gesichtspunkt, dass die Passagiere im Flugzeug „un- wiederbringlich verloren" sind, lässt sich § 34 StGB aufgrund der vorgenannten Erwägungen nicht legitimieren.

Schließlich kommt im Fall der Tötung eines „**Haus- oder Familientyrannen**" – selbst 264
in zugespitzten Gefahrensituationen mit akuter Lebensgefahr – rechtfertigender Not- stand nicht in Betracht (so auch BGHSt. 48, 255; *Hillenkamp*, JZ 2004, 48, 50 f.; anders *Erb*, in: MK, StGB, § 34 Rdn. 162). Da auf Seiten des Opfers das Rechtsgut „Leben" in Rede steht, kann nicht von einem Interessenübergewicht im Sinne des § 34 StGB ausgegangen werden. Im Übrigen ist zu berücksichtigen, dass zumindest im Regelfall die Gefahr anders abwendbar sein wird, etwa durch Einschaltung der Polizei oder anderer Ämter.

(4)   Der Autonomiegesichtspunkt – insbesondere die zwangsweise Blutspende

Beispiel:
Der eine seltene Blutgruppe aufweisende X benötigt dringend eine Blutspende. Einzig in Betracht kommender Blutspender, um das Leben des X zu retten, ist O. Dieser verweigert jedoch die Spende. Arzt A nimmt daraufhin dem O gegen seinen Willen Blut ab, um das Leben des X zu retten. Ist das Handeln des A gerechtfertigt?

A hat durch die Entnahme des Blutes die körperliche Unversehrtheit des O beein- 265
trächtigt. A hat den O also körperlich misshandelt. Ob dadurch auch ein krankhafter Zustand im Sinne einer Gesundheitsbeschädigung eingetreten ist, lässt sich mangels konkreter Angaben im Sachverhalt nicht annehmen. A handelt mit Wissen und Wol- len der Tatbestandsmerkmale, also vorsätzlich.

Fraglich ist, ob das Handeln des A gerechtfertigt ist. Aufgrund der Weigerung des O liegt keine rechtfertigende Einwilligung vor. Das Handeln des A könnte aber über § 34 StGB gerechtfertigt sein. Eine gegenwärtige Gefahr für das Leben des X liegt vor. O ist einzig in Betracht kommender Blutspender, sodass auch die Nicht-anders-Abwendbarkeit gegeben ist. A handelt mit Gefahrabwendungswillen (Notstandshilfe). Fraglich ist, ob die Interessenabwägung auch zu seinen Gunsten ausfällt.

266   Geschütztes Rechtsgut ist das Leben des X, beeinträchtigtes Rechtsgut die körperliche Unversehrtheit des O. Bei einer reinen Güterabwägung würde also ein Überwiegen bei X gegeben sein. § 34 StGB verlangt jedoch eine Interessenabwägung, also eine Einbeziehung sämtlicher konkreter Umstände. Insofern ist jedoch der Anspruch auf Selbstbestimmung und Respektierung der Person (**Autonomieprinzip**) zu beachten. Mit Rücksicht auf diese Autonomie ist die zwangsweise Heranziehung eines Dritten zu Blutspenden nicht gerechtfertigt.

267   **Ergänzende Hinweise:** Die soeben dargestellte und befürwortete Ansicht entspricht der herrschenden Meinung (etwa *Günther*, in: SK, StGB, § 34 Rdn. 51). Vereinzelt wird jedoch von einigen Autoren Rechtfertigung im Blutspendefall bejaht (*Kühl*, AT, § 8 Rdn. 169 ff.).

Eine andere Beurteilung kann sich im Übrigen ergeben, wenn O in einer Garantenstellung (Beschützergarant) zu X steht. Dann verschiebt sich die Interessenabwägung zu Gunsten des A.

Der Fall der zwangsweisen Blutentnahme wird sehr oft erst unter dem Gesichtspunkt der Angemessenheit gemäß § 34 S. 2 StGB diskutiert. Zu dem umstrittenen Bedeutungsgehalt dieser Klausel siehe die Ausführungen unten Rdn. 273 f.

268   Im Hinblick auf die Respektierung des Einzelnen scheidet auch die Rechtfertigung von Folter über § 34 StGB aus. Abgesehen von dem Umstand, dass sich Hoheitsträger zur Rechtfertigung ihres Vorgehens nicht auf die allgemeinen Rechtfertigungsgründe stützen können (siehe oben Rdn. 191 f.), ist das Folterverbot Ausdruck der unantastbaren Menschenwürde und nicht relativierbar. Im Hinblick auf die Respektierung des Einzelnen wird man angesichts der in § 34 StGB vorausgesetzten Interessenabwägung auch Privatpersonen der Folter vergleichbare Maßnahmen versagen müssen, jedoch kann unter Umständen Notwehr vorliegen (siehe oben Rdn. 225).

(5)   Nötigungsnotstand

Beispiel:
X entführt die Frau des A. X droht dem A, er werde seine Frau nur lebend wiedersehen, wenn er bei dem Juwelier O ein wertvolles Schmuckstück stehle. A entwendet bei O das Schmuckstück, um das Leben seiner Frau zu retten. Strafbarkeit des A?

269   A könnte sich wegen Diebstahls gemäß § 242 StGB strafbar gemacht haben. A hat eine fremde bewegliche Sache weggenommen und damit den objektiven Tatbestand des § 242 StGB verwirklicht. A handelte auch vorsätzlich; weiterhin wird man Drittzueignungsabsicht anzunehmen haben. A hat zudem keinen fälligen und durchsetzbaren Anspruch auf das Schmuckstück, sodass die Zueignung rechtswidrig ist. Das weiß A auch.

Zu prüfen ist jedoch die Rechtfertigung des A. Im Hinblick darauf, dass von O kein Angriff ausgeht, scheidet § 32 StGB aus. Eingriffe in Rechtsgüter Unbeteiligter werden von § 32 StGB nicht gedeckt.

270   In Betracht kommt jedoch § 34 StGB. Eine gegenwärtige Gefahr für das Leben der Frau des A liegt vor. Zweifelhaft ist die Nicht-anders-Abwendbarkeit. So bedarf es der eingehenden Prüfung, ob nicht die Einschaltung der Polizei als wirksameres oder gleich wirksames milderes Mittel in Betracht kommt, um das Leben der Frau zu retten. Dies wird oftmals der Fall sein. Mangels hinreichender Anhaltspunkte im Sachverhalt ist von der Nicht-anders-Abwendbarkeit zu Gunsten des A auszugehen. A handelt mit Gefahrabwendungswillen (Notstandshilfe).

Problematisch ist die Interessenabwägung. Teilweise wird angenommen, eine Recht- **271**
fertigung sei beim Nötigungsnotstand zu verneinen, da der Genötigte auf der Seite
des Unrechts handele (*Günther*, in: SK, StGB, § 34 Rdn. 48 f.; *Hilgendorf*, Klausurenkurs II, Fall 5 Rdn. 12). Das unbeteiligte Opfer verlöre ansonsten sein Notwehrrecht
(*Kühl*, AT, § 8 Rdn. 127 ff.). Die Gegenansicht erachtet eine Rechtfertigung dagegen
nicht von vornherein als ausgeschlossen (*Baumann/Weber/Mitsch*, AT, § 17
Rdn. 80 f.; *Frister*, AT, 17. Kap. Rdn. 20), insbesondere wenn es sich um geringe
Beeinträchtigungen zum Schutz hochrangiger Rechtsgüter handelt.

Stellungnahme: Die Interessenabwägung beim Nötigungsnotstand unterscheidet sich **272**
vom Ausgangspunkt nicht von anderen Fällen des rechtfertigenden Notstands. Sämtliche Umstände des Einzelfalls sind in die Abwägung einzubeziehen. Dabei ist zu
berücksichtigen, dass der Genötigte gezwungenermaßen eine Tat begehen muss.
Auch ist zu beachten, dass dem von der Tat des Genötigten Betroffenen bei Annahme
einer Rechtfertigung eine Duldungspflicht auferlegt wird, da ihm dann mangels
rechtswidrigen Angriffs keine Notwehrbefugnis zusteht. Andererseits hat in die
Abwägung auch einzufließen, welchem Rechtsgut welche Gefahr von Seiten des
Nötigenden droht und welches Rechtsgut beeinträchtigt wird. Unter Berücksichtigung dieser Umstände ist die Eigentumsverletzung zur Rettung eines Angehörigen
aus einer Lebensgefahr als gerechtfertigt zu erachten. Dann überwiegt das geschützte
Interesse das beeinträchtigte wesentlich. Das Handeln des A ist daher gemäß § 34
StGB gerechtfertigt.

e) Angemessenheitsklausel

Die Bedeutung der Angemessenheitsklausel des § 34 S. 2 StGB ist umstritten. Die **273**
überwiegende Ansicht geht davon aus, dass es sich bei ihr um eine gegenüber der
Interessenabwägung selbstständige zweite Wertungsstufe handelt (etwa *Ebert*, AT,
S. 85). Darüber sollen insbesondere erst die Fälle ausscheiden, bei denen das Autonomieprinzip einer Rechtfertigung entgegensteht (zwangsweise Blutentnahme, Folter). Daneben werden u. a. Konstellationen genannt, in denen den Täter eine besondere Duldungspflicht trifft, oder das Verbot der Verrechnung von Menschenleben.
Die Gegenansicht ist der Auffassung, dass bereits im Rahmen der Interessenabwägung sämtliche Umstände eingehend zu würdigen sind, sodass die Angemessenheitsklausel keine zusätzliche Wertungsstufe darstellt (*Köhler*, AT, S. 293).

Stellungnahme: Im Zusammenhang mit der Interessenabwägung wurde bereits erläu- **274**
tert, dass sämtliche Umstände des Einzelfalls in die Bewertung einzubeziehen sind.
Es geht eben nicht nur um einen reinen Gütervergleich, sondern um eine umfassende
Betrachtung der konkreten Situation. Dann aber ist die Angemessenheit keine eigenständige Wertungsstufe, da ja bereits nach § 34 S. 1 StGB alle Aspekte Berücksichtigung finden. Die Angemessenheitsklausel erschöpft sich daher in der Funktion, das
festgestellte Ergebnis noch einmal vor dem Hintergrund zu sehen, dass mit der
Annahme einer Rechtfertigung dem von der Notstandstat Betroffenen eine Duldungspflicht auferlegt wird, da er mangels rechtswidrigen Angriffs keine Notwehr üben
kann.

Im Ausgangsfall kommt der Angemessenheitsklausel des § 34 S. 2 StGB keine weitere
Bedeutung zu. A ist daher gemäß § 34 StGB gerechtfertigt. A hat sich nicht gemäß
§ 316 Abs. 1 StGB strafbar gemacht.

5. Die Einwilligung

Bevor auf die Voraussetzungen der Einwilligung im Einzelnen eingegangen wird, **275**
bedarf es zunächst der Klärung der umstrittenen Frage, ob die Einwilligung – entsprechend der hiesigen Rubrizierung – rechtfertigend wirkt oder möglicherweise
bereits zum Tatbestandsausschluss führt.

a)   Die Einordnung der Einwilligung als Rechtfertigungsgrund

276   Ein nicht unerheblicher Teil der Lehre geht davon aus, dass eine Einwilligung des Rechtsgutsträgers stets tatbestandsausschließende Wirkung habe (so u. a. *Roxin*, AT I, § 13 Rdn. 12 ff.). Dem ist jedoch mit der Rechtsprechung (BGHSt. 16, 309) und herrschenden Meinung (etwa *Gropp*, AT, § 6 Rdn. 57) entgegenzuhalten, dass – zum Beispiel – objektiv eine Sache auch dann beschädigt wird, wenn der Rechtsgutsträger damit einverstanden ist. Im Übrigen spricht § 228 StGB, wenn er auch keine generelle Normierung der Einwilligung darstellt, von seinem Wortlaut dafür, dass die Einwilligung zum Ausschluss der Rechtswidrigkeit, nicht jedoch bereits zur Verneinung des Tatbestands führt.

Die Einwilligung ist daher als Rechtfertigungsgrund einzustufen. Dabei handelt es sich um einen ungeschriebenen Rechtfertigungsgrund, der gewohnheitsrechtlich anerkannt ist. Das verstößt nicht gegen Art. 103 Abs. 2 GG, da es sich um einen Gesichtspunkt handelt, der zu Gunsten des Täters wirkt. Es sei nochmals darauf hingewiesen, dass § 228 StGB keine allgemeine Regelung der Einwilligung enthält, sondern lediglich einen Teilaspekt im Zusammenhang mit den Körperverletzungsdelikten betrifft.

b)   Das tatbestandsausschließende Einverständnis

277   Wenn auch die **Einwilligung rechtfertigend** wirkt, darf nicht übersehen werden, dass die Zustimmung des von der Straftat Betroffenen – abhängig von den Anforderungen eines jeweiligen Tatbestands – bereits **tatbestandsausschließend** wirken kann. Man spricht dann – im Unterschied zur rechtfertigenden Einwilligung – von einem **tatbestandsausschließenden Einverständnis.**

> **Beispiel:**
> *A entwendet bei seiner Freundin O einen Geldschein über 100 €, ohne zu wissen, dass sich O mit der Ansichnahme des Geldscheins durch A einverstanden erklärt hat.*

A könnte sich gemäß § 242 StGB wegen Diebstahls strafbar gemacht haben. Der Geldschein über 100 € ist eine bewegliche Sache. Mangels wirksamer Übereignung des Geldes von O an A ist der Geldschein für A fremd.

Fraglich ist, ob A den Geldschein auch weggenommen hat. Wegnahme ist der Bruch fremden und die Begründung neuen, nicht notwendig tätereigenen Gewahrsams. Fremder Gewahrsam wird gebrochen, wenn der Täter ohne oder gegen den Willen des ursprünglichen Gewahrsamsinhabers dessen tatsächliche Sachherrschaft über den Gegenstand aufhebt.

278   Da die ursprüngliche Gewahrsamsinhaberin O mit der Ansichnahme des Geldscheins durch A tatsächlich einverstanden ist, handelt A objektiv nicht gegen oder ohne den Willen der O. Objektiv liegt daher keine Wegnahme vor. Das tatbestandliche Einverständnis braucht nicht ausdrücklich oder konkludent erklärt worden sein; es reicht die bewusste Zustimmung, die nicht nach außen gedrungen sein muss. Mangels Wegnahme hat sich A daher nicht wegen vollendeten Diebstahls gemäß § 242 StGB strafbar gemacht.

Festgehalten werden kann damit: Immer dann, wenn der objektive Tatbestand ein Handeln gegen oder ohne den Willen des Rechtsgutsinhabers voraussetzt, entfällt bereits die Tatbestandsmäßigkeit, wenn der Rechtsgutsinhaber mit der Handlung einverstanden ist (tatbestandsausschließendes Einverständnis).

In Betracht kommt jedoch eine Strafbarkeit des A wegen versuchten Diebstahls gemäß §§ 242, 22, 23 StGB. Die Tat konnte aufgrund des Einverständnisses der O nicht vollendet werden. Es handelt sich um einen untauglichen Versuch, dessen

Strafbarkeit sich jedoch aus einem Umkehrschluss zu § 23 Abs. 3 StGB ergibt (siehe dazu im Einzelnen die Ausführungen zum Versuch Rdn. 464 ff.). Der Versuch des Diebstahls ist gemäß §§ 23 Abs. 1, 12 Abs. 2, 242 Abs. 2 StGB strafbar.

Zu prüfen ist, ob A Tatentschluss aufwies. A wollte eine fremde bewegliche Sache wegnehmen. A hatte keine Kenntnis vom Einverständnis der O, sodass er davon ausging, den Gewahrsam ohne oder gegen den Willen der O zu brechen. A handelte auch mit der erforderlichen Zueignungsabsicht. Er hatte auf den Geldschein keinen Anspruch, was er auch wusste. Der Tatentschluss ist daher zu bejahen.

Durch die Ansichnahme des Geldscheins hat A auch unmittelbar nach seiner Vorstellung zur Tat angesetzt. A handelt rechtswidrig und schuldhaft. A hat sich daher wegen versuchten Diebstahls strafbar gemacht.

Eine Strafbarkeit wegen vollendeter Unterschlagung scheidet im Hinblick darauf aus, dass es aufgrund der Zustimmung an dem objektiven Tatbestandsmerkmal der Rechtswidrigkeit der Zueignung mangelt. Da dies jedoch A nicht weiß, ist eine versuchte Unterschlagung gegeben.

Die versuchte Unterschlagung tritt aufgrund der ausdrücklichen Subsidiaritätsklausel des § 246 Abs. 1 a. E. StGB hinter den versuchten Diebstahl zurück.

Geht ein Täter irrtümlich davon aus, dass ein Einverständnis vorliegt – A glaubt irrtümlich, dass O mit der Ansichnahme der 100 € durch A einverstanden ist, was tatsächlich nicht der Fall ist –, ist objektiv § 242 StGB erfüllt, jedoch fehlt dem Täter dann der Vorsatz in Bezug auf das Merkmal „Wegnahme". **279**

Ein weiterer Tatbestand, bei dem bereits bei Zustimmung des Berechtigten der objektive Tatbestand entfällt, ist etwa der Hausfriedensbruch gemäß § 123 StGB. Das dortige Merkmal „Eindringen" setzt nämlich ein Handeln gegen oder ohne den Willen des Hausrechtsberechtigten voraus. Ist dieser einverstanden, entfällt der Tatbestand. Weiß der Täter nichts von dem Einverständnis, kommt noch nicht einmal eine Strafbarkeit wegen (untauglichen) Versuchs in Betracht, denn der Versuch des Hausfriedensbruchs ist nicht unter Strafe gestellt. Weiterhin ist auf die Freiheitsberaubung gemäß § 239 StGB hinzuweisen, wo die Begriffe des „Beraubens der Freiheit" und des „Einsperrens" ein Handeln gegen oder ohne den Willen des Betroffenen erfordern (*Lackner/Kühl*, StGB, § 239 Rdn. 5; str.). Schließlich ist anzumerken, dass § 248 b StGB (Unbefugter Gebrauch eines Fahrzeugs) schon vom ausdrücklichen Wortlaut ein Handeln gegen den Willen des Berechtigten verlangt. **280**

Beim tatbestandsausschließenden Einverständnis reicht die natürliche Willensfähigkeit aus. Problematisch ist, was zu gelten hat, wenn das Einverständnis auf Willensmängeln beruht, insbesondere aus einer Täuschung resultiert. Nach h. M. soll dies grundsätzlich die Wirksamkeit des Einverständnisses nicht beseitigen. Etwas anderes gelte aber, wenn eine Strafbestimmung (so z. B. §§ 234 a, 235 StGB) auch listiges Verhalten unter Strafe stellt (*Wessels/Beulke*, AT, Rdn. 367). Auf dieses Problem der Auswirkung einer Täuschung auf das tatbestandsausschließende Einverständnis wird vorliegend im Zusammenhang mit der Bedeutung der Täuschung bei der rechtfertigenden Einwilligung nochmals zurückzukommen sein (siehe unten Rdn. 297). **281**

Ein Sonderproblem im Zusammenhang mit der Einwilligung und der Frage des Tatbestandsausschlusses bildet der **ärztliche Heileingriff**. Ein erheblicher Teil des Schrifttums ist der Auffassung, dass der **lege artis**, also nach den Regeln der Kunst, vorgenommene, **medizinisch indizierte ärztliche Heileingriff**, da tatsächlich zur Förderung der Gesundheit vorgenommen, keine Misshandlung oder Gesundheitsschädigung im Sinne des § 223 Abs. 1 StGB darstelle und damit schon **tatbestandlich keine Körperverletzung** vorliege, wobei im Einzelnen unterschiedliche Auffassungen vertreten werden (Übersicht bei *Wessels/Hettinger*, BT 1, Rdn. 325 ff.); so verlangt man teilweise einschränkend, dass der Eingriff auch erfolgreich war. Der **BGH** dagegen vertritt in **ständiger Rechtsprechung**, dass **auch der medizinisch indizierte ärztliche Heileingriff tatbestandlich eine Körperverletzung** darstelle, die jedoch durch die **282**

Einwilligung des Patienten gerechtfertigt sei (BGHSt. 11, 111, 112; *Hilgendorf*, Klausurenkurs II, Fall 10 Rdn. 6). Dementsprechend kommt der ärztlichen Aufklärungspflicht eine ganz entscheidende Bedeutung zu, denn nur dann, wenn der Patient über Bedeutung, Tragweite und Risiken des Eingriffs hinreichend aufgeklärt worden ist (Willensmängelfreiheit der Einwilligung), kann von einer wirksamen Einwilligung ausgegangen werden. Für die Schrifttumsauffassung spricht, dass es widersinnig erscheint, einen zu Heilzwecken vorgenommenen Eingriff als Körperverletzung zu werten. Andererseits ist jedoch zu berücksichtigen, dass – insbesondere etwa bei einer Operation – zunächst durchaus eine Beeinträchtigung der körperlichen Unversehrtheit und des körperlichen Wohlbefindens vorliegt. Zwar erfolgt das mit dem Ziel der Heilbehandlung, das ändert aber nichts daran, dass der Körper beeinträchtigt wird. Von daher erscheint es konsequent, mit der Rechtsprechung von einer tatbestandlichen Körperverletzung auszugehen, die jedoch durch Einwilligung gerechtfertigt ist. Im Übrigen kommen insbesondere auch die mutmaßliche Einwilligung sowie der rechtfertigende Notstand als Rechtfertigungsgründe in Betracht.

c)   Die Voraussetzungen der rechtfertigenden Einwilligung

283   *Fall: Der 6-jährige O hat von seiner Großmutter einen alten Kleiderschrank geschenkt bekommen. Da das Zimmer des O komplett eingerichtet ist und O dort keine alten Möbel aufstellen möchte, erlaubt er seinem Karatetrainer A, den Schrank als „Übungsobjekt" für Karateübungen zu benutzen. A zerschlägt den Schrank zu Kleinholz. Hat sich A strafbar gemacht?*

A könnte sich wegen Sachbeschädigung gemäß § 303 StGB strafbar gemacht haben. Der Schrank ist für A, da im Eigentum des O stehend, eine fremde Sache. Beschädigen ist die Einwirkung auf die Sache, wodurch ihre körperliche Unversehrtheit oder bestimmungsgemäße Brauchbarkeit nicht nur unerheblich beeinträchtigt wird. Eine Sache ist zerstört, wenn ihre bestimmungsgemäße Brauchbarkeit völlig aufgehoben ist. A hat den Schrank zu Kleinholz geschlagen, sodass er zerstört worden ist. Der objektive Tatbestand ist daher erfüllt.
Hinweis: Das in § 303 StGB ausdrücklich genannte Merkmal „rechtswidrig" hat auf Tatbestandsebene keine Bedeutung, sondern ist ein (überflüssiger) Hinweis auf das allgemeine Merkmal der Rechtswidrigkeit.
A wollte den Schrank auch durch die Benutzung als Übungsobjekt zerstören. Er handelt daher vorsätzlich.
Fraglich ist, ob A rechtswidrig handelt. Eigentümer O hat der Zerstörung des Schranks zugestimmt. Daher könnte das Handeln des A möglicherweise aufgrund Einwilligung gerechtfertigt sein.

284   Folglich sind die **Voraussetzungen der rechtfertigenden Einwilligung** im Einzelnen zu untersuchen.

aa)   Dispositionsbefugnis bezüglich des betroffenen Rechtsguts

285   Eine wirksame Einwilligung setzt zunächst voraus, dass man über das betroffene Rechtsgut überhaupt **dispositionsbefugt** ist. Das ist der Einzelne nicht, wenn es um **Rechtsgüter der Allgemeinheit** geht: So kann etwa ein Richter nicht in eine Falschaussage gemäß § 153 StGB einwilligen, da er über das geschützte Rechtsgut der Rechtspflege nicht dispositionsbefugt ist. Es gibt aber auch Individualrechtsgüter, bei denen die Dispositionsbefugnis zu verneinen ist: Insbesondere verdeutlicht § 216 StGB, dass das Tötungsverlangen des Opfers den Täter nicht rechtfertigt. Dispositionsbefugnis in Bezug auf das **Rechtsgut Leben** ist daher zu verneinen. Schließlich gibt es Strafbestimmungen, welche auch den **Schutz des zustimmenden Verletz-**

ten bezwecken, wie z. B. § 174 StGB: Auch hier wirkt die Einwilligung nicht rechtfertigend.

Bei juristischen Personen ist die zivilrechtliche Befugnis der natürlichen Person vorausgesetzt, für die juristische Person zu handeln.

Im Ausgangsfall steht das Rechtsgut Eigentum in Rede. Hierbei handelt es sich um ein Individualrechtsgut, über das der Einzelne dispositionsbefugt ist. Als Alleineigentümer des Schranks ist O auch hinsichtlich des konkreten Gegenstandes dispositionsbefugt.

bb) Einwilligungsfähigkeit

Einigkeit besteht im Ausgangspunkt, dass nur derjenige wirksam einwilligen kann, der **einwilligungsfähig** ist. Umstritten sind jedoch die Anforderungen an diese Fähigkeit.

286

Überwiegend wird die Ansicht vertreten, dass es ausreichend ist, wenn der Einwilligende nach seiner **geistigen und sittlichen Reife imstande** ist, **Bedeutung, Tragweite und Auswirkungen seiner Zustimmung** zu erfassen (BGHSt. 12, 379, 382). Eine zivilrechtliche Geschäftsfähigkeit sei nicht vorausgesetzt (*Gropp*, AT, § 6 Rdn. 40).

Die Gegenauffassung stimmt dem grundsätzlich zu, verlangt jedoch, dass dann, wenn es um einen Eingriff in **Vermögens- oder Eigentumswerte** gehe, die zivilrechtlichen Regelungen über die **Geschäftsfähigkeit gemäß §§ 105 ff. BGB** maßgeblich seien (*Jakobs*, AT, 7. Abschnitt Rdn. 114).

Im Ausgangsfall ist O mangels anderweitiger konkreter Anhaltspunkte zu seiner geistigen und sittlichen Reife unter Zugrundelegung der h. M. einwilligungsfähig. Die Gegenansicht müsste hingegen die Einwilligungsfähigkeit verneinen: Da es um einen Eingriff in das Eigentum geht, wäre zivilrechtliche Geschäftsfähigkeit vorausgesetzt, die bei dem 6-jährigen O nicht vorliegt.

Stellungnahme: Zivilrechtliche Grundsätze sind auf das Strafrecht aufgrund des qualitativen Unterschieds zwischen beiden Rechtsgebieten nicht ohne Weiteres übertragbar. Das kann nur dann erfolgen, wenn bestimmte Regelungen von vergleichbaren Grundsätzen geleitet werden. Zwar ist im Bereich der Rechtfertigungsgründe von dem Grundsatz der Einheit der Rechtsordnung auszugehen, jedoch betrifft das nicht die vorliegende Problematik, sondern besagt lediglich, dass ein Verhalten, welches etwa im Zivilrecht gerechtfertigt ist, auch im Strafrecht rechtfertigende Wirkung entfalten muss. Hier geht es aber darum, welche Anforderungen überhaupt mit der rechtfertigenden Einwilligung im Strafrecht verbunden sind. Insofern ist nun zu beachten, dass bei der Einwilligung zu prüfen ist, ob ein Verhalten strafwürdig erscheint, wenn der Rechtsgutsinhaber seine Zustimmung erklärt, nicht aber relevant ist, ob jemand wirksam ein Recht übertragen kann. Von daher erscheint es nicht überzeugend, die zivilrechtlichen Grundsätze über die Geschäftsfähigkeit auf das Strafrecht zu übertragen. Daher sind in Einklang mit der überwiegenden Ansicht die zivilrechtlichen Regelungen nicht maßgeblich. Folglich ist O im Ausgangsfall einwilligungsfähig.

287

cc) Kundgabe nach außen?

Nach herrschender Meinung ist eine **ausdrückliche oder konkludente Kundgabe** der Einwilligung **nach außen** erforderlich, wenn sie auch nicht notwendig gegenüber dem Täter abgegeben worden sein muss (vgl. etwa *Gropp*, AT, § 6 Rdn. 47 f.). Die vereinzelt vertretene Gegenauffassung lässt hingegen die **innere Zustimmung** genügen (*Joecks*, StGB, Vor § 32 Rdn. 21).

288

Stellungnahme: Warum die Rechtfertigung davon abhängig gemacht wird, dass eine Kundgabe nach außen erfolgt, erscheint nicht einsichtig. Maßgeblich für die Einwilligung ist allein die Tatsache, dass der Rechtsgutsinhaber objektiv verzichtet, was auch daran deutlich wird, dass selbst nach der h. M. die Kundgabe nicht gegenüber

289

dem Täter erfolgen muss. Dann aber kommt der Kundgabe keine eigenständige Bedeutung zu, sodass sie überflüssig erscheint.

Im Ausgangsfall hat O die Einwilligung ausdrücklich nach außen erklärt, sodass der Streit dahinstehen kann.

dd)   Abgabe der Einwilligung vor der Tat und zum Tatzeitpunkt noch wirksam

290   Es besteht Einigkeit, dass die Einwilligung nur rechtfertigend wirken kann, wenn sie vor der Tat erteilt worden ist und zur Tatzeit noch wirksam ist. Eine nachträgliche Genehmigung ist also für die Rechtfertigung unbeachtlich. Das erklärt sich daraus, dass der Betreffende gedeckt und aufgrund der Einwilligung handeln muss, was jedoch ausscheidet, wenn eine Zustimmung erst im Nachhinein abgegeben wird.

O hat im Ausgangsfall seine Zustimmung vor der Zerstörung des Schranks durch A abgegeben und bis zum Tatzeitpunkt nicht widerrufen. Sie ist also vor der Tat erteilt und zur Tatzeit noch wirksam.

ee)   Willensmängelfreie Einwilligung

291   Neben der strittigen Frage um die Anforderungen an die Einwilligungsfähigkeit bildet der Gesichtspunkt, wann **Willensmängel** zur Unwirksamkeit der Zustimmung führen, den zweiten großen Problembereich bei der rechtfertigenden Einwilligung. Insofern gelten folgende Grundsätze:

292   Eine durch **Nötigung** (§ 240 StGB) erzwungene Einwilligung ist aufgrund der damit verbundenen Beeinträchtigung der Willensentschließungsfreiheit als unwirksam zu erachten. Problematisch ist jedoch, was zu gelten hat, wenn die Einwilligung auf einer **Täuschung** beruht.

> **Beispiel:**
> *Nachbar A ist seit Jahren über einen wertvollen Baum des Nachbarn O verärgert, da der Baum dem A viel Licht nimmt. A verspricht nun dem O 2000 €, wenn A den Baum fällen darf. O stimmt zu. A betritt das eingezäunte Grundstück des O und fällt den Baum. Die 2000 € bezahlt er jedoch dem O, wie von vornherein beabsichtigt, nicht. Strafbarkeit des A?*

A könnte sich gemäß § 263 StGB wegen Betrugs strafbar gemacht haben. Eine Täuschung des A liegt in der wahrheitswidrigen Behauptung, dass O für die Zustimmung zum Fällen des Baums von A 2000 € erhält. Dadurch ist bei O eine Fehlvorstellung, also ein Irrtum, entstanden. Die Vermögensverfügung kann bereits in dem Eingehen der Vereinbarung gesehen werden. O erleidet einen Vermögensschaden, da er von A die versprochenen 2000 € nicht erhält. A handelt auch vorsätzlich. Problematisch ist die Bereicherungsabsicht, da es A letztlich auf das Fällen des Baums ankommt. Jedoch genügt es, wenn der Täter den Vorteil neben anderen Zielen oder nur als Mittel für einen anderweitigen Zweck anstrebt (*Lackner/Kühl*, StGB, § 263 Rdn. 58). Objektiv ist die Bereicherung rechtswidrig, was A auch wusste. Da A auch rechtswidrig und schuldhaft handelt, hat er sich gemäß § 263 StGB strafbar gemacht. Zu prüfen bleibt eine Strafbarkeit gemäß § 303 StGB. A hat eine im Eigentum des O stehende Sache zerstört. Der objektive Tatbestand des § 303 StGB ist erfüllt. **Hinweis:** Im Hinblick darauf, dass es sich bei dem Baum zivilrechtlich um einen wesentlichen Bestandteil des Grundstücks handelt, ist es auch vertretbar, von einer Beschädigung des Grundstücks auszugehen. § 303 StGB erfasst auch unbewegliche Sachen.

A handelt auch vorsätzlich. Die Rechtswidrigkeit könnte jedoch aufgrund einer rechtfertigenden Einwilligung entfallen. O ist über das Eigentum dispositionsbefugt. Für Mängel an seiner Einwilligungsfähigkeit bestehen keine Anhaltspunkte. O hat seine Zustimmung vor der Tat ausdrücklich gegenüber A erklärt, sodass der Streit, ob es einer Kundgabe der Einwilligung bedarf, dahinstehen kann. Möglicherweise ist jedoch die Einwilligung mit Willensmängeln behaftet und daher unwirksam. A hat den O getäuscht, indem er ihm der Wahrheit zuwider 2000 € in Aussicht gestellt hat. Fraglich ist, ob das zur Unwirksamkeit der Einwilligung führt.

Teilweise geht man im Schrifttum davon aus, dass eine durch **Täuschung** beein- **293** flusste Einwilligung **stets unwirksam** sei (*Ebert*, AT, S. 87). Danach wäre das Handeln des A nicht über die Einwilligung gerechtfertigt.

Die Gegenansicht differenziert: Von **Unwirksamkeit** sei **nur dann** auszugehen, falls **294** die Täuschung zu einer **rechtsgutsbezogenen Fehlvorstellung** führe (*Hauf*, AT, S. 43 f.). O wusste, dass A den Baum fällen wird; insofern besteht bezogen auf das Rechtsgut Eigentum kein Willensmangel. O wurde lediglich über die Begleitumstände getäuscht, indem er davon ausging, für seine Gestattung 2000 € zu erhalten. Insofern handelt es sich aber um einen unbeachtlichen Motivirrtum. Daher wäre das Handeln des A nach dieser Ansicht gerechtfertigt.

Schließlich wird vertreten, die Einwilligung des Rechtsgutsträgers sei aufgrund der **295** Täuschung **unwirksam**, wenn dadurch eine **autonome Entscheidung des Rechtsgutsträgers ausgeschlossen** werde (*Roxin*, AT I, § 13 Rdn. 99). O kann jedoch trotz des Angebots des A eine selbstbestimmte Entscheidung über das Schicksal des Baums treffen, sodass unter Zugrundelegung dieser Ansicht ebenfalls eine Rechtfertigung zu bejahen ist.

Stellungnahme: Bereits in den einleitenden Bemerkungen zum Verbrechensmerkmal **296** „Rechtswidrigkeit" ist darauf hingewiesen worden, dass die Frage der Rechtfertigung stets bezogen auf einen einzelnen Tatbestand zu erörtern ist und nicht generell vor die Klammer zu ziehen ist. Schon daraus ergibt sich, dass hinsichtlich der Rechtfertigung eines Verhaltens immer auch das von der Strafbestimmung geschützte Rechtsgut in die Betrachtung einzubeziehen ist. Das bedeutet nun aber bezogen auf den hier in Rede stehenden Streit, dass eine Täuschung nur dann von Relevanz sein kann, wenn sie zu einer rechtsgutsbezogenen Fehlvorstellung führt. So zeigt der hiesige Fall sehr anschaulich, dass bezüglich der 2000 € Strafrechtsschutz über den das Vermögen schützenden Betrugstatbestand erfolgt. Im Hinblick auf § 303 StGB dagegen handelt es sich nur um ein unbeachtliches Begleitmotiv, da O darüber im Klaren ist, was mit dem Baum geschieht. Soweit auf die Autonomie abgestellt wird, kann dieser Ansatzpunkt nicht vollends überzeugen, da damit ein relativ vages Kriterium Anwendung findet, was sich u. a. daran zeigt, dass diejenigen, welche den Autonomiegedanken heranziehen, im Einzelfall zu voneinander abweichenden Ergebnissen gelangen. Folglich ist davon auszugehen, dass die Täuschung des A keinen Einfluss auf die Wirksamkeit der Einwilligung hat. Da A auch das subjektive Rechtfertigungselement aufweist (siehe dazu unten Rdn. 299), ist das Handeln des A über die Einwilligung gerechtfertigt.

Es kommt aber noch eine Strafbarkeit des A gemäß § 123 StGB durch das Betreten des Grundstücks in Betracht.

Hinweis: Mit der Prüfung einer Strafbarkeit wegen Hausfriedensbruchs wäre chronologisch gesehen regelmäßig zu beginnen, da oftmals der Hausfriedensbruch anderen Straftaten vorausgeht. Angesichts der relativ niedrigen Strafandrohung sollte man jedoch grundsätzlich in Prüfungsarbeiten nicht mit § 123 StGB beginnen, sondern zunächst schwerwiegendere Taten untersuchen. Der Hausfriedensbruch ist dann erst nachfolgend anzusprechen.

Bei dem eingezäunten Grundstück handelt es sich um ein befriedetes Besitztum. Fraglich ist, ob A eingedrungen ist. Voraussetzung dafür ist, dass der Täter mit seinem Körper wenigstens zum Teil auf das befriedete Besitztum gegen oder ohne den Willen des Berechtigten gelangt ist. O war jedoch mit dem Betreten durch A einverstanden. Andererseits liegt eine Täuschung des A vor.

297   Es besteht Uneinigkeit, ob der soeben dargestellte Meinungsstreit über die Auswirkung der Täuschung bei der rechtfertigenden Einwilligung auch auf das tatbestandsausschließende Einverständnis zu übertragen ist. Einige Autoren verneinen dies. Es ist jedoch kein Grund ersichtlich, die Sachfrage, welchen Einfluss die Täuschung auf die Zustimmung hat, allein aufgrund der unterschiedlichen systematischen Verortung – Tatbestand oder Rechtswidrigkeit – verschieden zu beurteilen. Daher ist der dargestellte Meinungsstreit auf das tatbestandsausschließende Einverständnis zu übertragen, wobei nach hiesiger Sicht eine rechtsgutsbezogene Betrachtung zu befürworten ist.

Insofern lässt sich jedoch ebenfalls feststellen, dass O lediglich über Begleitumstände, nicht jedoch in Bezug auf das Hausrecht, getäuscht worden ist, sodass ein wirksames tatbestandsausschließendes Einverständnis vorliegt.

Hinweis: Eine rechtsgutsbezogene Täuschung wäre bei § 123 StGB etwa dann gegeben, wenn sich ein Täter der Wahrheit zuwider beim Hausmeister eines Mehrfamilienhauses, der den Eigentümer vertritt, als (angeblich) neuer Mieter vorstellt und daraufhin Wohnungsschlüssel ausgehändigt bekommt und die Wohnung betritt. Dann wäre das Einverständnis aufgrund der Täuschung unwirksam.

Erwähnt sei, dass die h. M. in Bezug auf das tatbestandsausschließende Einverständnis grundsätzlich von der Unbeachtlichkeit der Täuschung ausgeht, ohne dass überhaupt darauf eingegangen wird, ob der Streit um die Auswirkungen der Täuschung bei der rechtfertigenden Einwilligung auf das tatbestandsausschließende Einverständnis zu übertragen ist.

Im Ausgangsfall hat A die Einwilligung des O zur Zerstörung des Schranks frei von Willensmängeln erhalten.

ff)   Kein Verstoß gegen die guten Sitten bei §§ 223 ff. StGB

298   Speziell in Bezug auf die Körperverletzungsdelikte, jedoch nicht allgemein (str.), bedarf es der Prüfung, ob die **Tat gegen die guten Sitten** verstößt. In Bezug auf die Frage der Sittenwidrigkeit ist dabei auf das Anstandsgefühl aller billig und gerecht Denkenden abzustellen (*Hilgendorf*, Klausurenkurs I, Fall 14 Rdn. 9). Nach dem BGH (BGHSt. 53, 55, 62; BGHSt. 49, 34, 44) ist die Grenze zur Sittenwidrigkeit jedenfalls dann überschritten, wenn bei vorausschauender objektiver Betrachtung aller Umstände der Einwilligende durch die Körperverletzungshandlung in konkrete Todesgefahr begracht wird.

Maßgeblich ist die Sittenwidrigkeit der Tat, nicht diejenige der Einwilligung. Beispiel nach *Rengier*, BT II, § 20 Rdn. 2 ff.: Sittenwidrigkeit der Tat liegt nicht vor bei einer Blutspende gegen Geld, wobei das Geld für eine Bestechung benutzt wird, jedoch bei einer Verstümmelung, um eine Rente zu erhalten.

Im Ausgangsfall geht es nicht um eine Körperverletzung, sodass § 228 StGB keine Rolle spielt.

gg)   Subjektives Rechtfertigungselement

299   Vorausgesetzt für eine Rechtfertigung ist schließlich das subjektive Rechtfertigungselement. Der Täter muss also **in Kenntnis und aufgrund der Einwilligung** handeln. Liegt objektiv eine Einwilligung vor, weiß dies der Täter jedoch nicht, stellt sich das bereits im Zusammenhang mit der Notwehr angesprochene Problem, was zu gelten hat, wenn das subjektive Rechtfertigungselement fehlt. Nach der hier vertretenen Ansicht ist dann wegen Vollendung zu bestrafen. Im Ausgangsfall hatte A Kenntnis von der Einwilligung des O und handelte auch aufgrund der Einwilligung. Unerheblich ist, wenn daneben noch weitere Motive – hier etwa die Verbesserung seiner Karatefähigkeiten – bestehen. A ist daher gerechtfertigt aufgrund wirksamer Einwilligung des O und hat sich folglich nicht gemäß § 303 StGB strafbar gemacht.

d)   Die mutmaßliche Einwilligung

*Fall: Nach einem schweren Verkehrsunfall wird der bewusstlose O ins Kran- 300
kenhaus transportiert. Dort diagnostiziert der Arzt A, dass eine sofortige
Amputation des linken Beines angezeigt ist, um den ansonsten sicheren Tod
des O zu vermeiden. Verwandte des O sind nicht zu erreichen. Um das Leben
des O zu retten, amputiert A das linke Bein des O. Nachdem O aus seiner
Bewusstlosigkeit erwacht ist, erklärt er, dass er lieber gestorben wäre, als dass
er mit nur einem Bein weiterlebe. O erstattet gegen A Strafanzeige.*

A könnte sich gemäß § 223 StGB wegen Körperverletzung strafbar gemacht haben.   301
Folgt man der Ansicht im Schrifttum, welche den medizinisch indizierten, lege artis
vorgenommenen ärztlichen Heileingriff weder als körperliche Misshandlung noch
als Gesundheitsschädigung erachtet, scheidet bereits die Tatbestandsmäßigkeit des
Verhaltens aus. Im Gegensatz dazu geht der BGH auch bei einer ärztlichen Heilbehandlung von einer tatbestandsmäßigen Körperverletzung aus (siehe oben Rdn. 282).
O hat durch den Eingriff des A sein linkes Bein amputiert bekommen. Damit ist seine
körperliche Unversehrtheit erheblich beeinträchtigt. Der Verlust eines Beines ist
auch ein krankhafter Zustand. Es erscheint vor diesem Hintergrund nicht überzeugend, einen Tatbestandsausschluss anzunehmen. Den Befürwortern dieser Ansicht
ist zu entgegnen, dass eine ergebnisorientierte Betrachtung zugrunde gelegt wird,
ohne hinreichend zu berücksichtigen, dass die mit den Merkmalen der körperlichen
Misshandlung sowie Gesundheitsschädigung verbundenen Voraussetzungen erfüllt
sind. Daher hat A den objektiven Tatbestand des § 223 StGB verwirklicht.

A weiß auch, dass er die körperliche Unversehrtheit beeinträchtigt und mit der
Amputation des Beines einen krankhaften Zustand hervorruft, und wollte dies. A
handelt daher auch mit Vorsatz.

Möglicherweise ist A jedoch gerechtfertigt. Eine Rechtfertigung wegen rechtfertigen-   302
der Einwilligung scheidet aus, da A der Operation nicht vor der Tat zugestimmt hat.
In Betracht kommt jedoch eine Rechtfertigung wegen **mutmaßlicher Einwilligung**.

Die mutmaßliche Einwilligung ist ebenfalls ein ungeschriebener, jedoch **gewohn-**   303
heitsrechtlich anerkannter Rechtfertigungsgrund. Da seine Konsequenz Rechtfertigung und damit Straffreiheit ist, handelt es sich hierbei wiederum um nicht gegen
Art. 103 Abs. 2 GG verstoßendes Gewohnheitsrecht zu Gunsten des Täters.

Grundsätzlich sind die Voraussetzungen der mutmaßlichen mit denen der rechtfer-   304
tigenden Einwilligung vergleichbar. Es muss also im Hinblick auf das betroffene
Rechtsgut zunächst einmal **Disponibilität** vorliegen, sonst kommt ebenfalls die mutmaßliche Einwilligung nicht in Betracht. Auch der Gesichtspunkt der **Einwilligungs-**
fähigkeit spielt eine Rolle: Zwar hat niemand ausdrücklich eingewilligt, jedoch ist
die Einwilligungsfähigkeit insofern von Bedeutung, als auf den mutmaßlichen Willen desjenigen abzustellen ist, der einwilligungsfähig ist. So wäre bei der Notopera-
tion eines dreijährigen Kindes auf den mutmaßlichen Willen der Eltern abzustellen,
nicht jedoch auf den des Kindes.

Eine vor der Tat und zur Tatzeit noch wirksame Zustimmung des Rechtsgutsträgers   305
fehlt zwar, jedoch ist dieses Merkmal durch ein anderes Erfordernis zu ersetzen: So
ist die **mutmaßliche Einwilligung subsidiär**, was zur Konsequenz hat, dass ein
erklärter Wille des Betroffenen vorrangig und zu respektieren ist. Zudem muss versucht werden, **zunächst die Einwilligung** des Betroffenen oder seines Vertreters **ein-**
zuholen.

Letzteres gilt jedoch nach zutreffender Auffassung regelmäßig dann **nicht**, falls   306
davon ausgegangen werden kann, dass der Betroffene kein Erhaltungsinteresse hat;
das ist etwa dann der Fall, wenn A ohne Wissen der Freundin O seinen 5-€-Schein
gegen fünf Euromünzen à 1 € tauscht. Aufgrund mutmaßlicher Einwilligung ist dann
der Diebstahl des A auch ohne vorherige Befragung der O gerechtfertigt.

307   Auch stellt sich nicht die Frage, ob die Einwilligung Willensmängel aufweist, jedoch ist zu erörtern, ob die **Tat aus der Sicht ex ante dem mutmaßlichen Willen des Betroffenen entspricht**: Das hängt ab von den **individuellen** Interessen, Wünschen und Einstellungen sowie Bedürfnissen des Betroffenen. Liegen keine entgegenstehenden Anhaltspunkte vor, entspricht jedoch das dem mutmaßlichen Willen, wie sich ein **vernünftig handelnder Mensch in der entsprechenden Situation** entscheiden würde. Abzustellen ist dabei auf den **Zeitpunkt der Tat**; es ändert daher an der Rechtfertigung nichts, wenn sich nachträglich herausstellt, dass der Betroffene, wofür aus der Sicht ex ante keine Anhaltspunkte bestanden haben, eine gegenteilige Entscheidung getroffen hätte.

308   Sofern Körperverletzungsdelikte in Rede stehen, ist auch § 228 StGB als objektive vom Gesetzgeber im Bereich der Einwilligung gezogene Grenze zu beachten, jedoch wird eine sittenwidrige Tat oftmals schon nicht dem mutmaßlichen Willen des Betroffenen entsprechen.

309   Schließlich muss der Täter subjektiv im Sinne des mutmaßlichen Willens des Betroffenen handeln wollen. Entgegen einer verbreiteten Ansicht ist jedoch keine gewissenhafte Prüfung erforderlich (str.).

Unter Heranziehung dieser Grundsätze gilt für den Ausgangsfall: Bei der körperlichen Unversehrtheit handelt es sich um ein disponibles Rechtsgut. Da keine Anhaltspunkte für mangelnde Reife vorliegen, ist auf den mutmaßlichen Willen des O abzustellen. Dieser hat sich vor der Tat nicht ausdrücklich geäußert. Vor der Tat konnte seine Zustimmung aufgrund der Bewusstlosigkeit nicht eingeholt werden. Weiterhin bedarf es der Prüfung, ob die Tat dem mutmaßlichen Willen des Betroffenen entspricht. Im Zeitpunkt der Tat waren keine Anhaltspunkte für einen entgegenstehenden Willen gegeben. Demgemäß war davon auszugehen, was dem Willen eines vernünftigen und verständigen Menschen entspricht. Dieser hätte jedoch der Beinamputation, um sein Leben zu retten, zugestimmt. Unschädlich ist, dass O im Nachhinein unvorhersehbar nicht mit der Operation einverstanden war, da auf den ex-ante-Zeitpunkt der Tat abzustellen ist. Die Tat verstößt nicht im Sinne des § 228 StGB gegen das Anstandsgefühl aller billig und gerecht Denkenden. Zudem handelte A subjektiv im Sinne des Einwilligungsberechtigten. A ist daher aufgrund mutmaßlicher Einwilligung gerechtfertigt.

Darüber hinaus kommt eine Rechtfertigung gemäß § 34 StGB in Betracht. Eine gegenwärtige Gefahr für das Leben des O lag vor. Diese war in der konkreten Situation auch nicht anders abwendbar. A handelte, um die Gefahr für das Leben des O abzuwenden (Notstandshilfe).

310   Es verbleibt die Interessenabwägung. Insofern ist nun zu berücksichtigen, dass auf beiden Seiten der Abwägung dieselbe Person steht, nämlich O. Teilweise wird im Schrifttum die Auffassung vertreten, dass bei Identität des Trägers von Erhaltungsgut und Eingriffsgut § 34 StGB nicht zur Anwendung gelange, sondern nur die (mutmaßliche) Einwilligung in Betracht komme (*Rudolphi*, AT, S. 170). Dagegen spricht bereits der Wortlaut des § 34 StGB, der auf die „Interessen" abstellt, ohne dass „Personenverschiedenheit" verlangt wird (*Kühl*, AT, § 8 Rdn. 34). Der rechtfertigende Notstand erfasst daher auch eine solche Konstellation.

Beeinträchtigt wird die körperliche Unversehrtheit des O zum Schutz des Lebens des O. Zwar ist der Gedanke der Autonomie zu berücksichtigen, jedoch war im Zeitpunkt der Tat kein engegenstehender Wille des O erkennbar. Daher ist von einem wesentlichen Überwiegen des geschützten Interesses auszugehen. A ist folglich ebenfalls gemäß § 34 StGB gerechtfertigt.

A hat sich nicht wegen Körperverletzung strafbar gemacht.

e) Die hypothetische Einwilligung

Neben die bekannten und im Grundsatz anerkannten Rechtsfiguren der ausdrück- **311** lichen und mutmaßlichen Einwilligung ist inzwischen eine weitere Konstellation getreten, nämlich die der hypothetischen Einwilligung.
Sie wird relevant, wenn keine wirksam erklärte Einwilligung vorliegt und die mutmaßliche ausscheidet, da die Einwilligung des Betroffenen hätte eingeholt werden können. In einem Beschluss aus dem Jahr 2003 (BGH, JR 2004, 251, 252) hat der BGH im Zusammenhang mit einer ärztlichen Operation ausgeführt, dass die Rechtswidrigkeit entfallen könne, wenn der Patient im Fall eines Aufklärungsmangels auch bei wahrheitsgemäßer Aufklärung in die tatsächlich durchgeführte Operation eingewilligt hätte (ebenso BGH, NStZ-RR 2007, 340, 341; BGH, StV 2008, 189).

In der Literatur wird die Figur der hypothetischen Einwilligung kontrovers beurteilt. **312** Teilweise lehnt man sie gänzlich ab (*Puppe*, GA 2003, 764; *Sternberg-Lieben*, StV 2008, 190), andere hingegen befürworten die Rechtsfigur (*Ulsenheimer*, NStZ 1996, 132, 133). Manche Stimmen im Schrifttum sehen die hypothetische Einwilligung als einen Ausschluss normativer Zurechnung auf Rechtswidrigkeitsebene und bestrafen dann mangels Unrechtserfolgs nur wegen Versuchs (so etwa *Geppert*, JK 12/04, StGB § 223/3; *Kuhlen*, JR 2004, 227, 229).

6. Hinweise zu sonstigen Rechtfertigungsgründen

Es ist schließlich noch auf zwei weitere, möglicherweise in Betracht kommende **313** Rechtfertigungsgründe einzugehen, nämlich auf das elterliche Züchtigungsrecht sowie auf die „Flagranzfestnahme" gemäß § 127 Abs. 1 S. 1 StPO.

a) Das elterliche Züchtigungsrecht

§ 1631 Abs. 2 BGB bestimmt: „Kinder haben ein Recht auf gewaltfreie Erziehung. **314** Körperliche Bestrafungen, seelische Verletzungen und andere entwürdigende Maßnahmen sind unzulässig."
Diese Fassung des § 1631 Abs. 2 BGB beruht auf dem Gesetz zur Ächtung der Gewalt in der Erziehung und zur Änderung des Kinderunterhaltsrechts vom 2. 11. 2000.

Im Schrifttum ist umstritten, welche Konsequenzen aus § 1631 Abs. 2 BGB für die **315** eventuelle Strafbarkeit der Personensorgeberechtigten, also im Regelfall der Eltern, resultieren. Die wohl überwiegende Ansicht im Schrifttum hält aufgrund der Formulierung des § 1631 Abs. 2 BGB eine körperliche Züchtigung des Kindes durch die Personensorgeberechtigten (Eltern), wenn § 223 StGB tatbestandlich erfüllt ist, also insbesondere die Erheblichkeitsschwelle überschritten ist, für **nicht** mehr über das Züchtigungsrecht **gerechtfertigt** und damit strafbar (etwa *Hilgendorf*, Klausurenkurs I, Fall 16 Rdn. 7; *Roxin*, JuS 2004, 177). Die Gegenauffassung erachtet hingegen trotz des § 1631 Abs. 2 BGB auch körperliche Misshandlungen im Sinne des § 223 StGB durch die Personensorgeberechtigten zur Züchtigung des Kindes für gerechtfertigt, sofern sie nicht entwürdigend sind, da der Wortlaut des § 1631 Abs. 2 S. 2 BGB körperliche Misshandlungen nicht verbiete (*Kühl*, AT, § 9 Rdn. 77 b). Andere wollen in diesem Fall bereits den Tatbestand des § 223 StGB verneinen (*Wessels/Beulke*, AT, Rdn. 387 ff.).

Stellungnahme: Zuzugeben ist, dass § 1631 Abs. 2 S. 2 BGB nicht ausdrücklich vom **316** Verbot „körperlicher Misshandlungen" spricht. Daraus jedoch den Schluss zu ziehen, dass diese weiterhin zulässig seien, kann indes nicht überzeugen. So bestimmt § 1631 Abs. 2 S. 1 BGB ausdrücklich ein Recht des Kindes auf gewaltfreie Erziehung. Anliegen des Gesetzgebers war es, körperliche und seelische Gewalt aus der Erziehung zu entfernen. Dem widerspricht es aber, wenn man nun dennoch weiterhin körperliche Misshandlungen für zulässig erachtet. Insofern formal auf die Begrifflichkeiten des § 1031 Abs. 2 S. 2 BGB abzustellen, missachtet den Sinn und Zweck des § 1631 BGB sowie den Willen des Gesetzgebers. Damit ist festzuhalten: Sofern Personensorgeberechtigte tatbestandlich eine Körperverletzung zur Züchtigung ihres Kindes begehen, ist diese strafbar und nicht gerechtfertigt.

317   Hinzuweisen ist darauf, dass ein **Züchtigungsrecht des Lehrers** gegenüber den Schulkindern gewohnheitsrechtlich **nicht** mehr **anerkannt** ist. Zudem stehen dem heute oftmals sogar landesrechtliche Schulgesetze ausdrücklich entgegen. Siehe z. B. Art. 86 Abs. 3 S. 2 BayEUG (Bayerisches Gesetz über das Erziehungs- und Unterrichtswesen): „Körperliche Züchtigung ist nicht zulässig."

b)   Das Festnahmerecht

318   Nach § 127 Abs. 1 S. 1 StPO ist jedermann befugt, eine Person, die auf frischer Tat betroffen oder verfolgt wird, vorläufig festzunehmen, wenn der Betreffende der Flucht verdächtig ist oder seine Identität nicht sofort festgestellt werden kann.
Wie sich aus dem Wortlaut ergibt, ist jedermann zur Festnahme nach § 127 Abs. 1 S. 1 StPO berechtigt, also nicht nur der Verletzte der Tat. Auch Polizeibeamte können sich auf § 127 Abs. 1 S. 1 StPO stützen. Letztere haben darüber hinaus besondere Festnahmerechte nach §§ 127 Abs. 2, 127 b StPO.

319   Vorausgesetzt ist jedoch, dass ein Betreffen oder eine Verfolgung auf frischer Tat vorliegt. Es muss also vom Ausgangspunkt eine zeitliche und räumliche Nähebeziehung zur Tat gegeben sein.

320   Dabei herrscht Streit, welche Anforderungen an die „Tat" im Sinne des § 127 Abs. 1 S. 1 StPO zu stellen sind (*Hillenkamp*, AT, Problem Nr. 8). Die strengste Sicht verlangt objektiv das Vorliegen einer tatbestandsmäßigen, rechtswidrigen und schuldhaften Tat (materiell-rechtliche Theorie; *Kühl*, AT, § 9 Rdn. 86). Andere hingegen halten ein schuldhaftes Verhalten des Ergriffenen nicht für erforderlich. Noch weitergehender wird zum Teil vertreten, ausreichend sei, dass der objektive Tatbestand verwirklicht sei, im Übrigen reiche dringender Tatverdacht. Schließlich sprechen sich mehrere Autoren dafür aus, dass ein Festnahmerecht schon dann bestehe, wenn der Festnehmende nach sorgfaltsgemäßer Prüfung von einem dringenden Tatverdacht ausgehen konnte (prozessuale Theorie; *Freund*, AT, § 3 Rdn. 13).

321   **Stellungnahme:** Bereits im Zusammenhang mit der Notwehr ist dargelegt worden, dass zur Rechtfertigung objektiv das Vorliegen einer Notwehrlage erforderlich ist, um die Rechte des von der Abwehrhandlung Betroffenen nicht zu seinen Lasten einzuschränken. Derjenige, von dem objektiv kein Angriff ausgeht, darf nicht dem schneidigen Notwehrrecht ausgesetzt sein. Irrtumsfälle sind über die Grundsätze des Erlaubnistatbestandsirrtums zu lösen. Entsprechendes hat im vorliegenden Zusammenhang zu gelten. Es kommt nicht auf die Sicht des Festnehmenden, sondern auf das objektive Vorliegen einer tatbestandsmäßigen, rechtswidrigen und schuldhaften Tat an. Schon der Wortlaut des § 127 Abs. 1 S. 1 StPO spricht von dem Betroffensein auf frischer Tat, nicht aber von dem Verdacht einer Tat. Als Eingriffsrecht in die Rechtssphäre des Festgenommenen bedarf es zudem der restriktiven Interpretation des § 127 Abs. 1 S. 1 StPO. Daher muss bei § 127 StPO eine tatbestandsmäßige, rechtswidrige und schuldhafte Tat objektiv vorliegen.

322   Die Festnahme setzt weiterhin voraus, dass der Betreffende der Flucht verdächtig ist oder seine Identität nicht sofort festgestellt werden kann. Bezüglich der Flucht bedarf es also lediglich des Verdachts; mit anderen Worten muss in der Situation im Zeitpunkt der Festnahme aus der Sicht eines vernünftigen Dritten die Wahrscheinlichkeit bestehen, dass sich der Täter ohne die Festnahme der Verantwortung durch Flucht entziehen wird. Die Identität ist nicht sofort feststellbar, wenn die Personalien des Täters an Ort und Stelle nicht unmittelbar zu ermitteln sind.
Subjektiv muss der Täter wiederum in Kenntnis der Festnahmesituation und zum Zweck der Festnahme handeln.

Gedeckt von § 127 Abs. 1 S. 1 StPO ist die Festnahme. Demnach können insbesondere eine Freiheitsberaubung gemäß § 239 StGB und eine Nötigung gemäß § 240 StGB von § 127 Abs. 1 S. 1 StPO gerechtfertigt werden. Auch ist – als leichtere Maßnahme – etwa die Wegnahme des Autoschlüssels erlaubt, um die Flucht zu verhindern. Eine Körperverletzung ist im Einzelfall nach § 127 Abs. 1 S. 1 StPO zulässig, soweit die Festnahme notwendigerweise mit leichten körperlichen Beeinträchtigungen verbunden ist. Unproblematisch darf sich der Festnehmende aber mittels Körperverletzung wehren, falls sich der Festgenommene widersetzt, da Letzterer dann rechtswidrig handelt, sodass dem Festnehmenden das Notwehrrecht gemäß § 32 StGB zusteht. Der Schusswaffengebrauch gegen den Betroffenen ist nicht durch das Festnahmerecht gerechtfertigt.

323

V. Die Schuld

Im Rahmen des Verbrechensaufbaus ist schließlich nach der Bejahung des objektiven und subjektiven Tatbestands sowie der Rechtswidrigkeit auf die dritte Verbrechensstufe, also die Schuld, einzugehen.

324

1. Einleitende Bemerkungen

Die Schuld ist das **höchstpersönliche Merkmal** innerhalb der Voraussetzungen einer Straftat. Eine **Zurechnung** kann insofern **nicht stattfinden**. Das ergibt sich auch ausdrücklich aus dem Gesetz, wenn § 29 StGB davon spricht, dass jeder Beteiligte ohne Rücksicht auf die Schuld des anderen nach seiner Schuld bestraft wird. Es geht um die **individuelle Vorwerfbarkeit** der Tat gegenüber dem jeweiligen Täter.

Strafe darf nur bei Vorhandensein der Schuld verhängt werden (nulla poena sine culpa). Dieses Prinzip hat Verfassungsrang. Anknüpfungspunkt ist dabei nicht etwa eine Lebensführungsschuld, sondern die einzelne Tat. Das deutsche Strafrecht ist Tatstrafrecht.

325

Heute herrschend ist der **normative Schuldbegriff**. „Mit dem Unwerturteil der Schuld wird dem Täter vorgeworfen, dass er sich nicht rechtmäßig verhalten, dass er sich für das Unrecht entschieden hat, obwohl er sich rechtmäßig verhalten, sich für das Recht hätte entscheiden können" (BGHSt. 2, 194, 200).

326

Konkret ist auf der Ebene der Schuld zu prüfen, ob zu Gunsten des Täters **Schuldausschließungsgründe** oder **Entschuldigungsgründe** greifen. Schuldausschließungsgründe sind die Schuldunfähigkeit im Sinne der §§ 19, 20 StGB sowie der unvermeidbare Verbotsirrtum gemäß § 17 S. 1 StGB. Entschuldigungsgründe sind insbesondere der entschuldigende Notstand gemäß § 35 StGB sowie der Notwehrexzess gemäß § 33 StGB. Bei den Schuldausschließungsgründen **fehlt** von vornherein eine Schuldvoraussetzung: Dem Täter fehlt die Einsicht in das Unrecht der Tat oder er hat zwar dieses Unrechtsbewusstsein, kann sich dieser Einsicht gemäß aber nicht motivieren. Bei den Entschuldigungsgründen dagegen liegt eine **Minderung** von Unrecht und Schuld vor, die so erheblich ist, dass der Gesetzgeber die Tat verzeiht und einen Schuldvorwurf nicht mehr erhebt. Angemerkt sei, dass es keinen allgemeinen Entschuldigungsgrund der Unzumutbarkeit normgemäßen Verhaltens im Bereich des vorsätzlichen Begehungsdelikts gibt, dieser Gesichtspunkt jedoch sowohl beim Fahrlässigkeits- als auch beim Unterlassungsdelikt eine Rolle spielt.

In Prüfungsarbeiten ist auf etwaige Schuldausschließungs- und Entschuldigungsgründe nur einzugehen, wenn der Sachverhalt dazu Anhaltspunkte bietet. Ansonsten genügt die bloße Feststellung, dass der Täter mangels des Vorliegens von Schuldausschließungs- und Entschuldigungsgründen schuldhaft handelt.

327

2.   Schuldunfähigkeit aufgrund des Alters oder wegen seelischer Störungen

328   Gemäß **§ 19 StGB** ist derjenige **schuldunfähig**, welcher bei Begehung der Tat **noch nicht vierzehn Jahre alt** ist. Hierbei handelt es sich um eine **unwiderlegliche Vermutung**. Möglich sind ihm gegenüber nur zivilrechtliche Maßnahmen.

329   Bei **Jugendlichen**, welche zur Zeit der Tat mindestens vierzehn Jahre alt sind, jedoch noch nicht das achtzehnte Lebensjahr vollendet haben (Legaldefinition in § 1 Abs. 2 JGG), bedarf es gemäß **§ 3 JGG** der positiven Feststellung der strafrechtlichen Verantwortlichkeit. Diese ist gegeben, wenn der Jugendliche zur Zeit der Tat nach seiner sittlichen und geistigen Entwicklung reif genug ist, das Unrecht der Tat einzusehen und nach dieser Einsicht zu handeln.

330   **Heranwachsende** sind Täter, die zur Zeit der Tat achtzehn, aber noch nicht einundzwanzig Jahre alt sind. Bezogen auf sie unterliegt die **Schuldfeststellung keinen Besonderheiten**. § 3 JGG ist nicht anzuwenden. Gemäß **§ 105 JGG** ist jedoch bei Heranwachsenden zu ermitteln, ob auf sie noch die vom Erziehungsgedanken beherrschten Sanktionen des Jugendgerichtsgesetzes anzuwenden sind oder die Rechtsfolgen des Erwachsenenstrafrechts im StGB maßgeblich sind. Das beurteilt sich gemäß § 105 JGG entweder nach der Persönlichkeit des Täters oder nach Art, Umständen und Beweggründen der Tat.
Ab einem Alter von einundzwanzig Jahren findet dann stets das Erwachsenenstrafrecht Anwendung.

331   Ausweislich der Formulierung des **§ 20 StGB** ist das Vorhandensein der Schuld des Täters der Normalfall. Sie entfällt nur in Ausnahmesituationen. Dabei ist § 20 StGB jeweils bezogen auf ein konkret in Rede stehendes Delikt zu erörtern, sofern Anhaltspunkte für das Vorliegen der dort genannten Voraussetzungen bestehen. Ebenso wenig wie bei den Rechtfertigungsgründen darf die Prüfung – losgelöst von den einzelnen Strafbestimmungen – „vor die Klammer" gezogen werden. § 20 StGB kann vielmehr bei bestimmten Taten einschlägig sein und zur gleichen Zeit bei anderen Taten nicht.
§ 20 StGB setzt zunächst eine krankhafte seelische Störung, tief greifende Bewusstseinsstörung, Schwachsinn oder eine andere schwere seelische Abartigkeit voraus.
Weiteres Erfordernis ist, dass **aufgrund** dieser seelischen Störung die Unfähigkeit des Täters besteht, das Unrecht der Tat einzusehen (**fehlende Einsichtsfähigkeit**) oder er zwar das Unrecht einsehen konnte, jedoch unfähig war, nach dieser Einsicht zu handeln (**fehlende Steuerungsfähigkeit**).
Maßgeblicher Zeitpunkt für das Vorliegen der Voraussetzungen des § 20 StGB ist jener der **Tatbegehung**.
In Prüfungsarbeiten ist grundsätzlich weder die Feststellung möglich, ob eine der in § 20 StGB genannten seelischen Störungen vorliegt, noch die Prüfung, ob dies zu fehlender Einsichts- oder Steuerungsfähigkeit geführt hat. Regelmäßig wird daher durch den Sachverhalt selbst bereits ein Fall des § 20 StGB vorgegeben, indem etwa von dem „wegen Schwachsinns schuldunfähigen A" die Rede ist.

332   Bedeutung kann § 20 StGB jedoch im Zusammenhang mit Alkoholkonsum gewinnen. Insofern ist von folgenden Grundsätzen auszugehen:
Rauschzustände aufgrund von Alkohol, Drogen oder Medikamenten können eine krankhafte seelische Störung darstellen. Andere Autoren sehen darin eine tief greifende Bewusstseinsstörung.
Im Hinblick auf den Alkoholkonsum ist zu berücksichtigen, dass festgestellte Blutalkoholwerte nicht schematisch auf die Frage der Schuldfähigkeit übertragen werden dürfen; maßgeblich ist vielmehr eine Gesamtbewertung unter Berücksichtigung des Tatgeschehens und der Persönlichkeitsverfassung des Täters (*Fischer*, StGB, § 20 Rdn. 17). Es gibt keinen Rechts- oder Erfahrungssatz, wonach ab einem bestimmten Blutalkoholwert die Schuldfähigkeit aufgehoben ist. Dennoch hat die Rechtsprechung Richtwerte entwickelt: So liegt **in der Regel** bei Blutalkoholwerten ab 3 Pro-

mille aufwärts Schuldunfähigkeit gemäß § 20 StGB und ab 2 Promille verminderte Schuldunfähigkeit gemäß § 21 StGB vor. Es kommt aber stets auf den Einzelfall an. So sind etwa die Werte aufgrund des von der Rechtsprechung herangezogenen Gesichtspunkts der Hemmschwelle bei Tötungsdelikten sowie bei trinkgewohnten Personen höher. Bei Werten unter 2 Promille kann dagegen normalerweise bei erwachsenen, gesunden Menschen von voller Schuldfähigkeit ausgegangen werden. Liegen die Voraussetzungen des § 20 StGB vor, handelt der Täter **ohne Schuld**. Im strafrechtlichen Gutachten ist jedoch dann zu prüfen, ob nicht möglicherweise eine Bestrafung des Täters über die Grundsätze der **actio libera in causa** in Betracht kommt. Auf diese umstrittene Rechtsfigur ist im Folgenden näher einzugehen.

3. Die actio libera in causa

> *Fall: A will den O töten. Er hat jedoch Hemmungen vor der Tatbegehung. Andererseits weiß er, dass er bei entsprechend hohem Alkoholkonsum unge-hemmt und äußerst aggressiv wird. A fasst daher den Plan, sich so stark zu betrinken, dass er im Zustand der Schuldunfähigkeit den O tötet. Nachdem er sich auf diese Weise betrunken gemacht hat, geht A zu O und erschießt wie geplant den O im Zustand der Schuldunfähigkeit. Hat sich A gemäß § 212 StGB strafbar gemacht?*

333

A hat durch den Schuss auf den O den Tod eines anderen Menschen objektiv zure-chenbar verursacht und damit den objektiven Tatbestand des § 212 StGB erfüllt.

Fraglich ist, ob A im Zeitpunkt der Tatbegehung vorsätzlich handelte. Auch ein schuldunfähiger Täter ist im Prinzip in der Lage, einen Willen zu bilden. A hatte trotz der Alkoholisierung die Waffe gegen O erhoben und auf O geschossen, sodass er sich im Klaren war, einen Menschen durch die Schüsse zu töten. A handelte daher vorsätzlich. Rechtfertigungsgründe greifen zu Gunsten des A nicht ein, sodass er rechtswidrig handelt.

Fraglich ist jedoch die Schuld des A. Ausweislich der Angaben im Sachverhalt war A im Zeitpunkt der Tatbegehung schuldunfähig.

Möglicherweise kommt jedoch eine Bestrafung des A wegen vorsätzlicher Tötung über die Grundsätze der **actio libera in causa** in Betracht.

334

Die actio libera in causa (eine in der Ursache freie Handlung) gehört zu den umstrit-tensten Rechtsfiguren des Strafrechts. Der hinter dieser gesetzlich nicht normierten Rechtsfigur stehende Gedanke ist, den Mangel der Schuld zu überwinden, indem man das im Zustand der Schuldfähigkeit erfolgende Versetzen in den schuldunfä-higen Zustand in die Betrachtung einbezieht. Das Meinungsspektrum zu dieser Rechtsfigur ist breit gefächert (*Hillenkamp*, AT, Problem Nr. 13). Ob diese Rechtsfigur überhaupt anzuerkennen ist, wird kontrovers diskutiert. Im Wesentlichen werden folgende Standpunkte vertreten:

Nach dem **Ausnahmemodell** stellt die actio libera in causa eine Ausnahme von der Regelung des § 20 StGB dar, wonach der Täter „bei Begehung der Tat" schuldhaft handeln muss. Angeknüpft wird weiterhin an die **im Rausch begangene Tat**, der Konflikt mit dem Wortlaut des § 20 StGB wird dadurch überwunden, dass der Gesetzgeber mit der Fassung des § 20 StGB nichts an der ihm bekannten Rechtsfigur der actio libera in causa hatte ändern wollen. § 20 StGB sei daher so zu lesen, dass der Täter unter den dortigen Voraussetzungen ohne Schuld handele, es sei denn, die Tat ist ihm nach den Grundsätzen der actio libera in causa vorwerfbar (*Wessels/Beul-ke*, AT, Rdn. 415). Es handele sich somit im letzteren Fall um eine gewohnheitsrecht-lich legitimierte Ausnahme vom Koinzidenzprinzip, wonach der Täter im Zeitpunkt der Tatbegehung schuldfähig sein muss.

335

Die **Tatbestandslösung** (*Hirsch*, NStZ 1997, 230) knüpft zur Begründung der actio libera in causa an die im Zustand der Schuldfähigkeit erfolgende Herbeiführung des

336

Defekts an. Dies sei als Versuchsbeginn zu verstehen und darauf sei der Schuldvorwurf zu beziehen (**Vorverlagerungstheorie**). U. a. wird innerhalb dieser Ansicht damit argumentiert, dass der Täter sich zu seinem eigenen Werkzeug mache, womit eine Konstellation der **mittelbaren Täterschaft** vorliege. In der Ausprägung des **Ausdehnungsmodells** ist das Herbeiführen des Defektzustands zwar bloße Vorbereitungshandlung, die Formulierung „Begehung der Tat" in § 20 StGB sei aber ausdehnend zu interpretieren, indem sie auch dieses schuldrelevante Vorverhalten erfasse (*Streng*, in: MK, StGB, § 20 Rdn. 128 ff.)

337 Der **BGH** hat ebenfalls die Rechtsfigur der actio libera in causa über Jahre herangezogen, wobei er in der Begründung zur Tatbestandslösung tendierte (etwa BGHSt. 21, 381). Der 4. Strafsenat des BGH hat sich jedoch in seinem Urteil vom 22. 8. 1996 (BGHSt. 42, 235) gegen diese Rechtsfigur ausgesprochen. Nach dieser Entscheidung ist die actio libera in causa im Fahrlässigkeitsbereich überflüssig, da dort der Fahrlässigkeitsvorwurf an das zeitlich frühere schuldhafte Verhalten angeknüpft werden könne, ohne dass es der Heranziehung der Rechtsfigur bedürfe. Zudem sei die actio libera in causa unanwendbar bei Strafbestimmungen, bei denen eine bestimmte Handlung vorausgesetzt sei – so wie etwa bei § 315 c StGB das Führen des Fahrzeugs und bei § 21 StVG. In nachfolgenden Entscheidungen hat der BGH jedoch außerhalb des vom 4. Strafsenat gesteckten Anwendungsbereichs an der Rechtsfigur der actio libera in causa festgehalten (BGH, NStZ 1997, 230).

338 Schließlich gibt es eine Reihe von Autoren, welche die actio libera in causa **insgesamt ablehnen** (*Hettinger*, GA 1989, 1).

339 **Stellungnahme:** Zu Gunsten der actio libera in causa wird angeführt, es bestehe ein erhebliches Bedürfnis, das Verhalten des Täters in die Betrachtung einzubeziehen, welches vor der Tatbegehung stattgefunden hat, wenn es zur Schuldunfähigkeit im Zeitpunkt der Tat führt (*Fischer*, StGB, § 20 Rdn. 55). Dagegen ist jedoch der Einwand zu erheben, dass ein bloßes Bedürfnis nicht ausreicht, um Strafe zu verhängen. Zwingendes Erfordernis für den Ausspruch einer Strafe ist vielmehr die Beachtung der in Art. 103 Abs. 2 GG aufgestellten Voraussetzungen. Dem werden jedoch die Anhänger der Rechtsfigur nicht gerecht. So verstößt das Ausnahmemodell gegen den Wortlaut des § 20 StGB, denn nach dieser Vorschrift muss die Schuld bei Begehung der Tat vorliegen, was nicht der Fall ist. Über den klaren Wortlaut kann sich etwaiges Gewohnheitsrecht (zu Lasten des Täters) nicht hinwegsetzen. Dieser Einwand ist auch gegenüber dem Ausdehnungsmodell zu erheben. Gegen die Tatbestandslösung in der Form der Vorverlagerungstheorie spricht, dass die Herbeiführung des Defekts noch keinen Versuch der Tat darstellt. Auch eine Konstruktion über die mittelbare Täterschaft überzeugt nicht, da aufgrund Personenidentität eben kein anderer im Sinne des § 25 Abs. 1 Alt. 2 StGB tätig wird. Man muss sich vielmehr eingestehen, dass die Figur der actio libera in causa mit dem geltenden Recht nicht vereinbar und damit insgesamt abzulehnen ist. Es bleibt damit nur eine mögliche Bestrafung aus § 323 a StGB, was de lege lata so hinzunehmen ist.

Wenn auch nach hiesigem Verständnis die Rechtsfigur der actio libera in causa abzulehnen ist, soll dennoch auf die damit verbundenen Voraussetzungen eingegangen sein, um ein vollständiges Bild wiederzugeben. Die nachfolgenden Darlegungen haben aber jeweils als ungeschriebenen Ausgangspunkt, dass man die Rechtsfigur überhaupt befürwortet.

340 Unterschieden wird die vorsätzliche actio libera in causa von der fahrlässigen. Die **vorsätzliche actio libera in causa** setzt ein **vorsätzliches Versetzen in den Rauschzustand** voraus, wobei der **Vorsatz** bereits zu diesem Zeitpunkt darauf gerichtet ist, im schuldunfähigen Zustand eine **rechtswidrige Tat zu begehen** (Doppelvorsatz).

341 Die **fahrlässige actio libera in causa** liegt vor, wenn der Täter **vorsätzlich oder fahrlässig den Defektzustand herbeiführt** und dabei **fahrlässig nicht die Möglichkeit**

bedenkt, dass er im **schuldunfähigen Zustand eine Tat begeht**. Bestraft werden kann in diesem Fall nur wegen Fahrlässigkeittat, sofern diese unter Strafe gestellt ist.

Im Ausgangsfall hat sich A vorsätzlich in den Rausch versetzt und dabei den Vorsatz gehabt, im schuldunfähigen Zustand den O zu töten. Befürworter der Rechtsfigur der actio libera in causa können A daher wegen Totschlags (i. V. m. den Grundsätzen der actio libera in causa) bestrafen.

Im Hinblick auf § 323 a StGB bestehen zwei Möglichkeiten: Entweder man argumentiert, § 323 a StGB ist bereits tatbestandlich nicht einschlägig, da A wegen der rechtswidrigen Tat bestraft werden kann (vgl. das Ausnahmemodell). Möglich ist aber auch die Begründung, dass der Täter nicht wegen der rechtswidrigen Tat bestraft wird, sondern wegen dieser Tat nur i. V. m. den Grundsätzen der actio libera in causa (vgl. das Tatbestandsmodell), wobei jedoch § 323 a StGB dahinter zurücktritt.

Lehnt man – wie hier – die Rechtsfigur der actio libera in causa insgesamt ab, kann A nicht gemäß § 212 StGB bestraft werden. Es bleibt nur eine Strafbarkeit gemäß § 323 a StGB.

Im Hinblick auf Prüfungsarbeiten stellt sich die Frage des Aufbaus. Falls man die actio libera in causa ausschließlich im Rahmen der Schuld des zunächst geprüften Delikts erörtert – im Ausgangsfall also im Rahmen der Schuld bei § 212 StGB –, ist dies zwar vereinbar mit dem Ausnahmemodell, jedoch schwer mit der Tatbestandslösung in Einklang zu bringen, da diese ja bereits an das Versetzen in den Rausch, also ein vorheriges Verhalten, anknüpft. Es erscheint daher vorzugswürdiger, die Prüfung des Delikts auf der Ebene der Schuld mit der Feststellung abzuschließen, dass der Täter im Zeitpunkt der Tatbegehung schuldunfähig war. Sodann sollte neu angesetzt und gefragt werden, ob sich der Täter wegen des Delikts i. V. m. den Grundsätzen der actio libera in causa strafbar gemacht haben kann. Hier ist dann auf die Voraussetzungen der actio libera in causa sowie auf den Meinungsstreit zu dieser Rechtsfigur einzugehen. Abschließend ist dann noch § 323 a StGB anzusprechen. **342**

4. Der Verbotsirrtum gemäß § 17 StGB

Fehlt dem Täter bei Begehung der Tat die Einsicht, Unrecht zu tun, so befindet er sich in einem **Verbotsirrtum**. Dabei spielt es im Gegensatz zu § 20 Alt. 1 StGB (fehlende Unrechtseinsicht) keine Rolle, warum dem Täter die Einsicht fehlt, mit anderen Worten muss der Mangel nicht auf einer seelischen Störung beruhen. **343**

§ 17 StGB regelt gleichzeitig die aus dem Verbotsirrtum resultierenden Konsequenzen, die in Übungsarbeiten trotz des relativ klaren Wortlauts der Vorschrift nicht selten ungenau und fehlerhaft dargestellt werden.

War der **Verbotsirrtum unvermeidbar**, dann handelt der Täter gemäß **§ 17 S. 1 StGB ohne Schuld**. In dem Fall, dass der **Verbotsirrtum vermeidbar** war, ist die Schuld des Täters zwar gegeben, jedoch **kann gemäß § 17 S. 2 StGB die Strafe gemäß § 49 Abs. 1 StGB gemildert werden**. Da keine Pflicht zur Milderung besteht, sondern diese in das Ermessen des Gerichts gestellt ist, handelt es sich um eine so genannte **fakultative Strafmilderung** im Gegensatz zur **obligatorischen**. Letztere findet sich etwa in § 27 Abs. 2 S. 2 StGB bei der Beihilfe: Die Strafe **ist** nach § 49 Abs. 1 StGB zu mildern. **344**

Ein (direkter) **Verbotsirrtum** liegt vor, wenn bei dem Täter die Einsicht fehlt, dass sein Verhalten rechtlich verboten ist (mangelnde Unrechtseinsicht). Das kann verschiedene Gründe haben: Entweder ist dem Täter die Verbotsnorm ganz unbekannt oder er hält diese für unwirksam oder legt sie unzutreffend aus, sodass er sein Verhalten irrtümlich als rechtlich zulässig erachtet (*Wessels/Beulke*, AT, Rdn. 456, 461). Andererseits liegt Unrechtsbewusstsein vor, wenn der Täter nicht sicher ist, ob sein Verhalten rechtswidrig ist, dies aber für möglich hält. **345**

Indem nach § 17 S. 1 StGB der unvermeidbare Verbotsirrtum nicht zum Entfallen des Vorsatzes, sondern zum Ausschluss der Schuld führt, hat sich der Gesetzgeber der **346**

Schuldtheorie angeschlossen, wonach mangelndes Unrechtsbewusstsein vom Tatsachenirrtum zu unterscheiden ist und erst auf der Ebene der Schuld Bedeutung gewinnt. Gleichzeitig ist damit der Vorsatztheorie, welche das Unrechtsbewusstsein als Element des Vorsatzes begreift, der bei fehlendem Unrechtsbewusstsein entfällt, eine Absage erteilt worden. Hingewiesen sei darauf, dass sich der Große Senat für Strafsachen beim BGH bereits frühzeitig und lange vor Einführung des § 17 StGB für die Schuldtheorie entschieden und das Unrechtsbewusstsein als Schuldelement anerkannt hatte, welches keine Auswirkungen auf den Vorsatz hat (BGHSt. 2, 194).

347 Liegt ein Verbotsirrtum vor, bedarf es der weiteren Erörterung, ob dieser **vermeidbar** ist oder **nicht**. Die Rechtsprechung ist insofern eher restriktiv und stellt an die Unvermeidbarkeit strenge Anforderungen (BGHSt. 4, 236, 242 f.). Vermeidbar soll der Irrtum sein, wenn der Täter das Unrecht der Tat bei der ihm zuzumutenden **Anspannung des Gewissens** hätte erkennen können. Der Täter habe alle seine Erkenntniskräfte und sittlichen Wertvorstellungen einzusetzen. Dabei sind die konkreten Umstände und insbesondere auch die Verhältnisse und die Persönlichkeit des Täters (z. B. Bildungsstand, berufliche Stellung) zu berücksichtigen. Bei Zweifeln muss sich der Täter **erkundigen**. Auf die Auskunft eines Rechtsanwalts, den er ohne Verschulden als kompetent angesehen hat, kann sich ein Täter verlassen, es sei denn, die Unerlaubtheit des Handelns lässt sich bei weiterer Anstrengung von Verstand und Gewissen leicht erkennen (*Fischer*, StGB, § 17 Rdn. 9 a).

Hinzuweisen bleibt auf zwei Gesichtspunkte: Zum einen bedarf es stets der Prüfung des § 17 StGB in Bezug auf einen konkret in Rede stehenden Tatbestand. Es ist durchaus möglich, dass der Täter hinsichtlich eines Delikts Unrechtsbewusstsein hat, hinsichtlich eines anderen jedoch nicht.

348 Zum anderen ist anzumerken, dass auch der so genannte **Erlaubnisirrtum** (indirekter Verbotsirrtum) dem § 17 StGB unterfällt. Dieser liegt vor, wenn der Täter irrtümlich die Grenzen der Notwehr überdehnt oder von einem von der Rechtsordnung nicht anerkannten Rechtfertigungsgrund ausgeht. Zudem wird von § 17 StGB der **Doppelirrtum** erfasst, in dem der Täter irrtümlich vom Vorliegen der Voraussetzungen eines von der Rechtsordnung anerkannten Rechtfertigungsgrundes ausgeht und gleichzeitig irrtümlich noch die Grenzen der vermeintlichen Notwehr überschreitet. Auf diese Irrtümer wird noch einmal zurückzukommen sein (siehe unten Rdn. 360 f.).

5.   Der Erlaubnistatbestandsirrtum

349 Ein Erlaubnistatbestandsirrtum liegt vor, wenn der Täter **irrtümlich das Vorliegen der tatsächlichen Voraussetzungen eines von der Rechtsordnung anerkannten Rechtfertigungsgrundes** annimmt. Die Behandlung dieses Irrtums ist sehr umstritten. Kenntnisse hierzu gehören zum klassischen Examenswissen. Im Folgenden sollen die wesentlichen Standpunkte zu diesem Problem anhand eines Falls aufbereitet werden.

a)   Darstellung des Meinungsstands

350 *Fall: A trifft bei einem abendlichen Spaziergang zufällig den mit ihm seit Jahren verfeindeten O. Als O plötzlich hektisch in seine Jackeninnentasche greift und einen Gegenstand herauszieht, geht A irrtümlich davon aus, dass O eine Waffe gezogen hat, um ihn zu erschießen. A versetzt daher dem O einen tödlichen Messerstich. In Wahrheit hatte der herzkranke O lediglich eine Medikamentendose aus der Jacke gezogen, um sich gegen eine aufkommende Herzattacke zu schützen. Das hätte A bei genauerem Hinsehen erkennen können. Hat sich A wegen Totschlags strafbar gemacht?*

A hat durch den Messerstich einen anderen Menschen getötet, sodass der objektive Tatbestand des § 212 StGB erfüllt ist.

Im subjektiven Tatbestand bedarf es der Prüfung, ob A vorsätzlich handelt. Vorsatz ist das Wissen und Wollen der objektiven Tatumstände. A wusste, dass er einen anderen Menschen durch den Messerstich tötet und wollte dies auch. Danach handelt A vorsätzlich.

Zu berücksichtigen ist indes, dass A irrtümlich von einer Notwehrsituation ausgegangen ist: Nach seiner Vorstellung fand ein gegenwärtiger rechtswidriger Angriff des O statt, wobei die von A gewählte Verteidigung – Messerstich gegen bevorstehenden Schusswaffengebrauch –, wenn wirklich ein derartiger Angriff des O vorgelegen hätte, auch erforderlich und geboten gewesen wäre; zudem handelte A mit Verteidigungswillen. Geht der Täter – wie hier – irrtümlich vom Vorliegen der tatsächlichen Voraussetzungen eines von der Rechtsordnung anerkannten Rechtfertigungsgrundes aus, befindet er sich in einem so genannten **Erlaubnistatbestandsirrtum**. Im Zusammenhang mit der Notwehr spricht man auch, ohne dass damit eine sachliche Änderung verbunden ist, von so genannter **Putativnotwehr**. Die Behandlung dieses Irrtums ist umstritten. 351

Nach der **Lehre von den negativen Tatbestandsmerkmalen** hat der Erlaubnistatbestandsirrtum zur Konsequenz, dass in direkter Anwendung des § 16 Abs. 1 S. 1 StGB der Vorsatz entfällt (*Arthur Kaufmann*, JZ 1954, 653). 352

Hinweis: Aus hiesiger Sicht ist der Erlaubnistatbestandsirrtum bereits im subjektiven Tatbestand erstmals anzusprechen und nicht erst auf der Ebene der Rechtswidrigkeit oder Schuld, da er nach der Lehre von den negativen Tatbestandsmerkmalen zum Vorsatzausschluss führt.

Die Lehre von den negativen Tatbestandsmerkmalen begreift das Nichtvorliegen von Rechtfertigungsgründen als (negative) Tatbestandsvoraussetzung, worauf sich der Vorsatz beziehen müsse. Insofern existiert nur noch ein zweistufiger Verbrechensaufbau: Im Tatbestand sind die objektiven Tatumstände, das Nichtvorliegen von Rechtfertigungsgründen sowie der Vorsatz in Bezug auf diese beiden Gesichtspunkte zu erörtern, im Anschluss daran bleibt nur noch die Schuld zu prüfen. Die Rechtfertigungsgründe sind danach Bestandteile eines Gesamtunrechtstatbestands. Geht nun der Täter davon aus, es liege ein Rechtfertigungsgrund vor, befindet er sich also im Erlaubnistatbestandsirrtum, ist folglich der Vorsatz zu verneinen, da dieser das Nichtvorliegen von Rechtfertigungsgründen umfassen muss.

Gegen diese Lehre ist der Einwand zu erheben, dass dem Täter, obwohl er mit Wissen und Wollen einen anderen Menschen tötet, der Vorsatz abgesprochen wird. Sie führt zudem zu der Konsequenz, dass ein Teilnehmer, der selbst keinem Erlaubnistatbestandsirrtum unterliegt, nicht wegen vollendeter Teilnahme an der Tat gemäß §§ 26, 27 StGB bestraft werden kann: Die Teilnahme ist nämlich akzessorisch und setzt gemäß §§ 26, 27 StGB das Vorliegen einer vorsätzlichen und rechtswidrigen Haupttat voraus. Darauf hinzuweisen ist auch, dass das Unrechtsbewusstsein – wie sich aus § 17 StGB ergibt – gerade kein Element des Tatbestandsvorsatzes ist. A fehlt das Unrechtsbewusstsein, denn er glaubt, er handele gerechtfertigt; dies wirkt sich aber nicht auf den Tatbestandsvorsatz aus. Schließlich ist anzumerken, dass die Annahme eines Gesamtunrechtstatbestands mit der Gesetzeslage kaum zu vereinbaren ist. So differenziert der Gesetzgeber, wie sich etwa aus § 16 StGB einerseits und §§ 32, 34 StGB andererseits ergibt, sehr wohl zwischen den beiden verschiedenen Ebenen von Tatbestand und Rechtswidrigkeit. Die Lehre von den negativen Tatbestandsmerkmalen überzeugt daher nicht. 353

Hinweis: Grundsätzlich darf ein Meinungsstreit erst entschieden werden, nachdem die wesentlichen zu einem Problem vertretenen verschiedenen Ansichten insgesamt dargestellt worden sind und festgestellt wird, dass die jeweiligen Auffassungen im konkreten Fall zu unterschiedlichen Ergebnissen gelangen. Von dieser Regel ist vorliegend abgewichen, denn bereits nach der Darstellung nur einer Ansicht ist diese Auffassung kritisiert und abgelehnt worden. Dies rechtfertigt sich daraus, dass der Lehre von den negativen Tatbestandsmerkmalen bereits auf der Ebene des subjektiven Tatbestands Relevanz zukommt, wohingegen die abweichenden Ansichten zur Behandlung des Erlaubnistatbestandsirrtums erst im weiteren Aufbau Bedeutung erlangen. Von daher kann man durchaus sagen, dass bereits auf der Ebene des subjektiven Tatbestands festgestellt worden ist, dass verschiedene Theorien zu unterschiedlichen Ansichten gelangen, nur wird der Meinungsstreit nicht schon endgültig entschieden, sondern lediglich die Auffassung abgelehnt, welche den Vorsatz unter direkter Anwendung des § 16 Abs. 1 S. 1 StGB verneint. Mit der Verwerfung dieser Ansicht ist dann der Weg für die weitere Prüfung und die konkrete Darstellung der sonstigen Meinungen eröffnet.

A müsste auch rechtswidrig gehandelt haben. Objektiv lag ein gegenwärtiger rechtswidriger Angriff nicht vor. O hat aus seiner Jacke lediglich eine Medikamentendose hervorgezogen, um Medikamente einzunehmen. Für die Frage des gegenwärtigen rechtswidrigen Angriffs kommt es auf die objektive Sachlage an, nicht auf die Sicht ex ante des Täters oder eines Dritten in der Situation des Täters (siehe dazu bereits oben Rdn. 201). Mangels objektiver Notwehrlage scheidet eine Rechtfertigung über § 32 StGB aus.

354   Vereinzelt wird vertreten, beim Erlaubnistatbestandsirrtum fehle der Unrechtsvorsatz, sodass – auf der Ebene der Rechtswidrigkeit – das Unrecht der Tat zu verneinen sei (**Unrechtstheorie**; *Herzberg*, JA 1989, 294). Diese Auffassung verschiebt jedoch den Blickwinkel zu stark zu Gunsten des sich Irrenden. Mangels des objektiven Vorliegens von Rechtfertigungsgründen stellt die Tötung einer anderen Person, von der tatsächlich kein Angriff ausgeht, Unrecht dar. Wenn ein so genannter Unrechtsvorsatz verneint wird, dann ist diese Auffassung letztlich vergleichbaren Einwänden wie die Lehre von den negativen Tatbestandsmerkmalen ausgesetzt. Dort ist bereits darauf hingewiesen worden, dass fehlende Unrechtseinsicht ausweislich des § 17 StGB ein Schuldproblem ist.

Zu untersuchen bleibt, ob A schuldhaft handelt. Die meisten Stimmen im Schrifttum gehen davon aus, dass der Erlaubnistatbestandsirrtum ein Schuldproblem sei. Umstritten sind jedoch die konkreten Konsequenzen.

355   Die **strenge Schuldtheorie** sieht in dem Erlaubnistatbestandsirrtum einen **Fall des Verbotsirrtums gemäß § 17 StGB** (*Welzel*, AT, § 22 III). Ist dieser Irrtum unvermeidbar, handelt der Täter ohne Schuld. Bei Vermeidbarkeit des Irrtums kann die Strafe gemäß § 49 Abs. 1 StGB gemildert werden (§ 17 S. 2 StGB).

Der Erlaubnistatbestandsirrtum des A führt also im Ausgangsfall unter Zugrundelegung der strengen Schuldtheorie zur Anwendung des § 17 StGB. Da A bei genauerem Hinsehen hätte erkennen können, dass kein Angriff von O ausgeht, ist dieser Irrtum vermeidbar. A ist also nach der strengen Schuldtheorie zu bestrafen wegen Totschlags, wobei die Strafe gemäß § 17 S. 2 StGB i. V. m. § 49 Abs. 1 StGB gemildert werden kann.

356   **Überwiegend** wird die **eingeschränkte Schuldtheorie** – in verschiedenen Ausprägungen – vertreten. Danach ist der Fall des Irrtums über die tatsächlichen Voraussetzungen eines Rechtfertigungsgrundes aus dem Anwendungsbereich des § 17 StGB herauszunehmen, die Schuldtheorie, wonach fehlendes Unrechtsbewusstsein unter § 17 StGB fällt, für den Fall des Irrtums über das tatsächliche Vorliegen eines Rechtfertigungsgrundes also „eingeschränkt". Bestraft werden kann nur wegen fahrlässiger Tat, sofern ein Fahrlässigkeitstatbestand existiert und dem Täter ein Fahrlässigkeitsvorwurf gemacht werden kann. Im Einzelnen gilt:

357   Die **eingeschränkte Schuldtheorie** (im engeren Sinne) wendet § 16 StGB auf den Erlaubnistatbestandsirrtum **analog** an (*Roxin*, AT I, § 14 Rdn. 64 ff.). Die vom BGH benutzten Formulierungen sprechen dafür, dass der BGH dieser Theorie folgt. So for-

muliert der BGH: „Ein solcher Irrtum (scil. Erlaubnistatbestandsirrtum) ist wie ein den Vorsatz ausschließender Irrtum über Tatumstände nach § 16 Abs. 1 StGB zu bewerten" (BGHSt. 31, 264, 287). Konsequenz dieser Auffassung ist, dass eine teilnahmefähige Haupttat mangels Vorsätzlichkeit fehlt (vgl. *Roxin*, AT I, § 14 Rdn. 72). Nach der **rechtsfolgenverweisenden (eingeschränkten) Schuldtheorie** führt der Erlaubnistatbestandsirrtum zwar nicht zum Vorsatzausschluss, jedoch wird dieser Irrtum in den Rechtsfolgen einem fahrlässigen Delikt gleichgestellt. Konsequenz ist u. a., dass eine teilnahmefähige, da vorsätzliche und rechtswidrige Haupttat bestehen bleibt. Es entfalle nur eine spezifische Vorsatzschuld (*Hilgendorf*, Klausurenkurs I, Fall 7 Rdn. 19; *Wessels/Beulke*, AT, Rdn. 478 f.). **358**

Im Ausgangsfall führt der Erlaubnistatbestandsirrtum des A nach der eingeschränkten Schuldtheorie zur Bestrafung wegen Fahrlässigkeitstat (§ 222 StGB), sofern dem A ein Fahrlässigkeitsvorwurf zu machen ist, was zu bejahen ist: A hätte bei genauerem Hinsehen bemerken können, dass kein Angriff vorliegt. A wäre also nicht gemäß 212 StGB zu bestrafen. Zu bejahen ist aber eine Strafbarkeit gemäß § 222 StGB.

Stellungnahme: Die Tatsache, dass die fehlende Unrechtseinsicht keine Auswirkungen auf den Vorsatz hat, sondern ein Schuldproblem darstellt, hat bereits der Große Senat für Strafsachen beim BGH in seiner berühmten Entscheidung vom 18. 3. 1952 zutreffend deutlich gemacht (BGHSt. 2, 194). Der Gesetzgeber hat schließlich § 17 StGB geschaffen, welcher die fehlende Einsicht, Unrecht zu tun, als Schuldproblem behandelt. Nimmt nun der Täter irrtümlich an, ein von der Rechtsordnung anerkannter Rechtfertigungsgrund liege tatsächlich vor, dann fehlt dem Täter die Unrechtseinsicht. Daraus folgt aber dann nichts anderes als die Anwendung des § 17 StGB. Die eingeschränkte Schuldtheorie in ihren verschiedenen Ausprägungen ist also insoweit nicht konsequent. Wenn es um fehlendes Unrechtsbewusstsein geht, ist § 17 StGB maßgeblich. Die dort vorgesehenen Rechtsfolgen – insbesondere lediglich (fakultative) Strafmilderung bei Vermeidbarkeit des Irrtums – sind de lege lata hinzunehmen. Zu befürworten ist daher die strenge Schuldtheorie. **359**

Im Ausgangsfall ist A daher zu bestrafen wegen Totschlags, wobei die Strafe gemäß § 17 S. 2 StGB i. V. m. § 49 Abs. 1 StGB gemildert werden kann.

b) Die Abgrenzung des Erlaubnistatbestandsirrtums vom Erlaubnisirrtum

Zu unterscheiden vom Erlaubnistatbestandsirrtum ist der **Erlaubnisirrtum.** Letzterer, der auch als indirekter Verbotsirrtum bezeichnet wird, umfasst zwei Konstellationen: Entweder **überdehnt** der Täter irrtümlich die Grenzen eines von der Rechtsordnung anerkannten Rechtfertigungsgrundes oder der Täter glaubt irrtümlich an einen von der Rechtsordnung **nicht anerkannten Rechtfertigungsgrund.** **360**

> *Beispiel für die Überdehnung der Grenzen eines anerkannten Rechtfertigungsgrundes: A glaubt, statt des gleich wirksamen, jedoch milderen Schlags gegen den Angreifer mit einem Stock auch zu einem Stich mit dem Messer in die Herzgegend des Angreifers befugt zu sein.*
> *Beispiel für die Annahme eines von der Rechtsordnung nicht anerkannten Rechtfertigungsgrundes: A glaubt irrtümlich, dass er als Lehrer berechtigt sei, seine Schüler mit dem Schlagstock körperlich züchtigen zu dürfen.*

Es besteht **Einigkeit**, dass der **Erlaubnisirrtum ein Verbotsirrtum im Sinne des § 17 StGB** ist.

c) Der Doppelirrtum

Schließlich bedarf es der Klärung, was zu gelten hat, wenn der Täter irrtümlich von einer Rechtfertigungslage ausgeht und der Täter nun noch in der irrtümlichen Annahme, dazu berechtigt zu sein, das vermeintliche Recht überdehnt. **361**

Beispiel.

A glaubt irrtümlich, von O angegriffen zu werden, und erschießt den O in der vermeintlichen Annahme, dazu berechtigt zu sein, obwohl bei objektiv gegebener Notwehrlage ein Schlag mit einem Stock ausgereicht hätte.

A unterliegt in diesem Fall einem zweifachen Irrtum: Einmal nimmt er irrtümlich das tatsächliche Vorliegen einer Notwehrlage an, gleichzeitig überdehnt er irrtümlich die Grenzen eines von der Rechtsordnung anerkannten Rechtfertigungsgrundes.

Nicht nur die strenge Schuldtheorie, sondern auch die eingeschränkte Schuldtheorie behandeln diesen **Doppelirrtum als einen Fall des § 17 StGB.**

6.   Der Notwehrexzess gemäß § 33 StGB

362   Der Notwehrexzess (die Notwehrüberschreitung) gemäß § 33 StGB ist, obwohl das Gesetz lediglich davon spricht, dass der Täter „nicht bestraft" wird, ein Entschuldigungsgrund. Das entspricht der Auffassung der Rechtsprechung (BGH, NStZ 1991, 528) und der überwiegenden Ansicht im Schrifttum (etwa *Bockelmann/Volk*, AT, § 16 D IV; *Duttge*, Gesamtes Strafrecht, § 33 StGB Rdn. 1). Die Entschuldigung erklärt sich daraus, dass aufgrund des Angriffs das Unrecht der Tat gemindert ist und im Hinblick auf die in § 33 StGB so genannten asthenischen Affekte gleichzeitig die Schuld. Aufgrund der Minderung von Unrecht und Schuld „verzeiht" der Gesetzgeber die Tat, entschuldigt sie also. Nicht überzeugend ist es daher, wie (ganz) vereinzelt teilweise vertreten wird und wurde, die Notwehrüberschreitung als bloßen persönlichen Strafausschließungsgrund (*M. E. Mayer*, AT, S. 283) zu begreifen.

a)   Die objektiven Merkmale

363   Erste Voraussetzung für das Eingreifen des § 33 StGB ist die Überschreitung der Notwehr. Insofern sind verschiedene Konstellationen denkbar:

aa)   Der intensive Notwehrexzess

Beispiel:

A versetzt dem Angreifer O aus Verwirrung einen Messerstich, obwohl ein Faustschlag ausgereicht hätte.

364   Der **intensive Notwehrexzess** ist also dadurch gekennzeichnet, dass der Angegriffene **während eines gegenwärtigen Angriffs** die Grenzen der Verteidigung überschreitet. Dass der intensive Notwehrexzess unter § 33 StGB fällt, ist unstreitig. Kontrovers diskutiert wird lediglich die Frage, ob das auch noch gelten kann, wenn ein krasses Missverhältnis zwischen verteidigtem und beim Angreifer verletztem Gut besteht. Angesichts des Wortlauts des § 33 StGB, der lediglich vom Überschreiten der Grenzen spricht, wird man die Vorschrift – entgegen der wohl überwiegenden Ansicht (etwa *Herzog*, in: NK, StGB, § 33 Rdn. 14) – auch auf diesen Fall anzuwenden haben.

bb)   Der nachzeitig-extensive Notwehrexzess

Beispiel:

A versetzt dem Angreifer O aus Schrecken noch Messerstiche, nachdem der Angriff des O bereits beendet ist.

365   Umstritten ist, ob auch dieser Fall, in dem nach beendetem Angriff weiter Rechtsgüter des Angreifers verletzt werden, dem § 33 StGB unterfällt. Die Rechtsprechung (BGH, NStZ 2002, 141) und Teile des Schrifttums (*Jäger*, AT, Rdn. 196) lehnen das ab;

da das Notwehrrecht nicht mehr bestehe, könne es auch nicht überschritten werden. Dem ist jedoch zu entgegnen, dass man das Notwehrrecht ausgehend vom Wortlaut des § 33 StGB („Überschreitet der Täter die Grenzen der Notwehr ...") durchaus auch in zeitlicher Hinsicht überschreiten kann. Daher unterfällt auch der nachzeitig-extensive Notwehrexzess dem § 33 StGB (ebenso *Beulke*, Klausurenkurs I, Rdn. 222). Vorauszusetzen ist aber, dass ein enger zeitlicher Zusammenhang zwischen dem vorangegangenen Angriff und den Maßnahmen nach beendetem Angriff besteht.

cc) Der vorzeitig-extensive Notwehrexzess

Beispiel:
A versetzt dem O aus Furcht einen Messerstich, obwohl ein gegenwärtiger Angriff des O noch gar nicht stattfindet, jedoch im engen zeitlichen Zusammenhang erfolgen wird.

Die Rechtsprechung (BGH, NStZ 2002, 141) lehnt wiederum wie auch ein Großteil des Schrifttums (so z. B. *Rogall*, in: SK, StGB, § 33 Rdn. 4) im Hinblick auf die noch nicht bestehende Notwehrsituation eine Anwendung auf diese Konstellation ab. Einzugestehen ist, dass es insoweit nicht um eine „Überschreitung", sondern eher um eine Unterschreitung geht. Bedenkt man jedoch, dass Grund für die Nichtbestrafung des Exzesstäters neben dem Affekt die aus dem rechtswidrigen Angriff resultierende Unrechtsminderung ist, wird man § 33 StGB auf diese Situation **analog** anzuwenden haben, sofern ein enger zeitlicher Zusammenhang zwischen dem Verhalten und dem bevorstehenden Angriff gegeben ist und die Situation durch das Opfer des Exzesses zu verantworten ist, was angesichts des Umstands des bevorstehenden Angriffs regelmäßig der Fall sein wird.

366

dd) Der Putativnotwehrexzess

Beispiel:
A glaubt irrtümlich, von O angegriffen zu werden, und erschießt den O aus Furcht, obwohl – bei tatsächlich gegebener Notwehr – ein Faustschlag ausgereicht hätte.

Die Rechtsprechung (BGH, NStZ 2003, 599, 600) und Teile des Schrifttums (*Kindhäuser*, AT, § 25 Rdn. 17) lehnen wiederum die Anwendung des § 33 StGB auf diese Konstellation ab. Diese Ansicht ist im Grundsatz zutreffend, da tatsächlich kein Angriff vorliegt. Ausnahmsweise erscheint jedoch eine analoge Anwendung des § 33 StGB erforderlich, wenn der Dritte den Putativnotwehrexzess selbst verschuldet hat. Zudem muss der Irrtum für den Exzesstäter unvermeidbar sein, denn sonst wäre er besser gestellt als derjenige, welcher sich im Fall der vermeintlichen Notwehr in einem Affekt befindet, jedoch die Grenzen einhält (Erlaubnistatbestandsirrtum).

367

b) Die subjektiven Merkmale

Zunächst ist Erfordernis, dass der Verteidiger im Exzess **Verteidigungsabsicht** hat. Bei der Absichtsprovokation scheidet daher § 33 StGB aus. Der BGH ist darüber hinausgehend der Auffassung, dass § 33 StGB nicht anwendbar sei, wenn sich der Angegriffene planmäßig in eine tätliche Auseinandersetzung mit seinem Gegner eingelassen hat (BGHSt. 39, 133, 139 f.). Diese weitere Einschränkung ist jedoch abzulehnen, da sie im Wortlaut des § 33 StGB keinen Halt findet und den Gleichlauf mit § 32 StGB beseitigt.

368

Nach zutreffender Auffassung der Rechtsprechung (BGH, NStZ 1995, 76, 77) sowie der h. M. im Schrifttum (etwa *Erb*, in: MK, StGB, § 33 Rdn. 15; *Rogall*, in: SK, StGB,

369

§ 33 Rdn. 0, 10) ist § 33 StGB nicht nur bei **unbewusster**, sondern auch bei **bewusster Überschreitung** der Notwehr anwendbar.

370   Der Täter muss aus **Verwirrung, Furcht oder Schrecken** handeln. Diese werden als asthenische Affekte bezeichnet, also als Gemütsbewegungen, welche auf Schwäche beruhen.

Die genannten Affekte müssen für das Überschreiten der Notwehr (mit-)ursächlich gewesen sein.

Abschließend ist zur Notwehrüberschreitung darauf hinzuweisen, dass Streit darüber herrscht, ob § 33 StGB analog anwendbar ist, wenn der Täter aus den genannten asthenischen Affekten heraus einen anderen Rechtfertigungsgrund als die Notwehr überschreitet. Das wird man jedoch nur für den Defensivnotstand (§ 228 BGB, Defensivnotstand des § 34 StGB) annehmen können, da dort die Gefahr von dem Rechtsgut ausgeht, das beeinträchtigt wird, und damit vergleichbar mit dem Angriff bei der Notwehr beim Defensivnotstand neben den asthenischen Affekten auch eine Unrechtsminderung anzunehmen ist.

7.   Der entschuldigende Notstand

371   Der Gesetzgeber ist der Differenzierungstheorie gefolgt und unterscheidet den rechtfertigenden Notstand gemäß § 34 StGB vom entschuldigenden Notstand gemäß § 35 StGB. Letzterer ist ein Entschuldigungsgrund. Er kann überhaupt nur dann zur Anwendung kommen, wenn die Rechtswidrigkeit bejaht worden ist. Unzulässig und fehlerhaft wäre es, die Frage der Rechtfertigung gemäß § 34 StGB offen zu lassen, da jedenfalls § 35 StGB eingreife. Neben dem Umstand, dass verschiedene Stufen im Verbrechensaufbau in Rede stehen, ist dies bereits deswegen nicht möglich, weil aus § 34 StGB eine Duldungspflicht des Betroffenen resultiert, wohingegen er bei § 35 StGB Notwehr gegen die Notstandshandlung ausüben kann.

372   *Fall (Brett des Karnéades): Der Schiffsbrüchige A schwimmt zur Rettung seines Lebens auf eine Holzplanke zu, auf die sich bereits der Schiffsbrüchige O gerettet hat. Die Holzplanke kann nur einen Menschen tragen. A stößt O von der Planke herunter, um sich zu retten. O erfriert im eisigen Meerwasser. Hat sich A gemäß § 212 StGB strafbar gemacht?*

A hat durch das Herunterstoßen des O von der Planke den Tod eines anderen Menschen verursacht. Die mit dem Herunterstoßen des O verbundene spezifische Gefahr – Ertrinken oder Erfrieren im Meerwasser – hat sich auch im Erfolg realisiert, sodass auch objektive Zurechenbarkeit gegeben ist. Der objektive Tatbestand ist verwirklicht.

A handelt auch mit Wissen und Wollen der objektiven Tatumstände, also mit Vorsatz. Möglicherweise ist jedoch das Verhalten des A gerechtfertigt. Zunächst ist an eine Rechtfertigung wegen Notwehr gemäß § 32 StGB zu denken. A droht der Tod jedoch aufgrund des eisigen Meerwassers, also aufgrund einer Naturgewalt, nicht aber aus einem Verhalten des O. Von O geht kein Angriff auf das Leben des A aus, zumal O keine besondere Rechtspflicht gegenüber A trifft.

Möglicherweise ist A jedoch gemäß § 34 StGB gerechtfertigt. Eine gegenwärtige Gefahr für das Leben des A liegt vor. Diese Gefahr war auch mangels anderweitiger Angaben im Sachverhalt für den A nicht anders abwendbar. A handelte, um sein Leben zu retten, sodass die Gefahrabwendungsabsicht vorliegt. § 34 StGB verlangt jedoch als weitere Voraussetzung, dass das geschützte Interesse das beeinträchtigte wesentlich überwiegt. Vom Rangverhältnis der Rechtsgüter geht es jeweils um das Leben. Sowohl A als auch O drohte der Tod durch Erfrieren im Wasser. Ein wesentlich überwiegendes Interesse auf Seiten des A ist daher nicht gegeben. A ist nicht gemäß § 34 StGB gerechtfertigt und handelt daher rechtswidrig.

Möglicherweise ist A jedoch gemäß § 35 StGB entschuldigt. Zu prüfen sind daher die Voraussetzungen des entschuldigenden Notstands.

a) Die Notstandslage: Gegenwärtige Gefahr für Leben, Leib oder Freiheit des Täters, eines Angehörigen oder einer anderen dem Täter nahe stehenden Person

Die Voraussetzung der Notstandslage ist in § 35 StGB im Vergleich zu § 34 StGB in zweifacher Hinsicht enger: Zum einen kommt der entschuldigende Notstand nur bei einer Gefahr für Leben, Leib oder Freiheit in Betracht; es findet also eine im Vergleich zu § 34 StGB starke Einschränkung der notstandsfähigen Rechtsgüter statt. Zum anderen ist eine Entschuldigung des Täters nur möglich, wenn er die Gefahr von sich, einem Angehörigen oder einer ihm nahe stehenden Person abwendet, wohingegen bei § 34 StGB jede andere Person in Betracht kommt.   **373**

aa) Notstandsfähiges Rechtsgut

Die in § 35 StGB enthaltene Aufzählung ist angesichts des eindeutigen Gesetzeswortlauts abschließend. Eine analoge Ausdehnung auf andere Rechtsgüter als Leben, Leib oder Freiheit kommt nach zutreffender herrschender Auffassung nicht in Betracht. Bei dem Rechtsgut **Leben** handelt es sich um das Leben einer Person im Sinne der §§ 211 ff. StGB. Entgegen einer teilweise vertretenen Auffassung kann das Rechtsgut des § 218 StGB nicht einbezogen werden, denn der nasciturus ist keine Person im Sinne des § 35 StGB (*Müssig*, in: MK, StGB, § 35 Rdn. 13; a. A. *Perron*, in: Schönke/Schröder, StGB, § 35 Rdn. 5). Beim **Leib** geht es um das Rechtsgut der §§ 223 ff. StGB, also um die körperliche Unversehrtheit. Mit der **Freiheit** ist die persönliche Fortbewegungsfreiheit im Sinne des § 239 StGB gemeint, nicht jedoch die allgemeine Handlungsfreiheit.
Im Ausgangsfall geht es um das von § 35 StGB erfasste Rechtsgut Leben. Das Leben des A ist notstandsfähiges Rechtsgut.   **374**

bb) Gegenwärtige Gefahr

Der Begriff der „gegenwärtigen Gefahr" ist mit demjenigen des § 34 StGB identisch. Bei der **Gefahr** geht es also um eine Situation, bei der es im ungestörten Fortgang des Geschehensverlaufs – also ohne das Ergreifen von Abwehrmaßnahmen – zum Eintritt eines Schadens kommen wird. Auch bei § 35 StGB ist der Ursprung der Gefahr ohne Bedeutung. Neben Naturereignissen (Erdbeben, Überschwemmung) kann die Gefahr etwa auch von Tieren oder von Menschen ausgehen. **Gegenwärtig** ist die Gefahr, wenn sich die Wahrscheinlichkeit so verdichtet hat, dass die zum Schutz des bedrohten Rechtsguts notwendigen Maßnahmen sofort einzuleiten sind. Dabei genügt wie bei § 34 StGB eine Dauergefahr.
Hier droht A aufgrund der Kälte des Meerwassers der Erfrierungstod. Die Gefahr für das Leben des A geht von einer Naturgewalt aus.   **375**

cc) Gefahr für den Täter selbst, einen Angehörigen oder einer anderen ihm nahe stehenden Person

Da es bei § 35 StGB auf den besonderen Motivationsdruck ankommt, wird die Notstandshilfe auf spezifische Sympathiepersonen beschränkt. Wer Angehöriger ist, bestimmt sich nach der abschließenden Definition in § 11 Abs. 1 Nr. 1 StGB, unabhängig davon, ob tatsächlich zwischen dem Täter und dem Angehörigen eine enge persönliche Beziehung besteht. Hingewiesen sei in diesem Zusammenhang darauf, dass mit dem in § 11 Abs. 1 Nr. 1 a StGB aufgeführten Begriff des Lebenspartners   **376** nur die gleichgeschlechtliche Beziehung nach dem Lebenspartnerschaftsgesetz gemeint ist; die nichteheliche Lebensgemeinschaft unterfällt diesem Begriff nicht.

Mit der nahe stehenden Person sollen persönliche Verhältnisse berücksichtigt werden, die an der Intensität des Zusammengehörigkeitsgefühls der Beziehung zwischen Angehörigen vergleichbar sind. Sie muss auf Dauer angelegt sein. Unter den Begriff fallen u. a. die nichteheliche Lebensgemeinschaft sowie Partner anderer enger Freundschaften oder Personen, die in Hausgemeinschaft mit dem Täter leben.

Im Ausgangsfall geht es um die Lebensgefahr für den Täter selbst.

b)   Nicht-anders-Abwendbarkeit

377   Mit dem Merkmal der Nicht-anders-Abwendbarkeit ist die Erforderlichkeit gemeint. Die Tat muss also ein geeignetes und gleichzeitig das relativ mildeste Mittel zur Gefahrabwendung darstellen. Das Merkmal ist genauso zu bestimmen wie bei § 34 StGB.

c)   Gefahrabwendungsabsicht

378   Der Täter muss in subjektiver Hinsicht die Gefahr von sich, einem Angehörigen oder einer ihm nahe stehenden Person abwenden wollen. Der Täter muss also die Gefahrabwendung bezwecken (erstreben). Demnach ist das Handeln in bloßer Kenntnis von Notstandsmerkmalen nach zutreffender herrschender Meinung nicht ausreichend (etwa *Kindhäuser*, AT, § 24 Rdn. 11; a. A. *Gropp*, AT, § 7 Rdn. 73). Nach herrschender Lehre ist vom Täter richtigerweise keine gewissenhafte Prüfung zu verlangen. Die Rechtsprechung ist uneinheitlich und stellt teilweise dieses Erfordernis auf.

d)   Zumutbarkeitsklausel

379   Nach § 35 Abs. 1 S. 2 Halbs. 1 StGB ist der Täter trotz Vorliegens der Voraussetzungen des § 35 Abs. 1 S. 1 StGB nicht entschuldigt, soweit dem Täter nach den Umständen, namentlich weil er die Gefahr selbst verursacht hat oder in einem besonderen Rechtsverhältnis stand, zugemutet werden konnte, die Gefahr hinzunehmen. Ausnahmsweise soll also die in der Regel vorliegende Entschuldigung entfallen, wenn die Voraussetzungen des § 35 Abs. 1 S. 2 Halbs. 1 StGB vorliegen. Die Gefahrverursachung sowie das besondere Rechtsverhältnis sind dabei nur Beispiele, von denen wiederum im Einzelfall abgewichen werden kann.

aa)   Gefahrverursachung durch den Täter

380   Umstritten ist, was unter Verursachung zu verstehen ist. Einzelne Autoren lassen die bloße Kausalität genügen, andere verlangen eine pflichtwidrige Verursachung (*Jäger*, AT, Rdn. 194), schließlich wird sogar gefordert, dass ein verschuldetes Vorverhalten vorausgesetzt sei (*Krey/Esser*, AT, Rdn. 755) oder der Täter sich ohne zureichenden Grund in die Gefahr begeben haben müsse, die voraussehbar zu einer Notstandslage führen konnte (*Roxin*, AT I, § 22 Rdn. 46).

Ausweislich der Gesetzesmaterialien sollte kein schuldhaftes Verhalten notwendig sein. Andererseits wird bei einem bloßen Abstellen auf die Kausalität die Einschränkung des § 35 Abs. 1 S. 2 StGB ins Uferlose erstreckt. Zutreffend ist es daher, eine pflichtwidrige Verursachung zu verlangen.

Uneinigkeit besteht weiterhin, was zu gelten hat, wenn der Täter die Gefahr für eine Sympathieperson selbst verursacht hat. Nach zutreffender Auffassung ist dann das Beispiel des § 35 Abs. 1 S. 2 StGB **der Sache nach nicht** erfüllt (*Neumann*, in: NK, StGB, § 35 Rdn. 38; a. A. *Baumann/Weber/Mitsch*, AT, § 23 Rdn. 28); es fehlt dann am Zumutbarkeitszusammenhang, weil derjenige, welcher die Gefahr verursacht hat, nicht mit demjenigen identisch ist, dem die Gefahr droht.

Im Ausgangsfall hat A die Gefahr nicht selbst verursacht. Das wäre etwa der Fall gewesen, wenn A selbst das Schiff zum Sinken gebracht hätte.

bb) Besonderes Rechtsverhältnis

Das zweite Beispiel, bei dem grundsätzlich keine Entschuldigung greift, ist das besondere Rechtsverhältnis. Gemeint sind hier Personen, die eine berufliche oder berufsähnliche Schutzfunktion für andere wahrnehmen, die typischerweise mit erhöhten Gefahren für sie selbst verbunden ist. Darunter fallen insbesondere Feuerwehrleute, Polizeibeamte oder Soldaten. Die h. M. verlangt, dass es sich um eine Schutzpflicht gegenüber der Allgemeinheit handelt (so z. B. *Kudlich*, AT, Nr. 144). Das überzeugt nicht, denn die Erwartungen, welche an das Durchstehen einer berufstypischen Gefahr gestellt werden, sind unabhängig von Art und Umfang des geschützten Personenkreises. Daher unterfällt etwa auch der Bergführer dem § 35 Abs. 1 S. 2 StGB.

Zu beachten ist, dass selbst einer Person, die in einem besonderen Rechtsverhältnis steht, im Einzelfall die Hinnahme der Gefahr unzumutbar sein kann; das ist insbesondere der Fall, wenn die Pflichterfüllung den sicheren Tod bedeuten würde.

Liegt ein besonderes Rechtsverhältnis im Sinne des § 35 Abs. 1 S. 2 Halbs. 1 StGB vor und ist dem Täter daher die Hinnahme der Gefahr zuzumuten, ist der Täter nicht entschuldigt. Die Strafe kann auch nicht gemäß § 35 Abs. 1 S. 2 Halbs. 2 StGB gemildert werden.

Im Ausgangsfall bestehen keine Anhaltspunkte, dass A in einem besonderen Rechtsverhältnis steht. In Betracht zu ziehen wäre dies, wenn A Besatzungsmitglied des untergegangenen Schiffs gewesen wäre. Jedoch würde auch dann § 35 Abs. 1 S. 2 StGB nicht greifen, da – wie erläutert – auch dem in einem besonderen Rechtsverhältnis Stehenden nicht die Hinnahme des sicheren Todes zuzumuten ist.

cc) Sonstige Fälle des § 35 Abs. 1 S. 2 Halbs. 1 StGB

Neben den beiden Beispielen kann dem Täter im Einzelfall auch in anderen Konstellationen die Hinnahme der Gefahr zuzumuten sein. Das kommt etwa in Betracht bei Garantenstellungen aus Gefahrengemeinschaft oder aus der Übernahme von Obhutpflichten. Dagegen fallen die Ingerenzfälle bereits unter das Beispiel der Gefahrverursachung.

Insbesondere zu erwähnen sind auch die Fälle der Notstandshilfe, wenn die Sympathieperson (Angehöriger, nahe stehende Person) in einem besonderen Rechtsverhältnis steht. Dann ist dem Täter regelmäßig zuzumuten, die für die Sympathieperson bestehende Gefahr hinzunehmen.

Umstritten ist, was gilt, wenn der Angehörige oder die dem Täter nahe stehende Person die Gefahr selbst verursacht hat. Nach zutreffender Ansicht ist dann ebenfalls dem Notstandshelfer die Hinnahme der Gefahr für die Sympathieperson zuzumuten (*Rogall*, in: SK, StGB, § 35 Rdn. 36; anders etwa *Roxin*, AT I, § 22 Rdn. 51). Insoweit gilt nichts anderes als in dem Fall, dass die Sympathieperson in einem besonderen Rechtsverhältnis steht.

Liegt ein sonstiger Fall im Sinne des § 35 Abs. 1 S. 2 Halbs. 1 StGB vor und ist dem Täter daher die Hinnahme der Gefahr zuzumuten, ist der Täter nicht entschuldigt. Die Strafe kann jedoch gemäß § 35 Abs. 1 S. 2 Halbs. 2 StGB gemäß § 49 Abs. 1 StGB gemildert werden.

Im Ausgangsfall ist keine sonstige Konstellation gegeben, wonach dem A die Hinnahme der Gefahr zuzumuten ist. § 35 Abs. 1 S. 2 Halbs. 1 StGB ist daher nicht ein-

381

382

schlägig. A ist daher über den entschuldigenden Notstand gemäß § 35 StGB entschuldigt.

e)   Anhang: Der Putativnotstand gemäß § 35 Abs. 2 StGB

383   Im zweiten Absatz des § 35 StGB hat der Gesetzgeber den putativen entschuldigenden Notstand einer Regelung zugeführt. Es geht um den Fall, dass der Täter irrtümlich vom tatsächlichen Vorliegen der Voraussetzungen des § 35 Abs. 1 StGB ausgeht. Hierbei handelt es sich weder um einen Tatbestandsirrtum gemäß § 16 StGB, der sich auf den objektiven Tatbestand bezieht und den Vorsatz ausschließt, noch um einen Verbotsirrtum gemäß § 17 StGB, der die fehlende Unrechtseinsicht regelt, sich also auf die Ebene der Rechtswidrigkeit bezieht und bei Unvermeidbarkeit zum Schuldausschluss führt. Es geht vielmehr um eine eigenständige dritte Irrtumskategorie, welche sich auf die Ebene der Schuld bezieht. Nach § 35 Abs. 2 StGB entfällt bei Unvermeidbarkeit des Irrtums die Schuld, bei Vermeidbarkeit ist die Strafe gemäß § 49 Abs. 1 StGB zu mildern.

Nach h. M. ist die Regelung des § 35 Abs. 2 StGB auf die irrtümliche Annahme der tatsächlichen Voraussetzungen eines von der Rechtsordnung anerkannten anderen Entschuldigungsgrundes zu Gunsten des Täters analog anzuwenden.

Nicht erfasst werden von § 35 Abs. 2 StGB die irrtümliche Überdehnung eines von der Rechtsordnung anerkannten Entschuldigungsgrundes sowie die irrtümliche Annahme eines von der Rechtsordnung nicht anerkannten Entschuldigungsgrundes.

8.   Der übergesetzliche entschuldigende Notstand

384   § 35 StGB ist in seinem Anwendungsbereich insbesondere dadurch stark eingeschränkt, dass er nur dann entschuldigt, wenn die Gefahr von dem Täter, einem Angehörigen oder einer anderen dem Täter nahe stehenden Person abgewendet wird. Damit entfällt die Entschuldigung insbesondere dann, wenn der Täter handelt, um andere Personen zu retten, welche keine Sympathiepersonen sind.

Nun mag man natürlich einwenden, dass der Motivationsdruck des Täters nur bei Sympathiepersonen so stark sein kann, dass die vom Täter begangene rechtswidrige Tat entschuldigt ist. Es gibt aber dennoch Fälle, in denen der Täter, auch ohne dass es sich um Sympathiepersonen handelt, in einem Entscheidungskonflikt steht, der ihn möglicherweise entschuldigt. Hier ist dann gegebenenfalls Raum für den **übergesetzlichen entschuldigenden Notstand**. Der Begriff „übergesetzlich" verdeutlicht, dass eine Regelung im StGB zu dieser Konstellation nicht zu finden ist. Die Entschuldigung muss vielmehr in diesem Fall allgemeinen Prinzipien entnommen werden. Dabei ist im Einzelnen umstritten, welche Anforderungen an die Entschuldigung zu stellen sind.

385   *Klassischer Fall: (vgl. Welzel, ZStW 63 [1951], 47, 51)* Ein mit 300 Personen besetzter Personenzug droht mit einem anderen entgegenkommenden Zug zu kollidieren. Um das Unglück zu vermeiden, stellt Weichensteller A die Weiche um, sodass der Personenzug auf ein anderes Gleis umgeleitet wird. Auf diesem Gleis arbeiten in diesem Zeitpunkt, was A bekannt ist, vier Gleisarbeiter, die von dem Personenzug überrollt werden und sterben. Deren Tod hatte A billigend in Kauf genommen. Hat sich A wegen Totschlags strafbar gemacht?

A hat durch sein Verhalten den Tod der vier Gleisarbeiter verursacht. Das Umstellen der Weiche kann nicht hinweggedacht werden, ohne dass der Erfolg in seiner konkreten Gestalt entfiele. In dem Erfolg hat sich die mit der Handlung des A verbundene spezifische Gefahr verwirklicht, sodass der Erfolg auch objektiv zurechenbar ist. A wusste auch, dass sich auf dem Gleis vier Arbeiter aufhielten. Deren Tod nahm A ausweislich des Sachverhalts billigend in Kauf. Er handelte also mit dolus eventualis, der für § 212 StGB genügt.

Zu prüfen ist eine mögliche Rechtfertigung des A. Mangels gegenwärtigen rechtswidrigen Angriffs der Gleisarbeiter scheidet Notwehr gemäß § 32 StGB von vornherein aus. Notwehr gegen ein unbeteiligtes Gut ist nicht möglich.

Möglicherweise ist A jedoch über § 34 StGB gerechtfertigt. Eine gegenwärtige Gefahr für das Leben und die körperliche Unversehrtheit der Zuginsassen lag vor. Mangels anderweitiger Angaben im Sachverhalt war diese Gefahr auch nicht anders abwendbar. A handelte, um die Gefahr von den Zuginsassen abzuwenden. Weitere Voraussetzung für eine Rechtfertigung nach § 34 StGB ist jedoch, dass das geschützte Interesse das beeinträchtigte Interesse wesentlich überwiegt. Hier wurden 300 Menschen gerettet und dadurch vier Menschen getötet. Dieser quantitative Aspekt ist jedoch bei Menschenleben unbeachtlich. Eine Abwägung Leben gegen Leben ist nicht möglich. Ein Interessenübergewicht ist daher zu verneinen. A ist nicht gemäß § 34 StGB gerechtfertigt und handelt rechtswidrig.

Vielleicht ist A jedoch entschuldigt. In Betracht kommt der entschuldigende Notstand gemäß § 35 StGB. Eine gegenwärtige Gefahr für das Leben der 300 Zuginsassen ist bereits bejaht worden. Diese Gefahr betraf aber weder A noch einen Angehörigen des A oder eine ihm nahe stehende Person. Daher scheidet eine Entschuldigung über § 35 StGB aus.

Es bleibt zu untersuchen, ob dem A eventuell der **übergesetzliche entschuldigende Notstand** zugutekommt.   386

Zunächst ist **objektiv das Vorliegen einer gegenwärtigen Gefahr für das Leben** erforderlich. Ob auch – wie in § 35 StGB – Leib und Freiheit einzubeziehen sind, wird uneinheitlich beantwortet. Es besteht eine Gefahr für das Leben der Zuginsassen.

Ebenso wie bei § 35 StGB darf die Gefahr **nicht anders abwendbar** sein.

In **subjektiver Hinsicht** ist ein **Gefahrabwendungswillen** vorausgesetzt. Eine gewissenhafte Prüfung der Notstandssituation ist hier aber ebenso wenig wie sonst beim Notstand erforderlich, wenn auch der BGH dies in Entscheidungen verlangt hat (BGHSt. 35, 347, 350 f.).

Zudem wird man zu fordern haben, dass den in Gefahr Geratenen entsprechend § 35 Abs. 1 S. 2 StGB nicht zuzumuten gewesen ist, die Gefahr hinzunehmen. Im Hinblick auf die 300 Zuginsassen bestehen keine Anhaltspunkte, dass ihnen die Hinnahme der Gefahr zuzumuten gewesen ist, zumal niemanden der sichere Tod zuzumuten ist.

Umstritten ist, ob der Täter objektiv das „**kleinere Übel**" gewählt haben muss (*Welzel*, AT, § 23 III 1). Teilweise wird dieses Erfordernis ganz abgelehnt, andere verlangen zumindest Gleichwertigkeit des geschützten Interesses (*Kühl*, AT, § 12 Rdn. 100). A hat 300 Zuginsassen gerettet zu Lasten von vier Menschen. Stellt man dieses Erfordernis auf, ist es im Beispielfall erfüllt.   387

Uneinigkeit besteht weiterhin, ob die Gefahr auf **Unbeteiligte** übergewälzt werden darf. Im Beispielfall sind die Gleisarbeiter derartige Unbeteiligte; sie bilden zusammen mit den Zuginsassen keine Schicksalsgemeinschaft. Daher lehnt ein Teil des Schrifttums eine Entschuldigung ab (*Jakobs*, AT, 20. Abschnitt Rdn. 41 f.; a. A. *Kühl*, AT, § 12 Rdn. 104 f.). Der übergesetzliche entschuldigende Notstand bleibt damit nur anwendbar in Konstellationen, in denen eine Schicksalsgemeinschaft gegeben ist. So etwa in dem Fall, in dem Ärzte an der von Hitler befohlenen Tötung einiger von ihnen ausgewählter Geisteskranker mitwirkten, um die Tötung aller Anstaltsinsassen durch andere Ärzte zu verhindern, die sie im Fall der verweigerten Mitwirkung ersetzt hätten (Euthanasieärzte-Fall; *Kühl*, AT, § 12 Rdn. 95). Anwendbar wäre der übergesetzliche entschuldigende Notstand auch – in Anlehnung an die Anschläge vom 11. 9. 2001 – auf den Abschuss eines entführten Flugzeugs, das in ein Hochhaus gelenkt werden soll, in dem sich Menschen aufhalten. Überwiegend wird jedoch im Schrifttum ein derartiges einschränkendes Erfordernis nicht aufgestellt.   388

389   **Stellungnahme:** Für eine Entschuldigung lässt sich anführen, dass A unabhängig davon, ob im Ergebnis Unbeteiligte betroffen werden, einem Gewissenskonflikt unterliegt. Andererseits besteht die Gefahr, dass damit die ohnehin auf Ausnahmefälle zu reduzierende Entschuldigung aufgrund übergesetzlichen entschuldigenden Notstands eine nicht mehr einzugrenzende Ausweitung erfährt. Im Ergebnis nimmt A das Schicksal in seine Hand, was nicht nach einer Entschuldigung verlangt. Nach der hier befürworteten Ansicht ist A daher nicht aufgrund eines übergesetzlichen entschuldigenden Notstands entschuldigt.

Abschließend ist anzumerken, dass in derartigen Fällen auch immer an einen Verbotsirrtum gemäß § 17 StGB zu denken ist. Dafür bietet jedoch der Beispielfall keine Anhaltspunkte. A hat sich daher wegen vierfachen Totschlags gemäß § 212 StGB strafbar gemacht.

VI.   Strafausschließungs- und Strafaufhebungsgründe, Strafverfolgungsvoraussetzungen und -hindernisse

390   Normalerweise spielt dieser weitere Prüfungspunkt nach Feststellung der Schuld beim vorsätzlichen vollendeten Begehungsdelikt in Klausuren keine Rolle. Der Vollständigkeit halber sei er aber kurz erwähnt.

391   Unterschieden werden **persönliche und sachliche Strafausschließungsgründe**. Ein **persönlicher** Strafausschließungsgrund ist etwa die Indemnität von Abgeordneten (Art. 46 Abs. 1 GG, § 36 StGB). Als Beispiel für einen **sachlichen**, also personenungebundenen, Strafausschließungsgrund sind die wahrheitsgetreuen Berichte gemäß § 37 StGB zu nennen.

392   Wichtigstes Beispiel für einen **Strafaufhebungsgrund** ist der **Rücktritt vom Versuch gemäß § 24 StGB**; auf ihn wird im Rahmen der Versuchsprüfung im Einzelnen zurückzukommen sein (siehe unten Rdn. 528 ff.).

393   Eine **Strafverfolgungsvoraussetzung** ist, sofern eine Strafbestimmung dies vorsieht, der **Strafantrag**. Er ist im Allgemeinen Teil in den §§ 77 ff. StGB geregelt. Ein absolutes Antragsdelikt liegt vor, wenn – wie etwa bei § 123 StGB – stets ein Antrag vorausgesetzt wird. Ein relatives Antragsdelikt ist gegeben, wenn ein Strafantrag nur bei einer bestimmten Beziehung zum Verletzten erforderlich ist. Das ist etwa bei § 247 StGB der Fall. Daneben gibt es Sonderfälle, in denen grundsätzlich nur auf Antrag verfolgt wird, es sei denn, die Strafverfolgungsbehörde erachtet wegen des besonderen öffentlichen Interesses an der Strafverfolgung ein Einschreiten von Amts wegen für geboten. Das sieht das Gesetz etwa in § 230 StGB für die Körperverletzung gemäß § 223 StGB sowie für die fahrlässige Körperverletzung gemäß § 229 StGB vor. Zu beachten ist, dass normalerweise in Prüfungsarbeiten der Vermerk zu finden ist, dass eventuell erforderliche Strafanträge gestellt sind.

Ein weiteres Beispiel für eine Strafverfolgungsvoraussetzung ist die Ermächtigung gemäß § 77 e StGB. Das Erfordernis der Ermächtigung ist z. B. in § 90 Abs. 4 StGB im Fall der Verunglimpfung des Bundespräsidenten vorgesehen.

394   Wichtigstes **Strafverfolgungshindernis** ist die Verjährung, die im Allgemeinen Teil des StGB in §§ 78 ff. StGB geregelt ist.

Nach überwiegender Ansicht ist der Irrtum des Täters über strafausschließende Umstände unbeachtlich. Das gilt auch für den Irrtum über Strafverfolgungsvoraussetzungen sowie -hindernisse.

2. KAPITEL
Das erfolgsqualifizierte Delikt

Auch das erfolgsqualifizierte Delikt ist ein Vorsatzdelikt. Das bestimmt das Gesetz ausdrücklich in § 11 Abs. 2 StGB. Wegen der mit dieser Deliktsart verbundenen Besonderheiten bedarf es jedoch einer zusammenfassenden Darstellung in einem eigenständigen Kapitel. **395**

I. Einleitende Bemerkungen

Ein klassisches erfolgsqualifiziertes Delikt bildet die Körperverletzung mit Todesfolge gemäß § 227 StGB. Diese Strafbestimmung setzt sich im Grundsatz zusammen aus einer vorsätzlichen Körperverletzung und dem daraus resultierenden Tod des Opfers, auf den sich der Vorsatz gemäß § 18 StGB nicht zu beziehen braucht. § 18 StGB bestimmt ausdrücklich, dass dann, wenn das Gesetz an eine besondere Folge (§ 227 StGB: der Tod des Opfers) der Tat (§ 227 StGB: die Körperverletzung) eine schwerere Strafe knüpft (§ 227 StGB: Freiheitsstrafe nicht unter drei Jahren), hinsichtlich der schweren Folge wenigstens Fahrlässigkeit notwendig, aber auch ausreichend ist. **396**

Im Prinzip setzt sich daher § 227 StGB aus einer Körperverletzung (§ 223 StGB) und einer fahrlässigen Tötung (§ 222 StGB) zusammen. Betrachtet man die Strafrahmen, so zeigt sich, dass sowohl § 223 StGB als auch § 222 StGB einen Strafrahmen von einem Monat (§ 38 Abs. 2 StGB) bis zu fünf Jahren Freiheitsstrafe oder die Verhängung einer Geldstrafe (§ 40 StGB) vorsehen, hingegen in § 227 StGB weitaus strenger ein Strafrahmen von mindestens drei Jahren bis zu fünfzehn Jahren (§ 38 Abs. 2 StGB) Freiheitsstrafe festgelegt ist. Es findet damit eine ganz erhebliche Strafverschärfung statt, die § 227 StGB zum Verbrechen (§ 12 Abs. 1 StGB) macht. Daraus resultiert nun, dass die bloße kausale Verknüpfung von Körperverletzung und Tod nicht genügen kann, um einen derart hohen Strafrahmen zu legitimieren. Hinzu kommen muss vielmehr ein spezifischer Zusammenhang (Unmittelbarkeitszusammenhang) zwischen Grunddelikt und schwerer Folge. Welche Erfordernisse damit im Einzelnen verbunden sind, ist einer der problematischsten und umstrittensten Aspekte des erfolgsqualifizierten Delikts. **397**

Aus den Besonderheiten, dass hinsichtlich der schweren Folge gemäß § 18 StGB grundsätzlich Fahrlässigkeit genügt und zwischen Grunddelikt und schwerer Folge ein spezifischer Zusammenhang bestehen muss, resultiert ein vom klassischen Vorsatzdelikt abweichender Aufbau des erfolgsqualifizierten Delikts, der im Folgenden den weiteren Erläuterungen voranzustellen ist: **398**

Aufbau des erfolgsqualifizierten Delikts
1. Tatbestandsmäßigkeit
   a) Objektiver und subjektiver Tatbestand des Grunddelikts
   b) Eintritt der schweren Folge
   c) Kausalität zwischen Grunddelikt und schwerer Folge
   d) Tatbestandsspezifischer Gefahrzusammenhang zwischen Grunddelikt und schwerer Folge (Unmittelbarkeitszusammenhang)
   e) Fahrlässigkeit im Hinblick auf die schwere Folge
2. Rechtswidrigkeit
3. Schuld

Ausgehend von diesem Aufbau sollen die Probleme des erfolgsqualifizierten Delikts anhand eines Beispielfalls verdeutlicht werden.

II. Die Voraussetzungen des erfolgsqualifizierten Delikts

399 *Fall: O schuldet dem A 500 €. Als A den O zufällig auf der Straße trifft, packt er den O und schleift O in seine im 3. Obergeschoss liegende Wohnung. Dort setzt A den O auf einen Stuhl und versetzt O eine halbe Stunde lang starke Faustschläge ins Gesicht, damit O den überfälligen Betrag zurückzahlt. Völlig benommen bittet O den A, das Fenster öffnen zu dürfen. A willigt ein. O geht ans Fenster, öffnet es und springt, da er sich in einer ausweglosen Lage wähnt, aus Panik und Angst vor weiteren Schlägen aus dem Fenster. O verstirbt durch den Sturz. Hat sich A gemäß § 227 StGB strafbar gemacht?*

400 A hat das körperliche Wohlbefinden und die körperliche Unversehrtheit des O nicht unerheblich beeinträchtigt und damit den O körperlich misshandelt. Im Hinblick auf die Schläge und die daraus resultierende Benommenheit hat A auch einen krankhaften Zustand bei O hervorgerufen, also dessen Gesundheit beschädigt. A wusste, was er tat, und wollte auch das körperliche Wohlbefinden sowie die körperliche Unversehrtheit des O beeinträchtigen und bei O einen krankhaften Zustand hervorrufen. A hat daher den **objektiven und subjektiven Tatbestand des Grunddelikts**, also der einfachen Körperverletzung gemäß § 223 StGB, verwirklicht.

401 Die in § 227 StGB vorausgesetzte **schwere Folge**, also der Tod des Opfers, ist eingetreten. O ist verstorben.

402 Ohne die körperlichen Misshandlungen wäre O nicht aus Panik aus dem Fenster gesprungen. Die Körperverletzung ist also **ursächlich** für den Tod des O im Sinne der condicio-sine-qua-non-Formel.

403 Rechtsprechung und Schrifttum stimmen vom Ausgangspunkt darin überein, dass beim erfolgsqualifizierten Delikt die bloße Kausalität nicht ausreicht, sondern zusätzlich – zur Legitimation der hohen Strafandrohung – zwischen **Grunddelikt und schwerer Folge** ein **spezifischer Gefahrverwirklichungszusammenhang** (Unmittelbarkeitszusammenhang) bestehen muss. Hierbei ist man sich im Grundsatz darüber einig, dass der Unmittelbarkeitszusammenhang zu bejahen ist, wenn sich die dem **Grunddelikt anhaftende spezifische Gefahr in der schweren Folge realisiert** hat (*Wessels/Hettinger*, BT 1, Rdn. 297). Ausgehend davon herrscht aber Streit, was das im Einzelnen bedeutet:

404 So vertritt ein beachtlicher Teil des Schrifttums im Zusammenhang mit § 227 StGB die **Letalitätstheorie**, wonach der gefahrspezifische Zusammenhang zwischen Körperverletzungs**erfolg** und Tod bestehen muss (*Lackner/Kühl*, StGB, § 227 Rdn. 2). Im Beispielfall ist der Tod nicht durch die dem O zugefügten Wunden eingetreten, sondern durch den Sturz aus dem Fenster. Daher würde eine Bestrafung aus § 227 StGB ausscheiden.

405 Insbesondere der BGH ist jedoch der Ansicht, dass ein gefahrspezifischer Zusammenhang zwischen Körperverletzungs**handlung** und Todesfolge ausreichend ist (BGHSt. 31, 96). Dem stimmen Teile des Schrifttums zu (*Rengier*, BT II, § 16 Rdn. 11). Fraglich ist unter Zugrundelegung dieser Ansicht, was zu gelten hat, wenn zwischen Körperverletzungshandlung und Tod – so wie hier – ein eigenes Verhalten des Opfers tritt. Nach Auffassung des BGH unterbricht das eigene Verhalten des Opfers oder das Eingreifen eines Dritten grundsätzlich den gefahrspezifischen Zusammenhang. Das gilt jedoch nicht, wenn es sich – aufgrund von Furcht vor schweren Verletzungen – **nicht mehr um ein eigenverantwortliches Verhalten des Opfers** handelt (vgl. BGH, NJW 1992, 1708; BGH, NStZ 2008, 278). O war in Panik und fühlte sich in einer aus-

weglosen Lage. Ein freiverantwortliches Handeln des O liegt nicht vor. Der Unmittelbarkeitszusammenhang wäre daher nach Auffassung des BGH zu bejahen.

Stellungnahme: Ob auf den Erfolg des Grunddelikts oder auf die Handlung abzustel- **406**
len ist, kann nicht generell beantwortet werden, sondern bedarf für jedes erfolgsqualifizierte Delikt der gesonderten Untersuchung. Der Wortlaut des § 227 StGB enthält
dabei keinen zwingenden Hinweis in die eine oder andere Richtung, verbietet jedenfalls nicht das Abstellen auf die Körperverletzungshandlung. Zutreffend ist zwar,
dass angesichts der hohen Strafdrohung des § 227 StGB eine restriktive Interpretation
der Vorschrift angezeigt ist. Andererseits ist zu bedenken, dass es oftmals von bloßen
Zufälligkeiten abhängt, ob die schwere Folge durch die Verletzungshandlung oder
den Körperverletzungserfolg eintritt. Hinzu kommt, dass die eigentliche Körperverletzungshandlung durchaus weitaus gefährlicher sein kann (vgl. die an die Handlung
anknüpfende Qualifikation des § 224 StGB) als der eigentliche aus der Handlung
resultierende Erfolg. Die Lebensgefährlichkeit von Körperverletzungshandlungen
spricht dafür, bereits die Handlung ausreichen zu lassen. Der tatbestandsspezifische
Gefahrzusammenhang ist daher im Ausgangsfall zu bejahen.

Gemäß § 18 StGB ist hinsichtlich der schweren Folge wenigstens **Fahrlässigkeit** zu **407**
verlangen. Grundsätzlich setzt sich die Fahrlässigkeit auf Tatbestandsebene aus der
objektiven Sorgfaltswidrigkeit sowie der objektiven Vorhersehbarkeit des Erfolges
zusammen. Die Rechtsprechung und ein erheblicher Teil des Schrifttums stellen
jedoch beim erfolgsqualifizierten Delikt lediglich auf die Vorhersehbarkeit ab, da die
Sorgfaltswidrigkeit bereits aus der Begehung des Grunddelikts resultiere (BGHSt. 24,
213; *Rengier*, BT II, § 16 Rdn. 7). Die Gegenauffassung verlangt wie auch sonst bei der
Fahrlässigkeit die Prüfung von Sorgfaltswidrigkeit und Vorhersehbarkeit.

Stellungnahme: § 18 StGB setzt in Bezug auf die schwere Folge wenigstens Fahrläs- **408**
sigkeit voraus. Der Gesetzestext stellt also auf den klassischen Begriff der Fahrlässigkeit ab, wie er etwa auch in §§ 15, 16 StGB Verwendung findet, wo es nicht nur auf
die Vorhersehbarkeit, sondern auch auf die Sorgfaltswidrigkeit ankommt. Schon das
spricht dagegen, nunmehr beim erfolgsqualifizierten Delikt lediglich auf die Vorhersehbarkeit abzustellen. Das Argument, bereits aus der Verwirklichung des Grunddelikts ergebe sich die Sorgfaltswidrigkeit, verfängt nicht, denn hierbei geht es um
die Sorgfaltswidrigkeit bezüglich des Rechtsguts des Grundtatbestandes – bei § 227
StGB also im Hinblick auf die körperliche Unversehrtheit –, nicht jedoch um Sorgfaltswidrigkeit in Bezug auf das durch die schwere Folge geschützte Rechtsgut, das
heißt bei § 227 StGB hinsichtlich des Lebens. Zwar wird regelmäßig mit der Verwirklichung des Grunddelikts die Sorgfaltswidrigkeit auch bezüglich der schweren Folge
gegeben sein, das muss aber keineswegs so sein und bedarf der gesonderten Prüfung.
Daher bedeutet Fahrlässigkeit im Sinne des § 18 StGB beim erfolgsqualifizierten
Delikt Vorhersehbarkeit und Sorgfaltswidrigkeit.

Im Ausgangsfall war das Verhalten des A bezüglich des Lebens objektiv sorgfaltswidrig. Bei den massiven Schlägen des A war die Panikreaktion des O auch objektiv
nicht außerhalb jeder Wahrscheinlichkeit und damit objektiv vorhersehbar. A handelt daher fahrlässig hinsichtlich der schweren Folge.

Hinweis: Da A in Bezug auf die schwere Folge auch objektiv sorgfaltswidrig gehandelt hat, war im Ausgangsfall der Meinungsstreit nicht zu entscheiden. Zu dem Problem wurde hier nur Stellung bezogen, um eine Begründung dafür zu unterbreiten,
warum es – nach hiesiger Ansicht – richtig erscheint, auch die Sorgfaltswidrigkeit zu
prüfen. Das dient dem weiteren Verständnis des Problems und gibt Argumentations-
hilfen, wenn der Streit einmal zu entscheiden ist.

Mangels Vorliegens von Rechtfertigungsgründen handelt A rechtswidrig.

Schuldausschließungs- oder Entschuldigungsgründe sind nicht ersichtlich. Jeweils **409**
zu erwähnen ist aber, ob der Täter auch **individuell sorgfaltswidrig** handelt und der
Erfolg **für ihn vorhersehbar** war, wobei wiederum umstritten ist, ob nur auf die indi-

viduelle Vorhersehbarkeit abzustellen ist oder auch – was hier befürwortet wird – auf die individuelle Sorgfaltswidrigkeit. Auch aus der Sicht des A war sein Verhalten sorgfaltswidrig; zudem war eine solche Panikreaktion nach den massiven Schlägen ebenfalls für A individuell vorhersehbar. A handelt daher schuldhaft.

A hat sich daher gemäß § 227 StGB strafbar gemacht.

Ergänzend ist im Zusammenhang mit dem erfolgsqualifizierten Delikt noch auf folgende Gesichtspunkte hinzuweisen:

410 Obwohl § 18 StGB lediglich davon spricht, dass dem Täter hinsichtlich der schweren Folge „wenigstens Fahrlässigkeit" zur Last fallen muss, stellen einzelne erfolgsqualifizierte Delikte strengere Anforderungen auf; in diesen Fällen wird die Regelung des § 18 StGB modifiziert. So genügt etwa für den Raub mit Todesfolge gemäß § 251 StGB nicht jede Form der Fahrlässigkeit, hinsichtlich der schweren Folge muss vielmehr wenigstens „Leichtfertigkeit", also ein besonders grobes Maß an Fahrlässigkeit, vorliegen. Das erfolgsqualifizierte Delikt der schweren Körperverletzung gemäß § 226 StGB verlangt in seinem zweiten Absatz in Bezug auf die schwere Folge Absicht (dolus directus 1. Grades) oder Wissentlichkeit (dolus directus 2. Grades). Im Umkehrschluss genügt für § 226 Abs. 1 StGB im Hinblick auf die Folge Fahrlässigkeit und dolus eventualis.

411 Insbesondere bei § 227 StGB herrscht Uneinigkeit, ob diese Vorschrift auch dann einschlägig ist, wenn der Täter bezüglich der Todesfolge vorsätzlich handelt. Teilweise wird vertreten, dass dann schon der Tatbestand nicht einschlägig sei (*Krey*, BT 1, Rdn. 263). Dagegen spricht jedoch der Wortlaut des § 18 StGB, der „wenigstens" Fahrlässigkeit voraussetzt. Damit ist – selbst wenn der Unterschied zwischen Fahrlässigkeit und Vorsatz nicht rein quantitativer Natur ist – auch der Fall umfasst, dass der Täter bezüglich der schweren Folge vorsätzlich handelt. Im Einklang mit der herrschenden Meinung greift § 227 StGB also auch dann, wenn der Täter mit Tötungsvorsatz handelt. Jedoch tritt § 227 StGB im Konkurrenzwege hinter die vorsätzliche Tötung zurück (*Wessels/Hettinger*, BT 1, Rdn. 308).

412 § 11 Abs. 2 StGB, wonach es sich bei dem erfolgsqualifizierten Delikt um ein Vorsatzdelikt handelt, ist insbesondere für die Teilnahme bedeutsam. Sowohl die Anstiftung gemäß § 26 StGB als auch die Beihilfe gemäß § 27 StGB verlangen eine vorsätzliche rechtswidrige Haupttat. Da auch das erfolgsqualifizierte Delikt nach § 11 Abs. 2 StGB als Vorsatzdelikt gilt, ist es eine teilnahmefähige Haupttat. Hinsichtlich der schweren Folge ist dann zu prüfen, ob dem Teilnehmer wenigstens Fahrlässigkeit zur Last fällt oder die vom Gesetz aufgestellte strengere Anforderung (so etwa bei § 251 StGB: Leichtfertigkeit).

413 Wenn damit auch das erfolgsqualifizierte Delikt gemäß § 11 Abs. 2 StGB als Vorsatzdelikt gilt und es ebenfalls erfüllt ist, wenn der Täter hinsichtlich der schweren Folge vorsätzlich handelt, geht es dennoch – zumindest von der Grundkonstellation – um eine Vorsatz-Fahrlässigkeitskombination. Der typische Fall ist, dass der Täter hinsichtlich des Grunddelikts vorsätzlich handelt und bezüglich der schweren Folge fahrlässig.

414 Neben dem erfolgsqualifizierten Delikt existieren aber noch weitere Vorsatz-Fahrlässigkeitskombinationen im StGB. Das lässt sich etwa an § 315 c StGB veranschaulichen: Das konkrete Gefährdungsdelikt der Gefährdung des Straßenverkehrs verlangt in seinem ersten Absatz als Tathandlung, dass der Täter entweder im verkehrsuntüchtigen Zustand der Nr. 1 ein Fahrzeug führt oder eine der in Nr. 2 aufgelisteten „sieben Todsünden des Straßenverkehrs" begeht. Aus dieser Tathandlung muss als Taterfolg eine konkrete Gefahr resultieren. Gemäß § 15 StGB muss der Täter im Fall des § 315 c Abs. 1 StGB sowohl hinsichtlich der Tathandlung als auch in Bezug auf den Taterfolg vorsätzlich handeln. Da dies in der Praxis seltener vorkommt, hat der Gesetzgeber in § 315 c Abs. 3 StGB eine **Vorsatz-Fahrlässigkeitskombination (§ 315 c Abs. 3 Nr. 1 StGB)** sowie eine Fahrlässigkeits-Fahrlässigkeitskombination geschaffen

(§ 315 c Abs. 3 Nr. 2 StGB): § 315 c Abs. 3 Nr. 1 StGB betrifft den Fall, dass der Täter Vorsatz in Bezug auf die Tathandlung aufweist und Fahrlässigkeit hinsichtlich der konkreten Gefahr; Vorsatz und Fahrlässigkeit werden insofern kombiniert. Auch bei dieser Vorsatz-Fahrlässigkeitskombination handelt es sich gemäß § 11 Abs. 2 StGB um ein Vorsatzdelikt. **§ 315 c Abs. 3 Nr. 2 StGB** schließlich ist ein **reines Fahrlässigkeitsdelikt**, das heißt der Täter handelt sowohl bezüglich der Tathandlung als auch in Bezug auf den Taterfolg (konkrete Gefahr) fahrlässig.

Auf die Anforderungen an das reine Fahrlässigkeitsdelikt wird nunmehr im 3. Kapitel näher eingegangen.

3. KAPITEL
Das Fahrlässigkeitsdelikt

Nach § 15 StGB müssen die im StGB aufgeführten Delikte vorsätzlich begangen werden, es sei denn, der Gesetzgeber hat fahrlässiges Handeln ausdrücklich unter Strafe gestellt. **415**

I. Einleitende Bemerkungen

Der im Gesetz geregelte Grundfall ist das vorsätzliche vollendete Begehungsdelikt. **416** Der Gesetzgeber hat aber auch in einer Reihe von Fällen fahrlässiges Handeln unter Strafe gestellt. Die beiden wichtigsten Strafvorschriften sind insofern die **fahrlässige Tötung gemäß § 222 StGB** sowie die **fahrlässige Körperverletzung gemäß § 229 StGB**. Sie spielen in der Praxis eine wichtige Rolle. Zu erwähnen ist insbesondere der große Bereich des sorgfaltswidrigen Verhaltens im Straßenverkehr, das zur Tötung oder Verletzung anderer Personen führt. Aber auch etwa bei ärztlichen Kunstfehlern sind die Fahrlässigkeitsdelikte bedeutsam.

Fahrlässigkeit bedeutet vom Ausgangspunkt, dass der Täter die im Verkehr erforderliche Sorgfalt außer Acht lässt. Dabei unterscheidet man verschiedene Formen. Bei **417** der **unbewussten Fahrlässigkeit** lässt der Täter die im Verkehr erforderliche Sorgfalt außer Acht, ohne dass er dies erkennt. Bei der **bewussten Fahrlässigkeit** (luxuria) erkennt der Täter die Möglichkeit des Erfolgseintritts, er vertraut jedoch sorgfaltswidrig auf das Ausbleiben des Erfolges. Wie bereits im Zusammenhang mit dem vorsätzlichen Delikt erörtert, bedarf es insbesondere der Abgrenzung der bewussten Fahrlässigkeit vom dolus eventualis. Insoweit wird auf die Ausführungen zum dolus eventualis verwiesen (siehe oben Rdn. 123 ff.).

Ob unbewusste oder bewusste Fahrlässigkeit vorliegt, spielt für die Strafzumessung eine Rolle, im Übrigen hat die Unterscheidung für die Bejahung der Fahrlässigkeit als solcher keine weitere Relevanz; der Täter muss eben nur fahrlässig gehandelt haben.

Einzelne Vorschriften des StGB benutzen schließlich den Begriff der „**Leichtfertig- 418 keit**". So findet man die Formulierung etwa beim erfolgsqualifizierten Delikt des Raubes mit Todesfolge gemäß § 251 StGB oder z.B. beim Subventionsbetrug gemäß § 264 Abs. 4 StGB. Hierbei handelt es sich um ein besonders hohes Maß an Sorgfaltswidrigkeit. Der Täter handelt entgegen den Anforderungen, die jedem ohne Weiteres einsichtig sind. Oftmals findet sich der Hinweis, dass Leichtfertigkeit in etwa der groben Fahrlässigkeit des Zivilrechts entspricht. Zu beachten ist stets, dass auch die Leichtfertigkeit eine Fahrlässigkeits- und keine Vorsatzform darstellt.

Angemerkt sei, dass eine Teilnahme am fahrlässigen Delikt nicht möglich ist, denn **419** diese setzt ausweislich der §§ 26, 27 StGB eine vorsätzliche rechtswidrige Haupttat voraus. Im Bereich der Fahrlässigkeit gilt der Einheitstäterbegriff, das heißt eine Unterscheidung von Täterschaft und Teilnahme findet nicht statt (str.; insbesondere wird zum Teil die Figur einer fahrlässigen Mittäterschaft befürwortet). Zu prüfen ist stets, ob eine bestimmte Person Täter des Fahrlässigkeitsdelikts sein kann.

Auch einen Versuch des fahrlässigen Delikts gibt es nicht. Kennzeichnend für den **420** Versuch ist vor allem der Wille zur Verwirklichung einer Tat, der im Tatentschluss zum Ausdruck kommt. Dieser Verwirklichungswille fehlt beim fahrlässigen Delikt. Hat der Täter möglicherweise vorsätzlich gehandelt, sollte die Prüfung zunächst immer erst mit dem Vorsatzdelikt begonnen werden. Hier ist dann im subjektiven Tatbestand im Einzelnen zu erörtern, ob der Täter Vorsatz aufweist. Dabei hat dann die Abgrenzung zur bloßen Fahrlässigkeit zu erfolgen. Nur dann, wenn sich klar aus dem Sachverhalt ergibt, dass Vorsatz ausscheidet, kann die Untersuchung unmittelbar mit dem Fahrlässigkeitsdelikt begonnen werden.

421 Ist Vorsatz des Täters nicht gegeben, bedeutet das nicht unmittelbar, dass der Täter, sofern ein Fahrlässigkeitstatbestand existiert, wegen fahrlässiger Tatbegehung bestraft werden kann. Es bedarf vielmehr im Einzelnen der Prüfung der Voraussetzungen des Fahrlässigkeitsdelikts. Dieses kann sowohl durch positives Tun als auch durch Unterlassen verwirklicht werden. Auf das fahrlässige Begehungsdelikt ist im Folgenden näher einzugehen.

422 Voranzustellen ist insofern der

Aufbau des fahrlässigen Begehungsdelikts
1. Eintritt des tatbestandsmäßigen Erfolgs
2. Handlung
3. Kausalität
4. Objektive Sorgfaltswidrigkeit und objektive Vorhersehbarkeit
5. Pflichtwidrigkeitszusammenhang (Bedingungszusammenhang; Rechtswidrigkeitszusammenhang)
6. Rechtswidrigkeit
7. Schuld
   a) Individuelle Sorgfaltswidrigkeit und Vorhersehbarkeit
   b) Besonderer Entschuldigungsgrund: Unzumutbarkeit normgemäßen Verhaltens

II. Die Voraussetzungen des fahrlässigen Begehungsdelikts

423 *Fall: Lastkraftwagenfahrer A fährt mit seinem Lkw auf einer geraden und übersichtlichen Straße. An der rechten Seite fährt Fahrradfahrer O in dieselbe Richtung. Mit einem Seitenabstand von 75 cm und einer Geschwindigkeit von 26 km/h überholt A den O. Dabei gerät O mit seinem Kopf unter den rechten Hinterreifen des Anhängers und verstirbt. Im Zeitpunkt des Unfalls hatte O einen Blutalkoholgehalt von 1,96 Promille. Ein Sachverständigengutachten stellt fest, dass A aufgrund des geringen Abstands die Todesgefahr für O gegenüber einem Abstand von 1 m erhöht hat. Nachträglich kann aber nicht mehr geklärt werden, ob der Unfall sich auch ereignet hätte, wenn A einen Seitenabstand von 1 m eingehalten hätte. Zu prüfen ist die Strafbarkeit des A.*

424 Vorüberlegung: Es handelt sich um einen Sachverhalt, bei dem A offensichtlich der Vorsatz in Bezug auf die Tötung eines anderen Menschen fehlt. Insofern wäre es überflüssig, mit § 212 StGB zu beginnen. Bevor jedoch auf § 222 StGB eingegangen wird, ist – da A immerhin mit zu geringem Seitenabstand überholt hat – an § 315 c Abs. 1 Nr. 2 b StGB zu denken. Insofern bestehen aber keine Anhaltspunkte für einen Vorsatz des A in Bezug auf eine konkrete Gefährdung des Lebens des O (es ist umstritten, ob derjenige, der keinen Tötungsvorsatz aufweist, überhaupt Gefährdungsvorsatz im Hinblick auf das Leben haben kann, oder ob beides tatsächlich nicht zu unterscheiden ist; der BGH differenziert zwischen Gefährdungsvorsatz einerseits und Verletzungsvorsatz andererseits). In Betracht kommt daher allenfalls § 315 c Abs. 1 Nr. 2 b StGB i. V. m. § 315 c Abs. 3 Nr. 1 StGB (Vorsatz-Fahrlässigkeitskombination): Der Täter handelt vorsätzlich hinsichtlich der Tathandlung und fahrlässig bezüglich der konkreten Gefahr.

425 A könnte sich gemäß § 315 c Abs. 1 Nr. 2 b StGB i. V. m. § 315 c Abs. 3 Nr. 1 StGB strafbar gemacht haben. A hat den O im Hinblick darauf, dass ein Seitenabstand von ca. 1 m bis 1,5 m einzuhalten ist, angesichts des Abstands von nur 75 cm falsch überholt (vgl. § 5 Abs. 4 S. 2 StVO). Fraglich ist, ob A auch grob verkehrswidrig und rücksichtslos gehandelt hat. Grob verkehrswidrig handelt, wer objektiv besonders schwer gegen eine Verkehrsvorschrift verstößt (*Lackner/Kühl*, StGB, § 315 c Rdn. 19). Die Geschwindigkeit des Lkw des A betrug beim Überholvorgang lediglich 26 km/h. Immerhin hatte A noch einen Abstand von 75 cm eingehalten. Ein besonders schwerer Verstoß gegen eine Verkehrsvorschrift liegt daher nicht vor. Folglich scheidet eine Bestrafung aus § 315 c StGB aus.

Anmerkung: Nach Auffassung des BGH (BGHSt. 5, 392, 395 f.) kann ein Täter gleichzeitig fahrlässig und grob verkehrswidrig sowie rücksichtslos handeln. Auch das Gesetz geht in § 315 c Abs. 3 Nr. 2 StGB davon aus.

A hat sich aber möglicherweise wegen **fahrlässiger Tötung gemäß § 222 StGB** strafbar gemacht.   **426**

Der **tatbestandsmäßige Erfolg**, also der Tod eines anderen Menschen, ist mit dem Tod des O verwirklicht.

Weiter stellt sich die Frage, ob eine **Handlung** des A in Rede steht. Insofern muss   **427** zunächst einmal das **positive Tun vom Unterlassen abgegrenzt** werden. Vorliegend könnte man sagen, A habe es unterlassen, den erforderlichen Seitenabstand einzuhalten. Da es nun aber im Rahmen der Fahrlässigkeit stets um Sollensanforderungen geht, käme man durchweg in Fällen der Fahrlässigkeit zu einem Unterlassen. Ebenso wenig, wie bei der vorsätzlichen Tötung jedoch argumentiert wird, der Täter habe es unterlassen, dem Verbot der Tötung zu gehorchen, kann bei der Fahrlässigkeit zur Unterscheidung von positivem Tun und Unterlassen auf diese Sollensanforderung abgestellt werden. Daher hat auch bei der Fahrlässigkeit die Abgrenzung von positivem Tun und Unterlassen nach den allgemeinen Kriterien zu erfolgen (siehe dazu bereits oben Rdn. 42 sowie unten Rdn. 589 ff.). Unter Zugrundelegung der Formel vom Schwerpunkt der Vorwerfbarkeit liegt das Hauptgewicht des Verhaltens des A in dem Überholen mit zu geringem Seitenabstand, also in einem positiven Tun. Nach der hier befürworteten Sicht ist zur Abgrenzung auf den Gesichtspunkt der Kausalität sowie das Entfalten positiver Energie in Bezug auf das geschützte Rechtsgut abzustellen. Das ist aufgrund des zu nahen Vorbeifahrens an O ebenfalls gegeben. Somit gelangen die unterschiedlichen Ansichten im konkreten Fall zu übereinstimmenden Ergebnissen; folglich bedarf es keiner Entscheidung des Meinungsstreits. Es liegt nach allen Ansichten ein positives Tun des A vor.

Weiterhin müssen auch beim fahrlässigen Begehungsdelikt die an eine **Handlung zu stellenden Mindestanforderungen** erfüllt sein (siehe dazu bereits oben Rdn. 48 ff.). Es bedarf also insbesondere eines willensgesteuerten Verhaltens. Im Ausgangsfall bestehen insofern keine Bedenken.

Zu prüfen ist, ob A für den Tod des O **kausal** geworden ist. Das Fahren mit zu gerin-   **428** gem Abstand kann nicht hinweggedacht werden, ohne dass der Erfolg in seiner konkreten Gestalt entfiele. Nach der condicio-sine-qua-non-Formel ist daher Ursächlichkeit gegeben. Es spielt hierbei auch keine Rolle, ob der Tod des O auch dann eingetreten wäre, wenn A einen ordnungsgemäßen Seitenabstand eingehalten hätte; insofern handelt es sich nämlich um unbeachtliche hypothetische Kausalerwägungen. Maßgeblich ist der Erfolg in seiner konkreten Gestalt.

Hinweis: Der BGH hat in der dem hiesigen Fall zugrunde liegenden Entscheidung (BGHSt. 11, 1) den Gesichtspunkt, ob der Unfall auch bei sorgfaltsgemäßem Verhalten des Lkw-Fahrers eingetreten wäre, unter der Rubrik „Ursächlichkeit" erörtert. Das rührt u. a. daher, dass in § 222 StGB von Verursachung „durch Fahrlässigkeit" die Rede ist. Dogmatisch zutreffend ist aber der Aspekt, ob der Tod auch bei sorgfaltsgemäßem Verhalten des Täters eingetreten wäre, keine Frage der Ursächlichkeit, sondern erst des Pflichtwidrigkeitszusammenhangs. In einer Klausur sollte man die Kausalität daher nach den allgemeinen Grundsätzen behandeln und auf das Problem des rechtmäßigen Alternativverhaltens erst unter dem Prüfungspunkt „Pflichtwidrigkeitszusammenhang" eingehen.

429 Stets ist zu erörtern, ob das Verhalten des Täters **objektiv sorgfaltswidrig** und der Eintritt des Erfolges **objektiv vorhersehbar** war.

430 Hinsichtlich der **objektiven Sorgfaltswidrigkeit** ist darauf abzustellen, wie sich ein **besonnener und gewissenhafter Dritter aus dem Verkehrskreis des Täters in der konkreten Situation des Täters aus der Sicht ex ante** verhalten hätte. Abzustellen ist also im Ausgangsfall auf einen besonnenen durchschnittlichen Lkw-Fahrer. Dieser hätte aus der Sicht ex ante den erforderlichen Seitenabstand von 1 m bis 1,5 m beim Überholvorgang eingehalten (vgl. § 5 Abs. 4 S. 2 StVO). Daher genügt das Verhalten des A den objektiven Sorgfaltsanforderungen nicht. Er handelt objektiv sorgfaltswidrig.

Ergänzend ist zu dem Prüfungspunkt „objektive Sorgfaltswidrigkeit" noch auf folgende Aspekte hinzuweisen:

431 Oftmals ergeben sich aus bestimmten gesetzlichen Vorschriften die maßgeblichen Sorgfaltsanforderungen. So enthält etwa die StVO eine Vielzahl von Bestimmungen, wie sich der einzelne Verkehrsteilnehmer im Straßenverkehr zu verhalten hat. Diese dürfen andererseits nicht schematisch angewendet werden. So kann Sorgfaltswidrigkeit durchaus zu bejahen sein, obwohl etwa ein Verkehrsteilnehmer die vorgeschriebene zulässige Höchstgeschwindigkeit eingehalten hat, wenn er z. B. spielende Kinder am Fahrbahnrand sieht. Insofern ist § 1 StVO zu beachten. Auf der anderen Seite kann ein Autofahrer darauf vertrauen (**Vertrauensgrundsatz**), sofern keine gegenteiligen Anhaltspunkte bestehen, dass sich andere Verkehrsteilnehmer auch verkehrsgerecht verhalten, also etwa Rotlichtzeichen beachten. Es kommt aber stets auf die Umstände des Einzelfalls an. So gilt dieser Vertrauensgrundsatz wiederum nicht ohne Weiteres, wenn kleine Kinder ohne Aufsichtspersonen eine Straße überqueren. Im Übrigen ist darauf hinzuweisen, dass die Sorgfaltspflicht weder strafbewehrt noch überhaupt irgendwie gesetzlich fixiert sein muss (*Kudlich*, AT, Nr. 166).

432 Uneinigkeit herrscht darüber, ob **Sonderwissen** des Täters – z. B. die Krankenschwester, die sich aufgrund langjähriger Berufstätigkeit und Selbststudium das Wissen eines Arztes angeeignet hat – oder etwaige **Sonderfähigkeiten** – etwa der Lkw-Fahrer, der als Teilnehmer von Truckrennen besondere Fähigkeiten besitzt – in das Urteil des besonnenen Dritten einzufließen haben. Teilweise wird dies abgelehnt, teilweise wird im Gegensatz dazu insgesamt ein individueller Maßstab angelegt; andere Autoren bejahen die Einbeziehung des Sonderwissens, nicht jedoch der Sonderfähigkeiten. Insofern wird man jedoch zu beachten haben, dass das objektive ex-ante-Urteil einen durchschnittlichen Mindeststandard aufweisen muss, eine „Individualisierung nach oben" jedoch möglich ist. Da zudem der Unterschied zwischen Sonderwissen und -fähigkeiten fließend ist und auch sachlich kein Grund für eine unterschiedliche Behandlung beider besteht, sind beim objektiven Urteil richtigerweise sowohl Sonderwissen als auch Sonderfähigkeiten zu beachten. Abzustellen ist daher, um die erwähnten Beispiele aufzugreifen, auf eine besonnene Krankenschwester mit dem Wissen eines Arztes oder auf einen besonnenen Lkw-Fahrer mit Rennerfahrung.

433 Bei der **objektiven Vorhersehbarkeit** des Erfolges geht es darum, ob aus der Sicht ex ante für einen besonnenen und gewissenhaften Menschen aus dem Verkehrskreis und in der Situation des Täters der Eintritt des Erfolges nach allgemeiner Lebenserfahrung nicht so sehr außerhalb der Wahrscheinlichkeit gelegen hat, dass man mit ihm nicht zu rechnen brauchte. Atypische Geschehensabläufe scheiden damit aus. Im Ausgangsfall war es nicht außerhalb der Wahrscheinlichkeit, dass bei einem zu geringen Seitenabstand ein Radfahrer unter den überholenden Lkw gerät.

Als Beispiel für einen unvorhersehbaren Geschehensablauf ist folgender Fall zu nennen, der sich tatsächlich so zugetragen hat: O will Selbstmord begehen und stürzt sich vom 10. Stock eines Hochhauses. Beim Sturz wird er auf Höhe des 9. Stocks von einer Kugel tödlich getroffen, welche A im Verlaufe eines Streits mit seiner Ehefrau B abgegeben und B verfehlt hatte. In diesem Fall ist mangels objektiver Vorhersehbarkeit des Erfolges eine Strafbarkeit des A wegen fahrlässiger Tötung des O zu verneinen.

Weitere Voraussetzung des fahrlässigen Delikts ist der **Pflichtwidrigkeitszusammenhang**. Wenn auch die Begründungen (und die Bezeichnungen des Zusammenhangs) im Einzelnen voneinander abweichen, geht die überwiegende Ansicht im Schrifttum davon aus, dass dieser Zusammenhang **entfällt, wenn der Erfolg aufgrund eines Fehlverhaltens des Opfers oder aufgrund von Naturereignissen auch dann eingetreten wäre, falls sich der Täter sorgfaltsgemäß verhalten hätte (rechtmäßiges Alternativverhalten).** Bei dieser Prüfung ist das sorgfaltswidrige Verhalten des Täters durch ein sorgfaltsgemäßes zu ersetzen; darüber hinaus darf von der konkreten Tatsituation nichts weglassen, ihr nichts hinzugedacht und an ihr nichts verändert werden. Auch die Rechtsprechung gelangt zu diesem Ergebnis, siedelt jedoch – unzutreffend – das Problem bei der Frage der Ursächlichkeit an (BGHSt. 11, 1). Wenn dieser Zusammenhang nicht sicher feststeht, also – wie im Ausgangsfall – der Erfolg **möglicherweise** auch bei sorgfaltsgemäßem Verhalten des Täters eingetreten wäre, entfällt nach h. M. unter Heranziehung des Grundsatzes **in dubio pro reo** der Pflichtwidrigkeitszusammenhang (vgl. *Gropp*, AT, § 12 Rdn. 54). Das bedeutet für den Ausgangsfall, dass sich A unter Anwendung des Grundsatzes in dubio pro reo nicht gemäß § 222 StGB strafbar gemacht hat. | 434

Im Gegensatz zur h. M. steht die **Risikoerhöhungslehre**. Danach kommt es darauf an, ob das Verhalten des Täters zu einer das erlaubte Maß übersteigenden Gefahrerhöhung geführt hat. Steht dies nicht fest, wird von einzelnen Vertretern dieser Lehre der Grundsatz in dubio pro reo herangezogen (*Stratenwerth/Kuhlen*, AT, § 8 Rdn. 37). Andere halten dagegen schon für ausreichend, dass die Möglichkeit der Risikoerhöhung besteht (*Roxin*, AT I, § 11 Rdn. 88). Im Ausgangsfall steht nach den Sachverhaltsangaben fest, dass A das Todesrisiko für O erhöht hat. Danach ist § 222 StGB nach der Risikoerhöhungstheorie im Sinne der letztgenannten Auffassung verwirklicht. | 435

Im Schrifttum werden vor allem zwei Argumente gegen die Risikoerhöhungslehre angeführt: Zum einen werde durch das Abstellen auf die Gefahrerhöhung das Verletzungsdelikt des § 222 StGB in ein Gefährdungsdelikt umgewandelt. Zum anderen schränke diese Theorie den Grundsatz „in dubio pro reo" zu Lasten des Täters ein. Folgt man dieser Kritik, hat sich A nicht gemäß § 222 StGB strafbar gemacht.

Wenn danach auch eine Strafbarkeit des A gemäß § 222 StGB ausscheidet, soll dennoch zur Vollständigkeit auf die übrigen Voraussetzungen des fahrlässigen Begehungsdelikts eingegangen sein.

Im Hinblick auf die **Rechtswidrigkeit** sind auch beim Fahrlässigkeitsdelikt die bekannten Rechtfertigungsgründe anzuwenden. Problematisch ist nur, was hinsichtlich des subjektiven Rechtfertigungselements gilt. Teilweise wird es im Bereich der Fahrlässigkeit für überflüssig erachtet. Andere Autoren verlangen beim Fahrlässigkeitsdelikt einen (generellen) Rechtfertigungswillen oder aber die Kenntnis der rechtfertigenden Situation wird als ausreichend angesehen. Fehlt dies, kommt eine Bestrafung aus dem Fahrlässigkeitsdelikt in Betracht (*Paeffgen*, in: NK, StGB, Vor §§ 32 ff. Rdn. 144). Diejenigen, welche bei Fehlen des subjektiven Rechtfertigungselements beim Vorsatzdelikt mangels Erfolgsunrechts, jedoch vorhandenen Handlungsunrechts lediglich Versuch annehmen (siehe oben Rdn. 231), bestrafen im Bereich des Fahrlässigkeitsdelikts bei fehlendem subjektiven Rechtfertigungselement nicht: Da ein Versuch lediglich bei willentlichem Verhalten in Betracht kommt, nicht jedoch im Bereich der Fahrlässigkeit, hat dies zur Konsequenz, dass der Täter nicht wegen Versuchs bestraft werden kann (*Kudlich*, AT, Nr. 178). Folglich macht er sich, selbst wenn das subjektive Rechtfertigungselement fehlt, nach dieser Ansicht nicht strafbar. | 436

Im Zusammenhang mit der **Schuld** gelten zunächst die allgemeinen Grundsätze, sodass zu erörtern ist, ob Schuldausschließungs- oder Entschuldigungsgründe ein- | 437 greifen. Bei der actio libera in causa ist zu beachten, dass diese Rechtsfigur nach Ansicht des 4. Strafsenats des BGH (BGHSt. 42, 235) beim Fahrlässigkeitsdelikt überflüssig ist, da der Fahrlässigkeitsvorwurf an das vorangegangene schuldhafte Verhalten geknüpft werden könne; nach der hier vertretenen Auffassung ist diese Rechtsfigur insgesamt abzulehnen (siehe oben Rdn. 339).

Darüber hinaus existieren zwei Grundsätze, die es besonders zu beachten gilt:

438 Zum einen muss im Rahmen der Schuld stets darauf eingegangen werden, ob die Tat **für den Täter** sorgfaltswidrig ist und für ihn der Erfolg vorhersehbar war. Mit anderen Worten geht es auf der Ebene der Schuld um die **individuelle Sorgfaltswidrigkeit und Vorhersehbarkeit**.

439 Zum anderen ist zu berücksichtigen, dass im Unterschied zum vorsätzlichen Begehungsdelikt ein **besonderer Entschuldigungsgrund** existiert: Die **Unzumutbarkeit normgemäßen Verhaltens**. Er soll etwa kleinere Unaufmerksamkeiten im Straßenverkehr entschuldigen können, die auf verständlichen Erregungs- oder Ermüdungszuständen beruhen (*Kühl*, AT, § 17 Rdn. 97).

440 Abschließend sei noch auf ein insbesondere beim Fahrlässigkeitsdelikt kontrovers diskutiertes Problem hingewiesen, nämlich das **vorsätzliche Dazwischentreten eines Dritten** (*Hillenkamp*, AT, Problem Nr. 32).

> **Typischer Fall:** *Jäger A betritt eine Gaststätte, in der bereits eine aufgeheizte Stimmung herrscht. Sein entsichertes Gewehr lehnt er an die Garderobe. Als sich eine Schlägerei in der Gaststätte anbahnt, verlässt A die Gaststätte, vergisst dabei aber sein Gewehr. Nachdem A gegangen ist, eskaliert die Situation. Der an der Schlägerei beteiligte B sieht zufällig das Gewehr und erschießt damit den O. Hat sich A strafbar gemacht?*

441 In Betracht kommt eine Strafbarkeit des A wegen fahrlässiger Tötung gemäß § 222 StGB. Der tatbestandliche **Erfolg** ist mit dem Tod des O eingetreten. A hat das Gewehr an die Garderobe gelehnt und es beim Verlassen der Gaststätte vergessen. Den Schwerpunkt der Vorwerfbarkeit wird man hierbei in der Tatsache zu erblicken haben, dass A ein entsichertes Gewehr überhaupt mit in die Gaststätte bringt und an die Garderobe lehnt. Insofern liegt auch ein Einsatz positiver Energie vor. Es geht also um ein **positives Tun**. Das Anlehnen des entsicherten Gewehrs an die Garderobe kann nicht hinweggedacht werden, ohne dass der Erfolg in seiner konkreten Gestalt entfiele. A ist daher nach der Äquivalenztheorie für den Tod des O auch **ursächlich** geworden. An der Kausalität ändert sich – im Gegensatz zur Lehre vom Regressverbot – auch nicht dadurch etwas, dass B vorsätzlich und schuldhaft handelnd in den Geschehensablauf getreten ist. Vielmehr wirkt die von A gesetzte Bedingung bis zum Erfolg fort und ist damit ursächlich.

Ein besonnener und gewissenhafter Jäger hätte ein Gewehr, noch dazu entsichert, nicht an die Garderobe einer Gaststätte gelehnt. A handelt daher auch **objektiv sorgfaltswidrig**. Fraglich ist, ob der Erfolg objektiv vorhersehbar war. Es liegt nicht außerhalb der Wahrscheinlichkeit, dass ein Gaststättenbesucher das Gewehr ergreift und damit andere Personen verletzt oder tötet, zumal bereits beim Hinstellen des Gewehrs an der Garderobe eine aufgeheizte Stimmung in der Gaststätte herrschte. Der tatbestandliche Erfolg war daher **objektiv vorhersehbar**.

442 Möglicherweise entfällt jedoch aufgrund des vorsätzlichen Dazwischentretens des B der **Bedingungszusammenhang**.

Teilweise wird im Schrifttum vertreten, dass das vorsätzliche und schuldhafte Verhalten eines Dritten den Zurechnungszusammenhang unterbreche, sodass der fahrlässig Vorbedingungen Schaffende nicht wegen einer Fahrlässigkeitstat bestraft werden könne (*Otto*, AT, § 6 Rdn. 53 ff.). Nach dieser Ansicht hat sich A nicht gemäß § 222 StGB strafbar gemacht.

Andere Autoren grenzen nach Verantwortungsbereichen ab: Jedermann dürfe grundsätzlich auf das rechtstreue Verhalten Dritter vertrauen, es sei denn, es liegen erkennbare Anhaltspunkte für die geplante Straftat oder Tatgeneigtheit eines Dritten vor (*Gropp*, AT, § 12 Rdn. 42 ff.). Angesichts der aufgeheizten Stimmung lagen erkennbare Anhaltspunkte für die Straftat des B vor. A ist danach gemäß § 222 StGB zu bestrafen.

Schließlich wird vertreten, dass das Dazwischentreten des Dritten die Bestrafung aus § 222 StGB nicht hindere, es sei denn, das Dazwischentreten war nach allgemeinen Grundsätzen der Fahrlässigkeitsdogmatik objektiv nicht vorhersehbar (vgl. *Baumann/Weber/Mitsch*, AT, § 14 Rdn. 33 ff.). Aufgrund der schon festgestellten Vorhersehbarkeit wäre A unter Zugrundelegung dieser Auffassung nach § 222 StGB zu bestrafen.

Stellungnahme: Gegen die erstgenannte Ansicht spricht, dass sie die überholte Lehre vom Regressverbot in neuen Gewändern aufleben lässt, nun nicht mehr bei der Kausalität, sondern als Zurechnungsfrage. Es wurde jedoch bereits betont, dass der Gesichtspunkt der Zurechnung ein sehr dehnbares und teilweise beliebig einsetzbares Mittel ist, um intuitiv als (vermeintlich) richtig empfundene Ergebnisse nun auch rechtlich abzusichern. Auch die Auffassung, welche nach Verantwortungsbereichen abgrenzt, erscheint überflüssig, da der Fall ohne Weiteres über das klassische Instrumentarium gelöst werden kann. Zudem bringt diese Ansicht weitere Begriffe ins Spiel, die hinreichende Bestimmtheit eher vermissen lassen. Vielmehr gilt: Dann, wenn der Erfolg nicht vorhersehbar war, scheidet § 222 StGB aus; war er es hingegen, ist der Täter – bei Vorliegen der sonstigen Voraussetzungen – wegen fahrlässigen Delikts zu bestrafen. Zu befürworten ist daher die dritte Ansicht. **443**

Hinweis: Da die zweite und dritte Ansicht in casu zu übereinstimmenden Ergebnissen gelangen, musste man sich in einer Fallbearbeitung nur zwischen der ersten Ansicht auf der einen Seite und der zweiten und dritten Auffassung auf der anderen Seite entscheiden. Im Gegensatz dazu ist in obiger Stellungnahme konkret die dritte Meinung befürwortet worden. Das ist erfolgt, um Argumente für oder gegen die jeweiligen Ansichten aufzuzeigen.

Nach hiesiger Auffassung schließt daher der Bedingungszusammenhang eine Strafbarkeit des A gemäß § 222 StGB nicht aus. A handelt zudem rechtswidrig. Auch die individuelle Sorgfaltswidrigkeit und Vorhersehbarkeit sind zu bejahen, A handelt schuldhaft. A hat sich daher gemäß § 222 StGB strafbar gemacht.

4. KAPITEL
Der Versuch und der Rücktritt vom Versuch

Bei der Begehung einer vorsätzlichen Straftat unterscheidet man verschiedene Phasen der Deliktsverwirklichung. Aufgelistet in chronologischer Reihenfolge geht es zunächst um die **Vorbereitung**, dann um den **Versuch**, nachfolgend um die **Vollendung** und schließlich um die **Beendigung der Tat**. **444**

Grundsätzlich straflos ist die **Vorbereitungsphase**; im StGB ist sie nur ausnahmsweise eigenständig unter Strafe gestellt, wie etwa bei der Verabredung zu einem Verbrechen gemäß § 30 Abs. 2 StGB oder in § 83 StGB (Vorbereitung eines hochverräterischen Unternehmens) oder in § 310 StGB (Vorbereitung eines Explosions- oder Strahlungsverbrechens). **445**

Zeitlich nachfolgend und von der grundsätzlich straflosen Vorbereitung abzugrenzen ist der **Versuch**. Der Gesetzgeber stellt sehr oft ein Verhalten nicht nur dann unter Strafe, wenn dadurch alle Voraussetzungen einer Strafbestimmung vollständig realisiert werden, also eine Vollendungskonstellation vorliegt, sondern knüpft vielfach Strafe auch schon an den bloßen Versuch einer Straftat. **446**

Hat der Täter sämtliche Voraussetzungen des objektiven Tatbestands verwirklicht, liegt **Vollendung** vor. Ihr nachfolgend ist die **Beendigung**, also der endgültige Abschluss der Tat, der gemäß § 78 a StGB grundsätzlich maßgeblich für den Verjährungsbeginn ist. **447**

Beispiel:
A fährt mit seinem Auto zu einem Supermarkt, betritt das Geschäft und steckt dort eine Parfumflasche unter seine Jacke. Dann verlässt er den Supermarkt und fährt nach Hause.

Straflose Vorbereitung ist die Fahrt zum Tatort. Der Versuch beginnt spätestens dann, wenn der Täter vor dem maßgeblichen Regal mit den Parfumartikeln steht. Vollendung ist anzunehmen, wenn der Täter durch das Einstecken der Parfumflasche in seine Jacke eine Gewahrsamsenklave geschaffen hat. Ab diesem Zeitpunkt ist er strafbar wegen vollendeten Diebstahls gemäß § 242 StGB. Beendigung liegt vor, sobald die Beutesicherung erfolgt ist, also regelmäßig ab dem Zeitpunkt, in dem der Täter das Geschäft verlassen hat.

Im Folgenden ist nun im Einzelnen auf die Voraussetzungen des Versuchs einzugehen.

I. Einleitende Bemerkungen

Ist die Vollendung der von dem Täter gewollten Straftat ausgeblieben, bedarf es der Prüfung, ob sich der Täter möglicherweise wegen des Versuchs einer Straftat strafbar gemacht hat. Die Tatsache der Nichtvollendung bedeutet aber nicht automatisch eine Strafbarkeit wegen Versuchs. Vielmehr ist jeweils zu untersuchen, ob der Versuch überhaupt unter Strafe gestellt ist, der Täter den Willen zur Verwirklichung der Tat aufwies, die Schwelle zum Versuch überschritten wurde und der Täter rechtswidrig sowie schuldhaft handelte und nicht strafbefreiend zurückgetreten ist. **448**

Im Allgemeinen Teil wird der Versuch in den **§§ 22, 23 StGB** geregelt. Diese Vorschriften lassen jedoch eine Vielzahl von Fragen im Zusammenhang mit dem Versuch ungelöst, etwa wenn es darum geht, was unter Versuchsbeginn im Einzelnen **449** zu verstehen ist und wie die Abgrenzung zur grundsätzlich straflosen Vorbereitung zu erfolgen hat. Insofern enthält der Gesetzestext nur wenige Anhaltspunkte.

450 Liegen die Voraussetzungen des Versuchs vor, ist weiterhin zu bedenken, dass dem Täter möglicherweise ein **strafbefreiender Rücktritt vom Versuch gemäß § 24 StGB** zugute kommt. Dieser persönliche Strafaufhebungsgrund ist daher beim Versuch stets im Auge zu behalten.

451 In Prüfungsarbeiten sollte man, wenn die **Vollendung eines Delikts problematisch** ist, **zunächst** mit der **Untersuchung des vollendeten Delikts** beginnen. Im Rahmen dieser Erörterung ist dann im Einzelnen die Frage zu klären, ob es zu einer Vollendung der Tat gekommen ist oder nicht. Erst im Anschluss ist – nach Ablehnung der Vollendung – die Versuchstrafbarkeit anzusprechen. **Steht** jedoch aufgrund der Sachverhaltsangaben **fest**, dass eine **Vollendung** klar **ausscheidet**, ist **unmittelbar mit der Versuchsprüfung zu beginnen**. Das ist insbesondere der Fall, wenn sich aus dem Sachverhalt z. B. ergibt, dass das Opfer der Straftat überlebt hat oder unverletzt geblieben ist oder ein Sachschaden nicht eingetreten ist. Dann ist mit der Prüfung eines versuchten Totschlags, einer versuchten Körperverletzung oder einer versuchten Sachbeschädigung zu beginnen.

Im **Obersatz** ist bei der Versuchsprüfung die relevante Strafbestimmung anzugeben, verbunden mit den Vorschriften über den Versuch aus dem Allgemeinen Teil: „A könnte sich im Hinblick auf die dem O zugefügten Messerstiche wegen versuchten Totschlags gemäß §§ 212, 22, 23 StGB strafbar gemacht haben."

452 Bevor nun im Einzelnen auf die Voraussetzungen des Versuchs und die damit verbundenen Fragen eingegangen wird, soll der Versuchsaufbau zunächst in einer Übersicht vorgestellt werden:

Der Aufbau des versuchten Delikts
1. Nichtvollendung der Tat
2. Strafbarkeit des Versuchs
3. Tatentschluss
4. Unmittelbares Ansetzen zur Tatbestandsverwirklichung
5. Rechtswidrigkeit
6. Schuld
7. Rücktritt

Ein immer wieder in Prüfungsarbeiten anzutreffender **schwerer Fehler** besteht darin, dass das unmittelbare Ansetzen fälschlich vor dem Tatentschluss angesprochen wird und dort dann sämtliche Voraussetzungen des objektiven Tatbestands geprüft werden. Es bedarf der besonderen Hervorhebung, dass dies einen gravierenden Mangel darstellt. Der **Tatentschluss ist stets vor dem unmittelbaren Ansetzen** zu prüfen. Wer eine Tat nicht begehen will, kann auch nicht ansetzen. Das unmittelbare Ansetzen bedeutet zudem nicht, dass sämtliche Merkmale des objektiven Tatbestands des in Rede stehenden Delikts zu prüfen sind (zu Einzelheiten siehe unten Rdn. 481 ff.)
Oftmals werden die hier unter Nr. 1 und Nr. 2 aufgelisteten Voraussetzungen unter der Rubrik „Vorprüfung" zusammengefasst. Vereinzelt wird die Berechtigung dieser beiden Prüfungspunkte sogar ganz geleugnet. Hier wird empfohlen, diese beiden Voraussetzungen der Versuchsprüfung stets voranzustellen. Damit verdeutlicht ein Bearbeiter, dass er die Versuchsstruktur versteht. Ob man beide Prüfungspunkte mit „Vorprüfung" überschreibt oder nicht, spielt dabei keine wesentliche Rolle.
Ausgehend von diesen einleitenden Bemerkungen sind nunmehr die einzelnen Voraussetzungen näher zu beleuchten.

II. Die Nichtvollendung der Tat

Die Nichtvollendung der Tat ergibt sich oftmals bereits klar aus dem Sachverhalt. **453**
Dann genügt zur Abhandlung dieses Punkts der Hinweis, dass z. B. das Opfer der
Straftat überlebt hat. Es gibt aber auch Konstellationen, bei denen die Nichtvollendung problematisch ist. So kann es etwa im Zusammenhang mit der Betrugsvor-
schrift gemäß § 263 StGB zweifelhaft sein, ob ein Vermögensschaden – etwa über den
von der Rechtsprechung und h. M. befürworteten Gesichtspunkt der „schadensglei-
chen Vermögensgefährdung" – bereits vorliegt oder dieser ausgeblieben ist, sodass
Vollendung ausscheidet. In solchen Fällen ist zunächst mit der Vollendungsprüfung
zu beginnen. Erst nach der Feststellung, dass die Tat nicht vollendet ist, folgt die
Erörterung der Versuchstrafbarkeit. Dabei genügt dann unter dem Prüfungspunkt
„Nichtvollendung der Straftat" der Hinweis auf das zuvor ermittelte Ergebnis.

Nichtvollendung liegt vor, wenn ein Merkmal des objektiven Tatbestands nicht voll- **454**
ständig verwirklicht worden ist. Hierbei ist zu beachten, dass trotz scheinbaren Vorliegens sämtlicher Merkmale des objektiven Tatbestands die Tat dennoch nicht vollendet zu sein braucht.

> **Beispiel:**
> *A versetzt dem O mit Tötungsvorsatz mehrere Messerstiche. Der von Passanten*
> *herbeigerufene Rettungswagen nimmt den O auf. Auf der Fahrt zum Kranken-*
> *haus wird der Wagen von einem herabstürzenden Flugzeug getroffen; O stirbt*
> *bei dem Aufprall des Flugzeugs.*

A könnte sich wegen vollendeten Totschlags gemäß § 212 StGB strafbar gemacht
haben. Die Tathandlung liegt in der Ausführung der Messerstiche. Der Tatеrfolg ist
eingetreten, O ist tot. Fraglich ist, ob A ursächlich für den Tod des O geworden ist.
Ohne die Messerstiche hätten die Passanten nicht den Rettungswagen gerufen und
wäre O nicht im Rettungswagen transportiert worden. Das Verhalten des A kann also
nicht hinweggedacht werden, ohne dass der Erfolg in seiner konkreten Gestalt entfällt. A ist für den Tod des O ursächlich. Dass der Geschehensablauf außerhalb der
Lebenserfahrung liegt und damit atypisch ist, ändert nichts daran, dass Kausalität zu
bejahen ist.
Die Lehre von der objektiven Zurechnung verneint jedoch in einem solchen Fall die
Zurechenbarkeit (siehe dazu oben Rdn. 92). Dementsprechend ist der objektive Tatbestand nicht erfüllt, sodass die Prüfung der Versuchsstrafbarkeit eröffnet ist.
Diejenigen, welche diese Lehre nicht befürworten, lehnen (erst) den Vorsatz des A
bezüglich des konkreten objektiven Geschehensablaufs ab. Danach ist das objektive
Geschehen aufgrund seiner Atypizität nicht mehr vom Vorsatz des A umfasst. Das
von ihm eigentlich gewollte Geschehen hat sich **objektiv nicht verwirklicht**. Insofern
kommt aber eine Strafbarkeit des A wegen **versuchten Totschlags** in Betracht.
Stellen sich im Zusammenhang mit der Nichtvollendung der Straftat keine besonderen Probleme, ist etwa so zu formulieren: „O hat den Schuss des A auf seinen Körper
überlebt, die Tat ist somit mangels Eintritts des Taterfolgs nicht vollendet."

III. Die Strafbarkeit des Versuchs

Der Versuch einer Straftat ist zwar vielfach, jedoch nicht durchweg unter Strafe **455**
gestellt. Es bedarf daher jeweils der Untersuchung, ob der Versuch strafbar ist.

1. Die Grundregel

456   Maßgeblicher Anknüpfungspunkt für die Frage, ob der Versuch überhaupt unter Strafe steht, ist § 23 Abs. 1 StGB. Danach ist der **Versuch eines Verbrechens stets strafbar**, der Versuch eines **Vergehens nur dann, wenn das Gesetz es ausdrücklich bestimmt.**

457   **§ 12 StGB** gibt dabei Auskunft, wann von einem Verbrechen oder Vergehen auszugehen ist. Nach § 12 Abs. 1 StGB sind **Verbrechen** rechtswidrige Taten, die im **Mindestmaß mit Freiheitsstrafe von einem Jahr** oder darüber bedroht sind. **Vergehen** sind gemäß § 12 Abs. 2 StGB rechtswidrige Taten, die im **Mindestmaß mit einer geringeren Freiheitsstrafe oder mit Geldstrafe** bedroht sind.

458   Hierbei kommt es auf die **abstrakte Strafandrohung** an, nicht auf die verhängte Strafe im Einzelfall.

> **Beispiel:**
> *A wird wegen Raubes gemäß § 249 StGB aufgrund eines vermeidbaren Verbots-irrtums über § 17 S. 2 StGB i. V. m. § 49 Abs. 1 StGB zu einer Freiheitsstrafe von sieben Monaten verurteilt.*

Zwar ist A zu einer Freiheitsstrafe unter einem Jahr verurteilt worden, jedoch ist für die Frage nach dem Verbrechenscharakter auf die abstrakte Strafandrohung im Einzelfall abzustellen. Da in § 249 StGB nun Freiheitsstrafe „nicht unter einem Jahr" angedroht ist, handelt es sich beim Raub gemäß § 249 StGB um ein Verbrechen. Der Versuch ist also stets strafbar, ohne dass der Gesetzgeber dies nochmals ausdrücklich anordnen muss.

459   Bei **Qualifikationen**, also dann, wenn der Gesetzgeber einen Grundtatbestand um spezifische weitere Merkmale anreichert und dann als **eigenständigen Tatbestand** mit einer Strafschärfung verbindet, ist für die Frage, ob ein Vergehen oder Verbrechen vorliegt, auf die Qualifikation abzustellen. So ist der schwere Bandendiebstahl gemäß § 244 a StGB eigenständiger Tatbestand und Qualifikation zum Grundtatbestand des § 242 StGB. Da § 244 a Abs. 1 StGB eine Mindestfreiheitsstrafe von einem Jahr vorsieht, handelt es sich um ein Verbrechen; der Versuch ist damit stets strafbar, ohne dass es einer diesbezüglichen (nochmaligen) ausdrücklichen Anordnung bedarf. Identisches gilt bei **Privilegierungen**, also in Fällen, in denen ein Grundtatbestand mit spezifischen Merkmalen angereichert wird und dann als eigenständiger Tatbestand mit einem milderen Strafrahmen versehen ist. Beispielsweise handelt es sich bei § 216 StGB um eine Privilegierung gegenüber § 212 StGB. Die Frage nach der Verbrechens- oder Vergehensnatur bestimmt sich folglich allein nach § 216 StGB, nicht nach § 212 StGB. Da § 216 StGB nun eine Mindestfreiheitsstrafe unter einem Jahr vorsieht, handelt es sich um ein Vergehen. § 216 Abs. 2 StGB ordnet insofern ausdrücklich die Versuchsstrafbarkeit an. Dagegen ist § 212 StGB (im Mindestmaß Freiheitsstrafe nicht unter fünf Jahren) ein Verbrechen.

460   Betont sei nochmals, dass stets das **Mindestmaß** in den Blick zu nehmen ist, nicht jedoch die Höchstgrenze. So sieht etwa § 223 StGB zwar eine Freiheitsstrafe bis zu fünf Jahren vor, im Mindestmaß ist aber sogar Geldstrafe möglich. Also handelt es sich um ein Vergehen, wobei § 223 Abs. 2 StGB die Versuchsstrafbarkeit anordnet. Wenn der Gesetzgeber auch oft bei Vergehen die Versuchsstrafbarkeit vorsieht (vgl. u. a. §§ 223 Abs. 2, 240 Abs. 3, 242 Abs. 2, 259 Abs. 3, 263 Abs. 2, 267 Abs. 2, 303 Abs. 2 StGB), muss dies keineswegs so sein. So ist etwa die versuchte Untreue (§ 266 StGB) nicht strafbar, ebenso wenig ist der Versuch des Hausfriedensbruchs (§ 123 StGB) oder die versuchte Beleidigung (§ 185 StGB) unter Strafe gestellt.

461   Für die Einteilung in Verbrechen und Vergehen **außer Betracht** bleiben gemäß **§ 12 Abs. 3 StGB besonders schwere oder minder schwere Fälle.** Hierbei handelt es sich um **bloße Strafzumessungsvorschriften**, nicht jedoch um eigenständige Tatbestände.

Immer dann also, wenn der Gesetzgeber die Formulierung „besonders schwerer Fall" – etwa in § 243 StGB oder in § 263 Abs. 3 StGB – oder „minder schwerer Fall" – z. B. in § 213 StGB oder in § 226 Abs. 3 StGB – benutzt, sind die dort vorgesehenen Strafandrohungen für die Einteilung in Verbrechen oder Vergehen unbeachtlich.

So handelt es sich z. B. bei der Erpressung gemäß § 253 StGB um ein Vergehen, da im Mindestmaß Geldstrafe verhängt werden kann. Die Versuchsstrafbarkeit ist in § 253 Abs. 3 StGB angeordnet. Wenn nun in § 253 Abs. 4 StGB in besonders schweren Fällen Freiheitsstrafe nicht unter einem Jahr vorgesehen ist, ändert dies nichts daran, dass die Erpressung – selbst in einem besonders schweren Fall – ein Vergehen ist, was sich aus § 12 Abs. 3 StGB ausdrücklich ergibt. Umgekehrt bleibt die schwere Körperverletzung gemäß § 226 Abs. 1 StGB auch im minder schweren Fall gemäß § 226 Abs. 3 Alt. 1 StGB ein Verbrechen.

Ergeben sich keine besonderen Probleme, kann etwa formuliert werden: „Zu prüfen ist die Strafbarkeit des Versuchs. Beim Totschlag gemäß § 212 StGB, der eine Mindestfreiheitsstrafe von fünf Jahren vorsieht, handelt es sich gemäß § 12 Abs. 1 StGB um ein Verbrechen. Der Versuch eines Verbrechens ist gemäß § 23 Abs. 1 StGB stets strafbar." Handelt es sich um ein Vergehen, genügen in unproblematischen Fällen folgende Hinweise: „Fraglich ist die Strafbarkeit des Versuchs. Bei der Körperverletzung gemäß § 223 StGB handelt es sich, da die Freiheitsstrafe im Mindestmaß unter einem Jahr liegen und sogar Geldstrafe verhängt werden kann, im Sinne des § 12 Abs. 2 StGB um ein Vergehen. Die in diesem Fall von § 23 Abs. 1 StGB geforderte ausdrückliche Anordnung der Versuchsstrafbarkeit findet sich in § 223 Abs. 2 StGB. Der Versuch ist also strafbar." **462**

2. Einzelfragen

Nach diesen grundsätzlichen Erwägungen soll nunmehr noch auf zwei Aspekte im Zusammenhang mit dem Prüfungspunkt „Strafbarkeit des Versuchs" eingegangen werden, die im Einzelfall relevant werden können. **463**

a) Der untaugliche Versuch

Möglich ist, dass die Tat nicht zur Vollendung gelangen kann, weil der Täter entgegen seiner Vorstellung ein **untaugliches Mittel** benutzt (z. B.: die Waffe ist nicht geladen), die Tat an einem **untauglichen Objekt** begeht (etwa: das Opfer, auf das der Schuss abgegeben wird, ist bereits tot) oder der Täter **untaugliches Subjekt** ist (z. B.: der Täter ist kein tauglicher Amtsträger im Sinne des § 348 StGB). Fraglich ist, ob der Versuch in solchen Fällen überhaupt strafbar ist. **464**

Insofern hilft der Gesetzestext zur Lösung dieses Problems weiter: Nach **§ 23 Abs. 3 StGB** kann das Gericht von Strafe absehen oder die Strafe nach seinem Ermessen mildern, wenn der Täter aus grobem Unverstand verkannt hat, dass der Versuch nach der Art des Gegenstandes, an dem oder des Mittels, mit dem die Tat begangen werden sollte, überhaupt nicht zur Vollendung führen konnte. Von Strafe absehen oder die Strafe mildern bedeutet aber zunächst, dass der Täter eine Tat schuldhaft begangen hat. Kann nun aber bei grobem Unverstand (nur) von Strafe abgesehen oder die Strafe gemildert werden, bedeutet das im Umkehrschluss, dass der untaugliche Versuch grundsätzlich strafbar ist, wenn auch im Einzelnen die Begründungen dafür auseinandergehen. **465**

Eine Einschränkung wird jedoch überwiegend im Fall des so genannten abergläubischen Versuchs gemacht, den man als straflos erachtet: In derartigen Fällen will der Täter den Erfolg mit irrealen Mitteln herbeiführen („Totbeten").

466 Kontrovers wird zudem die **Untauglichkeit des Subjekts** behandelt:

> **Beispiel:**
> *A glaubt irrtümlich, bereits mit Dienstantritt Richter zu sein, obwohl er die Ernennungsurkunde zum Richter noch nicht ausgehändigt bekommen hat. In dieser Situation begeht er eine Rechtsbeugung.*

Teilweise wird bei Untauglichkeit des Subjekts von einem straflosen Wahndelikt ausgegangen (*Stratenwerth/Kuhlen*, AT I, § 11 Rdn. 65). Danach wäre A nicht zu bestrafen.

Die Gegenmeinung differenziert: Habe der Täter die tatsächlichen Umstände zutreffend erkannt, jedoch die falschen rechtlichen Schlussfolgerungen gezogen, liege ein Wahndelikt vor. Besteht der Irrtum dagegen in tatsächlicher Hinsicht, sei ein strafbarer untauglicher Versuch gegeben (*Wessels/Beulke*, AT, Rdn. 623). A zieht bei zutreffender Tatsachenkenntnis die falschen rechtlichen Schlussfolgerungen, sodass nach dieser Ansicht ein strafloses Wahndelikt vorliegen würde.

467 **Ergänzender Hinweis:** Das **straflose Wahndelikt** ist dadurch gekennzeichnet, dass der Täter bei zutreffender Tatsachenkenntnis die falschen rechtlichen Schlussfolgerungen zu seinen Lasten zieht (so genannter umgekehrter Verbotsirrtum). Er unterliegt also insbesondere dem Irrtum – bei zutreffender Kenntnis der Tatumstände –, dass sein Verhalten unter Strafe gestellt oder etwa nicht mehr von der Notwehr gedeckt sei.

b) Versuch und erfolgsqualifiziertes Delikt

468 Ein weiteres Sonderproblem besteht darin, ob und inwieweit eine Strafbarkeit wegen Versuchs beim erfolgsqualifizierten Delikt in Betracht kommen kann. Verschiedene Konstellationen sind insofern denkbar:

469 **Zum einen** kann die **schwere Folge ausgeblieben** sein, wobei das **Grunddelikt versucht oder vollendet** ist. Dann spricht man von einem so genannten **Versuch der Erfolgsqualifikation**.

> **Beispiel:**
> *A rechnet mit der Möglichkeit, dass es zum Tod des Raubopfers kommt, und nimmt diesem gewaltsam Geld weg. O überlebt (vollendetes Grunddelikt bei ausgebliebener schwerer Folge). Abwandlung: Die Wegnahme des Geldes misslingt (versuchtes Grunddelikt bei ausgebliebener schwerer Folge). Strafbarkeit des A gemäß §§ 251, 22, 23 StGB?*

470 Unstreitig kommt eine Strafbarkeit wegen **Versuchs der Erfolgsqualifikation** in Betracht, wenn das Grunddelikt vollendet ist und der Täter mit **Vorsatz hinsichtlich der schweren Folge** handelt. Letzteres muss zwingend vorliegen, da es einen fahrlässigen Versuch nicht gibt. Nach zutreffender h. M. ist der Täter ebenfalls wegen Versuchs der Erfolgsqualifikation zu bestrafen, wenn das Grunddelikt nur versucht ist und die schwere Folge ausgeblieben, jedoch bezüglich Grunddelikt und schwerer Folge Vorsatz gegeben war: Handelt der Täter insoweit vorsätzlich, ist die Möglichkeit der Bestrafung wegen des Versuchs der Erfolgsqualifikation eröffnet. A kann also gemäß §§ 251, 22, 23 StGB bestraft werden.

471 **Zum anderen** ist möglich, dass es bereits zum **Eintritt der schweren Folge** gekommen ist, **ohne dass das Grunddelikt vollendet** ist. In diesem Fall spricht man von einem so genannten **erfolgsqualifizierten Versuch**.

> **Beispiel:**
> *Beim Versuch des A, dem O gewaltsam Geld wegzunehmen, löst sich ein Schuss aus der Waffe des A, wodurch leichtfertig der Tod des O verursacht*

wird. Ohne Geld flieht A vom Tatort. Die schwere Folge des § 251 StGB – der Tod eines anderen Menschen – ist eingetreten, das Grunddelikt – der Raub im Sinne von §§ 249, 250 StGB – ist im Versuch stecken geblieben. Hat sich A gemäß §§ 251, 22, 23 StGB strafbar gemacht?

Im Schrifttum herrscht Uneinigkeit, ob der Täter in diesem Fall wegen Versuchs des erfolgsqualifizierten Delikts bestraft werden kann (*Hillenkamp*, AT, Problem Nr. 16). Teilweise wird in dem Fall, dass beim Versuch des Grunddelikts die schwere Folge fahrlässig (leichtfertig) verursacht wird, eine Strafbarkeit wegen Versuchs des erfolgsqualifizierten Delikts abgelehnt (*M. E. Mayer*, AT, S. 349). A könnte daher nicht gemäß §§ 251, 22, 23 StGB bestraft werden, sondern lediglich gemäß §§ 249, 250, 22, 23 StGB in Idealkonkurrenz mit § 222 StGB.

Andere nehmen in diesen Fällen stets die Möglichkeit der Bestrafung wegen Versuchs an (*Otto*, AT, § 18 Rdn. 83 ff.).

Überwiegend differenziert man nach der Art des erfolgsqualifizierten Delikts. Sofern nach der Ausgestaltung des Delikts ausreiche, dass die schwere Folge durch die tatbestandsmäßige Handlung (so bei § 251 StGB) herbeigeführt werde, komme die Versuchsstrafbarkeit in Betracht (BGHSt 48, 34, 38). Müsse nach dem jeweiligen erfolgsqualifizierten Delikt dagegen die schwere Folge aus dem Erfolg des Grunddelikts herrühren, sei eine Bestrafung wegen Versuchs des erfolgsqualifizierten Delikts nicht möglich (*Wessels/Beulke*, AT, Rdn. 617).

Stellungnahme: In Einklang mit der h. M. kann die Frage, ob der erfolgsqualifizierte Versuch strafbar ist, nur jeweils bezogen auf das in Rede stehende Delikt beantwortet werden. Knüpft dieses bezüglich der schweren Folge – wie § 251 StGB und nach hiesiger Ansicht auch § 227 StGB – an die Gefährlichkeit der Handlung, kommt eine Bestrafung wegen eines versuchten erfolgsqualifizierten Delikts in Betracht, sofern der erforderliche Fahrlässigkeitsbezug hinsichtlich der verwirklichten schweren Folge vorliegt (bei § 251 StGB: Leichtfertigkeit; bei § 227 StGB: Fahrlässigkeit). A kann daher gemäß §§ 251, 22, 23 StGB bestraft werden.

IV. Der Tatentschluss

1. Grundsätzliches

Nach der Feststellung, dass die Tat nicht vollendet ist und der Versuch des Delikts strafbar ist, erfolgt die Prüfung des **Tatentschlusses**. **472**

Tatentschluss bedeutet Vorsatz hinsichtlich der objektiven Tatbestandsmerkmale sowie das Vorliegen etwaiger besonderer subjektiver Merkmale. **473**

Diese Definition sollte man in Prüfungsarbeiten der weiteren Untersuchung des Tatentschlusses voranstellen. Nochmals betont sei, dass zwingend der Tatentschluss vor dem unmittelbaren Ansetzen zur Tatbestandsverwirklichung erörtert werden muss. Ein Verstoß gegen diese Aufbaureihenfolge stellt einen erheblichen Mangel dar.

Maßgeblich ist also die Prüfung des Vorsatzes, also das Wissen und Wollen der Tatbestandsmerkmale, sowie – falls eine Strafbestimmung dies voraussetzt – die Erörterung besonderer subjektiver Merkmale (z. B. beim Diebstahl die Zueignungsabsicht oder beim Betrug die Bereicherungsabsicht). Man erkennt, dass der Tatentschluss insoweit dem subjektiven Tatbestand des vorsätzlichen vollendeten Delikts entspricht. Daher wird zum Teil auch im Zusammenhang mit dem Versuch vom subjektiven Tatbestand statt vom Tatentschluss gesprochen.

Hinweis: Beim versuchten Totschlag gemäß §§ 212, 22, 23 StGB ist im Rahmen des Tatentschlusses zu erörtern, ob der Täter einen anderen Menschen töten wollte. Inso- **474**

weit reicht neben dolus directus 1. und 2. Grades auch dolus eventualis für den Tatentschluss aus, wobei die von der Rechtsprechung insbesondere bei Tötungsdelikten herangezogene Hemmschwellentheorie (siehe dazu oben Rdn. 127) ebenfalls in die Erörterung einzubeziehen ist. Es entspricht ganz überwiegender Auffassung, dass dann, wenn beim vollendeten Delikt dolus eventualis ausreicht, dies auch für den Tatentschluss gilt.

475 Dass die subjektive Seite in Rede steht, ist bei den Darlegungen in Prüfungsarbeiten hinreichend zu verdeutlichen. Es ist also **nicht** zu formulieren: „Fraglich ist, ob A den O getäuscht hat und bei O dadurch ein Irrtum entstanden ist"; **richtig** ist vielmehr: „Zu untersuchen ist, ob A den O täuschen und bei ihm einen Irrtum erregen wollte." Maßgeblich ist beim Tatentschluss nicht das, was sich objektiv zugetragen hat, sondern die Vorstellung des Täters, also die subjektive Perspektive.

Falls etwa Mittäterschaft (§ 25 Abs. 2 StGB) oder mittelbare Täterschaft (§ 25 Abs. 1 2. Alt. StGB) in Betracht kommen, ist ebenfalls im Tatentschluss zu prüfen, ob der Täter insoweit den erforderlichen subjektiven Bezug aufgewiesen hat. Die Abgrenzung zwischen Täterschaft und Teilnahme hat beim versuchten Delikt im Tatentschluss zu erfolgen. Beim versuchten unechten Unterlassungsdelikt ist im Rahmen des Tatentschlusses zu erörtern, ob der Täter die Voraussetzungen des unechten Unterlassungsdelikts – also insbesondere die Garantenstellung – in seinen Vorsatz und damit Tatentschluss aufgenommen hat. Die Regelung des § 16 StGB gilt ebenfalls für den Tatentschluss.

2. Die Abgrenzung des Tatentschlusses von der bloßen Tatgeneigtheit

476 Problematisch kann im Einzelfall sein, ob der Täter bereits zur Tat fest entschlossen ist, also den Entschluss endgültig gefasst hat, oder lediglich eine für den Tatentschluss nicht ausreichende bloße Tatgeneigtheit vorliegt.

477 Nicht nur Tatgeneigtheit, sondern Tatentschluss ist gegeben, wenn sich der Täter auf einer **bewusst unsicheren Tatsachengrundlage** bewegt.

> **Beispiel:**
> *A will im Haus des Briefmarkensammlers O eine wertvolle Briefmarke stehlen. A weiß nicht, ob O möglicherweise die Briefmarke beim Verlassen des Hauses mitgenommen hat. Dennoch will er im Haus Ausschau halten.*

A hat sich bewusst für die Handlung entschieden und weist in diesem Fall, obwohl er nicht darüber im Klaren ist, ob sich die Briefmarke im Haus des O befindet, Tatentschluss in Bezug auf einen Diebstahl (§§ 242, 244 Abs. 1 Nr. 3 StGB) auf.

478 Ebenfalls ist ein endgültiger Entschluss gefasst, wenn der Täter die Entschlussausführung von einer **Bedingung abhängig macht, deren Eintritt er nicht beherrscht** (*Kühl*, AT, § 15 Rdn. 31).

> **Beispiel:**
> *A macht den Diebstahl von Schmuck im Haus des O davon abhängig, dass sich niemand zur Zeit der Tat im Haus befindet.*

479 Fließend ist der Übergang zu dem so genannten **Tatentschluss mit Rücktrittsvorbehalt**; auch in diesem Fall liegt nicht nur bloße Tatgeneigtheit vor.

> **Beispiel:**
> *Der von seiner Frau O verlassene A fährt zu O in der Vorstellung, dass er sie töten werde, es sei denn, sie kehrt zu ihm zurück.*

Auch in diesem Fall hat der Täter unbedingten Handlungswillen und ist damit zur Tat fest entschlossen.

Bloße Tatgeneigtheit liegt hingegen vor, wenn der Täter erst noch überlegt, die Tat überhaupt auszuführen. Dann fehlt es am Tatentschluss.   480

> **Beispiel:**
> *A besucht den Briefmarkensammler O und gibt sich als angeblicher Kaufinteressent aus. Tatsächlich will A prüfen, ob sich bei O überhaupt stehlenswerte Briefmarken befinden.*

V. Das unmittelbare Ansetzen zur Tatbestandsverwirklichung

Erst nach Bejahung des Tatentschlusses ist auf die Frage einzugehen, ob der Täter auch unmittelbar zur Tatbestandsverwirklichung angesetzt hat.   481

1. Grundsätzliches

Der Prüfungspunkt des unmittelbaren Ansetzens dient der Untersuchung, ob die im Prinzip **straflose Phase der Vorbereitung verlassen** und die Tat bereits **so weit gediehen** ist, dass vom **Versuchsbeginn** auszugehen ist. Es handelt sich also um die **Abgrenzung von Vorbereitung und Versuch**.   482

Bereits erläutert worden ist, dass die Deliktsverwirklichung mehrere Phasen durchläuft: Sie reichen vom Gedanken, eine Tat zu begehen, über die Vorbereitung der Tat, bis die Tat in den Versuch einmündet, dann vollendet wird und schließlich beendet ist.

> **Beispiel:**
> *A entschließt sich nach reiflicher Überlegung, seinen Feind O zu töten. Zunächst kundschaftet A die Lebensgewohnheiten des O aus. Sodann besorgt er sich eine Waffe. Schließlich fährt A mit seinem Fahrzeug zum Wohnhaus des O. Dort legt er sich im Gebüsch auf die Lauer. Als O das Haus verlässt, zielt A auf den O. Bevor A jedoch einen Schuss abgeben kann, wird A von O bemerkt, der in seine Wohnung zurückläuft. A flieht.*

Mangels Vollendung der Tat kommt allenfalls eine Bestrafung des A wegen versuchten Totschlags gemäß §§ 212, 22, 23 StGB in Betracht. Der Totschlag ist ein Verbrechen im Sinne des § 12 Abs. 1 StGB, sodass der Versuch stets strafbar ist (§ 23 Abs. 1 StGB). Zu prüfen ist, ob A Tatentschluss hatte, also den Vorsatz zur Verwirklichung der Merkmale des objektiven Tatbestands des § 212 StGB. A hatte den endgültigen Entschluss gefasst, einen anderen Menschen, den O, zu töten. Tötungsvorsatz und damit Tatentschluss ist folglich zu bejahen. Zu untersuchen bleibt, ob A im Sinne des § 22 StGB nach seiner Vorstellung unmittelbar zur Tat angesetzt hat.

Hinweis: An dieser Stelle der Versuchsprüfung geht es also darum, wann die Schwelle zum Versuch überschritten und bis zu welchem Zeitpunkt noch von strafloser Vorbereitung auszugehen ist. Als Anknüpfungspunkt kommen im Beispielfall mehrere Möglichkeiten in Betracht: Entschlussfassung, Auskundschaften, Kauf der Waffe, Fahrt zum Tatort, Auflauern, Zielen mit der Waffe auf O. Hierbei gilt: Erst mit dem Zeitpunkt des Zielens auf den O ist das unmittelbare Ansetzen, also der Versuchsbeginn, zu bejahen. Die davor liegenden Tätigkeitsakte sind noch der straflosen Vorbereitungsphase zuzuordnen (siehe zu den Einzelheiten weiter unten Rdn. 496 f.).   483

Durch das Zielen auf den O hat A im Sinne des § 22 StGB nach seiner Vorstellung unmittelbar zur Tat angesetzt. Rechtswidrigkeit und Schuld liegen vor. Aufgrund der Flucht des O ist der Versuch fehlgeschlagen, sodass strafbefreiender Rücktritt gemäß

§ 24 StGB ausscheidet (siehe dazu im Einzelnen unten Rdn. 528 ff.). A hat sich damit gemäß §§ 212, 22, 23 StGB wegen versuchten Totschlags strafbar gemacht.

Das vorangegangene Beispiel veranschaulicht, dass es beim unmittelbaren Ansetzen **nicht** um die Prüfung von objektiven Tatbestandsmerkmalen des in Rede stehenden Delikts geht.

484　Zur Vermeidung von Missverständnissen sollte man daher auch nicht im Zusammenhang mit dem unmittelbaren Ansetzen vom objektiven Tatbestand des Versuchsdelikts sprechen, zumal ausweislich des Wortlauts des § 22 StGB beim unmittelbaren Ansetzen ebenfalls die Tätervorstellung eine Rolle spielt. Es ist zwar richtig, dass die Teilverwirklichung des objektiven Tatbestands eines Delikts regelmäßig als unmittelbares Ansetzen erachtet wird, jedoch ändert dies nichts daran, dass es sich beim objektiven Tatbestand einer Strafbestimmung einerseits und beim unmittelbaren Ansetzen zur Tatbestandsverwirklichung beim Versuch andererseits um zwei voneinander zu unterscheidende Gesichtspunkte handelt.

485　Bei der Frage, wann von einem unmittelbaren Ansetzen auszugehen ist, handelt es sich um einen der problematischsten Gesichtspunkte im Zusammenhang mit dem Versuch. Das Gesetz selbst hilft hierbei nicht sehr viel weiter. Immerhin lässt sich aber § 22 StGB entnehmen, dass sowohl ein **subjektiver Aspekt** („nach seiner Vorstellung") als auch **objektive Gesichtspunkte** (zur Verwirklichung des Tatbestands unmittelbar ansetzen) maßgeblich sind. Damit folgt das Gesetz der „gemischt subjektiv-objektiven Theorie", die subjektive und objektive Kriterien kombiniert. Im Übrigen schweigt das Gesetz.

486　Die **Wissenschaft** hat eine **Vielzahl von Kriterien** entwickelt, wie die Vorbereitung vom Versuch zu unterscheiden ist. Die jeweils angebotenen Abgrenzungsgesichtspunkte sollten dabei im konkreten Fall, soweit möglich, jeweils durchaus **ergänzend** herangezogen werden, um festzustellen, ob die Schwelle zum Versuch überschritten ist.

Wann liegt nun ein unmittelbares Ansetzen vor? Im Einzelnen gilt:

487　Hat der Täter bereits **einzelne Merkmale der tatbestandsmäßigen Handlung verwirklicht,** geht die überwiegende Auffassung davon aus, dass ein **unmittelbares Ansetzen und damit Versuchsbeginn zu bejahen** ist. Dabei werden aber bei mehraktigen Tatbeständen gewisse Einschränkungen gemacht.

> **Beispiel:**
> *Der A bietet dem O eine attraktive Geldanlage in Immobilien an. Dabei sei die Zeit knapp, sodass er das Geld sofort von O erhalten müsse. In Wahrheit will A das Geld gar nicht anlegen, sondern für sich verbrauchen. O durchschaut jedoch den Schwindel.*

A könnte sich in diesem Fall wegen versuchten Betrugs gemäß §§ 263, 22, 23 StGB strafbar gemacht haben. Mangels Irrtumserregung, Vermögensverfügung sowie Vermögensschadens ist die Tat nicht vollendet. Der Versuch des Vergehens des Betrugs ist in § 263 Abs. 2 StGB ausdrücklich unter Strafe gestellt. A müsste Tatentschluss haben, also Vorsatz und als besonders subjektives Merkmal beim Betrug die Bereicherungsabsicht aufweisen. A wollte den O täuschen, bei ihm einen entsprechenden Irrtum erregen und ihn dadurch zu einer vermögensschädigenden Vermögensverfügung veranlassen. Auch handelte A mit Bereicherungsabsicht und wusste zudem, dass er keinen Anspruch auf das Geld hat. Der Tatentschluss des A ist daher zu bejahen.

488　Zu untersuchen bleibt, ob A im Sinne des § 22 StGB nach seiner Vorstellung auch unmittelbar zur Tatbestandsverwirklichung angesetzt hat. A hat gegenüber O der Wahrheit zuwider behauptet, das Geld des O werde in Immobilien angelegt. Er hat damit den O bereits im Sinne des § 263 StGB getäuscht. Bei dem mehraktigen Delikt des § 263 StGB fordert man nun aber neben der Teilverwirklichung, dass die Täuschung unmittelbar auf die Herbeiführung einer irrtumsbedingten Vermögensverfügung gerichtet ist (BGH, wistra 2011, 137; *Wessels/Beulke*, AT, Rdn. 599), um von einem unmittelbaren Ansetzen ausgehen zu können. Letzteres kann hier bejaht werden. Des Eingehens auf die in der Rechtsprechung und Wissenschaft allgemein zur Abgrenzung von Versuch und Vorbereitung angebotenen Kriterien bedarf es dann nicht mehr. A handelt zudem rechtswidrig und schuldhaft. Für einen strafbefreienden Rücktritt gemäß § 24 StGB bestehen keine Anhaltspunkte. A hat sich daher wegen versuchten Betrugs gemäß §§ 263, 22, 23 StGB strafbar gemacht.

Falls es noch nicht zu einer Teilverwirklichung des Tatbestands gekommen ist, kann zwar auch ein unmittelbares Ansetzen vorliegen. Zu seiner Feststellung bedarf es jedoch dann der Heranziehung der in der Rechtsprechung und Wissenschaft unterbreiteten Kriterien, die dazu dienen, die Aussage des § 22 StGB zu konkretisieren und mit Inhalt zu füllen. Von der großen Anzahl der inzwischen vorgeschlagenen Abgrenzungsgesichtspunkte seien hier folgende erwähnt: **489**

Nach der **Frank'schen Formel** ist bei solchen Handlungen Versuchsbeginn anzunehmen, die vermöge ihrer notwendigen Zusammengehörigkeit mit der Tatbestandshandlung für die natürliche Auffassung als deren Bestandteile erscheinen (*Frank*, StGB, § 43 II 2 b). **490**

Gegen die Heranziehung dieser Formel spricht, dass nach § 22 StGB auch subjektive Kriterien in die Betrachtung einzubeziehen sind.

Mitunter ist ausgeführt worden, Versuch könne erst vorliegen, wenn der Vorsatz die **Feuerprobe der kritischen Situation** bestanden habe (*Bockelmann*, JZ 1954, 468, 473). **491**

Insofern ist jedoch zu bedenken, dass der Erkenntniswert einer solchen Formulierung sehr gering ist und ein solches Kriterium kaum praktikabel erscheint.

Teilweise wird im Schrifttum darauf abgestellt, ob das betroffene Rechtsgut **nach Vorstellung des Täters unmittelbar gefährdet** ist (*Eser*, in: Schönke/Schröder, StGB, § 22 Rdn. 42). **492**

Diese Theorie versagt jedoch oftmals, wenn konkrete Gefährdungsdelikte in Rede stehen (z. B. § 315 c Abs. 1, Abs. 2 StGB), da diese bereits mit dem Eintritt der vom Tatbestand geforderten konkreten Gefahr **vollendet** sind.

Andere Autoren erachten den **engen zeitlichen Zusammenhang zur Tatbestandsverwirklichung** und den Gesichtspunkt, ob der **Täter auf die Opfer- oder Tatbestandssphäre einwirkt**, für maßgeblich (*Roxin*, AT II, § 29 Rdn. 139). **493**

Diese Kriterien sind sicherlich hilfreich, helfen jedoch insbesondere in Fällen des beendeten Versuchs (siehe dazu unten Rdn. 499 f.) nicht weiter.

Herrschend ist in der Literatur die **Zwischenakttheorie**: Danach ist vom Versuchsbeginn auszugehen, wenn der Täter Handlungen vornimmt, die nach dem Tatplan der Verwirklichung eines Tatbestandsmerkmals unmittelbar vorgelagert sind und im Fall ihres ungestörten Fortgangs ohne Zwischenakte in die Tatbestandshandlung unmittelbar einmünden sollen (siehe *Fischer*, StGB, § 22 Rdn. 10). **494**

Der **BGH** stellt darauf ab, ob der Täter **subjektiv die Schwelle zum „Jetzt geht es los" überschritten und objektiv Handlungen vorgenommen hat, die ohne Zwischenakte in die Tatbestandsverwirklichung einmünden sollen** (BGHSt. 26, 201, 203 f.). Damit zieht der BGH das Kriterium des Zwischenakts in objektiver Hinsicht heran. Es finden sich aber auch Entscheidungen des BGH, die darauf abstellen, ob das geschützte Rechtsgut nach der Vorstellung des Täters in eine **konkrete Gefahr** gebracht worden ist (BGHSt. 30, 363, 364) oder ob Handlungen vorgenommen worden sind, die im **ungestörten Fortgang unmittelbar zur Tatbestandserfüllung führen sollen oder die im unmittelbaren räumlichen und zeitlichen Zusammenhang mit der Tatbestandsverwirklichung stehen** (BGHSt. 28, 162, 163). **495**

496 Ausgehend von dieser h. M. im Schrifttum sowie der Rechtsprechung liegt grundsätzlich **bloße Vorbereitung** in folgenden Fällen vor, wobei darauf hinzuweisen ist, dass stets die Umstände des Einzelfalls mit in den Blick zu nehmen sind (*Fischer*, StGB, § 22 Rdn. 11 f.):

- **Verabredung** der Tat (insofern ist aber § 30 Abs. 2 StGB zu beachten)
- **Fahrt zum Tatort** (Vorfahren vor dem Haus, in das eingebrochen werden soll; Vorfahren der Bankräuber bis zum Bankeingang)
- **Lauern auf das Opfer am Tatort** (jedenfalls, wenn noch nichts geschieht, woraus der Täter auf das unmittelbar bevorstehende Erscheinen des Opfers schließen könnte)
- Bereitstellen eines vergifteten Getränks, wobei das Austrinken vom Täter noch verhindert werden kann und ungewiss ist, ob das Opfer überhaupt erscheint und trinkt
- Überkleben von Kameras in einem Bankvorraum zur Vorbereitung eines zwei Tage später geplanten Überfalls

497 Dagegen ist – stets unter Heranziehung der Umstände des Einzelfalls – in folgenden Konstellationen vom **Versuchsbeginn** auszugehen:

- **Eindringen in ein Haus**, um zu töten
- **Anlegen einer Schusswaffe** auf einen anderen
- **Herausziehen der Schusswaffe mit unmittelbarer Schussabsicht**
- Vergiftung des vom Opfer alsbald zu trinkenden Tees
- Anbringen einer **Sprengfalle** an einem Fahrzeug in der Vorstellung, der Fahrzeugführer werde in absehbarer Zeit erscheinen, und Verlassen des Tatorts
- Manipulation von Elektroinstallationen zur Herbeiführung tödlicher Stromschläge bei naheliegender nächster Nutzung und Verlassen des Tatorts
- Betreten des Raumes, in dem das Opfer vermutet wird
- Begehren von Einlass in eine Wohnung in der Absicht des Trickdiebstahls
- **Betreten der Bank** durch bewaffnete Bankräuber
- **Klingeln an der Tür einer Tankstelle durch maskierte und bewaffnete Täter, um den Tankwart bei Öffnen der Tür zu berauben, das heißt um sofort zum tätlichen Angriff überzugehen (str.)**
- Eingang der betrügerischen Schadensmeldung beim Versicherer

498 Betont sei nochmals, dass durch die vorerwähnten Beispiele lediglich Anhaltspunkte dafür gegeben werden sollen, wann von einem unmittelbaren Ansetzen auszugehen ist. Stets bedarf es aber der Würdigung der Einzelfallumstände.

499 Problematisch können dabei insbesondere Fälle sein, in denen aus der Sicht des Täters von seiner Seite aus alles Erforderliche getan ist, um den Erfolg herbeizuführen (beendeter Versuch), der Eintritt des Erfolges aber erst zu einem späteren Zeitpunkt erfolgen soll.

> **Beispiel:**
> *Neben den in der Auflistung erwähnten Fällen des Bereitstellens eines vergifteten Getränks, der Manipulation an der Elektroinstallation oder des Anbringens einer Sprengfalle am Fahrzeug gehört dazu etwa folgender Fall: A installiert auf dem Marktplatz der Gemeinde X einen Tag vor einer dort stattfindenden Veranstaltung eine Bombe mit Zeitzünder. Den Zeitzünder stellt er so ein, dass die Bombe im Zeitpunkt der Veranstaltung explodiert. Danach verlässt er den Tatort. In der Nacht wird die Bombe vom Sicherheitsdienst entdeckt und entschärft. Hat A zur Tötung bereits unmittelbar angesetzt?*

500 Unterschiedliche Ansichten werden zu diesem Problem vertreten (*Roxin*, AT II, § 29 Rdn. 192 ff.): Teilweise stellt man darauf ab, ob sich das Opfer in den Wirkungskreis

des Tatmittels begeben hat. Die Gegenposition erachtet die letzte Ausführungshandlung des Täters (Einstellen des Zeitzünders) für maßgeblich. Überwiegend zieht das Schrifttum eine so genannte **Alternativformel** heran: Versuch ist danach anzunehmen, wenn der Täter entweder den Geschehensablauf aus seinem eigenen Herrschaftsbereich entlassen hat, also aus der Hand gibt, oder auf die Sphäre des Opfers in engem zeitlichen Zusammenhang mit der Tatbestandsverwirklichung eingewirkt wird. Danach liegt mit dem Verlassen des Tatorts ein unmittelbares Ansetzen vor. Abstellen kann man aber durchaus auch auf den Gesichtspunkt, ob nach der Tätervorstellung noch **wesentliche Zwischenakte** zu überwinden waren. Für A war das Erscheinen der Opfer am nächsten Tag gewiss; er hat das Geschehen so weit vorangetrieben, dass es ohne weitere Zwischenschritte in die Tatbestandshandlung einmünden sollte. Versuch liegt daher vor.

2. Sonderfälle

Im Folgenden soll im Zusammenhang mit dem unmittelbaren Ansetzen noch auf spezifische weitere Probleme eingegangen werden.   501

a) Versuchsbeginn bei der Qualifikation

Obwohl es sich bei der Qualifikation um einen eigenständigen Tatbestand handelt   502
(z. B. § 244 StGB), ist damit keine Ausdehnung des Versuchsbereichs verbunden. So genügt etwa das Bei-sich-Führen einer Waffe im Sinne des § 244 Abs. 1 Nr. 1 a StGB in Diebstahlsabsicht auf der Fahrt zum Tatort für sich genommen noch nicht, um einen Versuch des § 244 StGB anzunehmen. Insofern kann auch nicht über den Gesichtspunkt der Teilverwirklichung des Tatbestands Versuch bejaht werden. Vielmehr ist erst dann ein unmittelbares Ansetzen gegeben, wenn in der **Verwirklichung der Qualifikationsmerkmale gleichzeitig ein unmittelbares Ansetzen zum Grundtatbestand** liegt.

In diesem Zusammenhang sei auch darauf hingewiesen, dass insbesondere beim mehraktigen Delikt des Raubes gemäß § 249 StGB, der sich aus dem Diebstahl gemäß § 242 StGB und einer qualifizierten Nötigung zusammensetzt, zum Versuchsbeginn nicht allein das Ansetzen zur Wegnahme genügt. Vielmehr muss bei diesem zusammengesetzten Delikt auch zu der weiteren Komponente, also dem Nötigungselement, angesetzt werden, denn § 22 StGB verlangt ein Ansetzen zur Verwirklichung des gesamten Tatbestands (*Lackner/Kühl*, StGB, § 249 Rdn. 7).

b) Versuch und Regelbeispiele

Probleme im Zusammenhang mit dem Versuch können sich ergeben, wenn der Täter   503
Regelbeispiele (teil-)verwirklicht.

> **Beispiel:**
> *A will nachts in das Juweliergeschäft des O einbrechen, um dort Schmuckstücke zu stehlen. Als er im Begriff ist, die Tür des Geschäfts gewaltsam zu öffnen, wird er noch vor einem erfolgreichen Öffnen der Tür vom Wachpersonal vorläufig festgenommen.*

Eine Strafbarkeit wegen versuchten Wohnungseinbruchsdiebstahls gemäß §§ 244 Abs. 1 Nr. 3, 22, 23 StGB scheitert daran, dass der Tatentschluss des A nicht darauf gerichtet war, in eine Wohnung einzubrechen. Er wollte in einen Geschäftsraum einbrechen. Für eine Strafbarkeit des A gemäß §§ 244 Abs. 1 Nr. 1, 22, 23 StGB enthält der Sachverhalt zu wenig Anhaltspunkte.

A könnte sich jedoch wegen eines versuchten Diebstahls in einem besonders schweren Fall gemäß §§ 242, 22, 23, 243 Abs. 1 S. 2 Nr. 1 StGB strafbar gemacht haben.

504 **Hinweis:** Nach zutreffender herrschender Auffassung handelt es sich bei § 243 StGB um eine **bloße Strafzumessungsregel** und **nicht** um einen eigenständigen Tatbestand. Es ist daher **falsch**, von einem „versuchten besonders schweren Fall des Diebstahls" zu sprechen. Es gibt keinen Versuch eines besonders schweren Falls. Möglich ist **ausschließlich ein versuchter Diebstahl in einem besonders schweren Fall**.

Die Tat ist nicht vollendet. A hat keine fremde bewegliche Sache weggenommen. Der Versuch des Vergehens des Diebstahls ist in § 242 Abs. 2 StGB ausdrücklich unter Strafe gestellt, sodass der Versuch im Sinne des § 23 Abs. 1 StGB strafbar ist.

Zu prüfen ist der Tatentschluss, also der Vorsatz sowie das besondere subjektive Merkmal der Zueignungsabsicht. A wollte eine fremde bewegliche Sache, die im Laden des O befindlichen Schmuckgegenstände, gegen den Willen des O in seine Sachherrschaft überführen und somit wegnehmen. A wollte diese Gegenstände in sein Vermögen einverleiben, sodass A auch mit Zueignungsabsicht handelte. A wusste auch, dass er keinen Anspruch auf die Gegenstände hatte und weist damit Vorsatz im Hinblick auf die Rechtswidrigkeit der Zueignung auf. A handelt daher mit Tatentschluss.

505 **Hinweis:** Verfehlt wäre es, im Rahmen des Tatentschlusses einen subjektiven Bezug hinsichtlich des Regelbeispiels anzusprechen. Da es nur um Strafzumessung geht, spielt das Regelbeispiel insoweit keine Rolle, wenn auch der BGH verlangt, dass der Täter die Merkmale des § 243 StGB in seinen Willen aufgenommen hat. Darauf ist aber erst einzugehen, nachdem im Anschluss an die Schuld festgestellt worden ist, dass ein Regelbeispiel vorliegt.

Fraglich ist, ob A auch zur Tatbestandsverwirklichung unmittelbar angesetzt hat. Der Täter setzt an, wenn er Handlungen vornimmt, die nach dem Tatplan der Verwirklichung eines Tatbestandsmerkmals unmittelbar vorgelagert sind und im Fall ungestörten Fortgangs ohne Zwischenakte in die Tatbestandshandlung unmittelbar einmünden sollen. Der Täter muss subjektiv die Schwelle zum „Jetzt geht es los" überschritten und objektiv Handlungen vorgenommen haben, die im unmittelbaren räumlichen und zeitlichen Zusammenhang mit der Tatbestandsverwirklichung stehen. A hatte bereits damit begonnen, die Tür gewaltsam zu öffnen. Nach seiner Vorstellung hatte er die Schwelle zum „Jetzt geht es los" überschritten und Handlungen vorgenommen, die unmittelbar in die eigentliche Tatbestandsverwirklichung einmünden sollten. Er hat daher im Sinne des § 22 StGB unmittelbar angesetzt.

506 **Hinweis:** Auch die Frage, ob der Täter zur Tatbestandsverwirklichung unmittelbar ansetzt, ist vom Ausgangspunkt **unabhängig** von dem Regelbeispiel. Vielmehr sind im Ansatz die allgemeinen Kriterien zur Abgrenzung von Vorbereitung und Versuch heranzuziehen. Dennoch ist zu beachten: Wenn die (Teil-)Verwirklichung eines Regelbeispiels auch **nicht zwingend** Versuchsbeginn bedeuten muss, liegt es **regelmäßig** so, dass mit der (teilweisen) Verwirklichung des Regelbeispiels – hier also des Einbrechens – auch von einem unmittelbaren Ansetzen ausgegangen werden kann. Das darf aber dennoch nicht darüber hinwegtäuschen, dass das unmittelbare Ansetzen in Bezug auf § 242 StGB zu prüfen ist.

A handelt rechtswidrig und schuldhaft. Er ist auch nicht strafbefreiend vom versuchten Diebstahl zurückgetreten.

Möglicherweise hat A jedoch die Strafzumessungsvorschrift des § 243 Abs. 1 S. 2 Nr. 1 StGB verwirklicht, sodass von einem versuchten Diebstahl in einem besonders schweren Fall auszugehen wäre.

Bei dem Juweliergeschäft handelt es sich um einen Geschäftsraum im Sinne der Vorschrift. A könnte darin eingebrochen sein. Einbrechen ist das gewaltsame Öffnen einer Umschließung, die dem Zutritt entgegensteht (*Wessels/Hillenkamp*, BT 2,

Rdn. 215). A hatte zwar damit begonnen, die Tür des Geschäfts gewaltsam zu öffnen, jedoch wurde er vor einer erfolgreichen Öffnung der Tür festgenommen.

Damit stellt sich das Problem, ob die **Indizwirkung des Regelbeispiels auch dann** angenommen werden kann, wenn es **nicht vollständig**, sondern **lediglich teilverwirklicht** ist.

507

Hinweis: Indizwirkung des Regelbeispiels bedeutet, dass bei dessen Verwirklichung **normalerweise (in der Regel)** von einem Diebstahl in einem besonders schweren Fall auszugehen und nur bei Vorliegen besonderer Umstände von dieser Regelwirkung abzuweichen ist.

Bei der Frage, ob die Indizwirkung des Regelbeispiels auch vorliegt, wenn dieses nur teilverwirklicht ist, handelt es sich **nicht** um eine Versuchsproblematik. So kann der Diebstahl gemäß § 242 StGB durchaus bereits vollendet und dabei das Regelbeispiel lediglich teilverwirklicht sein (Beispiel: Als A sich an der Tür gewaltsam zu schaffen machen will, bemerkt er, dass die Tür offen ist. Er geht hinein und stiehlt). Dann stellt sich die Frage, ob ein vollendeter Diebstahl in einem besonders schweren Fall vorliegt. Das Problem, ob die Indizwirkung des Regelbeispiels auch bei dessen Teilverwirklichung gegeben ist, stellt sich ebenfalls.

508

Wenn ein Regelbeispiel nicht vollständig verwirklicht ist, sollte insoweit tunlichst der Begriff „Versuch" vermieden werden. Ansonsten wird der falsche Anschein erweckt, bei § 243 StGB gehe es um einen eigenständigen Tatbestand.

Welche Auffassungen werden nun zu diesem Problem vertreten?

Der BGH (BGHSt. 33, 370) hat die Indizwirkung auch bei bloßer Teilverwirklichung des Regelbeispiels aufgrund der „Tatbestandsähnlichkeit" der Regelbeispiele bejaht. Danach wäre A wegen versuchten Diebstahls in einem besonders schweren Fall gemäß §§ 242, 22, 23, 243 Abs. 1 S. 2 Nr. 1 StGB zu bestrafen.

509

Die überwiegende Auffassung im Schrifttum lehnt dies ab und verlangt zum Auslösen der Indizwirkung eine vollständige Verwirklichung des Regelbeispiels (etwa *Zieschang*, Jura 1999, 561, 565 f.). Danach ist ein versuchter Diebstahl in einem besonders schweren Fall anzunehmen, wenn das Regelbeispiel vollständig verwirklicht worden ist, jedoch keine Wegnahme fremder beweglicher Sachen erfolgt ist (A hat die Tür gewaltsam geöffnet und wird im Ladenlokal, bevor er Schmuck eingesteckt hat, vom Wachpersonal ergriffen). Nach dieser Auffassung ist A im Beispielfall „nur" wegen versuchten Diebstahls gemäß §§ 242, 22, 23 StGB zu bestrafen.

510

Stellungnahme: Für den Unrechtsgehalt einer Tat ist nicht unwesentlich, ob der Täter ein Regelbeispiel bereits vollständig verwirklicht oder mit dessen Verwirklichung erst begonnen hat. Eine Gleichsetzung beider Konstellationen ignoriert den Unrechtsgehalt. Der BGH behandelt § 243 StGB contra legem wie einen Tatbestand, obwohl es eine Strafzumessungsvorschrift ist. Seine Ausführungen vermögen daher nicht zu überzeugen. A hat sich folglich strafbar gemacht gemäß §§ 242, 22, 23 StGB.

511

c)   Versuchsbeginn und Mittäterschaft

Die Mittäterschaft wird als eine mögliche Beteiligungsform in § 25 Abs. 2 StGB geregelt. Vorausgesetzt für die Mittäterschaft sind ein gemeinsamer Tatplan und eine gemeinsame Tatbegehung. Einzelheiten hierzu finden sich unten Rdn. 645 ff.

512

Im vorliegenden Zusammenhang ist jedoch bereits auf die umstrittene Frage einzugehen, wann der einzelne Mittäter in das Versuchsstadium eintritt.

Beispiel:
Die Mittäter A und B beschließen, in das Juweliergeschäft des O einzubrechen, um dort wertvolle Uhren zu stehlen. Nach dem gemeinsamen Tatplan soll A zunächst die Tür aufbrechen, B soll kurz darauf erst am Tatort eintreffen, um so wenig Aufsehen wie möglich hervorzurufen. B obliegt die Aufgabe, die wertvollsten Uhren auszuwählen. Nachdem A die Tür gewaltsam geöffnet hat, wird

er von einem Sicherheitsdienst ergriffen. B befindet sich zu diesem Zeitpunkt noch auf der Fahrt zum Tatort. Strafbarkeit der Beteiligten wegen versuchten Diebstahls gemäß §§ 242, 22, 23 StGB?

A hat sich wegen versuchten Diebstahls in einem besonders schweren Fall gemäß §§ 242, 22, 23, 243 Abs. 1 S. 2 Nr. 1 StGB strafbar gemacht. Er handelte mit Tatentschluss und hatte nach seiner Vorstellung durch das Aufbrechen der Tür zur Tatbestandsverwirklichung auch unmittelbar angesetzt. Da das Regelbeispiel vollständig verwirklicht ist, sind sich auch alle Ansichten darin einig, dass es sich um einen versuchten Diebstahl in einem besonders schweren Fall handelt.

Zu prüfen bleibt die Strafbarkeit des B. B könnte sich wegen versuchten Diebstahls in einem besonders schweren Fall in Mittäterschaft gemäß §§ 242, 22, 23, 243, 25 Abs. 2 StGB strafbar gemacht haben. Die Tat ist nicht vollendet, der Versuch des Diebstahls strafbar (§§ 242 Abs. 2, 23 Abs. 1, 12 Abs. 2 StGB). Zu prüfen ist der Tatentschluss des B. B wollte aufgrund eines gemeinsamen Tatplans zusammen mit A fremde bewegliche Sachen wegnehmen. B handelt auch mit Zueignungsabsicht und wusste, dass er keinen Anspruch auf die Sachen hat.

Hinweis: Geht es um eine Versuchskonstellation, sind die Voraussetzungen der Mittäterschaft ausgehend von der Tätervorstellung im Tatentschluss zu erörtern. Darüber hinaus muss jeder Mittäter in seiner Person den Vorsatz und eine etwaige besondere Absicht (hier also die Zueignungsabsicht) aufweisen, denn im Hinblick auf subjektive Komponenten scheidet eine Zurechnung über die Mittäterschaft aus.

Fraglich ist, ob B im Sinne des § 22 StGB nach seiner Vorstellung zur Tatbestandsverwirklichung unmittelbar angesetzt hat. Stellt man ausschließlich auf B ab, so befand er sich auf der Fahrt zum Tatort. Dies ist aber regelmäßig noch der straflosen Vorbereitungsphase zuzuordnen. Andererseits hatte der Mittäter A bereits unmittelbar zur Tatbestandsverwirklichung angesetzt, sodass dies möglicherweise auch für B gelten muss. Es herrscht Streit darüber, wann von einem unmittelbaren Ansetzen des Mittäters auszugehen ist.

513 Nach der **Einzellösung** ist das unmittelbare Ansetzen **für jeden Mittäter gesondert** zu erörtern. Der Versuchsbeginn ist danach für jeden Mittäter einzeln zu prüfen (*Roxin*, AT II, § 29 Rdn. 297). Nach dieser Auffassung hätte B nicht unmittelbar angesetzt, da er sich persönlich noch in der Phase der Vorbereitung befunden hat. Dass A bereits das Versuchsstadium überschritten hat, wäre unerheblich. B könnte allenfalls wegen Teilnahme an der Tat des A bestraft werden (bei Verbrechen ist zudem § 30 Abs. 2 StGB zu beachten: Verabredung zu einem Verbrechen).

Hinweis: Befürwortet man die Einzellösung, dann präjudiziert das einen weiteren Streit. Wie noch im Einzelnen darzulegen sein wird, besteht Uneinigkeit, ob Mittäter auch derjenige sein kann, welcher ausschließlich in der Phase der Vorbereitung der Tat mitwirkt. Die Rechtsprechung und h. M. befürworten das. Eine Reihe von Autoren lehnt dies jedoch ab. Folgt man der Einzellösung, muss man automatisch die Ansicht befürworten, dass Mittäterschaft bei bloßer Mitwirkung im Vorbereitungsstadium nicht möglich ist, denn anderenfalls könnte der nur in der Vorbereitung Tätige nie zur Tat ansetzen. Umgekehrt ist aber zu beachten: Die Ablehnung einer Mittäterschaft bei bloßer Mitwirkung im Vorbereitungsstadium hat nicht zwingend zur Konsequenz, dass man für den Versuchsbeginn der Einzellösung folgen muss. Vielmehr kann man dennoch die Gesamtlösung befürworten, auf die nunmehr einzugehen ist.

514 Nach der herrschenden **Gesamtlösung** wird das unmittelbare Ansetzen eines Mittäters, das sich im Rahmen des gemeinsamen Tatplans hält, den anderen Mittätern zugerechnet, selbst wenn Letztere persönlich noch nicht die Schwelle zum Versuch überschritten haben (BGHSt. 39, 236; *Ingelfinger*, Gesamtes Strafrecht, § 25 StGB Rdn. 53; *Wessels/Beulke*, AT, Rdn. 611). Das bedeutet im Beispielfall, dass das unmittelbare Ansetzen des A auch dem B zuzurechnen ist, sodass auch B angesetzt hat.

Stellungnahme: Gegen eine von der Gesamtlösung favorisierte Zurechnung könnte   **515**
sprechen, dass sich das unmittelbare Ansetzen auch nach der Vorstellung des Täters
richtet. Subjektive Komponenten können jedoch nicht über § 25 Abs. 2 StGB zugerechnet werden, sondern müssen bei jedem Mittäter vorliegen. Andererseits ist zu
berücksichtigen, dass beim unmittelbaren Ansetzen auch objektive Gesichtspunkte
maßgeblich sind. Zudem ist zu beachten, dass Mittäter aufgrund eines gemeinsamen
Plans die Tat begehen. So war es vom gemeinsamen Plan gedeckt, dass A mit der
Ausführung der Tat beginnt. Daher bedarf es gar nicht der „Zurechnung" subjektiver
Merkmale, sie liegen vielmehr in der Person des B selbst vor. Dann kann jedoch im
Übrigen das Verhalten des A dem B über § 25 Abs. 2 StGB zugerechnet werden. B hat
daher ebenfalls zur Tat unmittelbar angesetzt.

B handelt rechtswidrig und schuldhaft. Das gewaltsame Öffnen der Tür war vom
gemeinsamen Plan umfasst. B hat sich daher gemäß §§ 242, 22, 23, 243 Abs. 1 S. 2
Nr. 1, 25 Abs. 2 StGB strafbar gemacht.

Problematisch ist, ob die aufgezeigten Grundsätze auch dann gelten, wenn der   **516**
unmittelbar Handelnde nur in der Vorstellung des anderen Mittäter ist (**vermeintliche Mittäterschaft**).

> **Beispiel:**
> *B lernt in einem Restaurant zufällig die A kennen. Um seiner neuen Bekannten*
> *zu imponieren, erklärt B, er könne nach Geschäftsschluss das Juweliergeschäft*
> *auf der X-Straße für A öffnen. Man könne dann gemeinsam nach Schmuck für*
> *A schauen. A missversteht die Äußerungen dahingehend, dass B auf illegale*
> *Weise in das Geschäft gelangen will. In Wirklichkeit gehört B das Geschäft. B*
> *und A verabreden sich für den nächsten Abend. Nachdem B zum vereinbarten*
> *Zeitpunkt bereits im Geschäft auf A wartet, sieht A bei ihrer Ankunft mehrere*
> *Polizeieinsatzwagen und flüchtet. Tatsächlich waren die Polizeifahrzeuge auf-*
> *grund eines Streits im Nachbargebäude zufällig vor dem Geschäft des B*
> *geparkt. Hat sich A wegen versuchten Diebstahls strafbar gemacht?*

Ein vollendeter Diebstahl liegt nicht vor. A selbst hat keine für sie fremde bewegliche
Sache weggenommen. Eine Zurechnung des Verhaltens des B scheitert daran, dass B
keinen fremden Gewahrsam bricht, also keine Wegnahmehandlung vorliegt. Die
Strafbarkeit des Versuchs resultiert aus §§ 242 Abs. 2, 23 Abs. 1, 12 Abs. 2 StGB. Der
vorliegende untaugliche Versuch ist ebenfalls strafbar, wie sich aus einem Umkehrschluss aus § 23 Abs. 3 StGB ergibt.

A müsste Tatentschluss gehabt haben. In der Vorstellung der A wollte sie aufgrund
eines gemeinschaftlichen Plans gemeinsam mit B – also in Mittäterschaft – fremde
bewegliche Sachen wegnehmen. Sie wollte diese Sachen ihrem Vermögen endgültig
einverleiben, sodass sie ebenfalls Zueignungsabsicht aufwies. A ging davon aus, dass
sie keinen Anspruch auf den Schmuck hat und besaß somit Vorsatz hinsichtlich der
Rechtswidrigkeit der Zueignung. Der Tatentschluss der A ist also zu bejahen.

Fraglich ist, ob A nach ihrer Vorstellung auch unmittelbar zur Tatbestandsverwirk-   **517**
lichung gemäß § 22 StGB angesetzt hat. A selbst befand sich noch auf der Fahrt zum
Tatort, also im Vorbereitungsstadium, sodass nach der Einzellösung Versuchsbeginn
abzulehnen wäre. Nach der aus den obigen Erwägungen zu befürwortenden Gesamtlösung wird das unmittelbare Ansetzen eines Mittäters den anderen zugerechnet. B
war bereits in dem Juweliergeschäft. Er hätte also, wenn es sich tatsächlich um einen
Mittäter des Diebstahls handeln würde, die Schwelle zum Versuch schon überschritten. Problematisch ist jedoch, dass B nur in der Vorstellung der A Mittäter war (vermeintliche Mittäterschaft). Fraglich ist, ob auch dann über die Grundsätze der
Gesamtlösung vom Versuchsbeginn hinsichtlich A ausgegangen werden kann.

Nach Ansicht des 2. Strafsenats des BGH (BGHSt. 39, 236) ist das Handeln eines Mit-   **518**
täters, der zu diesem Zeitpunkt nicht mehr den Willen hat, die Tat zu vollenden, den

übrigen Mittätern nicht als unmittelbares Ansetzen zurechenbar. Daraus lässt sich für den vorliegenden Fall herleiten: Wenn schon von vornherein keine Mittäterschaft vorliegt, muss erst recht die Zurechnung ausscheiden. A hätte daher nicht unmittelbar angesetzt. Von diesem Ergebnis gehen auch zahlreiche Stimmen im Schrifttum aus (etwa *Kühl*, AT, § 20 Rdn. 123 a).

519 Der 4. Strafsenat des BGH (BGHSt. 40, 299; ebenso etwa *Hilgendorf*, Klausurenkurs III, Fall 10 Rdn. 40) hat dagegen ausgeführt, dass sich die übrigen Mittäter zumindest im Fall des untauglichen Versuchs das tatplangemäße Verhalten des vermeintlichen Mittäters zurechnen lassen müssen. Danach hätte A unmittelbar zum Diebstahl angesetzt.

In einer jüngeren Entscheidung hat der 4. Strafsenat des BGH dargelegt, dass das Verhalten eines vermeintlichen Mittäters den anderen zurechenbar sei, wenn dieser vermeintliche Mittäter von der Tauglichkeit der Tathandlung ausgeht, die als unmittelbares Ansetzen der Tatbestandsverwirklichung im Sinne des § 22 StGB anzusehen ist (BGH, NStZ 2004, 110). Danach sei eine Ausführungshandlung des vermeintlichen Mittäters jedenfalls dann tauglich und damit zurechenbar, wenn sie nach seiner Vorstellung zur Tatbestandserfüllung führen könnte. Da B wusste, dass er kein Mittäter ist und keine Sachen wegnehmen kann, ist danach der Versuchsbeginn abzulehnen.

520 **Stellungnahme:** Ausweislich des § 22 StGB beurteilt sich das unmittelbare Ansetzen nach subjektiven und objektiven Komponenten. Die subjektive Seite ist insoweit aber nur bei A erfüllt, zudem fehlt die objektive Komponente. Hier wegen Versuchs zu bestrafen, läuft darauf hinaus, die böse Gesinnung zu pönalisieren. Das alleine reicht aber nicht. Es bedarf stets auch einer objektiven Komponente. Versuchsbeginn kommt daher allenfalls in Betracht, wenn auch für einen objektiven Dritten in der Situation der A von Mittäterschaft auszugehen wäre. Dafür enthält der Sachverhalt jedoch zu wenig Anhaltspunkte. Es liegt daher kein Versuchsbeginn vor. A hat sich nicht wegen versuchten Diebstahls strafbar gemacht.

d) Versuchsbeginn und mittelbare Täterschaft

521 Die in § 25 Abs. 1 Alt. 2 StGB geregelte mittelbare Täterschaft (Begehung der Straftat durch einen anderen) ist gekennzeichnet durch die Tatherrschaft des Hintermanns und die Werkzeugqualität des Vordermanns, die normalerweise an einem Strafbarkeitsdefizit deutlich wird: Der Vordermann handelt z. B. vorsatzlos oder gerechtfertigt. Einzelheiten werden im Kapitel Täterschaft und Teilnahme dargestellt (siehe unten Rdn. 664 ff.). Fraglich und umstritten ist nun, wann im Fall der mittelbaren Täterschaft vom Versuchsbeginn auszugehen ist.

> **Beispiel:**
> *A will den O töten. Er übergibt daher dem gutgläubigen Boten X ein Paket mit vergifteten Pralinen, das er an O liefern soll. Auf der Fahrt zu O verunglückt X. Hat sich A wegen versuchten Totschlags strafbar gemacht?*

Die Tat ist nicht vollendet, O hat überlebt. Der Totschlag gemäß § 212 StGB ist ein Verbrechen im Sinne des § 12 Abs. 1 StGB, der Versuch eines Verbrechens ist gemäß § 23 Abs. 1 StGB stets strafbar. A wollte einen anderen Menschen, den O, töten und dabei den X als menschliches, gutgläubig (vorsatzlos) handelndes Werkzeug benutzen. Der Tatentschluss ist zu bejahen.

Hinweis: Beim Versuch ist auf das Vorliegen der Voraussetzungen der mittelbaren Täterschaft im Tatentschluss einzugehen.

522 Fraglich ist, ob A auch zur Tatbestandsverwirklichung nach seiner Vorstellung unmittelbar angesetzt hat. Es ist umstritten, wann bei mittelbarer Täterschaft von einem unmittelbaren Ansetzen im Sinne des § 22 StGB auszugehen ist (*Hillenkamp*, AT, Problem Nr. 15).

Teilweise wird vertreten, erst wenn der Tatmittler unmittelbar ansetze, sei von Versuchsbeginn auszugehen (*Lackner/Kühl*, StGB, § 22 Rdn. 9). Da sich X noch auf der Fahrt zum Tatort befunden hatte, also in der Vorbereitungsphase, scheidet danach Versuchsbeginn aus.

Andere erachten die Einwirkung auf den Tatmittler für maßgeblich (*Baumann/Weber/Mitsch*, AT, § 29 Rdn. 155). A hätte danach mit der Übergabe des Pakets an X unmittelbar angesetzt.

Vereinzelt wird danach differenziert, ob das Werkzeug gut- oder bösgläubig ist. Bei Bösgläubigkeit komme es darauf an, ob das Werkzeug unmittelbar ansetzt. Im Fall der Gutgläubigkeit setzte der mittelbare Täter mit der Einwirkung auf das Werkzeug an (*Blei*, AT, § 72 II 4). Aufgrund der Gutgläubigkeit von X hätte A mit der Übergabe des Pakets bereits unmittelbar angesetzt.

Überwiegend wird die auch bei der unmittelbaren Täterschaft geltende Alternativformel herangezogen: Versuchsbeginn ist danach mit der Einwirkung auf den Tatmittler gegeben, wenn dadurch das Rechtsgut unmittelbar gefährdet wird. Zudem liege Versuch vor, wenn der mittelbare Täter dadurch das Geschehen aus seinem Herrschaftsbereich entlässt, dass er die Tat zu Gunsten des Tatmittlers aus der Hand gibt. Teilweise werden diese beiden Kriterien kumulativ benutzt (BGHSt. 40, 257, 268 ff.; BGHSt. 30, 363), zum Teil wird nur auf einen der beiden Gesichtspunkte abgestellt. Hier hat A das Geschehen aus der Hand gegeben, es sollte unmittelbar zur Übergabe des Pakets kommen, sodass Versuch anzunehmen ist.

Stellungnahme: Nach § 22 StGB ist maßgeblich, ob der Täter nach seiner Vorstellung von der Tat zur Verwirklichung des Tatbestands unmittelbar ansetzt. Es kommt also darauf an, ob der Täter Handlungen vornimmt, die im Fall ungestörten Fortgangs **ohne wesentliche Zwischenakte** in die Tatbestandshandlung unmittelbar einmünden sollen (*Fischer*, StGB, § 22 Rdn. 10, 26 f.). Dieses allgemeine Kriterium zur Abgrenzung von Vorbereitung und Versuch kann auch bei der mittelbaren Täterschaft Anwendung finden. Eine Abweichung erscheint sachlich nicht geboten. Hier sollte das Paket nach der Vorstellung des A ohne weitere wesentliche Zwischenschritte unmittelbar an O überbracht werden. Dass X sich persönlich noch in der Vorbereitungsphase befunden hatte, steht dabei dem unmittelbaren Ansetzen nicht entgegen, da entscheidend auf den mittelbaren Täter abzustellen ist. Danach hat A unmittelbar angesetzt. A handelt auch rechtswidrig und schuldhaft. A hat sich daher gemäß §§ 212, 22, 23, 25 Abs. 1 Alt. 2 StGB strafbar gemacht.

523

e) Versuchsbeginn beim unechten Unterlassungsdelikt

Die im StGB normierten Strafvorschriften, die überwiegend ein positives Tun verlangen, können, sofern die in § 13 StGB aufgestellten Voraussetzungen erfüllt sind, auch durch Unterlassen verwirklicht werden. Man spricht dann von einem unechten Unterlassungsdelikt. Erforderlich ist dabei insbesondere das Vorliegen einer Garantenstellung. Einzelheiten werden im nachfolgenden Kapitel dargestellt (siehe unten Rdn. 587 ff.). Vorliegend ist darauf einzugehen, in welchem Zeitpunkt beim unechten Unterlassungsdelikt von einem Versuchsbeginn auszugehen ist.

524

Beispiel:

A und seine Frau O sind an einen See gefahren. Die Nichtschwimmerin O rutscht plötzlich beim Spaziergang ab und landet im Wasser. O droht zu ertrinken. A erkennt die Situation, erachtet jedoch die Gelegenheit als günstig, um seine verhasste Frau loszuwerden. Obwohl er ihr helfen könnte, unternimmt er nichts zur Rettung und verlässt den Tatort. O wird jedoch aufgrund eines glücklichen Zufalls in letzter Sekunde von einem Schwimmer gerettet. Hat sich A wegen versuchten Totschlags durch Unterlassen strafbar gemacht?

A könnte sich gemäß §§ 212, 22, 23, 13 StGB strafbar gemacht haben. Die Tat ist nicht vollendet, O hat überlebt. Aufgrund des Verbrechenscharakters des § 212 StGB ist der Versuch stets strafbar gemäß § 23 Abs. 1 StGB. Fraglich ist, ob A Tatentschluss gehabt hat. A wollte, dass es zum Tod eines anderen Menschen, der O, kommt. Die unterlassene Handlung kann nicht hinzugedacht werden, ohne dass der Erfolg mit an Sicherheit grenzender Wahrscheinlichkeit entfiele, was A bewusst war. A wusste zudem, dass es sich bei der Verunglückten um seine Ehefrau handelt, der gegenüber er eine Garantenstellung aufweist. Er war sich auch bewusst, dass es ihm tatsächlich möglich war, die O zu retten. A hat daher Tatentschluss.

Hinweis: Geht es um ein versuchtes unechtes Unterlassungsdelikt, sind die damit verbundenen spezifischen Voraussetzungen im Tatentschluss ausgehend von der Tätervorstellung zu erörtern.

525 Fraglich ist, ob A zur Tatbestandsverwirklichung unmittelbar angesetzt hat. Wann dies beim unechten Unterlassungsdelikt zu bejahen ist, wird uneinheitlich beurteilt (*Hillenkamp*, AT, Problem Nr. 14).

Vereinzelt erachtet man für maßgeblich, ob der Augenblick verstrichen ist, in dem der Garant nach seiner Vorstellung die Handlung hätte spätestens vornehmen müssen; es wird also auf den letztmöglichen Eingriff abgestellt (*Welzel*, AT, § 28 A IV). Durch das Fortgehen hat A seine letztmögliche Rettungsmöglichkeit nicht genutzt und unmittelbar angesetzt.

Im Gegensatz dazu erachten andere Autoren das Verstreichenlassen des erstmöglichen Eingriffs für entscheidend (*Herzberg*, MDR 1973, 89, 96). Danach hätte A erst recht angesetzt.

Der BGH (BGHSt. 40, 257, 270 f.) sowie die überwiegende Ansicht im Schrifttum (z. B. *Baumann/Weber/Mitsch*, AT, § 26 Rdn. 56 ff.) ziehen das Kriterium heran, ob durch die weitere Verzögerung der Rettungshandlung eine unmittelbare Gefahr für das geschützte Rechtsgut entsteht und der Täter den weiteren Geschehensablauf aus den Händen gibt. Auch danach ist durch das Fortgehen des A vom Versuchsbeginn auszugehen.

526 Aus hiesiger Sicht erscheint es beim unechten Unterlassungsdelikt wie bei der unmittelbaren und mittelbaren Täterschaft vorzugswürdig, darauf abzustellen, ob es nach der Vorstellung des Täters noch weiterer wesentlicher Zwischenschritte zur Vollendung bedarf (*Fischer*, StGB, § 22 Rdn. 33). Ist das nicht der Fall, sondern kommt es ausgehend vom Täterplan im weiteren ungestörten Fortgang des Geschehens, ohne dass weitere Zwischenakte erforderlich sind, zur Vollendung, liegt Versuch vor. Auch danach hat A unmittelbar angesetzt.

A handelt rechtswidrig und schuldhaft und hat sich daher wegen versuchten Totschlags durch Unterlassen gemäß §§ 212, 22, 23, 13 StGB strafbar gemacht.

VI. Rechtswidrigkeit und Schuld

527 Wie beim vollendeten Delikt bedarf es ebenfalls bei der Versuchsprüfung des Eingehens auf die zweite und dritte Verbrechensstufe, also auf Rechtswidrigkeit und Schuld. Insofern bestehen beim Versuch im Vergleich zum vollendeten Delikt keine Besonderheiten. Auch ein versuchtes Delikt kann gerechtfertigt sein, ebenso kommen in Bezug auf den jeweiligen Täter Schuldausschließungsgründe sowie Entschuldigungsgründe in Betracht.

Die Prüfung von Rechtswidrigkeit und Schuld unterscheidet sich also nicht von der beim vollendeten Delikt. Auf der Ebene der Rechtswidrigkeit ist zu erörtern, ob

Rechtfertigungsgründe einschlägig sind. Ist das nicht der Fall, bedarf es noch der Prüfung der Schuld. Sie ist nicht gegeben, wenn dem Täter Schuldausschließungs- oder Entschuldigungsgründe zugutekommen.

VII. Der Rücktritt vom Versuch

Eine stets zu beachtende Besonderheit beim Versuch besteht darin, dass der Täter, sofern die Voraussetzungen des § 24 StGB erfüllt sind, **strafbefreiend** vom Versuch zurücktreten kann. Unterschiedliche Begründungen werden für dieses Rücktrittsprivileg angeboten: Nach der kriminalpolitischen Theorie werde dem Täter eine goldene Brücke gebaut, um in die Legalität zurückzukehren. Teilweise wird der Aspekt des Opferschutzes hervorgehoben, da der Rücktritt einen Anreiz für den Täter darstellt, die Tat nicht zu vollenden. Andere sehen in § 24 StGB eine Art Belohnung für den Täter.

1. Einleitende Bemerkungen

Den Rücktritt erachtet die zutreffende h. M. als persönlichen Strafaufhebungsgrund und nicht als Entschuldigungsgrund, wie es vereinzelt vertreten wird. Richtigerweise kommt der Rücktritt **nur im Hinblick auf ein versuchtes Delikt** in Betracht. In Bezug auf ein **vollendetes Delikt scheidet Rücktritt nach h. M. richtigerweise aus.** Das ergibt sich bereits aus dem auf den Versuch bezogenen Wortlaut und dem Standort des § 24 StGB. Einzige Ausnahme bildet § 24 Abs. 2 S. 2 Alt. 2 StGB.

Beim vollendeten Delikt kann ein „Rücktrittsverhalten" bei der Strafzumessung Beachtung finden, es löst jedoch nicht die Folgen des § 24 StGB aus. Hinsichtlich des vollendeten Delikts ist lediglich zu erörtern, ob Vorschriften zur Tätigen Reue existieren (z. B. §§ 264 Abs. 5, 306 e, 314 a StGB), die etwa ein Absehen von Strafe oder eine Strafmilderung vorsehen. Umstritten ist dabei, ob die Vorschriften über die Tätige Reue auf andere Strafbestimmungen mit einem frühen Vollendungszeitpunkt analog anwendbar sind, bei denen der Gesetzgeber selbst keine Vorschrift über die Tätige Reue normiert hat. Das wird man nicht allgemein sagen können, sondern hängt davon ab, ob im Einzelfall die Voraussetzungen der Analogie vorliegen.

Da § 24 StGB nur Strafbefreiung hinsichtlich des versuchten Delikts zur Konsequenz hat, bleiben durch den Täter verwirklichte vollendete Delikte bestehen.

> **Beispiel:**
> *A schießt mit Tötungsvorsatz auf den O und trifft ihn am Bein. Nachdem A festgestellt hat, dass O nicht lebensgefährlich verletzt ist, gibt er die Tat freiwillig auf.*

In diesem Fall ist A strafbefreiend vom versuchten Totschlag zurückgetreten. Die von A begangene vollendete gefährliche Körperverletzung (§ 224 Abs. 1 Nr. 2 Alt. 1, Nr. 5 StGB) bleibt jedoch bestehen.

Zu beachten ist aber gegebenenfalls der Grundsatz der **Sperrwirkung des milderen Gesetzes:**

> **Beispiel:**
> *O bittet den Arzt A inständig, ihm eine tödliche Spritze zu injizieren. Nach anfänglichem Zögern kommt A dem Wunsch nach. Nachdem A die Spritze gesetzt hat, bekommt er jedoch Gewissensbisse und verabreicht O ein Gegengift. O überlebt, verfällt jedoch in Siechtum. Strafbarkeit des A?*

528

529

530

531

532

A könnte sich gemäß §§ 216, 22, 23 StGB strafbar gemacht haben. O hat überlebt, der Versuch des Vergehens des § 216 StGB ist in § 216 Abs. 2 StGB ausdrücklich unter Strafe gestellt.

A wollte den O aufgrund seines ausdrücklichen und ernstlichen Verlangens töten. Im finalen Augenblick hatte A im Hinblick darauf, dass er die Spritze injizierte, Tatherrschaft, was A wusste. Der Vorsatz des A bezog sich daher auf eine Fremdtötung. A handelte mit Tatentschluss. Durch die Injektion hat A nach seiner Vorstellung die Schwelle zum „Jetzt geht es los" überschritten und objektiv Handlungen vorgenommen, die ohne wesentliche Zwischenschritte in die Tatbestandsverwirklichung einmünden sollten. A hat daher auch im Sinne des § 22 StGB unmittelbar angesetzt. Mangels Dispositionsbefugnis hinsichtlich des Rechtsguts Leben ist die Tat auch nicht über eine rechtfertigende Einwilligung gerechtfertigt. Aus der Existenz des § 216 StGB ergibt sich gerade, dass bezüglich des Rechtsguts Leben eine rechtfertigende Einwilligung nicht möglich ist. A handelt auch schuldhaft. A hat jedoch dem O ein Gegengift verabreicht und ist damit von der versuchten Tötung auf Verlangen strafbefreiend gemäß § 24 Abs. 1 S. 1 Alt. 2 StGB (Rücktritt vom beendeten Versuch; Einzelheiten siehe unten Rdn. 564 ff.) zurückgetreten. Eine Strafbarkeit wegen versuchter Tötung auf Verlangen scheidet daher aus.

A hat aber durch die Giftbeibringung objektiv § 224 Abs. 1 Nr. 1 Alt. 1, Nr. 5 StGB verwirklicht. Da der Körperverletzungsvorsatz nach zutreffender h. M. im Tötungsvorsatz als Durchgangsstadium notwendig enthalten ist und sich beide nicht gegenseitig ausschließen (so aber die Gegensatztheorie), handelt A auch vorsätzlich. Hinsichtlich der Körperverletzung kommt ebenfalls nicht die Einwilligung in Betracht, denn eine Einwilligung in die eigene Tötung ist auch in Bezug auf die durch die Tötungshandlung gleichzeitig verwirklichten Körperverletzungsdelikte unbeachtlich. A handelt auch schuldhaft. A hat sich daher gemäß § 224 StGB strafbar gemacht. Darüber hinaus könnte er sich wegen des erfolgsqualifizierten Delikts der schweren Körperverletzung gemäß § 226 Abs. 1 Nr. 3 StGB strafbar gemacht haben. A hat objektiv und subjektiv das Grunddelikt verwirklicht. Die schwere Folge – Siechtum des O – ist eingetreten. Kausalität zwischen Grunddelikt und schwerer Folge liegt vor. Hinsichtlich der schweren Folge handelte A objektiv fahrlässig. Es hat sich auch die mit der Körperverletzung (Giftbeibringung) verbundene spezifische Gefahr in der schweren Folge verwirklicht. A handelt auch rechtswidrig und schuldhaft. A hat sich daher gemäß § 226 Abs. 1 Nr. 3 StGB strafbar gemacht.

533   § 226 Abs. 1 StGB sieht jedoch eine Strafe von einem Jahr bis zu zehn Jahren vor, § 216 StGB hingegen lediglich eine Strafe von sechs Monaten bis zu fünf Jahren. A unterliegt damit einem strengeren Strafrahmen als ohne den Rücktritt. Um diesen Widerspruch zu lösen, entfaltet das mildere Gesetz – also § 216 StGB – eine **Sperrwirkung.** Welche Konsequenzen das konkret hat, ist jedoch umstritten:

Zum Teil will man den Täter gemäß § 226 Abs. 3 StGB bestrafen (minder schwerer Fall). Andere gehen von dem Strafrahmen des § 224 StGB in einem minder schweren Fall aus (§ 224 Abs. 1 a. E. StGB). Schließlich wird der Strafrahmen des § 223 StGB von Einzelnen herangezogen.

534   **Stellungnahme:** Gegen das Abstellen auf § 226 Abs. 3 StGB spricht, dass die Tat dann Verbrechen bleibt (§ 12 Abs. 3 StGB), obwohl § 216 StGB Vergehen ist. Andererseits erscheint es nicht notwendig, lediglich den Strafrahmen des § 223 StGB für maßgeblich zu erachten, der im Gegensatz zu § 216 StGB die Mindestfreiheitsstrafenandrohung nicht erhöht. Richtigerweise wird man daher den Strafrahmen einer gefährlichen Körperverletzung in einem minder schweren Fall heranzuziehen haben.

A hat sich daher wegen schwerer Körperverletzung zum Nachteil des O strafbar gemacht, wobei die Strafe dem § 224 StGB (minder schwerer Fall) zu entnehmen ist.

Ergänzender Hinweis: Eine Strafbarkeit des O wegen Anstiftung zur versuchten Tötung auf Verlangen kommt im Hinblick darauf nicht in Betracht, dass ein Fall der

notwendigen Teilnahme vorliegt: Derjenige, um dessen Schutz es in einer Strafbestimmung geht, kann sich nicht wegen Teilnahme an dieser Tat strafbar machen
(zur notwendigen Teilnahme siehe unten Rdn. 714 f.).

2. Der fehlgeschlagene Versuch

Nach Auffassung der Rechtsprechung (BGHSt. 39, 221, 228) und der h. M. im Schrift- **535**
tum (etwa *Roxin*, AT II, § 30 Rdn. 77 ff.) kommt ein **strafbefreiender Rücktritt vom
Versuch nicht in Betracht**, wenn ein so genannter **fehlgeschlagener Versuch** vorliegt.
Die Frage, ob von einem solchen auszugehen ist, muss also zunächst beantwortet
werden. Nur dann, wenn der Versuch nicht fehlgeschlagen ist, wird die Rücktrittsprüfung eröffnet.

Ein Versuch ist fehlgeschlagen, wenn der Täter erkennt oder zumindest annimmt, **536**
dass er im unmittelbaren zeitlichen und sachlichen Zusammenhang mit den ihm
zur Verfügung stehenden Mitteln die Vollendung der Tat nicht mehr herbeiführen
kann. Von einem Fehlschlag ist zudem auszugehen, wenn das vom Täter tatsächlich
angetroffene Objekt hinter den konkreten Erwartungen zurückbleibt und er daher
kein Interesse mehr an der Tatdurchführung hat, die Tatvollendung für ihn also
sinnlos ist.
Ein Beispiel für einen fehlgeschlagenen (Tötungs-)Versuch ist der Fall, dass in der
Waffe, mit der A das Opfer erschießen will, sich nur eine Kugel befindet. Der Schuss
trifft das Opfer nicht; andere Mittel stehen dem Täter im raum-zeitlichen Zusammenhang nicht zur Verfügung. A weiß von diesen Umständen.

Ein fehlgeschlagener Versuch liegt aber etwa auch vor, wenn A den O erschießen **537**
will, A sich auf die Lauer legt, nun aber der X des Weges kommt. Dies erkennt A
zunächst nicht und zielt auf X. Im letzten Augenblick vor Abgabe des Schusses realisiert A, dass es sich um X und nicht um O handelt und schießt nicht. A handelt
dann mit Tatentschluss (unbeachtlicher error in persona). Durch das Zielen auf X
hat A unmittelbar zur Tat angesetzt. Zwar könnte A den X erschießen, dennoch liegt
ein den Rücktritt ausschließender fehlgeschlagener Versuch vor, denn das konkrete
Rechtsgutobjekt (X) bleibt hinter den Erwartungen (O) zurück, sodass A kein Interesse mehr an der Tatdurchführung hat.

Da es beim fehlgeschlagenen Versuch auf die **Sicht des Täters** ankommt, ist von **538**
einem solchen ebenfalls dann auszugehen, wenn die Tat zwar in objektiver Hinsicht
noch vollendet werden könnte, der Täter dies aber nicht weiß und nicht erkennt.

> **Beispiel:**
> *A geht irrtümlich davon aus, dass sich in seiner Waffe nur eine Kugel befindet,*
> *obwohl sie tatsächlich mit zwei Kugeln geladen ist. Nach dem ersten fehlgegan-*
> *genen Schuss legt A die Waffe beiseite. Da maßgeblich auf die Sicht des A*
> *abzustellen ist, liegt ein fehlgeschlagener Versuch vor: A ging davon aus, im*
> *unmittelbaren raum-zeitlichen Zusammenhang nicht mehr die Tat vollenden*
> *zu können. Ein Rücktritt scheidet von vornherein aus.*

Eine Mindermeinung in der Literatur lehnt die Figur des fehlgeschlagenen Versuchs **539**
ab und verneint in solchen Fällen die Freiwilligkeit des Rücktritts. Dagegen spricht
jedoch, dass bei einem Fehlschlag schon begrifflich kein Aufgeben oder Verhindern
mehr in Betracht kommt (*Wessels/Beulke*, AT, Rdn. 628). Daher ist es richtig, die
Figur des fehlgeschlagenen Versuchs anzuerkennen und die Prüfung des Fehlschlags
der Rücktrittsprüfung vorzuschalten.
Durchaus problematisch kann sein, wie im Einzelfall der fehlgeschlagene Versuch
vom unbeendeten Versuch im Sinne des § 24 Abs. 1 S. 1 Alt. 1 StGB sowie vom been-

deten Versuch gemäß § 24 Abs. 1 S. 1 Alt. 2 StGB abzugrenzen ist. Darauf soll nunmehr im Einzelnen eingegangen werden.

3. Die Abgrenzung des fehlgeschlagenen Versuchs vom unbeendeten Versuch (§ 24 Abs. 1 S. 1 Alt. 1 StGB) sowie vom beendeten Versuch (§ 24 Abs. 1 S. 1 Alt. 2 StGB)

540 Liegt ein **fehlgeschlagener Versuch** vor, ist die **Rücktrittsprüfung gemäß § 24 StGB versperrt**. Ist ein Fehlschlag zu verneinen, muss gemäß § 24 Abs. 1 StGB zwischen dem Rücktritt vom unbeendeten Versuch und dem vom beendeten Versuch unterschieden werden.

541 Beim **unbeendeten Versuch gemäß § 24 Abs. 1 S. 1 Alt. 1 StGB** genügt zur Straffreiheit die bloße **freiwillige Aufgabe der Tat**. Liegt ein **beendeter Versuch** vor, muss der Täter **freiwillig die Tatvollendung verhindern**. Es bedarf also im letzteren Fall eines aktiven Entgegenwirkens des Täters.

542 Insbesondere bei mehraktigen Verhaltensweisen kann nun die Abgrenzung schwierig sein.

> **Beispiel:**
> *A will den O töten, indem er sein Opfer mit einer Flasche erschlägt. Diesem Tatplan entsprechend geht er vor. Der Schlag führt aber nicht zum Tod des O. Daraufhin ergreift A unmittelbar ein am Tatort liegendes Seil und würgt den O. Bevor jedoch der Erstickungstod des O eintritt, lässt A, der erkennt, dass er noch weitere Handlungen durchführen muss, um den Tod des O herbeizuführen, von seinem Opfer ab. Hat sich A wegen versuchten Totschlags strafbar gemacht?*

Die Tat ist nicht vollendet, O hat überlebt. Der Versuch des Verbrechens des Totschlags ist stets strafbar (§ 23 Abs. 1 StGB). A wollte einen anderen Menschen, den O, töten, sodass er den erforderlichen Tatentschluss aufweist. Durch den Schlag mit der Flasche auf den Kopf des O hat A auch nach seiner Vorstellung von der Tat zur Verwirklichung des Tatbestands unmittelbar angesetzt. A handelt rechtswidrig und schuldhaft.

Möglicherweise ist A jedoch vom Totschlagsversuch gemäß § 24 Abs. 1 S. 1 Alt. 1 StGB strafbefreiend zurückgetreten. Der Rücktritt ist indes von vornherein ausgeschlossen, wenn ein fehlgeschlagener Versuch vorliegt. Dies könnte hier möglicherweise der Fall sein, da der Schlag mit der Flasche nicht die intendierte Wirkung hatte. Andererseits hat A im unmittelbaren zeitlich-räumlichen Zusammenhang ein anderes grundsätzlich taugliches Tatmittel ergriffen, was gegen einen Fehlschlag spricht. Wie bei mehraktigen Verhaltensweisen die Abgrenzung des fehlgeschlagenen vom unbeendeten und beendeten Versuch zu erfolgen hat, ist im Einzelnen umstritten (*Hillenkamp*, AT, Problem Nr. 18).

543 Nach der **Einzelakttheorie** ist jeder vom Täter als für sich erfolgstauglich angesehene Einzelakt selbstständig zu betrachten (*Freund*, AT, § 9 Rdn. 34 f.; *Jakobs*, AT, 26. Abschnitt Rdn. 15 f.). Scheitert dieser Einzelakt, handelt es sich um einen fehlgeschlagenen Versuch. Danach würde es sich bei dem Schlag mit der Flasche um einen eigenständigen Akt handeln, der fehlgeschlagen ist.

544 Nach der **Tatplantheorie** ist der Tatplan zu Beginn der Tat maßgeblich. Hat der Täter einen fest umrissenen Tatplan, ist bei dessen Scheitern, falls vom Täter erkannt, ein Rücktritt ausgeschlossen. Mangelt es an einem festen Tatplan, kommt hingegen ein Rücktritt selbst nach Vornahme einzelner fehlgeschlagener Handlungen in Betracht. Diese Tatplantheorie ist **früher** vom BGH vertreten worden (BGHSt. 14, 75). A hatte den fest umrissenen Plan, den O durch den Schlag mit der Flasche zu töten. Dieses

Vorgehen ist, was A erkannte, gescheitert, sodass A nach der Tatplantheorie wegen Versuchs zu bestrafen wäre.

Heute vertreten der **BGH** (BGHSt. 31, 170) und die **h. M. im Schrifttum** (z. B. *Ebert*, AT, S. 133 f.) die **Gesamtbetrachtungslehre.** Danach ist bei einem **einheitlichen Lebensvorgang** auf die **Sicht des Täters im Zeitpunkt nach Abschluss der letzten Ausführungshandlung** abzustellen (**Lehre vom Rücktrittshorizont**):
Geht der Täter nach Abschluss der letzten Ausführungshandlung davon aus, dass er den Erfolg mit den ihm zur Verfügung stehenden Mitteln im raum-zeitlichen Zusammenhang **nicht** mehr herbeiführen kann, liegt ein den Rücktritt ausschließender **fehlgeschlagener Versuch** vor.

545

Wenn der Täter in diesem Zeitpunkt glaubt, noch **nicht alles von seiner Seite aus Erforderliche zur Erfolgsherbeiführung getan zu haben,** er dies aber im raum-zeitlichen Zusammenhang **könnte,** liegt ein **unbeendeter Versuch** vor.

546

Glaubt der Täter nach Abschluss der letzten Tathandlung, **alles Erforderliche zur Tatbestandsverwirklichung von seiner Seite aus getan zu haben,** sodass die naheliegende Möglichkeit des Erfolgseintritts besteht, handelt es sich um einen **beendeten Versuch.** Das gilt auch dann, wenn der Täter sich in diesem Zeitpunkt **gar keine Gedanken** über die Folgen seines Tuns macht (BGHSt. 40, 304).

547

Zu beachten ist dabei, dass eine **Korrektur** der Vorstellung möglich ist. So liegt etwa ein unbeendeter Versuch vor, wenn der Täter nach Abschluss der letzten Ausführungshandlung zunächst meint, alles Erforderliche getan zu haben, dann aber im raum-zeitlichen Zusammenhang erkennt, dass dies nicht der Fall ist.
Im Beispielfall ging A nach Abschluss der letzten Ausführungshandlung davon aus, von seiner Seite noch nicht alles Erforderliche zur Erfolgsherbeiführung getan zu haben. Nach der Lehre vom Rücktrittshorizont liegt daher ein unbeendeter Versuch vor.

548

Stellungnahme: Gegen die Tatplantheorie spricht, dass sie denjenigen Täter privilegiert, der sich keine konkreten Vorstellungen über die Ausführung der Tat gemacht hat. Ihm bleibt oftmals die Rücktrittsmöglichkeit, ohne dass diese Bevorzugung sachlich geboten ist. Gegenüber der Einzelakttheorie ist einzuwenden, dass sie einen einheitlichen Lebensvorgang unnatürlich zu Lasten des Täters aufspaltet. Überzeugend erscheint die Gesamtbetrachtungslehre, die kombiniert mit der Lehre vom Rücktrittshorizont auf die Sicht des Täters nach Abschluss der letzten Ausführungshandlung abstellt. Dabei ist aber jeweils im Einzelfall besonderes Augenmerk darauf zu legen, ob es sich bei dem gesamten Geschehen noch um einen einheitlichen Lebensvorgang handelt.
Danach liegt im Beispielsfall ein unbeendeter Versuch vor. Der Rücktritt bestimmt sich also gemäß § 24 Abs. 1 S. 1 Alt. 1 StGB. A hat die Tat freiwillig aufgegeben. Er ist daher strafbefreiend vom Versuch zurückgetreten. A hat sich nicht wegen versuchten Totschlags strafbar gemacht.
Vermerk: Eine Strafbarkeit des A kommt jedoch im Hinblick auf vollendete Körperverletzungsdelikte in Betracht. Danach war jedoch nicht gefragt.

549

4. Der Rücktritt des Alleintäters

§ 24 StGB unterscheidet zwischen dem Rücktritt des Alleintäters, der sich nach § 24 Abs. 1 StGB richtet, und dem in § 24 Abs. 2 StGB geregelten Rücktritt bei mehreren Tatbeteiligten. Dabei hat § 24 Abs. 1 StGB in Prüfungsarbeiten eine ungleich größere Bedeutung als § 24 Abs. 2 StGB. Zu beachten ist zudem, dass sich der Rücktritt des angestifteten Alleintäters nach vorzugswürdiger Ansicht ebenfalls nach § 24 Abs. 1 StGB und nicht nach dem zweiten Absatz richtet.
Im Folgenden ist zunächst die Regelung in § 24 Abs. 1 StGB im Einzelnen zu untersuchen. Hierbei ist stets zwischen dem Rücktritt vom unbeendeten Versuch gemäß

550

§ 24 Abs. 1 S. 1 Alt. 1 StGB und dem Rücktritt vom beendeten Versuch gemäß § 24 Abs. 1 S. 1 Alt. 2 StGB zu unterscheiden. Während beim Rücktritt vom unbeendeten Versuch die freiwillige Aufgabe der Tat zur Erlangung von Straffreiheit ausreicht, setzt der Rücktritt vom beendeten Versuch voraus, dass der Täter freiwillig die Vollendung der Tat verhindert.

a) Der Rücktritt vom unbeendeten Versuch gemäß § 24 Abs. 1 S. 1 Alt. 1 StGB

551 Unter Punkt 3 (Rdn. 540 ff.) ist im Einzelnen erläutert worden, wie der unbeendete Versuch vom fehlgeschlagenen und beendeten Versuch abzugrenzen ist. Maßgeblich ist, dass der Täter nach Abschluss der letzten Ausführungshandlung davon ausgeht, noch nicht alles Erforderliche zur Erfolgsherbeiführung getan zu haben, obwohl ihm dies im unmittelbaren Zusammenhang noch möglich ist. Dann ist zu prüfen, ob der Täter **freiwillig** die Tat **aufgegeben** hat.

aa) Die Aufgabe der Tat

552 Aufgabe bedeutet Verzicht auf die weitere Ausführung der Tat. Problematisch ist jedoch, ob eine Aufgabe vorliegt, wenn der Täter sich die Durchführung der Tat für einen späteren Zeitpunkt vorbehält.

> **Beispiel:**
> *Mit Tötungsvorsatz zielt A mit seiner Waffe auf O. Bevor A jedoch einen Schuss auf O abgibt, besinnt er sich anders und verlässt den Tatort. A behält sich jedoch vor, die Tat eine Woche später auszuführen. Hat sich A wegen versuchten Totschlags strafbar gemacht?*

Die Tat ist nicht vollendet, O hat überlebt. Der Versuch des Verbrechens des Totschlags ist stets strafbar (§ 23 Abs. 1 StGB). A hatte den Vorsatz, einen anderen Menschen, den O, zu töten. Tatentschluss des A ist daher gegeben. Durch das Zielen mit der Waffe hat A auch zur Tatbestandsverwirklichung unmittelbar angesetzt. Rechtfertigungsgründe und Entschuldigungsgründe sind nicht ersichtlich. A handelt daher auch rechtswidrig und schuldhaft.

Möglicherweise ist A jedoch vom Versuch gemäß § 24 Abs. 1 S. 1 Alt. 1 StGB strafbefreiend zurückgetreten. A wusste, dass er den Erfolg im unmittelbaren Zusammenhang herbeiführen konnte. Ein fehlgeschlagener Versuch, der den Rücktritt ausschließt, liegt daher nicht vor. Nach dem Herunternehmen der Waffe ging A davon aus, dass er noch nicht alles Erforderliche zur Herbeiführung des Erfolges getan hat, obwohl er dies könnte. Daher liegt ein unbeendeter Versuch vor.

Gemäß § 24 Abs. 1 S. 1 Alt. 1 StGB hat der Rücktritt vom unbeendeten Versuch zwei Voraussetzungen. Zum einen muss der Täter die Tat aufgeben, zum anderen muss dies freiwillig erfolgen.

553 **Aufgabe** bedeutet, dass der Täter auf die weitere Durchführung der Tat verzichtet. Zwar hat A den Tatort verlassen, er hatte sich jedoch vorbehalten, die Tat eine Woche später durchzuführen. Endgültig hat A also nicht Abstand genommen. Fraglich ist, ob dann noch von einer Aufgabe gesprochen werden kann.

Teilweise wird vertreten, eine Aufgabe liege nur vor, wenn der Täter **endgültig von seinem Plan Abstand nimmt** (*Bockelmann/Volk*, AT, § 27 V 2). Danach wäre eine Aufgabe zu verneinen.

Andere Autoren lassen es ausreichen, wenn der Täter den **konkreten Rechtsgutsangriff aufgegeben** hat (*Bloy*, JuS, 1986, 986, 987). Da A die konkrete Form der Tatausführung aufgegeben hat, liegt danach eine Aufgabe vor.

Der BGH (BGHSt. 33, 142, 145) vertritt heute im Gegensatz zu früheren Entscheidungen, in denen eine endgültige Aufgabe verlangt wurde (BGHSt. 7, 296; eher restriktiv jetzt aber wieder BGH, NStZ 2009, 501, 502 und BGH, NStZ 2010, 384: der Täter müsse auf die weitere Durchführung der Tat „im Ganzen und endgültig" verzichten; es reiche nicht, wenn der Täter lediglich vorübergehend innehält.), mit der überwiegenden Ansicht in der Literatur (z. B. *Köhler*, AT, S. 474 f.; *Stratenwerth/Kuhlen*, AT, § 11 Rdn. 82), dass eine Aufgabe nur dann zu verneinen sei, wenn die auf später verschobene Tat mit dem jetzigen Versuch einen **einheitlichen Lebensvorgang** bilden würde, was nicht der Fall sei, wen die Taten in Realkonkurrenz gemäß § 53 StGB stehen würden. Da im Beispielfall Realkonkurrenz anzunehmen wäre, liegt unter Heranziehung dieser Auffassung eine Aufgabe vor.

Stellungnahme: Auch der Rücktritt ist wie der Versuch durch subjektive und objektive Komponenten geprägt. Stellt man nun allein darauf ab, dass sich der Täter die Tatbegehung für später vorbehält, handelt es sich um eine einseitige Verlagerung der Betrachtung auf die rechtsfeindliche Gesinnung, ohne hinreichend zu berücksichtigen, dass der Täter auf die Ausführung der konkreten Tat verzichtet. Andererseits darf ein einheitlicher Lebensvorgang nicht unnatürlich aufgespalten werden. Daher ist, wenn der Täter sich die Durchführung der Tat vorbehält, von einer Aufgabe auszugehen, wenn die versuchte und die vorbehaltene Tat in Realkonkurrenz (§ 53 StGB) stehen, also zwei selbstständige Taten bilden würden. Das ist im angeführten Beispiel der Fall, sodass A die Tat aufgegeben hat.

Da A auch freiwillig handelt, ist er strafbefreiend vom Versuch gemäß § 24 Abs. 1 S. 1 Alt. 1 StGB zurückgetreten. A hat sich nicht wegen versuchten Totschlags strafbar gemacht.

Ein weiteres Problem im Zusammenhang mit dem Merkmal der Aufgabe besteht darin, ob eine Aufgabe der Tat noch möglich ist, wenn der Täter sein **außertatbestandliches Handlungsziel erreicht** hat.

Beispiel:
Die Nachbarn A und O sind verfeindet. Nachdem O zum wiederholten Mal sein Fahrzeug vor die Garageneinfahrt des A gestellt hat, will A dem O, um weitere Anfeindungen des O zu verhindern, einen Denkzettel verpassen. Er schießt auf den Körper des O, wobei er dessen Tod billigend in Kauf nimmt. O wird getroffen, ist jedoch nicht lebensgefährlich verletzt, was A erkennt. A verlässt den Tatort, weil er davon ausgeht, dass O die Lektion verstanden hat. Ist A strafbefreiend vom Totschlagsversuch zurückgetreten?

A könnte gemäß § 24 Abs. 1 S. 1 Alt. 1 StGB strafbefreiend vom Versuch zurückgetreten sein. Das kommt von vornherein nicht in Betracht, wenn der Versuch fehlgeschlagen ist. Zwar hätte A die Tötung des O im unmittelbaren zeitlichen und räumlichen Zusammenhang vollenden können. Die Tatausführung könnte jedoch für ihn sinnlos geworden sein, weil das mit der Tat verfolgte Ziel nicht mehr realisierbar ist, was ebenfalls zum Fehlschlag führt (vgl. *Ambos*, Gesamtes Strafrecht, § 24 StGB Rdn. 10). Dagegen spricht jedoch, dass allein das Erreichen des außertatbestandsmäßigen Ziels nicht automatisch Sinnlosigkeit der Tat bedeutet. Durch die Tötung des Opfers wäre sein Ziel, Belästigungen zu vermeiden, ebenfalls realisierbar. Ein Fehlschlag ist daher zu verneinen (*Hilgendorf*, Strafrecht, S. 44). A ging nach der letzten Ausführungshandlung davon aus, dass er noch nicht alles Erforderliche zur Tatbestandsverwirklichung getan hat, obwohl er dies könnte. Es liegt ein unbeendeter Versuch vor. Fraglich ist, ob A die Tat aufgegeben hat. Zwar hat A von dem Totschlag Abstand genommen, jedoch deswegen, weil er sein außertatbestandliches Handlungsziel, dem O einen Denkzettel zu verpassen, erreicht hatte. Fraglich ist, ob dann noch eine Aufgabe möglich ist.

Teilweise wird im Schrifttum die Auffassung vertreten, in diesen Fällen trete der Täter von nichts zurück (*Stratenwerth/Kuhlen*, AT, § 11 Rdn. 81). Demgegenüber hat der BGH entschieden, dass ein **Rücktritt** auch dann noch **möglich** sei, wenn der Täter **sein außertatbestandliches Handlungsziel erreicht hat** (BGHSt. 39, 221, 228 ff.). Dem ist ausgehend vom Wortlaut des § 24 StGB beizupflichten. Es geht entscheidend um die Aufgabe der „Tat" im materiell-rechtlichen Sinn, also im Beispielsfall um § 212 StGB. Von dieser nimmt der Täter aber Abstand. Nicht entscheidend sind gerade „außertatbestandliche" Handlungsziele, sondern die konkret in Rede stehende gesetzliche Strafbestimmung. Daher liegt eine Aufgabe nach zutreffender Ansicht vor. A handelt auch freiwillig. Er ist daher strafbefreiend vom versuchten Totschlag zurückgetreten.

bb) Die Freiwilligkeit

558   Der Rücktritt vom unbeendeten Versuch setzt neben der Aufgabe der Tat weiterhin voraus, dass der Täter **freiwillig** handelt. Die Freiwilligkeit ist zwar nicht nur beim unbeendeten Versuch vorausgesetzt, sondern auch beim Rücktritt vom beendeten Versuch sowie beim Rücktritt im Fall der Tatbeteiligung mehrerer erforderlich. Da vorliegend jedoch die Voraussetzungen des Rücktritts vom unbeendeten Versuch insgesamt und geschlossen dargestellt werden sollen, ist bereits hier auf die Freiwilligkeit im Einzelnen einzugehen.

559   Es herrscht Streit, wie die Freiwilligkeit zu bestimmen ist. Im Wesentlichen stehen sich die **psychologisierende Betrachtung** einerseits und die **normative Betrachtungsweise** andererseits gegenüber.

> **Beispiel:**
> *A weiß, dass seine Frau O mit ihrem Arbeitskollegen X ein Verhältnis hat. A entschließt sich, O zu töten. A sucht die O an ihrer Arbeitsstelle auf, stürzt sich auf O und würgt sie mit Tötungsvorsatz. Zufällig betritt X den Raum. Kurz entschlossen lässt A von O ab und tötet den X. Danach verlässt A den Raum, wobei er erkennt, dass O nicht lebensgefährlich verletzt ist. Hat sich A wegen versuchten Totschlags der O strafbar gemacht?*

Die Tat ist nicht vollendet, O hat überlebt. Der Versuch des Totschlags ist strafbar (§§ 23 Abs. 1, 12 Abs. 1 StGB). A wollte die O töten, sodass er den erforderlichen Tatentschluss hatte. Durch das Würgen hat A auch nach seiner Vorstellung unmittelbar zur Tatbestandsverwirklichung angesetzt. A handelt rechtswidrig und schuldhaft.
Er könnte jedoch strafbefreiend vom Totschlagsversuch gemäß § 24 Abs. 1 S. 1 Alt. 1 StGB zurückgetreten sein. A hätte die Tat, was A bewusst war, noch im unmittelbaren raum-zeitlichen Zusammenhang vollenden können, sodass kein fehlgeschlagener Versuch vorliegt. A wusste nach Abschluss der letzten Ausführungshandlung, dass er noch nicht alles Erforderliche getan hat, um die Tatbestandsverwirklichung herbeizuführen. Damit ist im Grundsatz die Prüfung des § 24 Abs. 1 S. 1 Alt. 1 StGB eröffnet.
Zunächst ist zu untersuchen, ob A die Tat aufgegeben hat, also auf die Tatbestandsverwirklichung verzichtet hat. Zwar hat er von der Tötung der O Abstand genommen, jedoch hat A den X getötet. Daher erscheint es zweifelhaft, ob eine Aufgabe der Tat vorliegt. Abzustellen ist jedoch auf die einzelne Tat im materiell-rechtlichen Sinn, also den Totschlag gegenüber der O. Davon hat A Abstand genommen. Daher liegt eine Tataufgabe vor.
Problematisch ist, ob A freiwillig handelt. So hat A von der O nur abgelassen, um den X zu töten. Was im Einzelnen unter dem Begriff der „Freiwilligkeit" zu verstehen ist, wird unterschiedlich beurteilt.

560   Die Rechtsprechung (BGHSt. 35, 184) und h. M. im Schrifttum (etwa *Beulke*, Klausurenkurs III, Rdn. 175) legen eine **psychologisierende Betrachtungsweise** zugrunde. Danach kommt es nicht darauf an, ob die Motive für die Tataufgabe sittlich billigenswert sind, der Täter insbesondere also zur Rechtsordnung zurückkehrt. Maßgeblich ist allein, ob der Täter aus **autonomen** oder **heteronomen** Gründen handelt. Es geht also darum, ob der Täter eine **selbstbestimmte Entscheidung** trifft oder **fremdbestimmt** wird. A ist **Herr seiner Entschlüsse,** ihn haben autonome Motive zur Aufgabe der Tat an O bewogen. Er war an der Tatvollendung weder durch eine äußere Zwangslage gehindert noch war er aufgrund eines seelischen Drucks unfähig, die Tat zu vollbringen. Danach ist A freiwillig zurückgetreten.

Die Gegenauffassung stellt auf eine **normative Betrachtung** ab. Nach der Lehre von der Verbrechervernunft fehlt es an der Freiwilligkeit, wenn der Täter nach den „Regeln des Verbrecherhandwerks" vernünftigerweise nicht mehr weiter handelt (*Roxin*, AT II, § 30 Rdn. 383). Danach handelt A im Beispielsfall tatzielkonform, sodass der Rücktritt unfreiwillig ist.   561

Stellungnahme: Das von der Mindermeinung herangezogene Kriterium moralisiert. Ausgehend von dem Begriff „freiwillig" liegt es vielmehr näher, darauf abzustellen, ob den Täter autonome oder heteronome Motive geleitet haben. Dann erübrigt sich zudem die schwierige Feststellung, was denn den „Regeln des Verbrecherhandwerks" entspricht, zumal damit ein starker Unsicherheitsfaktor in die Prüfung getragen wird. A hat aus autonomen Motiven gehandelt und ist daher freiwillig zurückgetreten. Er hat sich nicht wegen versuchten Totschlags der O strafbar gemacht.   562

Angst vor späterer Bestrafung soll die Autonomie nicht ausschließen. **Autonome Motive** sind zudem etwa Gewissensbisse, Mitleid oder Reue. Maßgeblich ist stets für ein autonomes Motiv, dass keine äußere oder innere Zwangslage besteht. Der Annahme von Freiwilligkeit steht nicht entgegen, dass der Anstoß zum Umdenken von außen durch einen Dritten gekommen ist, solange der Täter aus „freien Stücken" handelt (BGH, NStZ-RR 2009, 366, 367). **Heteronome Motive** liegen z. B. vor, wenn der Täter das sich erhöhende Tatrisiko nicht mehr in Kauf nehmen will oder aufgrund seelischer Erschütterung nicht mehr Herr seiner Entschlüsse ist.   563

b) Der Rücktritt vom beendeten Versuch gemäß § 24 Abs. 1 S. 1 Alt. 2 StGB

Geht der Täter nach Abschluss der letzten Ausführungshandlung davon aus, dass alles Erforderliche von seiner Seite zur Erfolgsherbeiführung getan sei, sodass die Möglichkeit der Deliktsvollendung naheliegt, handelt es sich um einen beendeten Versuch. Die Anforderungen an den Rücktritt vom beendeten Versuch stellt § 24 Abs. 1 S. 1 Alt. 2 StGB auf. Erforderlich ist, dass der Täter die Vollendung der Tat freiwillig verhindert. Während also beim Rücktritt vom unbeendeten Versuch eine bloße Untätigkeit genügen kann, bedarf es beim Rücktritt vom beendeten Versuch des Einleitens von Gegenmaßnahmen. Dabei ist zweifelhaft, welche Anforderungen im Einzelnen mit der Vollendungsverhinderung verbunden sein müssen.   564

> **Beispiel:**
> *A versetzt O mit Tötungsvorsatz mehrere Messerstiche. A geht davon aus, dass die zugefügten Stiche ohne Einleitung von Gegenmaßnahmen zum Tod des O führen. A fährt daraufhin sein Opfer zu einem nahe gelegenen Krankenhaus und legt den inzwischen bewusstlosen O 50 Meter vom Krankenhauseingang in einem Gebüsch ab. Durch Zufall wird O von einem Passanten entdeckt. Im Krankenhaus kann das Leben des O gerettet werden. Hat sich A wegen versuchten Totschlags strafbar gemacht?*

Die Tat ist nicht vollendet, O hat überlebt. Der Versuch des Verbrechens des Totschlags ist strafbar (§ 23 Abs. 1 StGB). A wollte einen anderen Menschen töten und handelte folglich mit Tatentschluss. Durch die Messerstiche hat A auch nach seiner Vorstellung unmittelbar zur Tatbestandsverwirklichung angesetzt. A handelt ebenfalls rechtswidrig und schuldhaft.

A könnte jedoch gemäß § 24 Abs. 1 S. 1 Alt. 2 StGB strafbefreiend vom Versuch zurückgetreten sein. A ging davon aus, alles Erforderliche zur Tatbestandsverwirklichung getan zu haben. Er war der Ansicht, dass es ohne weiteres Zutun seinerseits zur Deliktsverwirklichung kommt. Daher liegt ein beendeter Versuch vor. Der Rücktritt vom beendeten Versuch richtet sich nach § 24 Abs. 1 S. 1 Alt. 2 StGB. Erforderlich ist, dass der Täter freiwillig die Vollendung der Tat verhindert.

565 A hat O aus autonomen Motiven, also freiwillig, zum Krankenhaus gefahren und dort abgelegt. Ohne dieses Verhalten wäre O nicht entdeckt und nicht gerettet worden. A ist also kausal für die Vollendungsverhinderung geworden. Andererseits hätte er ebenfalls den O unmittelbar ins Krankenhaus einliefern können. Nur durch einen Zufall wurde O im Gebüsch entdeckt. Es stellt sich daher die Frage, ob bloße Kausalität für das Verhindern der Vollendung genügt oder ob damit weitere Voraussetzungen verbunden sein müssen.

Teilweise wird im Schrifttum schon für ausreichend erachtet, dass der Täter für die Nichtvollendung (mit-)ursächlich geworden ist (*Köhler*, AT, S. 475 f.). Danach hätte A die Vollendung verhindert.

Vielfach wird jedoch zusätzlich verlangt, dass das Ausbleiben des Erfolges zumindest dem Täter als sein Werk zurechenbar sein müsse (*Eser*, in: Schönke/Schröder, StGB, § 24 Rdn. 66). Zieht man dieses Kriterium heran, könnte man argumentieren, dass die Rettung des O nicht das Werk des A war, da O zufällig gefunden wurde.

Ebenfalls wird vertreten, dass der Täter Abwehrmaßnahmen ergreifen muss, die berechenbar sind, sodass auf ihr Wirksamwerden im Gegensatz zum Zufall vertraut werden kann (*Zieschang*, GA 2003, 353). Danach liegt keine Verhinderung durch A vor. Die engste Ansicht verlangt optimale Verhinderungsbemühungen (*Baumann/Weber/ Mitsch*, AT, § 27 Rdn. 28). Diese Ansicht gelangt erst recht zur Ablehnung der Verhinderung.

566 Die Rechtsprechung war zunächst relativ uneinheitlich. So hat der BGH in dem Fall, der dem hiesigen Beispiel zugrunde liegt, gefordert, der Täter dürfe sich nicht mit Maßnahmen begnügen, die, wie er erkennt, unzureichend sind, wenn ihm bessere Verhinderungsmöglichkeiten zur Verfügung stehen (BGHSt. 31, 46, 49). In jüngeren Entscheidungen (BGH, NStZ 2006, 503, 504) hat der BGH jedoch ausgeführt, es komme darauf an, ob der Täter für die Nichtvollendung der Tat (mit-)kausal war, nicht jedoch, ob schnellere oder bessere Möglichkeiten der Rettung bestanden haben. Erforderlich sei allein, dass der Täter eine solche Rettungsmöglichkeit wählt, die er für geeignet hält, die Vollendung zu verhindern (BGHSt. 48, 147). Der Täter müsse eine neue Kausalkette in Gang gesetzt haben, die für die Nichtvollendung der Tat ursächlich oder jedenfalls mitursächlich wird (BGH, NStZ-RR 2010, 276, 277). Wenn damit der BGH auch sehr stark eine kausale Betrachtung betont, wird man wohl, da A die Rettung des B dem Zufall überlassen hat und somit seine Handlungen nicht für geeignet halten konnte, dennoch selbst unter Zugrundelegung der neueren Rechtsprechung eine Verhinderung der Vollendung abzulehnen haben.

567 **Stellungnahme:** Gegen eine rein kausale Betrachtung ist einzuwenden, dass § 24 Abs. 1 S. 1 Alt. 2 StGB vom Wortlaut nicht bloß die Formulierung benutzt, dass der Täter die Nichtvollendung „verursachen" muss. „Verhindern" ist ein Mehr, nämlich das Ergreifen berechenbarer Abwehrmaßnahmen, ohne dass dies ein optimales Verhalten voraussetzt. Maßgeblich ist, dass der Täter den weiteren Geschehensablauf nicht dem Zufall preisgibt. A hat daher nicht die Vollendung verhindert.

Hinweis: Will man im Beispielfall Rücktritt ablehnen, war nur notwendig, sich gegen eine rein kausale Betrachtung zu wenden, da alle anderen Ansichten zum Ausschluss des Rücktritts gelangen. Insofern bedarf es dann keiner weiteren Entscheidung des Meinungsstreits.

Soweit im Einzelfall ein Verhindern der Vollendung vorliegt, ist dann weiterhin die Freiwilligkeit des Verhaltens zu prüfen. Dies beurteilt sich nach den schon im Zusammenhang mit dem unbeendeten Versuch dargelegten Kriterien.

Hinzuweisen ist schließlich auf **§ 24 Abs. 1 S. 2 StGB**, der den Fall regelt, dass die Tat ohne Zutun des Zurücktretenden nicht vollendet wird. Diese Regelung ist vor allem bedeutsam, wenn ein untauglicher oder objektiv fehlgeschlagener Versuch vorliegt, der Täter dies aber nicht erkennt (*Wessels/Beulke*, AT, Rdn. 646). Der Täter muss sich dann freiwillig und ernsthaft bemühen, die Vollendung zu verhindern. Ein ernsthaftes Bemühen ist dabei nur gegeben, wenn der Täter alles tut, was in seinen Kräften steht und nach seiner Überzeugung zur Erfolgsabwendung erforderlich ist (BGH, NStZ 2008, 329). **568**

5. Der Rücktritt bei mehreren Tatbeteiligten

§ 24 Abs. 2 StGB regelt den Rücktritt, wenn mehrere Personen an der Tat beteiligt sind. Danach wird wegen Versuchs nicht bestraft, wer **freiwillig die Vollendung verhindert** (§ 24 Abs. 2 S. 1 StGB). Wird die Tat **ohne sein Zutun nicht vollendet**, ist ein **freiwilliges und ernsthaftes Bemühen** erforderlich, die Vollendung zu verhindern (§ 24 Abs. 2 S. 2 Alt. 1 StGB). Letzteres ist ebenfalls vorausgesetzt, wenn die Tat **unabhängig von seinem früheren Tatbeitrag** begangen wird (§ 24 Abs. 2 S. 2 Alt. 2 StGB). **569**

Zu beachten ist stets, dass es sich beim Rücktritt um einen **persönlichen** Strafaufhebungsgrund handelt, der nur dem Zurücktretenden zugutekommt. Weiterhin ist daran zu erinnern, dass sich der Rücktritt des Alleintäters, der angestiftet worden ist, nicht nach § 24 Abs. 2 StGB, sondern nach § 24 Abs. 1 StGB richtet. Schließlich ist darauf hinzuweisen, dass auch der Anstifter und Gehilfe zu einer Tat, die nur versucht worden ist, nach § 24 Abs. 2 StGB zurücktreten können, obwohl die Anstiftung und Beihilfe mit dem Versuch der Haupttat als vollendet gelten. **570**

Voraussetzung für die Anwendung des § 24 Abs. 2 StGB ist, dass die Tat bereits in das Versuchsstadium gelangt ist. Nimmt ein Beteiligter seinen Tatbeitrag bereits **im Vorbereitungsstadium** zurück, ohne dass dieser Beitrag in das Versuchs- oder Vollendungsstadium hinein weiter wirkt, bedarf es § 24 StGB nicht. Zu prüfen bleibt dann §§ 30, 31 StGB. Wirkt sein Beitrag bis zum Versuch, ist § 24 StGB unmittelbar nicht anwendbar, da die Vorschrift erst ab Versuchsbeginn einschlägig ist. Dann ist jedoch § 24 Abs. 2 StGB analog zu Gunsten des Täters heranzuziehen. Ist der Tatbeitrag trotz Abstandnehmens in der Vorbereitungsphase bis zur Vollendung wirksam, macht er sich wegen Beteiligung an der vollendeten Tat strafbar, soweit sie mit der ursprünglich geplanten übereinstimmt. Da nach hier vertretener Ansicht Mittäterschaft bei bloßer Mitwirkung im Vorbereitungsstadium nicht möglich ist (siehe unten Rdn. 656; str.), ist er dann wegen Teilnahme zu bestrafen. **571**

6. Sonderfälle

Es verbleibt, im Zusammenhang mit dem Rücktritt noch auf einzelne besondere Konstellationen einzugehen. **572**

a) Teilrücktritt von der Qualifikation?

Es stellt sich die Frage, ob die Möglichkeit anzuerkennen ist, dass der Täter von einer Qualifikation zurücktreten kann, sodass nur noch das Grunddelikt verbleibt. **573**

> **Beispiel:**
> *A möchte auf einem Wochenmarkt unbemerkt Lebensmittel entwenden. Zur Sicherheit nimmt er seine geladene Waffe mit. Kurz bevor A jedoch am Stand*

des O Obst in die Tasche steckt, bekommt er Bedenken hinsichtlich der Waffe und wirft diese weg. Sodann ergreift er die Lebensmittel. Hat sich A gemäß § 242 StGB, § 244 Abs. 1 Nr. 1 a StGB strafbar gemacht?

A hat fremde bewegliche Sachen weggenommen. Er handelt vorsätzlich, mit Zueignungsabsicht, rechtswidrig und schuldhaft. A hat daher § 242 StGB verwirklicht. Fraglich ist, ob auch die Qualifikation des § 244 Abs. 1 Nr. 1 a StGB erfüllt ist. Für das Bei-sich-Führen einer Waffe genügt, dass sie dem Täter in irgendeinem Zeitpunkt zwischen Versuch und Vollendung – nach der Rechtsprechung sogar bis zur Beendigung – zur Verfügung steht. A hatte die Waffe bis kurz vor Entwenden der Lebensmittel, also schon in der Phase des Versuchsbeginns, bei sich geführt. Insofern handelt A auch vorsätzlich, rechtswidrig und schuldhaft.

574 Fraglich ist jedoch, ob möglicherweise § 244 Abs. 1 Nr. 1 a StGB deswegen entfällt, weil sich A noch in der Phase des Versuchs der Waffe entledigt hat. Insofern liegt möglicherweise ein **Teilrücktritt von der Qualifikation** vor.
Der BGH steht dieser Sicht ablehnend gegenüber (BGH, NStZ 1984, 216). A hat die Waffe im Sinne des § 244 Abs. 1 Nr. 1 a StGB bei sich geführt, sodass es keine Rolle spielt, dass er sich der Waffe entledigt. In einer jüngeren Entscheidung hat der BGH jedoch zu § 177 Abs. 4 Nr. 1 StGB ausgeführt, dass ein Teilrücktritt in Betracht komme, wenn die Qualifikation nicht vollendet, sondern selbst nur versucht und die qualifikationsbegründende erhöhte Gefahr noch nicht eingetreten sei (BGHSt. 51, 276, 279). Ein nicht unerheblicher Teil des Schrifttums lässt ebenfalls den Teilrücktritt von der Qualifikation zu (*Eser*, in: Schönke/Schröder, StGB, § 24 Rdn. 113).

575 **Stellungnahme:** Im Zusammenhang mit dem Erfordernis des unmittelbaren Ansetzens zur Tatbestandsverwirklichung beim Versuch ist bereits darauf hingewiesen worden, dass es entscheidend darauf ankommt, ob der Täter zum Grunddelikt ansetzt, selbst wenn er ein Qualifikationsmerkmal bereits erfüllt. Nichts anderes gilt für den Rücktritt: Auch hier kommt es darauf an, ob vom Grunddelikt – hier also dem Diebstahl – ein Rücktritt erfolgt. So ist ein Rücktritt selbst dann möglich, wenn das Qualifikationsmerkmal bereits verwirklicht ist. Entscheidend ist das Grunddelikt. Einen Teilrücktritt von der Qualifikation gibt es folglich nicht. A hat sich daher gemäß §§ 242, 244 Abs. 1 Nr. 1 a StGB strafbar gemacht, wobei § 244 StGB als spezielleres Gesetz § 242 StGB verdrängt.

b) Der Rücktritt vom erfolgsqualifizierten Delikt

576 Eine weitere umstrittene Frage ist, ob von einem versuchten erfolgsqualifizierten Delikt noch zurückgetreten werden kann, wenn die schwere Folge bereits eingetreten ist. Ist ein Rücktritt vom erfolgsqualifizierten Versuch möglich?

Beispiel:
A will den O berauben. Im Zuge der Auseinandersetzung kommt es aufgrund Leichtfertigkeit des A zum Tod des O. A verzichtet freiwillig auf die Ausführung der weiteren Tat. Hat sich A gemäß §§ 251, 22, 23 StGB strafbar gemacht?

Die Tat ist nicht vollendet; A hat keine fremden Sachen weggenommen. Der Versuch des Verbrechens des § 251 StGB ist strafbar. Nach zutreffender Ansicht (siehe im Einzelnen oben Rdn. 468 ff.) ist auch der erfolgsqualifizierte Versuch des §§ 251, 22, 23 StGB strafbar.
A wollte mit Gewalt fremde bewegliche Sachen wegnehmen. Er handelte auch mit Zueignungsabsicht. Der Tatentschluss ist daher zu bejahen. Durch die Auseinandersetzung mit O hat A auch nach seiner Vorstellung unmittelbar zur Tat angesetzt. Die schwere Folge ist eingetreten und von A verursacht worden. Der gefahrspezifische Zusammenhang ist im Hinblick darauf zu bejahen, dass sich die spezifische Gefahr

der Raubhandlung in der schweren Folge verwirklicht hat, was als ausreichend zu erachten ist. A hat den Tod des O auch leichtfertig herbeigeführt. Rechtswidrigkeit und Schuld liegen ebenfalls vor.

Möglicherweise ist A jedoch gemäß § 24 Abs. 1 S. 1 Alt. 1 StGB strafbefreiend vom Versuch zurückgetreten. Dann dürfte zunächst kein fehlgeschlagener Versuch vorliegen.

Insofern bestehen Zweifel, da O verstorben ist; ein Toter übt nämlich keinen Gewahrsam mehr aus, der gebrochen werden kann. Hierbei ist aber zu beachten, dass dann, wenn die Raubhandlungen zum Tod des Opfers führen, der Gewahrsamsbruch mit der Tötung des Opfers erfolgt. A hätte also den Raub mit der tatsächlichen Ansichnahme fremder Sachen (Begründung neuen Gewahrsams) noch vollenden können.

Der Rücktritt könnte jedoch ausgeschlossen sein, da es bereits zum Eintritt der schweren Folge gekommen ist. Vereinzelt wird die Auffassung vertreten, dass dann ein Rücktritt vom Grunddelikt nicht mehr in Betracht kommt (*Ambos*, Gesamtes Strafrecht, § 24 StGB Rdn. 9; *Wolter*, JuS 1981, 168, 178). **577**

Der BGH (BGHSt. 42, 158) sowie die überwiegende Ansicht im Schrifttum (etwa *B. Heinrich*, AT I, Rdn. 846; *Wessels/Beulke*, AT, Rdn. 653 a) lassen jedoch auch in diesem Fall den Rücktritt zu.

Stellungnahme: Bereits im Zusammenhang mit der Qualifikation ist darauf hingewiesen worden, dass entscheidender Anknüpfungspunkt für den Versuch sowie für den Rücktritt das Grunddelikt ist. So ist Rücktritt vom versuchten Diebstahl mit Waffen auch dann möglich, wenn die Qualifikation als solche bereits verwirklicht ist. Nichts anderes gilt beim erfolgsqualifizierten Versuch. Auch dann bleibt, da das Grunddelikt nur versucht ist, die Rücktrittsmöglichkeit eröffnet. Daher kann A strafbefreiend gemäß § 24 Abs. 1 S. 1 Alt. 1 StGB durch freiwillige Aufgabe der Tat zurücktreten. A hat sich nicht gemäß §§ 251, 22, 23 StGB strafbar gemacht. **578**

Hinweis: Aufgrund des Rücktritts entfällt ebenfalls §§ 249, 22, 23 StGB. Es verbleibt eine Strafbarkeit gemäß §§ 240, 222 StGB und – je nach Fallkonstellation – wegen Körperverletzung gemäß § 223 StGB.

c) Der Rücktritt vom Versuch des unechten Unterlassungsdelikts

Auch bei dem im nachfolgenden Kapitel im Einzelnen vorzustellenden unechten Unterlassungsdelikt kommt im Fall des Versuchs ein Rücktritt gemäß § 24 StGB in Betracht. **579**

Teilweise wird im Schrifttum die Ansicht vertreten, es handele sich stets um einen Rücktritt vom beendeten Versuch, da der Täter jeweils aktiv Gegenmaßnahmen ergreifen müsse (*Freund*, AT, § 8 Rdn. 67). Auch der BGH hat diese Auffassung in einer jüngeren Entscheidung vertreten (BGH, NStZ 2003, 252).

Die Gegenansicht will beim versuchten Unterlassungsdelikt zwischen unbeendetem und beendetem Versuch differenzieren. Unbeendet sei er, wenn die ursprünglich gebotene Handlung nur nachgeholt werden müsse, beendet, falls die Nachholung dieser Handlung nicht mehr ausreiche, sondern andere Maßnahmen erforderlich seien (*Wessels/Beulke*, AT, Rdn. 743 f.).

Stellungnahme: Für die Frage, ob ein beendeter oder unbeendeter Versuch vorliegt, kommt es maßgeblich auf die Vorstellung des Täters an. Beim vorsätzlichen unechten Unterlassungsdelikt geht nun jedoch der Täter davon aus, dass es ohne sein Einschreiten zum Eintritt des tatbestandlichen Erfolges kommt. Solange sich nun die Tat noch im Versuchsstadium befindet, hat dies zur Konsequenz, dass nichts anderes als ein **beendeter Versuch** gegeben ist. Folglich können sich die Voraussetzungen des Rücktritts nur nach den Regeln des Rücktritts vom beendeten Versuch (§ 24 Abs. 1 S. 1 Alt. 2 StGB) richten. Der Täter muss also freiwillig die Vollendung der Tat verhindern, was nach der hier vertretenen Auffassung bedeutet, dass der Täter freiwillig berechenbare Abwehrmaßnahmen ergreifen muss. **580**

5. KAPITEL
Das echte und unechte Unterlassungsdelikt

Nicht nur positives Tun, sondern auch eine bloße Untätigkeit kann Strafe auslösen. **581**
Insoweit geht es um den Bereich des Unterlassens.

I. Einleitende Bemerkungen

Der vom Gesetzgeber im StGB geregelte Grundfall ist das vorsätzliche vollendete **582**
Begehungsdelikt. Möglich ist aber auch, dass eine Straftat durch ein Unterlassen verwirklicht wird. Im Grundsatz kommt dabei sowohl ein vorsätzliches als auch ein
fahrlässiges Unterlassungsdelikt in Betracht. Zudem kann das vorsätzliche Unterlassungsdelikt sowohl vollendet als auch nur versucht sein.
Während hinter den Begehungsdelikten ein Verbot des Gesetzgebers steht („Du darfst
keinen anderen töten"), also eine Untätigkeit verlangt wird, geht es bei Unterlassungsdelikten um ein Gebot („Du sollst tätig werden, um den Tod eines anderen zu
verhindern"), also um eine Handlungspflicht.
Herkömmlich werden **echte** und **unechte** Unterlassungsdelikte unterschieden. Klas- **583**
sische Beispiele für **echte Unterlassungsdelikte** sind die Nichtanzeige geplanter
Straftaten gemäß § 138 StGB sowie die unterlassene Hilfeleistung gemäß § 323 c
StGB. Sie sind dadurch gekennzeichnet, dass zur Verwirklichung dieser Delikte im
Gegensatz zum unechten Unterlassungsdelikt keine besondere Pflichtenstellung
gegenüber dem zu schützenden Rechtsgut bestehen muss. Sie können grundsätzlich
von jedermann verwirklicht werden.
Davon zu unterscheiden sind die **unechten Unterlassungsdelikte**. Bei ihnen ist **§ 13** **584**
StGB von Bedeutung. Aufgrund dieser Vorschrift ist es möglich (Art. 103 Abs. 2 GG),
dass die grundsätzlich auf ein positives Tun ausgerichteten Delikte im StGB auch
durch ein Unterlassen verwirklicht werden können. Das setzt jedoch vor allem eine
besondere Pflichtenstellung – die Garantenstellung – des Täters gegenüber dem zu
schützenden Gut voraus. Immer dann, wenn das Gesetz an ein Unterlassen Strafe
anknüpft, sofern der Täter eine Garantenstellung aufweist, handelt es sich um ein
unechtes Unterlassungsdelikt.
Im Folgenden ist auf die mit dem unechten Unterlassungsdelikt verbundenen Probleme im Einzelnen einzugehen. Da in Prüfungsarbeiten aber auch das echte Unterlassungsdelikt nach § 323 c StGB oftmals eine Rolle spielt, soll auf diese Vorschrift
ebenfalls eingegangen werden (siehe dazu unten Rdn. 630 ff.).
Den weiteren Erläuterungen ist der Aufbau des vorsätzlichen vollendeten unechten **585**
Unterlassungsdelikts voranzustellen.

Aufbau des vorsätzlichen vollendeten unechten Unterlassungsdelikts
1. Objektiver Tatbestand
    a) Erfolg
    b) Unterlassen
    c) Erforderlichkeit
    d) Physisch-reale Möglichkeit der Erfolgsabwendung
    e) Quasikausalität
    f) Garantenstellung
    g) Entsprechungsklausel
2. Subjektiver Tatbestand

3. Rechtswidrigkeit
   Spezieller Rechtfertigungsgrund: Rechtfertigende Pflichtenkollision
4. Schuld
   Spezieller Entschuldigungsgrund: Unzumutbarkeit normgemäßen Verhaltens

586 Bei einem **fahrlässigen unechten Unterlassungsdelikt** entfällt natürlich die Vorsatzprüfung. Dann gilt der Aufbau des fahrlässigen Delikts (Fahrlässigkeit, Bedingungszusammenhang), wobei zusätzlich auf die Erfordernisse a) bis g) einzugehen ist. Dabei ist nochmals darauf hinzuweisen, dass auch beim fahrlässigen Delikt oft positives Tun und nicht nur Unterlassen in Rede steht (siehe bereits oben Rdn. 427). Beim **versuchten unechten Unterlassungsdelikt** gilt der klassische Versuchsaufbau, wobei die Erfordernisse a) bis g) im **Tatentschluss** zu prüfen sind. Auf die Besonderheiten des unmittelbaren Ansetzens beim unechten Unterlassungsdelikt sowie auf den Rücktritt ist bereits hingewiesen worden (siehe oben Rdn. 524 und Rdn. 579).

II.   Das unechte Unterlassungsdelikt

587 Die Voraussetzungen des unechten Unterlassungsdelikts sollen anhand eines Beispielfalls erläutert werden.

> **Fall:** *A ist mit seiner Ehefrau O zu einem einsam gelegenen Waldsee gefahren. Während A am Rand des Sees ein Buch liest, schwimmt O im See. Plötzlich erleidet O einen starken Krampf im Bein, gerät in Panik und droht zu ertrinken. A hört die Hilferufe der O, unternimmt jedoch nichts, obwohl er als guter Schwimmer ohne Weiteres die O retten könnte. A möchte nämlich unbedingt die letzten Seiten seines Kriminalromans lesen, um zu erfahren, wer der Täter ist, und nimmt den Tod der O in Kauf. O stirbt. Hat sich A gemäß §§ 212, 13 StGB strafbar gemacht?*

Hinweis: Immer dann, wenn offensichtlich – wie hier – ein Unterlassen in Rede steht, kann unmittelbar mit der Prüfung des Unterlassungsdelikts begonnen werden. Ist es dagegen problematisch, ob positives Tun oder Unterlassen vorliegt, bietet es sich grundsätzlich an, zunächst das Begehungsdelikt zu prüfen. Davon kann allenfalls dann abgewichen werden, wenn der Bearbeiter aufgrund seiner Vorüberlegungen im Ergebnis zu einem Unterlassen gelangt.

A könnte sich im Hinblick darauf, dass er nichts zur Rettung seiner Ehefrau O unternommen hat, wegen Totschlags durch Unterlassen gemäß §§ 212, 13 StGB strafbar gemacht haben.

1.   Der Taterfolg

588 Wie beim Begehungsdelikt ist zunächst zu erörtern, ob der von der jeweiligen Strafbestimmung vorausgesetzte Erfolg tatsächlich eingetreten ist. Ansonsten kommt nur eine Versuchsstrafbarkeit in Betracht. Insofern gelten hinsichtlich des unechten Unterlassungsdelikts keine Besonderheiten. Im Ausgangsfall ist es zum Tod der O gekommen, sodass der tatbestandliche Erfolg gegeben ist.

2.   Unterlassen

589 Weiterhin bedarf es der Prüfung, ob überhaupt ein Unterlassen der geforderten Handlung vorliegt. Hier ist gegebenenfalls das **Unterlassen vom positiven Tun abzugrenzen**.

Oftmals wird die Annahme des Unterlassens unproblematisch sein. So hat A im Ausgangsfall keinerlei Aktivität zur Rettung der O entfaltet, sondern ist insoweit schlicht untätig geblieben. Im Einzelfall kann jedoch die Abgrenzung des Unterlassens vom positiven Tun durchaus problematisch sein.

Beispiel:
Arzt A schaltet das Beatmungsgerät ab, an das O angeschlossen ist. Handelt A?

Der BGH (BGHSt. 6, 46, 59) und Teile des Schrifttums (*Stree/Bosch*, in: Schönke/ Schröder, StGB, Vorbem. §§ 13 ff. Rdn. 158) stellen auf die Formel vom **Schwerpunkt der Vorwerfb rkeit** ab. Bei wertender Betrachtung sei zu ermitteln, ob der Hauptvorwurf in einem positiven Tun oder Unterlassen zu sehen ist. Andererseits hat der BGH (NJW 2010, 2963, 2966 f.) ausgeführt, die Umdeutung der Wirklichkeit in eine dieser widersprechende normative Wertung, nämlich ein tatsächlich aktives Verhalten, wie das Abschalten eines Beatmungsgeräts, in ein „normativ verstandenes Unterlassen" sei ein dogmatisch unzulässiger Kunstgriff. 590

Andere Autoren ziehen das Kriterium der **K us lität** heran (*Jescheck/Weigend*, AT, § 58 II 2), teilweise erachtet man den Gesichtspunkt der **Aufwendung von Energie** in Richtung auf das Rechtsgut für maßgeblich (*Engisch*, Festschr. für Gallas, 1973, S. 163, 170). Mitunter werden beide Gesichtspunkte kombiniert. 591

Es ist bereits ausgeführt worden, dass die Formel vom Schwerpunkt der Vorwerfbarkeit ein sehr vages Kriterium darstellt, das es erlaubt, je nach emotionaler Einschätzung von positivem Tun oder Unterlassen auszugehen (siehe oben Rdn. 47). Daher erscheint es richtig, auf das äußere Erscheinungsbild abzustellen und die objektiven Kriterien des Energieeinsatzes sowie der Kausalität heranzuziehen. Folglich liegt beim Abschalten des Beatmungsgeräts kein Unterlassen vor, wie es zum Teil vertreten wird, sondern positives Tun.

Problematisch sind Fälle, in denen **eigene Rettungsbemühungen** abgebrochen werden. 592

Beispiel:
A wirft der ertrinkenden O einen Rettungsring zu, den er zurückzieht, bevor der Ring die O erreicht. Liegt ein Unterlassen des A vor?

Die h. M. differenziert: Unterlassen sei so lange gegeben, wie die Rettungshandlung den Betreffenden noch nicht erreicht und ihm noch keine realisierbare Rettungsmöglichkeit eröffnet hat (so z. B. *Wessels/Beulke*, AT, Rdn. 702). A wäre also im Beispiel Unterlassungstäter und würde erst zum Begehungstäter, wenn O den Rettungsring bereits ergriffen hätte und A den Ring dann der O wegzieht.

Aus hiesiger Sicht erscheint die Annahme von Unterlassen im Beispielfall vor dem Hintergrund des Einsatzes positiver Energie problematisch. Zwar geht es nicht darum, dass A der O den Rettungsring zugeworfen hat, denn hierbei handelt es sich um positive Energie zur Rettung des Opfers, nicht jedoch zu seiner Verletzung. Ein Einsatz positiver Energie zur Beeinträchtigung des Opfers liegt aber in dem Zurückziehen des Rettungsrings; das spricht für die Annahme positiven Tuns.

Im Fall des **Eingreifens in die Rettungsbemühungen Dritter** (A schlägt den Schwimmmeister nieder, sodass dieser nicht den ertrinkenden O retten kann) ist man sich weitgehend einig, dass **positives Tun und kein Unterl ssen** vorliegt. 593

Im Ausgangsfall liegt schlichte Untätigkeit des A im Hinblick auf die Rettung der O und damit Unterlassen vor, ohne dass es des Eingehens auf die verschiedenen Abgrenzungskriterien bedarf.

3. Erforderlichkeit

594 Der Täter kann nur wegen eines Unterlassungsdelikts bestraft werden, falls die Handlung überhaupt erforderlich war. Das ist z. B. dann nicht der Fall, wenn das Opfer aufgrund einer frei gebildeten, eigenverantwortlichen Entscheidung auf Hilfe verzichtet. An der Erforderlichkeit fehlt es auch, wenn bereits von anderer Seite ausreichende Hilfe geleistet wird. Die Erforderlichkeit beurteilt sich dabei aus der Sicht eines objektiven Dritten in der Situation des Täters ex ante.

Im Ausgangsfall hatte O weder wirksam auf Hilfe verzichtet noch wurde von dritter Seite Hilfe geleistet. Die Hilfeleistung war daher erforderlich.

4. Physisch-reale Möglichkeit der Erfolgsabwendung

595 Der Täter kann nur wegen eines Unterlassungsdelikts bestraft werden, wenn es ihm überhaupt **tatsächlich möglich** war, die erforderliche Handlung durchzuführen. Er muss also – unter Berücksichtigung der ihm objektiv zur Verfügung stehenden Mittel und sämtlicher Umstände des Einzelfalls (z. B. auch die Entfernung zwischen Opfer und Retter oder die Wetterlage in der konkreten Situation) – persönlich in der Lage gewesen sein, die geforderte Handlung überhaupt zu erbringen.

Wenn also z. B. ein Schwimmer, der weit ins Meer herausgeschwommen ist, zu ertrinken droht und ein Motorboot zu seiner Rettung tatsächlich zur Verfügung steht, der potenzielle Retter jedoch nicht weiß, wie das Boot zu bedienen ist, fehlt es an der physisch-realen Möglichkeit der Erfolgsabwendung.

596 Zu **unterscheiden** hiervon ist die Frage, ob dem Unterlassenden bei vorhandener Rettungsmöglichkeit die Durchführung der gebotenen Handlung auch **zuzumuten** war. Um Zumutbarkeit geht es etwa, wenn der Betreffende zwar das Rettungsboot zu bedienen weiß und hoher Wellengang nicht die Rettung von vornherein unmöglich macht, jedoch die Gefahr mit sich bringt, dass das Boot möglicherweise kentert; hierbei handelt es sich erst um eine Frage auf der Ebene der Schuld.

A war es im Ausgangsfall als gutem Schwimmer tatsächlich möglich, die O zu retten. Die physisch-reale Möglichkeit der Erfolgsabwendung ist daher zu bejahen.

597 Führt der Täter seine Handlungsunfähigkeit zur Zeit der Tat vorher selbst herbei (Die Betreuerin A der O nimmt Schlafmittel, um am nächsten Morgen die lebenswichtige Verabreichung eines Medikaments an O zu verschlafen; O verstirbt daraufhin), wird dem Täter über die Figur der **omissio libera in causa** angelastet, sich selbst in den Zustand der Handlungsunfähigkeit versetzt zu haben.

5. Quasikausalität

598 Ebenso wie beim Begehungsdelikt ist beim Unterlassungsdelikt erforderlich, dass zwischen dem Verhalten des Täters, also dem Unterlassen, und dem von der jeweiligen Strafbestimmung vorausgesetzten Erfolg ein ursächlicher Zusammenhang besteht. Dabei hilft jedoch die herkömmliche condicio-sine-qua-non-Formel – ursächlich ist jede Bedingung, die nicht hinweggedacht werden kann, ohne dass der Erfolg in seiner konkreten Gestalt entfiele – nicht weiter. Denn der Täter setzt gar keine Bedingung, er ist vielmehr untätig; ein Hinwegdenken ist möglich. Von eigentlicher Kausalität sollte daher beim Unterlassungsdelikt nicht gesprochen werden, sondern von **Quasikausalität** (BGH, NJW 2010, 1087, 1090 f.; kritisch zu diesem Begriff *Spendel*, Festschr. für Herzberg, 2008, S. 247 ff.).

599 Ausgehend von dieser Erkenntnis ist diese Quasikausalität beim Unterlassungsdelikt nach folgender Formel zu ermitteln: **Ursächlichkeit liegt vor, wenn das gebotene Verhalten nicht hinzugedacht werden kann, ohne dass der tatbestandliche Erfolg mit an Sicherheit grenzender Wahrscheinlichkeit entfiele.**

Wenn insofern Zweifel bestehen, entfällt die Quasikausalität. Sofern der Erfolg auch bei Vornahme der gebotenen Handlung eingetreten wäre, wird zum Teil die Kausalität verneint, andere lehnen dann – wie beim Fahrlässigkeitsdelikt – den Pflichtwidrigkeitszusammenhang ab.

Im Ausgangsfall kann die unterlassene Handlung (Rettung der O aus dem Wasser) nicht hinzugedacht werden, ohne dass der Erfolg mit an Sicherheit grenzender Wahrscheinlichkeit entfiele. Ursächlichkeit ist daher zu bejahen.

6. Die Garantenstellung

Typisches Kennzeichen des unechten Unterlassungsdelikts ist, dass der Täter eine besondere Pflichtenstellung gegenüber dem von der Strafvorschrift geschützten Rechtsgutobjekt aufweist. In jeder Prüfung eines unechten Unterlassungsdelikts ist daher darauf einzugehen, ob der Täter eine **Garantenstellung** innehat. In § 13 StGB wird dies durch die Formulierung zum Ausdruck gebracht, dass der Täter „rechtlich dafür einzustehen hat, dass der Erfolg nicht eintritt". **600**

Im Einzelnen ist umstritten, unter welchen Voraussetzungen eine Garantenstellung anzunehmen ist. Richtigerweise kann man angesichts der Vielgestaltigkeit und Unterschiedlichkeit der jeweiligen Sachverhalte nicht von einem abschließenden Katalog von Garantenstellungen ausgehen. Möglich ist lediglich, eine Präzisierung über klassische Fallgruppen zu erreichen. Dabei sollte man in Prüfungsarbeiten im Ausgangspunkt an die im Schrifttum vorgeschlagene Zweiteilung in **Beschützergaranten** und **Überwachungsgaranten** anknüpfen. **601**

In der Rubrik des **Beschützergaranten** werden vier Untergruppen gebildet: **602**

– Garantenstellung aus **Gesetz**
– Garantenstellung aus **natürlicher Verbundenheit**
– Garantenstellung aus **Vertrauensverhältnissen**
– Garantenstellung aus **tatsächlicher Übernahme von Schutzpflichten**.

Unter die **Überwachungsgaranten** fallen folgende Konstellationen: **603**

– Pflicht zur **Beaufsichtigung anderer Personen**
– Verantwortlichkeit für **Gefahrenquellen**
– Garantenstellung aus vorangegangenem gefährdenden Verhalten (**Ingerenz**).

Zu beachten ist dabei, dass im Einzelfall mehrere Konstellationen gleichzeitig vorliegen können. So sind die Eltern regelmäßig Garant in Bezug auf ihr Kind kraft Gesetzes (§ 1626 BGB) als auch aus dem Gesichtspunkt der natürlichen Verbundenheit. In Prüfungsarbeiten sind sämtliche möglichen Ursachen für Garantenstellungen anzusprechen. Stets zu berücksichtigen ist auch der jeweilige Inhalt einer Garantenstellung: So besitzt ein Ehemann Schutzpflichten gegenüber seiner Ehefrau, muss also drohenden Schaden abwenden, er ist jedoch grundsätzlich nicht verpflichtet, seine Frau von der Begehung einer Straftat abzuhalten (str.); Letzteres setzt nämlich eine Überwachungsgarantenstellung voraus, die bei Eheleuten normalerweise nicht vorliegt. Auch bedarf es jeweils der Berücksichtigung der gesamten Umstände des Einzelfalls: So hat grundsätzlich ein Lehrer gegenüber von ihm betreuten minderjährigen Kindern Schutzpflichten, nicht jedoch der Berufsschullehrer, der volljährige Schüler unterrichtet. **604**

Im Einzelnen ist zu den Garantenstellungen Folgendes anzumerken:

a) Der Beschützergarant

Beschützergarantenstellungen sind dadurch gekennzeichnet, dass eine besondere Obhutspflicht in Bezug auf ein bestimmtes Rechtsgutobjekt besteht. **605**

aa) Garantenstellung aus Gesetz

606 Typische Garantenstellung aus Gesetz ist die der Eltern gegenüber dem Kind gemäß § 1626 BGB. Die Garantenstellung der Ehegatten untereinander ergibt sich aus § 1353 BGB. Dabei ist umstritten, ob die Tatsache, dass die Ehe besteht, zur Begründung der Garantenstellung bereits ausreicht oder tatsächlich auch eine enge Bindung bestehen muss. Um den Anwendungsbereich des § 13 StGB nicht ausufern zu lassen, spricht vieles dafür, eine tatsächlich vorhandene enge Beziehung zu verlangen. Parallel dazu endet die Garantenstellung nicht erst mit Rechtskraft des Scheidungsurteils, sondern schon dann, wenn sich ein Ehegatte von dem anderen in der ernsthaften Absicht getrennt hat, die eheliche Lebensgemeinschaft nicht wiederherzustellen (BGH, NStZ 2004, 30). Nach dem BGH besteht jedoch die Garantenstellung noch fort, wenn der sich Trennende die weitere Entwicklung erst überdenken möchte (BGH, NStZ 2004, 30, 31).

Nicht ausreichend zur Begründung einer Garantenstellung ist die von § 323 c StGB geforderte allgemeine Hilfspflicht, da ansonsten jedermann automatisch zum Garanten würde. Vorausgesetzt ist eben eine besondere Pflichtenstellung.

bb) Garantenstellung aus natürlicher Verbundenheit

607 Hierunter sind Konstellationen der Verbundenheit zu subsumieren, die nicht bereits unter die erste Gruppe – Beschützergarantenstellung kraft Gesetzes – fallen. So gehören z. B. in einem gemeinsamen Haushalt lebende Geschwister in diese Gruppe.

cc) Garantenstellung aus einem engen Vertrauensverhältnis

608 Typisches Beispiel für ein enges Vertrauensverhältnis ist die nichteheliche Lebensgemeinschaft. Allein die Tatsache, dass Personen gemeinsam eine Wohnung gemietet haben (Wohngemeinschaft), reicht noch nicht für sich genommen, um bereits ein enges Vertrauensverhältnis anzunehmen.

Beschützergaranten sind aber etwa Personen, die bewusst und freiwillig eine Gefahrengemeinschaft bilden, also insbesondere die Teilnehmer einer Bergtour.

Auch aus einer Vertragsbeziehung kann sich dann, wenn dadurch ein besonderes Vertrauensverhältnis geschaffen wird, eine Garantenstellung ergeben. Das ist insbesondere im Bereich des Betrugs gemäß § 263 StGB von Relevanz. Nach h. M. ist auch ein Betrug durch Unterlassen möglich. Eine Garantenstellung zur Aufklärung kann sich dabei insbesondere aus Vertrag ergeben (§ 242 BGB); vorausgesetzt dafür ist jedoch, dass es sich um ein Vertragsverhältnis handelt, bei dem eine Vertrauensbeziehung zwischen den Vertragspartnern besteht, die über die reine Vertragsabwicklung hinausgeht.

dd) Garantenstellung aus tatsächlicher Übernahme

609 Typischer Fall einer Garantenstellung aus der tatsächlichen Übernahme von Schutzpflichten ist die Tagesmutter, welche Kinder beaufsichtigt. Maßgeblich hierbei ist, dass die Aufgabe freiwillig und tatsächlich übernommen worden ist, unabhängig davon, ob der Vertrag wirksam ist.

Auch aus der Übernahme einer Amtsträgerstellung kann sich eine Garantenstellung ergeben: So hat ein Polizeibeamter die Pflicht, bei Kenntnis bevorstehender Straftaten einzuschreiten. Wird die Kenntnis privat erlangt, muss er einschreiten, wenn die strafbaren Handlungen in die Phase seiner Dienstausübung hineinreichen und angesichts der Schwere der Straftat das öffentliche Interesse an der Straftatverhinderung das private Interesse am Schutz der Privatsphäre des Beamten überwiegt (BVerfG, NJW 2003, 1030).

Im Ausgangsfall besteht kraft Gesetzes (§ 1353 BGB) sowie aufgrund natürlicher Verbundenheit eine Beschützergarantenstellung des A gegenüber O. Die Tatsache, dass beide an einen einsam gelegenen Waldsee fahren, um dort zu schwimmen, genügt für sich noch nicht zur Annahme einer Gefahrengemeinschaft; es bestehen keine Anhaltspunkte dafür, dass gemeinsame Risiken eingegangen werden, wobei jeder der Beteiligten sich auf eine eventuelle Hilfe des anderen verlässt.

Damit ist bei A eine Beschützergarantenstellung zu bejahen. Einzugehen bleibt dennoch, um ein vollständiges Bild der Garantenstellungen zu zeichnen, auf die zweite Gruppe der Überwachungsgaranten.

b) Der Überwachungsgarant

Kennzeichen für den Überwachungsgaranten ist, dass dieser für eine bestimmte Gefahrenquelle verantwortlich ist, woraus besondere Pflichten resultieren.

610

aa) Pflicht zur Beaufsichtigung anderer Personen

Ein Beispiel hierfür ist der Lehrer in Bezug auf die ihm anvertrauten Schüler. Ihn trifft im Prinzip eine Beschützergarantenstellung gegenüber den minderjährigen Schülern aus tatsächlicher Übernahme, umgekehrt hat er aber auch gegen bevorstehende Straftaten der Schüler einzuschreiten. Er ist also grundsätzlich sowohl Beschützer- als auch Überwachungsgarant. Dagegen braucht der Ehemann nicht bei bevorstehenden Straftaten seiner Frau einzuschreiten (str.). Das gilt auch im Verhältnis der Eltern zu ihren volljährigen Kindern.

611

bb) Verantwortlichkeit für Gefahrenquellen

Den Halter eines gefährlichen Tieres trifft die Pflicht, Sicherungsvorkehrungen durchzuführen. Dem Hersteller gefährlicher Produkte obliegt die Pflicht zu Schutzmaßnahmen oder unter Umständen zu Rückrufaktionen. Der Verantwortliche für eine Baustelle oder der Inhaber eines Betriebs hat Sicherungsmaßnahmen durchzuführen, damit niemand zu Schaden kommt. Der Wohnungsinhaber ist (nur dann) Garant dafür, dass in seiner Wohnung keine Straftaten begangen werden, wenn die Wohnung ausnahmsweise wegen ihrer besonderen Beschaffenheit eine Gefahrenquelle darstellt, da sie die Gelegenheit für die leichtere Ausübung von Straftaten bietet.

612

cc) Garantenstellung aus vorangegangenem gefährdenden Verhalten (Ingerenz)

Eine Überwachungsgarantenstellung kann sich schließlich aus einem Vorverhalten ergeben, wobei die Anforderungen hieran im Einzelnen umstritten sind.

613

> **Beispiel:**
> *A wird von O auf einer Brücke mit einem Messer angegriffen. A wehrt sich und wirft O in den See, über den die Brücke führt. O droht als Nichtschwimmer zu ertrinken. A erkennt das und meint, das habe O verdient. A verlässt daher, obwohl er O retten könnte, den Geschehensort. O ertrinkt. Hat sich A wegen Totschlags durch Unterlassen gemäß §§ 212, 13 StGB strafbar gemacht?*

Der tatbestandliche Erfolg, der Tod eines anderen Menschen, ist mit dem Tod des O eingetreten. A hat die erforderliche Rettungshandlung unterlassen, obwohl sie ihm physisch-real möglich war.

Hinweis: Keine Rolle spielt auf Tatbestandsebene, ob dem A die Rettung des O auch zuzumuten war. Die Zumutbarkeit ist erst auf Schuldebene von Relevanz.

Die unterlassene Handlung kann nicht hinzugedacht werden, ohne dass der tatbestandsmäßige Erfolg mit an Sicherheit grenzender Wahrscheinlichkeit entfiele.

614 Fraglich ist, ob A eine Garantenstellung innehat. In Betracht kommt allenfalls eine Garantenstellung aus Ingerenz. Welche Anforderungen mit dieser Garantenstellung im Einzelnen verbunden sind, ist umstritten (*Hillenkamp*, AT, Problem Nr. 29).

615 Teilweise wird vertreten, für die Garantenstellung aus **Ingerenz** sei ein pflichtwidriges Vorverhalten nicht vorausgesetzt; es **genüge eine Gefahrschaffung**; selbst bei rechtmäßigem Vorverhalten sei von einer Garantenstellung auszugehen (*Gössel*, Strafrecht, S. 272 f.). Danach hätte A, obwohl sein Vorverhalten – der Wurf in den See – durch Notwehr gerechtfertigt ist, eine Garantenstellung inne.
Die Gegenmeinung lehnt selbst bei pflichtwidrigem Vorverhalten eine Garantenstellung ab (*Oehler*, JuS 1961, 154). Danach scheidet eine Garantenstellung des A aus.

616 Der BGH (BGH, NStZ 2000, 414) und die h. M. im Schrifttum (z. B. *Baumann/Weber/ Mitsch*, AT, § 15 Rdn. 63 ff.) verlangen ein **pflichtwidriges Vorverhalten**, um eine Garantenstellung aus Ingerenz zu bejahen. Da die Abwehr des A durch Notwehr gerechtfertigt war, scheidet folglich nach herrschender Ansicht eine Garantenstellung des A aus Ingerenz aus.

617 **Stellungnahme:** Demjenigen, der durch sein Vorverhalten eine Situation pflichtwidrig herbeigeführt hat, obliegt im Vergleich zu anderen eine besondere Rechtspflicht zur Ergreifung von Schutzmaßnahmen. Daher kann entgegen der zweitgenannten Auffassung aus einem Vorverhalten durchaus eine Garantenstellung resultieren. Andererseits ergibt sich aus einem pflichtgemäßen Vorverhalten keine gegenüber anderen Personen herausgehobene besondere Pflichtenstellung. Daher ist daran auch keine Garantenstellung anzuknüpfen. Es ist daher überzeugend, wenn überwiegend die Ansicht vertreten wird, dass aus einem Vorverhalten eine Garantenstellung resultieren kann, jedoch nur dann, wenn es sich um ein pflichtwidriges Vorverhalten handelt. Der Wurf des A in das Wasser war durch Notwehr gerechtfertigt. Eine Garantenstellung aus Ingerenz ist folglich zu verneinen. Eine Garantenstellung des A aus anderen Umständen ist nicht ersichtlich. A hat sich daher nicht wegen Totschlags durch Unterlassen strafbar gemacht.
Hinweis: Die Fallfrage bezog sich allein auf §§ 212, 13 StGB. Der Vollständigkeit halber sei aber darauf hingewiesen, dass eine Strafbarkeit des A wegen unterlassener Hilfeleistung gemäß § 323 c StGB in Betracht kommt. Insofern bedarf es jedoch insbesondere der Prüfung, ob dem A vor dem Hintergrund, dass O möglicherweise seinen Angriff gegen A nach seiner Rettung wieder aufnimmt, die Hilfeleistung überhaupt zumutbar war (zu § 323 c StGB siehe unten Rdn. 630 ff.).

618 Abschließend ist zur Ingerenz anzumerken, dass der 1. Strafsenat des BGH die Auffassung vertritt, eine Garantenstellung sei abzulehnen, wenn eine auf denselben Erfolg gerichtete (versuchte) Vorsatztat vorausgeht: Der Täter, der vorsätzlich den Erfolg herbeiführen will, sei nicht zugleich verpflichtet, ihn abzuwenden (BGH, NStZ-RR 1996, 131). Dem wird vielfach im Schrifttum entgegengehalten, wenn schon die fahrlässige Herbeiführung für das Entstehen der Garantenstellung ausreiche, müsse dies erst recht für das vorsätzliche Vorverhalten gelten (*Fischer*, StGB, § 13 Rdn. 32; *Wessels/Beulke*, AT, Rdn. 725).

7. Die Entsprechungsklausel

619 Nach § 13 StGB verlangt eine Strafbarkeit wegen eines unechten Unterlassungsdelikts weiterhin, dass das Unterlassen der Verwirklichung des gesetzlichen Tatbestands durch ein Tun entspricht. Diese so genannte Entsprechungsklausel hat bei reinen Erfolgsdelikten keine weitere eigenständige Bedeutung. Sie ist jedoch bei Delikten, die an das Verhalten besondere Anforderungen stellen (§§ 240, 263 StGB), anzusprechen.

Im Ausgangsfall hat die Entsprechungsklausel des § 13 StGB bei dem reinen Erfolgsdelikt des § 212 StGB keine weitere Relevanz.

8. Der subjektive Tatbestand des unechten Unterlassungsdelikts

Zunächst einmal muss sich der Vorsatz auf die jeweiligen spezifischen Tatbestandsmerkmale der Strafbestimmung beziehen. Zudem sind etwaige besondere subjektive Merkmale zu prüfen. Darüber hinaus ist aber stets insbesondere zu untersuchen, ob der Täter Kenntnis von den Umständen hat, welche die Garantenstellung begründen, sowie von der physisch-realen Möglichkeit der Erfolgsabwendung. Weiß z. B. der Täter nicht, dass es sich um sein Kind handelt, das zu ertrinken droht, fehlt ihm der Vorsatz in Bezug auf die Garantenstellung; er befindet sich in einem Tatbestandsirrtum (§ 16 StGB). Möglich ist dann eine eventuelle Bestrafung aus dem Fahrlässigkeitsdelikt (sorgfaltswidriges Nichterkennen der Umstände, welche die Garantenstellung begründen) sowie aus § 323 c StGB.

620

Anders verhält es sich, wenn der Täter die Umstände zutreffend erkennt, jedoch irrtümlich meint, ihn treffe keine besondere Pflichtenstellung. So etwa, wenn der Täter realisiert, dass sein Adoptivkind zu ertrinken droht, er jedoch irrtümlich meint, gegenüber seinem Adoptivkind habe er keine Garantenstellung inne. In diesem Fall handelt der Täter vorsätzlich. Der Irrtum ist ein Verbotsirrtum im Sinne des § 17 StGB, der erst auf der Ebene der Schuld von Relevanz ist.

621

Glaubt der Täter irrtümlich, sein Kind drohe zu ertrinken, obwohl es sich um ein anderes, lediglich ähnlich aussehendes Kind handelt, unterliegt er also einem Irrtum in tatsächlicher Hinsicht, kommt eine Bestrafung wegen untauglichen Versuchs des unechten Unterlassungsdelikts in Betracht (str.).

Geht der Täter dagegen irrtümlich davon aus, auch gegenüber einem Nachbarskind bestehe eine Garantenstellung, überdehnt er also irrtümlich die Garantenstellung zu seinen Lasten, liegt ein strafloses Wahndelikt vor.

A hat im Ausgangsfall erkannt, dass es sich um seine Frau handelt. Er wusste, dass er physisch-real in der Lage war, die O zu retten. A handelt hinsichtlich der Tötung seiner Frau durch Unterlassen mit dolus eventualis und hat den subjektiven Tatbestand erfüllt.

9. Die Rechtswidrigkeit

Zunächst gelten auch beim unechten Unterlassungsdelikt die im Zusammenhang mit dem Begehungsdelikt vorgestellten Rechtfertigungsgründe. So kann das Unterlassen unter Umständen aufgrund rechtfertigender Einwilligung, Notwehr oder rechtfertigenden Notstands nicht rechtswidrig sein.

622

Darüber hinaus existiert im Bereich der Unterlassungsdelikte ein spezifischer Rechtfertigungsgrund, nämlich die **rechtfertigende Pflichtenkollision**.

623

> **Beispiel:**
> *A befindet sich mit seiner einjährigen Tochter X sowie seiner dreijährigen Tochter O in einer brennenden Wohnung. Tatsächlich kann er nur eine der beiden Töchter aus den Flammen retten. Er entscheidet sich für X. O stirbt in den Flammen. Hat sich A wegen Totschlags durch Unterlassen im Hinblick auf O strafbar gemacht?*

Der Erfolg, der Tod eines anderen Menschen, ist eingetreten. O ist verstorben. A ist im Hinblick auf die erforderliche Rettung der O untätig geblieben. Fraglich ist, ob A physisch-real in der Lage war, die O zu retten, da er ja tatsächlich nur eines der beiden Kinder aus dem Haus tragen konnte. Das ändert aber nichts daran, dass er faktisch die Möglichkeit hatte, konkret die O aus dem Haus zu tragen. Er war daher in der Lage, O zu retten. Hätte A die O aus dem Haus getragen, wäre es mit an Sicherheit grenzender Wahrscheinlichkeit nicht zum Tod der O gekommen. A hat kraft Gesetzes (§ 1626 BGB) sowie aufgrund natürlicher Verbundenheit eine Beschützergarantenstellung gegenüber O inne. Der objektive Tatbestand ist daher erfüllt.

Hinweis: Teilweise wird vertreten, dass in einer solchen Situation strafrechtlich überhaupt nur eine Pflicht entstehe, sodass bei Pflichtbefolgung der Tatbestand entfalle (*Freund*, AT, § 6 Rdn. 96 ff.). Hierbei wird jedoch nicht hinreichend beachtet, dass objektiv die Rettung beider Personen geboten ist und auch als Pflicht verlangt wird, dies isoliert betrachtet auch möglich ist.

A war sich gewiss (dolus directus 2. Grades), dass die Nichtrettung der O zu deren Tod führen würde. Er kannte die tatsächlichen Umstände, seine Vaterstellung, die ihn zum Garanten machen. Er wusste, dass er tatsächlich in der Lage war, die O zu retten. A handelte daher vorsätzlich.

Möglicherweise ist jedoch das Verhalten des A gerechtfertigt. In der konkreten Situation kollidieren zwei Handlungspflichten, die sich gegenseitig ausschließen.

624 Zum Teil wird bei der Kollision von zwei gleichwertigen Handlungspflichten angenommen, dass der Betreffende rechtswidrig handelt, jedoch entschuldigt (*Jescheck/Weigend*, AT, § 33 V 1 c, 2) ist, wenn er eine der beiden Pflichten erfüllt.

625 Die zutreffende h. M. geht hingegen davon aus, dass bei der Kollision zweier Handlungspflichten der gegenüber § 34 StGB **eigenständige Rechtfertigungsgrund der rechtfertigenden Pflichtenkollision** greife (*Rönnau*, in: LK, StGB, Vor § 32 Rdn. 116 ff.).

Dieser Rechtfertigungsgrund im Bereich der Unterlassungsdelikte kommt in Betracht, wenn zwei **gleichrangige Handlungspflichten kollidieren** oder der Täter bei zwei **verschiedenartigen Handlungspflichten** die **höherrangige Pflicht** erfüllt (*B. Heinrich*, AT I, Rdn. 513 ff.; *Kühl*, AT, § 18 Rdn. 134 ff.). Stets ist vorausgesetzt, dass der Täter nur einer der beiden Pflichten nachkommen kann. Zudem muss der Täter mit Rettungswillen handeln. Diese Voraussetzungen sind im Beispielsfall erfüllt. A ist daher über die rechtfertigende Pflichtenkollision gerechtfertigt.

10. Die Schuld

626 Zunächst bedarf es beim Unterlassungsdelikt wie beim Begehungsdelikt der Prüfung, ob dem Täter möglicherweise Schuldausschließungs- oder Entschuldigungsgründe zugutekommen.

Im Gegensatz zum vorsätzlichen Begehungsdelikt ist jedoch beim Unterlassungsdelikt darüber hinaus ein spezieller Entschuldigungsgrund der **Unzumutbarkeit normgemäßen Verhaltens** zu prüfen. (Die Gegenauffassung erachtet den Gesichtspunkt der Unzumutbarkeit bereits als Tatbestandsmerkmal.) Die Vornahme der Handlung kann unzumutbar sein, wenn der Garant dadurch eigene, billigenswerte Interessen gefährdet. Hierbei bedarf es aber stets der Abwägung der Umstände im Einzelfall. So ist auf der anderen Seite insbesondere das Gewicht des bei der Unterlassung eintretenden Schadens in die Abwägung einzubeziehen.

Im Ausgangsfall sind keine Schuldausschließungs- oder Entschuldigungsgründe ersichtlich. A handelt daher schuldhaft und hat sich wegen Totschlags durch Unterlassen gemäß §§ 212, 13 StGB strafbar gemacht.

11.   Sonderproblem: Beteiligung und Unterlassungsdelikt

Umstritten ist, in welcher Form eine Teilnahme am Unterlassungsdelikt möglich ist   **627**
und wie beim Unterlassen die Abgrenzung zwischen Täterschaft und Teilnahme zu
erfolgen hat.

Zunächst ist auf das Problem der **aktiven Teilnahme am Unterlassungsdelikt** ein-   **628**
zugehen.

> **Beispiel:**
> *O, die Ehefrau des B, droht zu ertrinken. A, die Freundin des B, schlägt dem B*
> *vor, die Rettung zu unterlassen, damit O der Beziehung von A und B nicht*
> *mehr im Wege stehe. B bleibt daraufhin trotz vorhandener Rettungsmöglichkeit*
> *untätig. Haben sich die Beteiligten wegen Totschlags strafbar gemacht?*

B hat sich wegen Totschlags durch Unterlassen gemäß §§ 212, 13 StGB strafbar
gemacht. Er besitzt gegenüber seiner Ehefrau eine Garantenstellung und hat die Rettung trotz physisch-realer Möglichkeit unterlassen. Durch die Rettung hätte O überlebt. B handelt in Bezug auf die betreffenden Merkmale vorsätzlich. Zudem handelt
er rechtswidrig und schuldhaft.

Fraglich ist, wie sich A strafbar gemacht haben kann. Insofern besteht das Problem,
ob und wie eine Beteiligung am Unterlassungsdelikt in Betracht kommt (*Hillenkamp*,
AT, Problem Nr. 30).

Teilweise wird vertreten, dass Anstiftung und Beihilfe am Unterlassungsdelikt nicht
möglich seien (*Welzel*, AT, § 27 V 2, 3). Vielmehr habe man von Begehungstäterschaft
auszugehen. A wäre gemäß § 212 StGB zu bestrafen. Zudem wäre § 323 c StGB zu
prüfen.

Der BGH (BGHSt. 14, 280) sowie die h. M. im Schrifttum (etwa *Jescheck/Weigend*,
AT, § 60 III 1) halten Teilnahme nach den allgemeinen Regeln für möglich. A wäre
also wegen Anstiftung zum Totschlag durch Unterlassen §§ 212, 13, 26 StGB zu bestrafen. Zu beachten ist, dass A gegenüber O keine Garantenstellung innehat. Das
könnte zur Anwendung des § 28 Abs. 1 StGB führen. Es ist umstritten, ob eine Strafmilderung über § 28 Abs. 1 StGB zu Gunsten des Teilnehmers in Betracht kommt, der
die Garantenstellung nicht aufweist, ob die Garantenstellung also ein besonderes persönliches Merkmal ist (so etwa *Fischer*, StGB, § 28 Rdn. 5 a; dagegen *Lackner/Kühl*,
StGB, § 28 Rdn. 6). Daneben ist bezüglich der A § 323 c StGB zu prüfen.

Weit gefächert sind schließlich die Auffassungen zu der Frage, ob der sich an einem   **629**
Begehungsdelikt beteiligende Unterlassende Täter oder Teilnehmer ist (*Hillenkamp*,
AT, Problem Nr. 20).

> **Beispiel:**
> *Der Museumswärter A sieht, wie Täter B ein Bild mit Lackfarbe beschmiert.*
> *Aus Ärger über seinen Arbeitgeber unternimmt A nichts. Ist A strafbar?*

B macht sich wegen Sachbeschädigung gemäß § 303 StGB strafbar.

Fraglich ist, ob A strafbar ist wegen täterschaftlicher Sachbeschädigung durch Unterlassen. Zwar trifft den A als Museumswärter kraft tatsächlicher Übernahme von
Schutzpflichten eine Garantenstellung (Beschützergarant), derartige Beschädigungen
zu unterbinden. Fraglich ist aber, ob ihn dies neben B zum Täter macht.

Teilweise wird die Abgrenzung im Schrifttum nach den allgemeinen Kriterien der
Tatherrschaftslehre vorgenommen (zu diesen Kriterien siehe im Einzelnen unten
Rdn. 654). Danach wäre A mangels Gestaltung des Geschehens Gehilfe. Andere
gehen stets von Beihilfe aus. Nach der Gegenauffassung sind Unterlassungsdelikte
Pflichtdelikte, sodass jeder Täter sei, welcher die Garantenstellung aufweist. A wäre
also als Täter einzustufen. Andere Autoren erachten den Beschützergaranten als

Täter, den Überwachungsgaranten hingegen als Gehilfen. Als Beschützergarant wäre A Täter. Die Rechtsprechung stellt auf die allgemeinen Kriterien (Täter- oder Teilnehmerwillen) ab, welche sie auch zur Abgrenzung von Täterschaft und Teilnahme beim Begehungsdelikt heranzieht (siehe dazu unten Rdn. 651 f.).

III. Das echte Unterlassungsdelikt der unterlassenen Hilfeleistung gemäß § 323 c StGB

630 In Prüfungsarbeiten spielt im Bereich der echten Unterlassungsdelikte § 323 c StGB eine wichtige Rolle, da diese Vorschrift oftmals gleichzeitig mit einem unechten Unterlassungsdelikt verwirklicht ist. Daher ist auf die Voraussetzungen dieser Bestimmung kurz einzugehen. Stets ist dabei zu beachten, dass man zunächst immer zu prüfen hat, ob sich der Täter nicht möglicherweise wegen eines unechten Unterlassungsdelikts strafbar gemacht hat. § 323 c StGB wird erst im Anschluss daran angesprochen.

Die Voraussetzungen des § 323 c StGB sollen anhand eines Falls verdeutlicht werden.

> **Beispiel:**
> *Der Fernsehsender X will testen, wie hilfsbereit Deutschlands Autofahrer sind. Auf einer Landstraße wird zu diesem Zweck ein Motorradunfall mit einem scheinbar schwer verletzten Motorradfahrer simuliert. A kommt mit seinem Fahrzeug an die (angebliche) Unfallstelle, ohne zu erkennen, dass es nur ein fingierter Unfall ist. A bleibt untätig, da er sich seine Kleidung nicht schmutzig machen will. Strafbarkeit des A?*

Mangels Garantenstellung kann allenfalls eine Strafbarkeit des A wegen unterlassener Hilfeleistung gemäß § 323 c StGB in Betracht kommen.

631 **Unglücksfall** ist ein plötzlich eintretendes Ereignis, das eine erhebliche Gefahr für Personen oder Sachen mit sich bringt. **Gemeine Gefahr** ist ein Zustand, bei dem die Möglichkeit eines erheblichen Schadens an Leib oder Leben oder an bedeutenden Sachwerten für unbestimmt viele Personen naheliegt (*Lackner/Kühl*, StGB, § 323 c Rdn. 3). **Not** ist eine die Allgemeinheit betreffende Notlage.

Im Beispielsfall könnte ein Unglücksfall vorliegen. Insofern ist jedoch zu beachten, dass tatsächlich gar kein Unglücksfall aus der ex-post-Betrachtung gegeben war. Nur aus der Sicht in der Situation des A (ex ante) lag dieser vor. Fraglich ist daher, welcher Zeitpunkt für die Beurteilung des Unglücksfalls maßgeblich ist.

Teilweise wird sowohl hinsichtlich des Merkmals „Unglücksfall" als auch in Bezug auf die Erforderlichkeit der Hilfeleistung auf einen ex-ante-Standpunkt aus der Sicht eines objektiven Beobachters abgestellt (*Rudolphi*, NStZ 1991, 237, 238 f.). Danach wäre § 323 c StGB objektiv erfüllt, da im Zeitpunkt der Unterlassung des A die Situation den Anschein machte, dass ein Unglücksfall vorliegt und Hilfe erforderlich ist.

Die Gegenauffassung bestimmt das Merkmal „Unglücksfall" ex post, hingegen die Erforderlichkeit der Hilfeleistung aus der Sicht ex ante (*Lackner/Kühl*, StGB, § 323 c Rdn. 2, 5). Da tatsächlich kein Unglücksfall vorliegt, macht sich A danach nicht nach § 323 c StGB strafbar. Mangels Versuchsstrafbarkeit bei § 323 c StGB scheidet auch eine Strafbarkeit wegen Versuchs aus.

632 **Stellungnahme:** So wie bei der Notwehr die Notwehrlage objektiv aus der Sicht ex post vorliegen muss, die Erforderlichkeit der Verteidigungshandlung jedoch ex ante zu beurteilen ist, bestimmt sich bei § 323 c StGB die Frage, ob ein Unglücksfall vorliegt, nach ex-post-Gesichtspunkten, dagegen die Erforderlichkeit nach dem ex-ante-Urteil eines objektiven Beobachters in der Situation des Täters. Dies resultiert daraus, dass in § 323 c StGB bezüglich der Hilfeleistung ein konkret gefährliches Verhalten in Rede steht. Verhaltensanforderungen können jedoch nicht erst im Nachhinein festgelegt werden, sondern müssen im Zeitpunkt der Handlung feststehen. Dagegen handelt es sich bei dem Erfordernis des „Unglücksfalls" um ein handlungsunabhängiges Merkmal, das im Hinblick auf die Notwendigkeit einer hinreichenden Objektivierung der Tatbestandserfordernisse ex post zu beurteilen ist. A hat sich daher mangels Unglücksfalls nicht gemäß § 323 c StGB strafbar gemacht.

Ergänzend ist zu § 323 c StGB Folgendes anzumerken:

Liegt objektiv ein Unglücksfall (gemeine Gefahr oder Not) vor, besteht das Verhalten in dem **Nichtleisten der erforderlichen und zumutbaren Hilfe**.

633

Der **Inhalt der Hilfspflicht** hängt von den Umständen des Einzelfalls ab. So kann durchaus die Einschaltung Dritter (Benachrichtigung eines Arztes) genügen.

An der **Erforderlichkeit** mangelt es, wenn bereits von anderen Personen Hilfe geleistet wird, das Opfer sich selbst helfen kann oder das Opfer wirksam auf Hilfe verzichtet.

Die **Zumutbarkeit** ist – anders als bei den unechten Unterlassungsdelikten – bei § 323 c StGB Tatbestandsmerkmal. Insoweit hat eine umfassende Interessenabwägung stattzufinden.

Wiederholt sei nochmals, dass durch § 323 c StGB keine Garantenstellung begründet wird.

Aufgrund des frühen Vollendungszeitpunkts (Nichtleisten der Hilfe) wird im Schrifttum zum Teil erwogen, Vorschriften über die Tätige Reue analog anzuwenden (*Lackner/Kühl*, StGB, § 323 c Rdn. 11). Der BGH hat dem eine Absage erteilt (BGHSt. 14, 213, 217).

634

Zu beachten ist, dass § 323 c StGB gegenüber dem vorsätzlichen unechten Unterlassungsdelikt subsidiär ist (*Rengier*, BT II, § 42 Rdn. 21). Es bedarf also neben dem unechten Unterlassungsdelikt jeweils im Anschluss der Prüfung des § 323 c StGB, jedoch tritt diese Vorschrift dann zurück. Tateinheit besteht aber mit dem fahrlässigen unechten Unterlassungsdelikt.

635

6. KAPITEL
Täterschaft und Teilnahme

Der Gesetzgeber unterscheidet in den §§ 25 ff. StGB für das vorsätzliche Delikt aus-   **636**
drücklich zwischen Täterschaft und Teilnahme. Beide Formen der Mitwirkung an
einer Straftat werden ausweislich des § 28 Abs. 2 StGB unter dem Oberbegriff „Beteiligung" zusammengefasst.

I. Einleitende Bemerkungen

Das StGB geht von unterschiedlichen Formen der Beteiligung an einer Straftat aus.   **637**
Im Gegensatz insbesondere zum Ordnungswidrigkeitenrecht, wo der Einheitstäter-
begriff maßgeblich ist, sodass keine Unterscheidung zwischen Tätern einerseits und
Teilnehmern andererseits erfolgt, hat der deutsche Gesetzgeber im Bereich der vorsätzlichen Straftat ein differenziertes System vorgesehen:
§ 25 StGB regelt die möglichen Formen der **Täterschaft**. Zunächst findet sich in **§ 25**   **638**
Abs. 1 Alt. 1 StGB die unmittelbare Täterschaft („Als Täter wird bestraft, wer die
Straftat selbst... begeht"). Im Gleichklang mit der Prüfungsreihenfolge ist dann auf
die in **§ 25 Abs. 2 StGB geregelte Mittäterschaft** („Begehen mehrere die Straftat
gemeinschaftlich...") einzugehen. Liegen die Voraussetzungen der Mittäterschaft
nicht vor, ist zu erörtern, ob möglicherweise im Sinne des **§ 25 Abs. 1 Alt. 2 StGB**
mittelbare Täterschaft („Als Täter wird bestraft, wer die Straftat ... durch einen
anderen begeht") in Betracht kommt.
Von der Täterschaft abzugrenzen ist die **Teilnahme**, die gemäß § 28 Abs. 1 StGB den   **639**
Anstifter und den Gehilfen umfasst. Nach **§ 26 StGB** wird der **Anstifter** gleich einem
Täter bestraft. Anstifter ist nach dem Gesetzeswortlaut derjenige, wer vorsätzlich
einen anderen zu dessen vorsätzlich begangener rechtswidriger Tat bestimmt hat.
Die **Beihilfe** als zweite mögliche Teilnahmeform ist in **§ 27 StGB** geregelt. Gehilfe ist
derjenige, wer vorsätzlich einem anderen zu dessen vorsätzlich begangener rechtswidriger Tat Hilfe leistet.
Wichtige Aspekte können dabei bereits jetzt für die Teilnahme festgehalten werden.   **640**
Die Teilnahme setzt stets eine Haupttat voraus, ist also von dieser abhängig (akzessorisch). Insofern handelt es sich aber um eine **limitierte Akzessorietät**, da lediglich
eine (objektiv) tatbestandsmäßige, vorsätzliche und rechtswidrige Haupttat vorausgesetzt wird, nicht jedoch die Schuld des Täters. Die Akzessorietät der Teilnahme
ist also eingegrenzt (limitiert) auf eine objektiv und subjektiv tatbestandsmäßige
rechtswidrige Haupttat. Ausweislich des § 29 StGB wird dagegen jeder Beteiligte
ohne Rücksicht auf die Schuld des anderen nach seiner Schuld bestraft, was bereits
aus der Eigenart der Schuld als höchstpersönliche Vorwerfbarkeit resultiert.
Die limitierte Akzessorietät der Teilnahme hat zur Konsequenz, dass in Prüfungs-   **641**
arbeiten **ausnahmslos die Strafbarkeit des Täters vor der des Teilnehmers anzuspre-**
chen ist.
Die Unterscheidung zwischen Täterschaft und Teilnahme hat auch konkrete Konsequenzen: So ist die Strafe des Gehilfen gemäß § 27 Abs. 2 S. 2 StGB zwingend zu
mildern (obligatorische Strafmilderung). § 28 Abs. 1 StGB sieht in Fällen, in denen
besondere persönliche Merkmale die Strafbarkeit des Täters begründen, eine Strafmilderung für den Teilnehmer vor, wenn die besonderen persönlichen Merkmale in
seiner Person fehlen. Zudem ist gemäß § 30 Abs. 1 StGB ausschließlich die versuchte

Anstiftung zu einem Verbrechen unter Strafe gestellt, nicht jedoch die versuchte Teilnahme insgesamt.

Eine der umstrittensten Fragen im Bereich der Beteiligung ist, wie die Täterschaft von der Teilnahme abzugrenzen ist. Insbesondere geht es darum, nach welchen Kriterien die Mittäterschaft von der Beihilfe sowie die mittelbare Täterschaft von der Anstiftung zu unterscheiden sind. Im Einzelfall kann jedoch auch die Unterscheidung von Mittäterschaft einerseits und Anstiftung andererseits problematisch sein. Die nachfolgenden Erläuterungen zu den jeweiligen Beteiligungsformen werden auf diese Fragen zurückkommen.

Bereits jetzt sollen aber die Fälle erwähnt sein, die im Hinblick auf die Frage „Täterschaft oder Teilnahme" unproblematisch sind. Dort erübrigt sich ein Eingehen auf die von Rechtsprechung und Schrifttum unterbreiteten Abgrenzungskriterien.

642 Hat der Betreffende **sämtliche in einer Strafvorschrift genannten Merkmale in seiner Person selbst verwirklicht, dann ist er zwingend gemäß § 25 Abs. 1 StGB Täter.** Die Vorschrift des § 25 Abs. 1 Alt. 1 StGB stuft nämlich denjenigen ausdrücklich als Täter ein, der persönlich die von einer Strafbestimmung vorausgesetzten Tatumstände selbst verwirklicht. Entscheidungen, die vor der Einführung des § 25 StGB getroffen worden sind, in denen die Rechtsprechung Teilnahme in Erwägung zog, obwohl der Betreffende sämtliche Deliktsmerkmale selbst verwirklicht hat, sind daher überholt und mit dem heutigen Gesetzeswortlaut nicht mehr zu vereinbaren. So hatte das Reichsgericht zum Beispiel im berühmten Badewannenfall (RGSt. 74, 84), in dem die angeklagte Schwester der Kindesmutter das neugeborene Kind in die Badewanne legte, in der das Kind ertrank, es für möglich erachtet, dass die Angeklagte nur Teilnehmerin ist, obwohl sie die tatbestandsmäßige Handlung selbst in ihrer Person ausgeführt hat. Eine solche Entscheidung wäre heute mit § 25 Abs. 1 Alt. 1 StGB unvereinbar.

643 Bei **eigenhändigen Delikten** kann Täter immer nur derjenige sein, der in seiner Person die Tatbestandsmerkmale selbst verwirklicht. So ist etwa bei der Falschaussage gemäß § 153 StGB (eigenhändiges Delikt) Täter allein derjenige, der vor Gericht als Zeuge falsch aussagt. Andere können nur Teilnehmer sein, ohne dass es des Eingehens auf die Abgrenzungskriterien zwischen Täterschaft und Teilnahme bedarf.

644 Verlangt ein Tatbestand strafbegründend eine bestimmte Subjektqualität, geht es also um **echte Sonderdelikte** (z. B. § 348 StGB), kann Täter nur derjenige sein, welcher diese Subjektqualität aufweist (zu der besonderen Problematik des Versuchs bei Untauglichkeit des Subjekts siehe oben Rdn. 466).

Liegen derartige Fallkonstellationen nicht vor, ist umstritten, nach welchen Maßstäben die Unterscheidung zwischen Täterschaft und Teilnahme zu erfolgen hat. Darauf ist nunmehr bei den jeweiligen Beteiligungsformen im Einzelnen einzugehen.

II.   Die Mittäterschaft

645 Die Mittäterschaft ist nach zutreffender h. M. durch zwei spezifische Elemente gekennzeichnet. Es müssen ein **gemeinsamer Tatplan** und eine **gemeinsame Tatausführung** vorliegen.

> **Fall:** *A will O töten. A spricht daher seinen Freund B an, ob er ihm bei der Tat hilft. B ist einverstanden. Entsprechend dem gemeinsam gefassten Entschluss spioniert A die Gewohnheiten des O aus, besorgt die Tatwaffe und arbeitet im Einzelnen den Tatplan aus, wann und wo und bei welcher Gelegenheit der O getötet werden soll. B hält sich an den von A ausgearbeiteten Plan und tötet O. Zu diesem Zeitpunkt befindet sich A in einem Restaurant, um ein Alibi vorweisen zu können. Haben sich die Beteiligten wegen Totschlags in Mittäterschaft strafbar gemacht?*

Hinweis: Sind mehrere Personen an einer Straftat beteiligt, sollten die Betreffenden **grundsätzlich** jeweils **getrennt voneinander** geprüft werden. Dabei ist mit dem Tatnächsten zu beginnen, wobei stets zu beachten ist, dass der Täter zwingend vor dem Teilnehmer geprüft werden muss. Im Fall der **Mittäterschaft** kann **ausnahmsweise eine gemeinschaftliche Prüfung** erfolgen: Dies bietet sich einmal dann an, wenn die Beteiligten sämtlich in ihrer Person jeweils gemeinsam die Deliktsmerkmale verwirklicht haben: Mittäter A und B schlagen gemeinsam auf O ein. Zum anderen sollte eine gemeinsame Prüfung erfolgen, wenn die einzelnen Beteiligten jeweils nur Teilakte des Delikts in ihrer Person verwirklichen (etwa beim Raub, wenn Mittäter A nur Gewalt ausübt und allein Mittäter B dem Opfer die Sachen wegnimmt). Solche Konstellationen sind vorliegend nicht gegeben. Daher hat eine getrennte Prüfung zu erfolgen.

646

B hat einen anderen Menschen, den O, vorsätzlich getötet. Er handelt rechtswidrig und schuldhaft. B hat sich daher gemäß § 212 StGB strafbar gemacht.

Hinweis: Auch wenn der B dem A nur „helfen" wollte, ist er im Sinne des § 25 Abs. 1 Alt. 1 StGB unmittelbarer Täter, da er in seiner Person sämtliche Tatbestandsmerkmale verwirklicht hat.

A könnte sich wegen Totschlags in Mittäterschaft gemäß §§ 212, 25 Abs. 2 StGB strafbar gemacht haben.

A selbst hat in seiner Person nicht die Tötungshandlung ausgeführt. Ihm könnte jedoch das Verhalten des B zugerechnet werden, wenn die Voraussetzungen der Mittäterschaft vorliegen.

Hinweis: Zum Verständnis der Mittäterschaft ist wesentlich, dass dann, wenn die Voraussetzungen des § 25 Abs. 2 StGB im Einzelfall gegeben sind, das Verhalten des einen Täters dem anderen **zugerechnet** werden kann. Es geht also bei der Mittäterschaft um die **Zurechnung der Tathandlung**. Dagegen ist jeweils bezogen auf die **einzelne Person** zu prüfen, ob sie **tauglicher Täter** der Strafbestimmung ist (so können Mittäter des § 348 StGB z. B. nur Personen sein, welche die dort vorausgesetzten Eigenschaften innehaben) und ob bezogen auf ihn ein **taugliches Tatobjekt** vorliegt (Mittäterschaft an einer vollendeten Unterschlagung scheidet also aus, wenn die Sache für einen Mittäter nicht fremd ist). **Zudem** ist stets zu beachten, dass **subjektive Komponenten nicht zugerechnet** werden dürfen. So muss jeder in seiner Person Vorsatz und etwaige besondere subjektive Merkmale aufweisen. Sonst scheidet seine Mittäterschaft aus.

647

Die **Mittäterschaft** hat **zwei Voraussetzungen**. Es müssen ein **gemeinsamer Tatplan und** eine **gemeinsame Tatausführung** vorliegen.

648

Gemeinsamer Tatplan bedeutet die ausdrückliche oder konkludente Vereinbarung, die Tat gemeinsam arbeitsteilig durchzuführen.

649

Im Ausgangsfall könnte man möglicherweise an dem gemeinsamen Tatentschluss zweifeln, da die eigentliche Tatausführung – die Tötung des O – allein dem B oblag. Andererseits waren A und B darin übereingekommen, die Tat arbeitsteilig durchzuführen: A hatte die gesamte Planung der Tat inne, B sollte den eigentlichen Ausführungsakt vollziehen. Daher kann von einem gemeinsamen Tatplan ausgegangen werden.

Weitere Voraussetzung ist die **gemeinsame Tatbegehung**. Die Rechtsprechung und ganz überwiegende Ansicht im Schrifttum sind sich dabei einig, dass gemeinsame Tatbegehung **nicht bedeutet**, dass jeder Beteiligte in seiner Person zumindest einen Teil der tatbestandlichen Ausführungshandlung durchführen muss. Selbst wenn der Einzelne Tatbestandsmerkmale nicht selbst verwirklicht, kann er Mittäter sein. Umstritten ist jedoch, nach welchen Kriterien dann zu bestimmen ist, ob der Beteiligte Mittäter oder lediglich Teilnehmer ist.

650

Hinweis: Der Deutlichkeit halber ist nochmals zu betonen, dass im Prüfungsaufbau auf die Kriterien zur Abgrenzung von Täterschaft und Teilnahme nicht unter dem

Punkt „gemeinsamer Tatplan", sondern erst unter dem zweiten Merkmal „gemeinsame Tatbegehung" einzugehen ist.

651 Der BGH (BGHSt. 37, 289, 291) wählt vom Ausgangspunkt in ständiger Rechtsprechung einen **subjektiven Ansatz (subjektive Theorie, animus-Theorie). Täter** ist, wer die **Tat als eigene will (animus auctoris), Teilnehmer**, wer nur eine **fremde Tat fördern will (animus socii)**. Dieser **subjektive Ausgangspunkt** wird dann jedoch zur näheren Konkretisierung durch **objektive Komponenten angereichert**, indem der BGH auf den Umfang der Tatbeteiligung und die Teilhabe an der Tatherrschaft oder wenigstens den Willen zur Tatherrschaft abstellt, sodass Durchführung und Ausgang der Tat maßgeblich vom Willen des Mitwirkenden abhängen (BGH, NStZ 1994, 432, 433).

652 Nach der **gängigen Formulierung des BGH** liegt **Mittäterschaft** vor, wenn ein Tatbeteiligter auf der Grundlage gemeinsamen Wollens einen die Tatbestandsverwirklichung fördernden Beitrag leistet, der sich nach seiner Willensrichtung nicht als bloße Förderung fremden Tuns, sondern als Teil der Tätigkeit aller darstellt und dementsprechend die Handlungen der anderen als Ergänzung seines eigenen Tatanteils erscheinen lässt (BGHSt. 37, 289, 291). Dies sei nach den gesamten Umständen, die von seiner Vorstellung umfasst sind, in wertender Betrachtung zu beurteilen. Zu prüfen sei, ob der Beteiligte ein eigenes Interesse am Gelingen der Tat hat, er gleichgeordneter Mitträger des Tatplans ist, seine Beiträge für die Tatausführung von wesentlicher Bedeutung sind und eine Arbeitsteilung des gemeinsamen Handelns vorliegt (BGHR StGB § 25 Abs. 2 Mittäterschaft 12).

653 Bezieht man die Kriterien auf den vorliegenden Fall, dann hat A ausgehend von seinem eigenen Interesse am Gelingen der Tat Beiträge erbracht, die für die Tatausführung von wesentlicher Bedeutung sind. Problematisch erscheint lediglich, dass A **ausschließlich in der Vorbereitungsphase der Tat mitgewirkt** hat. Im Zeitpunkt des Versuchsbeginns konnte A keinen Einfluss mehr nehmen. Nach ständiger Rechtsprechung des BGH ist dies aber kein Grund, Mittäterschaft zu verneinen. Auch bei bloßer Mitwirkung im Vorbereitungsstadium könne Mittäterschaft vorliegen, wobei der BGH dabei keine besonders strengen Anforderungen an die Mitwirkung anlegt. A ist danach als Mittäter einzustufen.

654 Die **h. M. im Schrifttum vertritt für die Abgrenzung von Täterschaft und Teilnahme die Tatherrschaftslehre** (*Roxin*, AT II, § 25 Rdn. 10 ff., 188 ff.). **Täter** ist, wer die Tatbestandsverwirklichung als **Zentralgestalt des Geschehens** hemmen und ablaufen lassen kann. Der **Teilnehmer** ist dagegen eine **Randfigur**, der die Tatherrschaft fehlt. Danach ist Kennzeichen für die Mittäterschaft eine Tatbestandsverwirklichung durch arbeitsteilige Tatausführung; der Täter hält den **Geschehensablauf in den Händen** und kann über **das „Ob" und „Wie"** der Tatausführung entscheiden.

655 **Innerhalb der Tatherrschaftslehre** ist dabei **umstritten**, ob auch **die bloße Mitwirkung im Vorbereitungsstadium** zur Begründung der Mittäterschaft genügen kann.
Ein erheblicher Teil der Vertreter der Tatherrschaftslehre bejaht die Möglichkeit der Mittäterschaft bei bloßer Mitwirkung im Vorbereitungsstadium (etwa *B. Heinrich*, AT II, Rdn. 1228; *Küpper*, GA 1986, 437, 445 f.). Dabei werden jedoch teilweise besondere Anforderungen an das Verhalten in der Vorbereitungsphase gestellt: So wird ausgehend vom Bild des Bandenchefs die Gestaltung des Tatplans oder die Organisation der Tat oder Gestaltungsherrschaft verlangt. Das Beteiligungsminus bei der realen Tatausführung müsse durch das Plus der mitgestaltenden Deliktsplanung kompensiert werden; der vorher geleistete Tatbeitrag müsse während des nachfolgenden Tatgeschehens fortwirken (*Wessels/Beulke*, AT, Rdn. 528 f.). Angesichts der von A im Einzelnen durchgeführten Planung der Tat wäre A danach als Mittäter einzustufen.
Die Gegenansicht innerhalb der Tatherrschaftslehre lehnt Mittäterschaft bei bloßer Mitwirkung im Vorbereitungsstadium ab. Erforderlich sei eine Mitwirkung im Ausführungsstadium, das heißt zwischen Versuchsbeginn und materieller Beendigung

der Tat (*Roxin*, JuS 1979, 519, 522 f.). Danach könnte A nicht Mittäter, sondern nur Teilnehmer sein. Insofern kommt, da er B angesprochen hat, Anstiftung zum Totschlag in Betracht.

Stellungnahme: Gegenüber dem subjektiven Ausgangspunkt der Rechtsprechung ist als Vorwurf zu erheben, dass es sich hierbei tatsächlich um ein untaugliches Kriterium handelt.   **656**

Man muss sich nur die Situation vorstellen, dass der vernehmende Polizeibeamte den Beschuldigten fragt, ob er denn nun die Tat „als eigene" oder „als fremde" gewollt hat. Die vom BGH im Einzelfall getroffenen Entscheidungen beweisen das, indem oftmals nicht nachvollziehbar ist, warum in einem Fall Mittäterschaft, in einem anderen dagegen bloß Teilnahme angenommen wird. Es fehlt insoweit an einem klar nachvollziehbaren Kriterium. Im Grundsatz ist daher die Tatherrschaftslehre zu befürworten. In Bezug auf das Problem der bloßen Mitwirkung im Vorbereitungsstadium ist nun anzumerken, dass der Betreffende tatsächlich die Tatausführung nicht beherrscht. Wenn die Befürworter von Mittäterschaft anführen, das „Minus" bei der Ausführung werde durch das „Plus" bei der Vorbereitung ausgeglichen, offenbart dies, dass tatsächlich eine gemeinsame Tatbegehung eben nicht vorliegt. Der bloß in der Vorbereitung Tätige muss die Tat aus den Händen geben (*Zieschang*, ZStW 107 [1995] 361, 375). Daher ist die Ansicht zu befürworten, die Mittäterschaft bei bloßer Mitwirkung im Vorbereitungsstadium ablehnt. A ist daher kein Mittäter des Totschlags.

Hinweis: Wenn auch nicht von der Fallfrage umfasst, ist darauf hinzuweisen, dass A wegen Anstiftung zum Totschlag gemäß §§ 212, 26 StGB bestraft werden kann. Siehe zur Anstiftung im Einzelnen unten Rdn. 708 ff.

Ergänzend ist zur Mittäterschaft noch auf folgende Aspekte hinzuweisen:

Geht ein Mittäter über das hinaus, was vom gemeinsamen Tatplan umfasst war, handelt es sich um einen so genannten **Exzess des Mittäters**. Dann findet eine Zurechnung dieser Handlungen nicht statt.   **657**

Hinweis: War ein gemeinschaftlicher Diebstahl zwischen A und B vereinbart und begeht nun B absprachewidrig einen Raub, ist B gemäß § 249 StGB zu bestrafen, A jedoch nur gemäß § 242 StGB. Etwas anderes gilt nur, wenn A und B während der Tatausführung darin übereinkommen, den Tatplan auch auf den Raub auszuweiten. Dann sind beide Mittäter des Raubes. War zwischen den Mittätern nur eine gemeinschaftliche Körperverletzung verabredet, geht nun aber ein Mittäter ohne Zäsur zur Tötung über, handelt es sich für den anderen Mittäter um einen Exzess. Letzterer kann jedoch, sofern Vorhersehbarkeit der schweren Folge gegeben ist, gemäß § 227 StGB bestraft werden (BGH, NStZ 2005, 93).

Möglich ist auch eine **sukzessive Mittäterschaft**. Hierbei geht es um Fälle, in denen der Betreffende erst später in die bereits von einem anderen Täter begonnene Tatausführung eintritt und dann zwischen den beiden Einverständnis zur gemeinsamen Tatausführung hergestellt wird. Insofern ist problematisch, ob durch den Ersttäter bereits verwirklichte Delikte dem Hinzutretenden über die Mittäterschaft zugerechnet werden können.   **658**

Teilweise wird im Schrifttum die Ansicht vertreten, eine Zurechnung schon verwirklichter Teile des Delikts sei nur bis zum Zeitpunkt der tatbestandlichen Vollendung des Delikts möglich. Der BGH und ein Teil des Schrifttums hingegen erachten die sukzessive Mittäterschaft trotz Vollendung des Delikts bis zur tatsächlichen Beendigung der Tat für möglich.

Beispiel:

B steckt in einem Supermarkt eine Flasche Schnaps in seine Jacke. Als er den Regalbereich verlassen will, wird er von A angesprochen, der den B beobachtet hatte und es eine tolle Idee findet, die Schnapsflasche mit B gemeinsam zu

leeren. B stimmt dem zu. A unterstützt daraufhin B, unbemerkt den Super-
markt zu verlassen. Ist A „Mittäter" geworden?

Im Zeitpunkt, als A den B ansprach, war der Diebstahl bereits durch das Einstecken
der Flasche vollendet. Nach der engeren Literaturansicht scheidet sukzessive Mittäterschaft folglich aus. Die Rechtsprechung hingegen könnte sukzessive Mittäterschaft bejahen, da das Geschehen tatsächlich noch nicht vollständig abgeschlossen,
die Tat also nicht beendet war, als A hinzutrat. Das ist erst nach dem Verlassen des
Supermarkts der Fall.

659 Schließlich ist noch darauf einzugehen, welche Grundsätze gelten, wenn ein **Mittäter einem error in persona** unterliegt. Ganz überwiegend wird angenommen, dass
der error in persona des einen Mittäters auch für die anderen **unbeachtlich** sei (z. B.
Jescheck/Weigend, AT, § 63 I 2). Insofern ist jedoch kritisch anzumerken, dass die
Mittäterschaft keine Zurechnung in subjektiver Hinsicht erlaubt. Daher wird man
nur dann den error in persona des einen Mittäters auch für die anderen als unbeachtlich einzustufen haben, wenn es sich für die anderen Mittäter um eine unwesentliche
Abweichung vom vorgestellten Verlauf handelt, was der Fall ist, wenn die Verwechslung sich im Rahmen des nach allgemeiner Lebenserfahrung Vorhersehbaren gehalten hat und keine andere Bewertung der konkreten Tat rechtfertigt.

660 Noch brisanter ist die Situation, wenn der error in persona eines Mittäters dazu führt,
dass auf einen anderen Mittäter geschossen wird. Klassisch ist insofern folgender
Fall in Anlehnung an BGHSt. 11, 268:

> *Die Mittäter A und B kamen darin überein, gemeinsam einen Diebstahl zu*
> *begehen. Gleichzeitig vereinbarten sie, auf etwaige Verfolger zu schießen, um*
> *eine Festnahme zu verhindern. Als beide bei dem Diebstahl bemerkt wurden,*
> *flohen sie. Auf der Flucht registrierte B, dass ihm eine Person in einer Entfer-*
> *nung von 2 bis 3 Metern folgte. Irrtümlich hielt er diese Person für einen Ver-*
> *folger und schoss mit Tötungsvorsatz auf sie. Tatsächlich handelte es sich bei*
> *der Person um A, der verletzt wurde. Haben sich A und B wegen versuchten*
> *Totschlags in Mittäterschaft strafbar gemacht?*

B könnte sich gemäß §§ 212, 22, 23 StGB strafbar gemacht haben. Die Tat ist nicht
vollendet, A hat überlebt. Der Versuch des Verbrechens des Totschlags ist strafbar
(§§ 23 Abs. 1, 12 Abs. 1 StGB). Fraglich ist, ob B Tatentschluss gehabt hat. B wollte
die hinter ihm laufende Person töten. Dass es sich hierbei objektiv nicht um einen
Verfolger, sondern um A handelte, stellt für B einen unbeachtlichen error in persona
dar, der den Tötungsvorsatz unberührt lässt. B hat mit der Abgabe des Schusses auch
unmittelbar zur Tatbestandsverwirklichung angesetzt und handelt rechtswidrig und
schuldhaft. B hat sich daher wegen versuchten Totschlags strafbar gemacht.
Möglicherweise ist A wegen versuchten Totschlags in Mittäterschaft zu bestrafen. Die
Tat ist nicht vollendet. Es handelt sich – da § 212 StGB die Tötung eines anderen
Menschen voraussetzt – für A um einen untauglichen Versuch (Untauglichkeit des
Tatobjekts); auch der untaugliche Versuch wird als strafbar erachtet. Fraglich ist, ob
Tatentschluss des A angenommen werden kann. A wollte, dass auf etwaige Verfolger
geschossen wird. Dies entsprach auch dem gemeinsamen Tatplan mit B. Problema-
tisch ist jedoch, ob sich der Irrtum des B auf den A auswirkt.

661 Teilweise wird vertreten, der Tatplan habe sich nur darauf bezogen, auf Verfolger zu
schießen; der Schuss auf einen Mittäter sei daher ein Exzess, der nicht mehr vom
gemeinsamen Tatplan gedeckt sei (*Seelmann*, JuS 1980, 571, 572). Danach entfällt
eine Bestrafung des A wegen versuchten Totschlags in Mittäterschaft. A kann nur
gemäß §§ 30 Abs. 2, 212 StGB bestraft werden.

662 Der BGH (BGHSt. 11, 268) und ein Teil des Schrifttums (*Jakobs*, AT, 21. Abschnitt
Rdn. 45) lehnen hingegen einen Exzess ab. Der Schuss auf vermeintliche Verfolger

halte sich innerhalb des Tatplans. Zudem sei auch vom Tatentschluss in Bezug auf eine gemeinsame Tatbegehung auszugehen. So habe der Verletzte aufgrund seiner räumlichen Nähe jederzeit auf den Schießenden einwirken können (str.). Danach ist A wegen versuchten Totschlags in Mittäterschaft zu bestrafen.

Stellungnahme: Die Mittäterschaft erlaubt lediglich die Zurechnung der Tathandlung. Dagegen sind die vom Tatbestand geforderte Täterqualität sowie das Tatobjekt jeweils zu dem einzelnen Mittäter in Beziehung zu setzen. In Bezug auf A fehlt es nun aber an einem tauglichen Tatobjekt, da er eben kein anderer ist. Dieser Gesichtspunkt führt nun aber wiederum nicht unmittelbar zum Ausschluss der Mittäterschaft, sondern lediglich dazu, dass für den A von vornherein nur ein untauglicher Versuch in Betracht kommen kann. Davon unabhängig ist zu prüfen, ob der error in persona auf ihn Auswirkungen hat. Insofern ist der error in persona nach hiesiger Auffassung unbeachtlich, wenn sich die Verwechslung im Rahmen des nach allgemeiner Lebenserfahrung Vorhersehbaren gehalten hat und keine andere Bewertung der konkreten Tat rechtfertigt. Dass in der konkreten Situation der Irrtum des B nicht ganz unwahrscheinlich ist, wird man hier annehmen können. Andererseits ist zu berücksichtigen, dass der A selbst getroffen worden ist. Vor dem Hintergrund, dass die Selbsttötung von § 212 StGB nicht erfasst ist, wird man daraus aber eine andere konkrete Bewertung der Tat herzuleiten haben. Daher ist der Irrtum des B für den A beachtlich und führt zur Verneinung des Tatentschlusses. A kann daher nicht wegen versuchten Totschlags in Mittäterschaft bestraft werden. (Es bleibt nur eine Bestrafung gemäß §§ 30 Abs. 2, 212 StGB.)

663

III. Die mittelbare Täterschaft

Liegen die Voraussetzungen der Mittäterschaft im konkreten Fall nicht vor, ist zu untersuchen, ob eventuell eine Konstellation der mittelbaren Täterschaft gemäß § 25 Abs. 1 Alt. 2 StGB gegeben ist. In der Prüfung vorrangig ist aber an Mittäterschaft zu denken.

664

Gemäß § 25 Abs. 1 Alt. 2 StGB ist mittelbarer Täter derjenige, der die Straftat durch einen anderen begeht. Typisches Kennzeichen für die **mittelbare Täterschaft** ist die **Tatherrschaft des Hintermanns** (mittelbaren Täters) und die **Werkzeugqualität des Vordermanns** (Tatmittlers). Es liegt eine überlegene Stellung des Hintermanns gegenüber dem unmittelbar handelnden Vordermann vor. Aufgrund seiner Überlegenheit wird dem mittelbaren Täter das Handeln des Tatmittlers zugerechnet.

665

Wie sich bereits aus dem Begriff **mittelbar** ergibt, verwirklicht der Täter nicht unmittelbar in seiner Person die relevanten Merkmale der jeweiligen Strafbestimmung, sondern bedient sich dabei eines menschlichen Werkzeugs. Daraus folgt, dass die mittelbare Täterschaft bei **eigenhändigen Delikten nicht** in Betracht kommt. Bei diesen kann nämlich nur derjenige überhaupt Täter sein, der in seiner Person die Tatbestandsverwirklichung selbst vornimmt.

666

Da es bei der mittelbaren Täterschaft entscheidend um die Benutzung eines Werkzeugs geht, wäre es in Prüfungsarbeiten relativ unergiebig, wenn man zur Bestimmung, ob ein Fall der mittelbaren Täterschaft vorliegt, auf die allgemeinen Abgrenzungskriterien (animus-Theorie; Tatherrschaftslehre) abstellt. Vielmehr hat man unmittelbar zu erörtern, ob eine **Figur der mittelbaren Täterschaft** in Betracht kommt. Grundsätzlich ist dabei für die Werkzeugqualität des Vordermanns ein **Strafbarkeitsdefizit auf einer Ebene des Verbrechensaufbaus** kennzeichnend und für den Hintermann ein **überlegenes Wissen** oder ein **überlegener Wille**. Subjektiv ist das Bewusstsein des mittelbaren Täters zur Tatherrschaft erforderlich. Das Werkzeug handelt also z. B. unvorsätzlich oder gerechtfertigt und der Hintermann macht sich diesen Umstand bewusst zunutze. Im Folgenden ist auf die jeweiligen Fallgruppen

667

der mittelbaren Täterschaft einzugehen. Umstritten ist, ob die mittelbare Täterschaft auch dann in Betracht kommen kann, wenn der Vordermann volldeliktisch handelt. Diese Frage wird unter dem Stichwort „Täter hinter dem Täter" behandelt.

1. Die Fallgruppen der mittelbaren Täterschaft

668 Typischerweise handelt das Werkzeug objektiv tatbestandslos, weist einen Mangel im subjektiven Tatbestand auf, handelt rechtmäßig oder ohne Schuld.

a) Objektiv tatbestandslos handelndes Werkzeug

669 **Beispiel (BGHSt. 32, 38; Siriusfall):**
A war Lehrer und Berater der O in allen Lebensfragen. O vertraute ihm blindlings. A erklärte O, er sei Bewohner des Sterns Sirius. Er sei mit dem Auftrag auf die Erde gesandt worden, dafür zu sorgen, dass einige Menschen, darunter O, nach dem Zerfall ihrer Körper mit ihrer Seele auf einem anderen Planeten oder dem Sirius weiterleben könnten. A erklärte O, sie könne die Fähigkeit, nach ihrem Tod auf einem anderen Himmelskörper weiterzuleben, dadurch erlangen, dass sich der ihm bekannte Mönch Uliko für einige Zeit in Meditation versetze. Die dafür zu zahlende Summe verschaffte sich die O über einen Bankkredit. Als A bemerkte, dass O von der Richtigkeit seiner Erklärungen immer noch völlig überzeugt war, spiegelte er ihr vor, in einem roten Raum am Genfer See stehe für O ein neuer Körper bereit, in dem sie sich als Künstlerin wiederfinden werde, wenn sie sich von ihrem alten Körper trenne. Auch in ihrem neuen Leben benötige sie jedoch Geld. Es lasse sich dadurch beschaffen, dass O eine Lebensversicherung mit A als Bezugsberechtigten abschließe und durch einen vorgetäuschten Unfall aus ihrem jetzigen Leben scheide. Ihr jetziges Leben sollte sie dadurch beenden, dass sie sich in eine Badewanne setze und einen eingeschalteten Fön in das Badewasser fallen lasse. O setzte sich in die Badewanne, der tödliche Stromstoß blieb jedoch aus. A war überrascht, dass die O seinen Kontrollanruf entgegennahm. Etwa drei Stunden lang gab er ihr in ca. zehn Telefongesprächen Anweisungen, um aus dem Leben zu scheiden. Dann nahm A von weiteren Bemühungen Abstand, weil er sie für aussichtslos hielt. O handelte in völligem Vertrauen auf A. Der Gedanke an Selbstmord kam ihr dabei nicht; sie ließ den Fön in der Hoffnung ins Wasser fallen, sofort in einem neuem Körper zu erwachen. Hat sich A wegen versuchten Totschlags strafbar gemacht?

A könnte sich wegen versuchten Totschlags in mittelbarer Täterschaft gemäß §§ 212, 22, 23, 25 Abs. 1 Alt. 2 StGB strafbar gemacht haben. Die Tat ist nicht vollendet, O hat überlebt. Der Versuch des Totschlags ist strafbar (§§ 23 Abs. 1, 12 Abs. 1 StGB).
Zu prüfen ist, ob A Tatentschluss gehabt hat in Bezug auf die Tötung der O in mittelbarer Täterschaft. A wollte, dass es zum Tod der O kommt. Er wollte jedoch die Tat nicht unmittelbar selbst begehen; vielmehr sollte O selbst die tödliche Handlung vollziehen. Im finalen Augenblick war A überhaupt nicht zugegen. Es könnte jedoch ein Fall der mittelbaren Täterschaft vorliegen, indem A die O als Werkzeug gegen sich selbst benutzen wollte. Da § 212 StGB die Tötung eines anderen Menschen voraussetzt, wäre O dann tatbestandslos handelndes Werkzeug.
Abzugrenzen ist dabei jedoch die mittelbare Täterschaft von der straflosen Teilnahme am Suizid(versuch). Da der (versuchte) Suizid tatbestandslos ist, kann sich ein Anstifter oder Gehilfe zum Suizid mangels Vorliegens einer tatbestandsmäßigen rechtswidrigen Haupttat (limitierte Akzessorietät der Teilnahme; vgl. §§ 26, 27 StGB) nicht strafbar machen.

Maßgeblich für die Frage, ob die O Werkzeug des A ist oder nicht, ist das Kriterium **670** der **Freiverantwortlichkeit**. Wenn jemand freiverantwortlich den Entschluss fasst, aus dem Leben zu scheiden, liegt ein Suizid vor. Fehlt es an dieser Freiverantwortlichkeit, hat der Betreffende Werkzeugqualität und der Hintermann Tatherrschaft, sodass von einer Tötung in mittelbarer Täterschaft auszugehen ist. Umstritten ist dabei, wie die Freiverantwortlichkeit zu bestimmen ist.

Teilweise wird im Schrifttum auf die **Exkulpationsregeln der § 3 JGG, §§ 19, 20, 35** **671** **StGB** abgestellt und geprüft, ob sich der Betreffende in einer entsprechenden psychischen Verfassung befindet (*Roxin*, AT II, § 25 Rdn. 57). Zieht man dieses Kriterium heran, könnte bei O Freiverantwortlichkeit bejaht werden, da sie keiner derartigen Zwangssituation ausgesetzt war. Dennoch wird auch von dieser Ansicht bezogen auf den vorliegenden Fall mittelbare Täterschaft bejaht: Es liege kein Selbstmordversuch vor, da die O davon ausging, sie werde auf dieser Welt, wenn auch in einem veredelten Körper, weiterleben; dies sei ein Quasi-Tatbestandsirrtum, eine durch Täuschung bewirkte und damit vorsatzlose Selbstschädigung (*Roxin*, AT II, § 25 Rdn. 70).

Die Gegenauffassung zieht zur Bestimmung der Freiverantwortlichkeit die **Regeln** **672** **der Einwilligung**, § 216 StGB, entsprechend heran (*Krey*, BT 1, Rdn. 89). Danach würde es aufgrund der Täuschung des A an der Ernstlichkeit der Entscheidung der O fehlen, sodass Freiverantwortlichkeit zu verneinen ist. Auch nach dieser Auffassung ist A mittelbarer Täter.

Der BGH (BGHSt. 32, 38) hat im Siriusfall ausgeführt, wenn weder ein Fall des § 20 **673** StGB noch des § 35 StGB vorliege, sondern eine Täuschung, hänge die Abgrenzung von strafloser Teilnahme am Suizid und strafbarer Tötung in mittelbarer Täterschaft im Einzelfall von Art und Tragweite des Irrtums ab. Verschleiere der Hintermann dem Opfer die Tatsache, dass es eine Ursache für den eigenen Tod setze, sei er Täter kraft überlegenen Wissens. Auch danach ist A mittelbarer Täter.

Sämtliche Auffassungen gelangen damit zu dem Ergebnis, dass bei A der Tatentschluss im Hinblick auf eine Tötung der O in mittelbarer Täterschaft zu bejahen ist. Durch das Einwirken auf O hat A zur Tat auch unmittelbar angesetzt; ohne wesentliche Zwischenakte sollte es zur Tatbestandsverwirklichung kommen. A handelt auch rechtswidrig und schuldhaft und hat sich daher wegen versuchten Totschlags in mittelbarer Täterschaft gemäß §§ 212, 22, 23, 25 Abs. 1 Alt. 2 StGB strafbar gemacht.

Als eigenständige Fallgruppe, wenn es auch tatsächlich um ein tatbestandslos han- **674** delndes Werkzeug geht, wird die Konstellation des **qualifikationslos-dolosen Werkzeugs diskutiert**.

> **Beispiel:**
> *Der zur Aufnahme öffentlicher Urkunden befugte Standesbeamte A veranlasst den Nichtamtsträger B, eine Falschbeurkundung vorzunehmen.*

B ist nicht tauglicher Täter des § 348 StGB, da er die dort vorgesehene Täterqualifikation (Amtsträger, der zur Aufnahme öffentlicher Urkunden befugt ist) nicht erfüllt. Er handelt tatbestandslos, wenn er auch weiß, dass er eine Falscheintragung vornimmt. **Hinweis:** Falls sich die Straflosigkeit des unmittelbar Handelnden nicht bereits offensichtlich aus dem Sachverhalt ergibt, was insbesondere bei Selbstschädigungen der Fall ist, sollte man die Prüfung immer mit dem unmittelbar Handelnden beginnen und erst im Anschluss den Hintermann prüfen. Stets zu denken ist dabei daran, dass der unmittelbar Handelnde möglicherweise Teilnehmer an der Tat des mittelbaren Täters sein kann. Diese ist dann im Anschluss an die Prüfung des mittelbaren Täters anzusprechen.

A könnte sich gemäß §§ 348, 25 Abs. 1 Alt. 2 StGB strafbar gemacht haben. § 348 StGB ist kein eigenhändiges Delikt, sodass mittelbare Täterschaft im Grundsatz in

Betracht kommt. Zu prüfen ist, ob tatsächlich eine Figur der mittelbaren Täterschaft vorliegt.

B handelt zwar in Kenntnis der Umstände, weist jedoch nicht die erforderliche Subjektqualität auf.

675 Ein Teil des Schrifttums erachtet eine solche Konstellation als Fall der **mittelbaren Täterschaft unter Benutzung eines qualifikationslos-dolosen Werkzeugs** (*Ebert*, AT, S. 191, 195 f.). Aus der Tatsache des Strafbarkeitsdefizits bei B einerseits und der bei A vorhandenen Subjektqualität andererseits ergebe sich die überlegene Stellung des Hintermanns. Danach wäre A mittelbarer Täter. B wäre Gehilfe zu dieser Tat und nach §§ 348, 27, 28 Abs. 1, 49 Abs. 1 StGB zu bestrafen (bei B fehlt das in § 348 StGB strafbarkeitsbegründende besondere persönliche Merkmal der Amtsträgereigenschaft). Dabei findet jedoch **keine doppelte Milderung** gemäß § 27 Abs. 2 S. 2 StGB und § 28 Abs. 1 StGB statt, da allein wegen Fehlens des besonderen persönlichen Merkmals Beihilfe anzunehmen ist (*Fischer*, StGB, § 28 Rdn. 7).

676 Andere Autoren lehnen die Figur des qualifikationslos-dolosen Werkzeugs ab, gelangen jedoch auf andere Weise zur Täterschaft. Da § 348 StGB (wie z. B. auch § 266 StGB) ein **Pflichtdelikt** sei, genüge unabhängig von einer Tatherrschaft jeder Tatbeitrag des Sonderpflichtigen zur Begründung seiner (unmittelbaren) **Täterschaft** (*Jakobs*, AT, 21. Abschnitt Rdn. 104, 115 ff.). Die Täterschaft liege in der Pflichtverletzung. Der Sonderpflichtige A ist also allein dadurch Täter, dass er den B zu der Eintragung veranlasst hat.

677 Die Gegenansicht **verneint** in einer derartigen Konstellation **(mittelbare) Täterschaft** (*Otto*, AT, § 21 Rdn. 93 ff.). Das ist zutreffend, denn der Hintermann hat tatsächlich keine Tatherrschaft (*Zieschang*, Festschr. für Otto, 2007, S. 505, 516 f.). Danach bleibt A straflos und B auch.

b) Subjektiv tatbestandslos handelndes Werkzeug

678 Einigkeit besteht, dass mittelbare Täterschaft in Betracht kommt, wenn der Vordermann vorsatzlos handelt.

> ***Typisches Beispiel:***
> *Der Jäger A fordert B auf, auf einen Hirsch zu schießen. B schießt im Vertrauen auf die Aussage des A. Tatsächlich handelte es sich gar nicht, was A von vornherein wusste, um ein Tier, sondern um den mit A verfeindeten Jäger O, der tödlich getroffen wird. Strafbarkeit der Beteiligten gemäß § 212 StGB?*

B verwirklicht den objektiven Tatbestand des § 212 StGB, ihm fehlt jedoch der Vorsatz, da er nicht weiß, dass er auf einen Menschen schießt. Eine Frage des Einzelfalls ist, ob eine Strafbarkeit wegen fahrlässiger Tötung gemäß § 222 StGB in Betracht kommt.

A macht sich strafbar gemäß §§ 212, 25 Abs. 1 Alt. 2 StGB unter Benutzung eines unvorsätzlich handelnden Werkzeugs. A hat überlegenes Wissen. A will, dass O getötet wird und hat das Bewusstsein der Tatherrschaft. A handelt rechtswidrig und schuldhaft und ist daher gemäß §§ 212, 25 Abs. 1 Alt. 2 StGB zu bestrafen.

679 Vergleichbar mit dem Streit zum qualifikationslos-dolosen Werkzeug besteht Uneinigkeit, ob mittelbare Täterschaft in Betracht kommt im Fall des **absichtslos-dolosen Werkzeugs**. Es geht also um Konstellationen, in denen der Vordermann zwar weiß, dass er etwa im Fall des § 242 StGB eine fremde bewegliche Sache wegnimmt, jedoch nicht die notwendige Zueignungsabsicht aufweist, was nur beim Hintermann der Fall ist. Da seit dem 6. Strafrechtsreformgesetz vom 26. 1. 1998, das große Veränderungen im Bereich des Besonderen Teils des StGB durchgeführt hat (u. a. bei den Körperverletzungs-, Eigentums- und Brandstiftungsdelikten), bei § 242 StGB auch die **Drittzueignungsabsicht** erfasst ist, muss zunächst betont werden, dass dieser

Rechtsfigur **kaum ein Anwendungsbereich** mehr verbleibt: Normalerweise ist der unmittelbar handelnde Täter, der mit Drittzueignungsabsicht agiert, und der Hintermann Anstifter zu dieser Tat. Für das Problem des absichtslos-dolosen Werkzeugs verbleiben aber Fälle wie der Folgende:

A beauftragt den B, dem O eine wertvolle Uhr wegzunehmen. B ist einverstanden, wobei sein einziges Motiv die Schädigung des mit ihm verfeindeten O ist.

B hat im Sinne des § 242 StGB eine fremde bewegliche Sache weggenommen. Er handelt auch vorsätzlich. Ihm fehlt jedoch die Absicht, sich oder einem Dritten die Sache zuzueignen, da es ihm allein auf die Schädigung des O ankommt. B hat sich daher nicht gemäß § 242 StGB strafbar gemacht.

Fraglich ist, ob A sich gemäß §§ 242, 25 Abs. 1 Alt. 2 StGB strafbar gemacht hat unter Benutzung eines absichtslos-dolosen Werkzeugs.

Sofern dieser Rechtsfigur überhaupt noch ein Anwendungsbereich verbleibt, hält ein **680** Teil des Schrifttums an ihr fest. Es liege ein Strafbarkeitsdefizit beim Vordermann vor, sodass von einer beherrschenden Stellung und damit von mittelbarer Täterschaft ausgegangen werden könne (*Jescheck/Weigend*, AT, § 62 II 7). Danach wäre A zu bestrafen gemäß §§ 242, 25 Abs. 1 Alt. 2 StGB. B hätte zu dieser Tat Hilfe geleistet gemäß §§ 242, 27 StGB.

Die Gegenauffassung lehnt die Rechtsfigur des absichtslos-dolosen Werkzeugs ab **681** (*Otto*, AT, § 21 Rdn. 97; *Zieschang*, Festschr. für Otto, 2007, S. 505, 517 f.), da von Tatherrschaft des Hintermanns nicht gesprochen werden könne. Nach dieser Ansicht macht sich A durch die Annahme der Sache gemäß § 246 StGB strafbar. B leistet zu dieser Tat Hilfe (§§ 246, 27 StGB).

c) Rechtmäßig handelndes Werkzeug

Einigkeit besteht, dass mittelbare Täterschaft in Betracht kommt, wenn der Hinter- **682** mann ein rechtmäßig handelndes Werkzeug benutzt.

Beispiel:
A ist mit O verfeindet. Um dem O einen Denkzettel zu verpassen, behauptet der A der Wahrheit zuwider gegenüber der Polizei, der O habe die Frau des A getötet. Aufgrund dieser unwahren Aussage wird O durch den Polizeibeamten B vorläufig festgenommen.

In diesem Fall ist A wegen Freiheitsberaubung in mittelbarer Täterschaft zu bestrafen. A benutzt den B als rechtmäßig (§ 127 Abs. 2 StPO) handelndes Werkzeug.

d) Schuldlos handelndes Werkzeug

Problematischer stellt sich die mittelbare Täterschaft im Bereich der Schuld dar. So **683** setzt die Anstiftung lediglich eine vorsätzliche, rechtswidrige Tat voraus, wobei die Schuld des unmittelbar Handelnden gemäß § 29 StGB keine Rolle spielt. Setzt der Täter eine schuldlos handelnde Person ein, kann daher durchaus auch Anstiftung vorliegen. Maßgeblich ist insofern, ob der **Täter die Tatausführung beherrscht** und gerade den Umstand der fehlenden Schuld zur Tatbegehung ausnutzt.

Mittelbare Täterschaft liegt vor, wenn der Hintermann die Tatsache, dass der Vorder- **684** mann **schuldunfähig** ist (§§ 19, 20 StGB), bewusst als Mittel zur Tatbegehung einsetzt und zur Tat ausnutzt (Umstritten ist dies aber, wenn es um bloße verminderte Schuldfähigkeit geht).

Beispiel:

A schickt seinen dreijährigen Sohn B mit roter Lackfarbe los, um das weiße Haus des verfeindeten Nachbarn O „zu bemalen". Sofern nicht bereits der Vorsatz des B zu verneinen ist und schon aus diesem Grund mittelbare Täterschaft (unvorsätzlich handelndes Werkzeug) vorliegt, setzt A bewusst die fehlende Einsichtsfähigkeit des B ein, um die Sachbeschädigung zu begehen.

A ist zu bestrafen wegen Sachbeschädigung in mittelbarer Täterschaft unter Benutzung eines schuldlos (§ 19 StGB) handelnden Werkzeugs.

685 Mittelbare Täterschaft ist auch anzunehmen, wenn der Hintermann beim Vordermann einen **Erlaubnistatbestandsirrtum** hervorruft, damit der Vordermann in dieser Situation eine Straftat begeht. (Sofern man der strengen Schuldtheorie folgt, welche den Erlaubnistatbestandsirrtum dem § 17 StGB zuordnet, stellt sich jedoch die Frage, ob mittelbare Täterschaft auch bei Vermeidbarkeit des Irrtums in Betracht kommt; siehe dazu die sogleich folgende Darstellung des Meinungsstands zum vermeidbaren Verbotsirrtum Rdn. 688 ff.)

Beispiel:

A ruft dem B zu, O greife den B von hinten an. In Wahrheit will O nur mit B sprechen, was A erkennt und bewusst ist. Im Glauben an diese Aussage schlägt B den O nieder. In diesem Fall geht B irrtümlich vom Vorliegen der tatsächlichen Voraussetzungen eines von der Rechtsordnung anerkannten Rechtfertigungsgrundes aus, sodass B einem Erlaubnistatbestandsirrtum unterliegt, den A bewusst zur Tatbegehung einsetzt.

A ist zu bestrafen wegen Körperverletzung in mittelbarer Täterschaft.

686 Mittelbare Täterschaft kommt auch in Betracht, wenn der Vordermann **entschuldigt** ist.

Beispiel:

Die Arbeitskollegen A, B und O bilden eine Fahrgemeinschaft. Dabei empfindet A tiefen Hass gegenüber O. Um nicht selbst anhand von Schmauchspuren am Körper überführt werden zu können, droht der A dem B während einer gemeinsamen Fahrt zur Arbeitsstätte mit dem Tod, wenn B nicht sogleich den O tötet. Angesichts dieser Drohung erschießt B den O. Strafbarkeit nach § 212 StGB?

B hat einen anderen Menschen, den O, getötet und den objektiven Tatbestand des § 212 StGB verwirklicht. B handelt auch vorsätzlich. Eine Rechtfertigung gemäß § 32 StGB scheidet aus, da die Notwehr nicht den Eingriff in ein unbeteiligtes Gut rechtfertigen kann. Ein rechtfertigender Notstand gemäß § 34 StGB scheitert daran, dass das geschützte Interesse (Leben des B) das beeinträchtigte Interesse (Leben des O) nicht wesentlich überwiegt. B könnte jedoch gemäß § 35 StGB entschuldigt sein. Es besteht eine gegenwärtige Gefahr für das Leben des B. Diese Gefahr war auch angesichts der Situation – A, B und O befinden sich im Fahrzeug – nicht anders abwendbar als durch Tötung des O. B handelt, um die Gefahr von sich abzuwehren. Die Hinnahme der Gefahr war ihm nicht zuzumuten. B ist daher gemäß § 35 StGB entschuldigt.

A macht sich wegen Totschlags in mittelbarer Täterschaft unter Ausnutzung eines entschuldigt handelnden Werkzeugs strafbar.

687 Weitgehend anerkannt ist, dass eine mittelbare Täterschaft ebenfalls in Betracht kommt, wenn sich der Vordermann in einem **unvermeidbaren Verbotsirrtum** befindet.

688 Umstritten ist dagegen der Fall, dass lediglich ein **vermeidbarer Verbotsirrtum** beim Vordermann vorliegt.

Beispiel (BGHSt. 35, 347; Katzenkönig-Fall):

Die A und der B lebten in einem von Mystizismus und Irrglauben geprägten Beziehungsgeflecht. A gelang es, dass B durch Vornahme mystischer Kulthandlungen an die Existenz des „Katzenkönigs" glaubte, der seit Jahrtausenden das Böse verkörpere und die Welt bedrohe. Als A hörte, dass ihr ehemaliger Freund geheiratet hatte, entschloss sie sich, dessen Frau O töten zu lassen. A spiegelte dem B vor, der Katzenkönig verlange ein Menschenopfer in Gestalt der Frau O. Anderenfalls würden Millionen von Menschen vom Katzenkönig vernichtet. B plagten Gewissensbisse, er wog jedoch die Gefahr für Millionen Menschen ab, die er durch das Opfer von Frau O retten konnte. B suchte daraufhin O auf und stach mit Tötungsvorsatz auf die O ein. O wurde jedoch gerettet. Strafbarkeit von A gemäß §§ 212, 22, 23, 25 Abs. 1 Alt. 2 StGB?

Der BGH ist in diesem Fall von einem **vermeidbaren Verbotsirrtum** bei B gemäß § 17 S. 2 StGB ausgegangen. Damit ist B volldeliktisch handelnder Täter, wenn auch dessen Strafe gemäß § 17 S. 2 StGB gemildert werden kann.

Insofern stellt sich die Frage, ob mittelbare Täterschaft überhaupt möglich ist, wenn der Vordermann volldeliktisch handelt. Hierbei handelt es sich um ein allgemeines Problem, das unter dem Schlagwort **„Täter hinter dem Täter"** diskutiert wird. Darauf wird nachfolgend unter Punkt 2 im Einzelnen eingegangen (Rdn. 690 ff.). Kraft Sachzusammenhangs mit § 17 StGB soll der Fall des vermeidbaren Verbotsirrtums jedoch bereits hier vorgestellt sein.

689

Der BGH (BGHSt. 35, 347) hat im Katzenkönig-Fall ausgeführt, dass allein die Vermeidbarkeit des Irrtums kein taugliches Abgrenzungskriterium sei zwischen mittelbarer Täterschaft einerseits und Anstiftung andererseits. Auch bei Vermeidbarkeit fehle dem Täter die Unrechtseinsicht. Es bedürfe der wertenden Ermittlung, ob die vom Täterwillen getragene objektive Tatherrschaft vorlag. Im Einzelfall komme es auf Art und Tragweite des Irrtums und auf die Intensität der Einwirkung des Hintermanns an. Mittelbarer Täter sei derjenige, der mithilfe des von ihm bewusst hervorgerufenen Irrtums das Geschehen gewollt auslöse und steuere, sodass der Irrende bei wertender Betrachtung als ein Werkzeug anzusehen sei. Im Katzenkönig-Fall hat der BGH mittelbare Täterschaft bejaht. A ist daher zu bestrafen gemäß §§ 212, 22, 23, 25 Abs. 1 Alt. 2 StGB.

Im Schrifttum wird zum Teil beim vermeidbaren Verbotsirrtum mittelbare Täterschaft abgelehnt (*Stratenwerth/Kuhlen*, AT, § 12 Rdn. 53 ff.); es bleibt dann die Anstiftung.

Die überwiegende Ansicht in der Literatur hingegen geht davon aus, dass auch beim vermeidbaren Verbotsirrtum mittelbare Täterschaft in Betracht kommen kann (etwa *Gropp*, AT, § 10 Rdn. 70 ff.).

2. Der Täter hinter dem Täter

Schon im Zusammenhang mit dem zuvor erörterten Problem der mittelbaren Täterschaft bei einem vermeidbaren Verbotsirrtum ist die generelle Frage aufgetaucht, ob mittelbare Täterschaft in Betracht kommt, wenn der Vordermann volldeliktisch handelt.

690

Darauf soll nunmehr nochmals isoliert eingegangen werden, da hierbei nicht nur Fälle des vermeidbaren Verbotsirrtums in Rede stehen.

Fall: A war Mitglied des Nationalen Verteidigungsrats der DDR. In dieser Eigenschaft war er maßgeblich an den Beschlüssen zur Befehlslage an der deutsch-deutschen Grenze beteiligt. Danach waren Grenzdurchbrüche von DDR-Bürgern in jedem Fall, notfalls durch Tötung, zu verhindern. Der Grenz-

soldat B erschoss auf der Grundlage dieses Befehls den O, als dieser im Begriff war, in die Bundesrepublik Deutschland zu fliehen. Hat sich A gemäß § 212 StGB strafbar gemacht?

Vermerk: Es ist davon auszugehen, dass sich B gemäß § 212 StGB strafbar gemacht hat, auf den A das StGB anwendbar ist und die Tat nicht verjährt ist.

A könnte sich wegen Totschlags in Mittäterschaft strafbar gemacht haben. Voraussetzung dafür wäre ein gemeinsamer Tatplan und eine gemeinsame Tatbegehung. Nach einer im Schrifttum vertretenen Ansicht habe sich der B mit seinem Verhalten den Plan des A konkludent zu Eigen gemacht. Unmittelbar Handelnder und Machthaber seien daher Mittäter (*Otto*, AT, § 21 Rdn. 92). Dagegen spricht jedoch schon der Umstand, dass A ausschließlich in der Vorbereitungsphase der Tat tätig ist, was aus hiesiger Sicht zur Begründung von Mittäterschaft nicht ausreichen kann.

Möglicherweise ist A jedoch mittelbarer Täter des Totschlags an O. Dann müsste eine Figur der mittelbaren Täterschaft vorliegen.

691 Der BGH (BGHSt. 40, 218, 236 f.) hat ausgeführt, dass mittelbare Täterschaft grundsätzlich ausscheide, falls der Vordermann irrtumsfrei und voll schuldfähig handele. Dies sei aber anders zu beurteilen, wenn der Hintermann durch **Organisationsstrukturen bestimmte Rahmenbedingungen ausnutze, innerhalb derer sein Tatbeitrag regelhafte Abläufe auslöse**. Mittelbare Täterschaft komme daher bei einem volldeliktisch handelnden Vordermann insbesondere in Betracht, sofern es um **staatliche Machtapparate, um den Betrieb wirtschaftlicher Unternehmen und um mafiaähnlich organisierte Verbrechen** gehe. Danach ist A vor dem Hintergrund des staatlichen Machtapparats mit seinen hierarchischen Befehlsstrukturen mittelbarer Täter.

692 Dem stimmen große Teile des Schrifttums zu, wenngleich viele Autoren den Betrieb wirtschaftlicher Unternehmen anders als der BGH ausnehmen wollen. Die beliebige Auswechselbarkeit (Fungibilität) des Tatmittlers verleihe dem Hintermann Tatherrschaft (*Stratenwerth/Kuhlen*, AT, § 12 Rdn. 65 ff.).

Die Vertreter des uneingeschränkten Verantwortungsprinzips lehnen jedoch dann, wenn der Vordermann volldeliktisch handelt, mittelbare Täterschaft ab und gelangen zur Anstiftung (so etwa *Köhler*, AT, S. 510).

Ergänzender Hinweis: Die dargestellten Grundsätze haben insbesondere auch Bedeutung für die Beurteilung von so genannten Schreibtischtätern während der Zeit des Nationalsozialismus, welche die Ermordung der Juden angeordnet hatten. Angesichts der Tatsache, dass nach dem BGH auch mafiaähnliche Strukturen zur Annahme der mittelbaren Täterschaft führen können, wären zudem die Hintermänner der Anschläge vom 11. 9. 2001 (terroristische Struktur) auf der Grundlage der Rechtsprechung des BGH mittelbare Täter, unterstellt, dass das deutsche Strafrecht anwendbar ist.

693 Schließlich sind insbesondere noch folgende Fallgruppen zu erwähnen, in denen die Wissenschaft mittelbare Täterschaft in der Form des Täters hinter dem Täter diskutiert (siehe *Roxin*, AT II, § 25 Rdn. 95 ff.). Hier wird gesprochen vom „Irrtum über den konkreten Handlungssinn" (*Neumann*, JuS 1985, 677, 681 f.):

B erzählt dem A, dass er dem X am nächsten Abend auflauern werde, um X zu erschießen. Daraufhin lockt A seinen Feind O an den Tatort. Erwartungsgemäß verwechselt der B den O mit dem X und erschießt O.

B macht sich wegen vollendeten Totschlags strafbar. Die Verwechslung führt nicht zum Vorsatzausschluss, da es sich um einen unbeachtlichen error in persona handelt.

Ein Teil des Schrifttums geht in diesem Fall von mittelbarer Täterschaft aus. Der Hintermann habe den error in persona des Vordermanns ausgenutzt (*Roxin*, AT II, § 25

Rdn. 102 ff.). Danach ist A mittelbarer Täter. Die Gegenansicht nimmt Nebentäter-
schaft (*Welzel*, AT, § 15 V) oder Teilnahme (*Jakobs*, AT, 21. Abschnitt Rdn. 102) an.
Eine weitere Konstellation, die kontrovers diskutiert wird, ist die Herbeiführung oder **694**
Ausnutzung eines Irrtums über gesetzliche Qualifikationsmerkmale:

> **Beispiel:**
> *A fordert B auf, in ein Gebäude einzusteigen, um dort zu stehlen, wobei er dem
> B vorspiegelt, es handele sich um ein Geschäftshaus, obwohl es in Wahrheit ein
> reines Wohnhaus ist. B stiehlt dort.*

B macht sich nach §§ 242, 243 Abs. 1 S. 2 Nr. 1 StGB strafbar. Eine Strafbarkeit des B
gemäß § 244 Abs. 1 Nr. 3 StGB scheitert am fehlenden Vorsatz des B. Umstritten ist
nun, ob A mittelbarer Täter des § 244 Abs. 1 Nr. 3 StGB sein kann.
Schließlich fällt unter die Rubrik „Irrtum über den konkreten Handlungssinn" die **695**
Konstellation, dass ein Irrtum über den Unrechts- und Schuldgehalt der Tat herbeigeführt wird:

> **Beispiel (siehe *Roxin*, AT II, § 25 Rdn. 96):**
> *A veranlasst den B, ein dem O gehörendes Bild wegzuwerfen, indem A wahr-
> heitswidrig behauptet, es sei wertlos. In Wahrheit handelt es sich um ein sehr
> wertvolles Bild.*

Teilweise wird dann, wenn der Unrechtsgehalt erheblich verändert wird, mittelbare
Täterschaft bejaht (*Roxin*, AT II, § 25 Rdn. 96). A wäre danach gemäß §§ 303, 25 Abs. 1
Alt. 2 StGB zu bestrafen. Die Gegenansicht nimmt Teilnahme (Anstiftung) an (*Je-
scheck/Weigend*, AT, § 62 II 2).

3. Irrtumskonstellationen bei der mittelbaren Täterschaft

Problematisch ist im Zusammenhang mit der mittelbaren Täterschaft, wie ein Hinter- **696**
mann zu bestrafen ist, der irrtümlich glaubt, der Vordermann sei sein Werkzeug.
Zudem ist fraglich, welche Grundsätze gelten, wenn der Hintermann von der Bösgläubigkeit des Werkzeugs ausgeht, dieses jedoch tatsächlich gutgläubig ist.

> **Beispiel:**
> *Jäger A spiegelt dem B vor, dass er einen Hirsch sehe und fordert den B zum
> Schuss auf. B erkennt jedoch, dass es sich nicht um einen Hirsch handelt, son-
> dern in Wahrheit um den Jägerkollegen O, den B mit dem Schuss tötet. A weiß
> nicht, dass B bösgläubig ist. Strafbarkeit der Beteiligten wegen Totschlags?*

B ist zu bestrafen wegen vollendeten Totschlags gemäß § 212 StGB. Er hat vorsätzlich
den Tod des O herbeigeführt.
Fraglich ist, wie A zu bestrafen ist. Vollendete mittelbare Täterschaft scheitert daran, **697**
dass B objektiv kein Werkzeug ist. Anders könnte man nur dann entscheiden, wenn
man – wie es die Rechtsprechung zur Abgrenzung von Täterschaft und Teilnahme im
Ausgangspunkt befürwortet – auf den Täterwillen (animus auctoris) des A abstellt.
Lehnt man dies zutreffend (siehe oben Rdn. 656) ab, kommt jedoch eine Strafbarkeit
wegen versuchten Totschlags in mittelbarer Täterschaft gemäß §§ 212, 22, 23 StGB in
Betracht, sofern der Hintermann unmittelbar angesetzt hat (so etwa auch *Gropp*, AT,
§ 10 Rdn. 77; a. A. *Wessels/Beulke*, AT, Rdn. 549: Die Versuchslösung sei kein sachge-
rechtes Ergebnis, da der Hintermann an der vollendeten Rechtsgutsverletzung mitgewirkt habe).
Eine Anstiftung zum vollendeten Totschlag (§§ 212, 26 StGB) liegt objektiv vor. A **698**
weiß jedoch nicht, dass B bösgläubig ist, sodass der Anstiftervorsatz fehlt. Daher ver-

neint ein Teil des Schrifttums eine Strafbarkeit wegen Anstiftung (*Gropp*, AT, § 10 Rdn. 77).

699 A glaubte, er sei mittelbarer Täter. Die überwiegende Ansicht in der Literatur argumentiert nun, in dem Täterwillen sei als Minus der Anstifterwille enthalten. Daher könne der Hintermann in diesem Fall wegen Anstiftung zum vollendeten Totschlag bestraft werden (*Wessels/Beulke*, AT, Rdn. 549). Vereinzelt wird eine Strafbarkeit des Hintermanns sowohl wegen versuchten Totschlags in mittelbarer Täterschaft als auch wegen vollendeter Anstiftung zum Totschlag angenommen (*Roxin*, AT II, § 25 Rdn. 163 ff.).

700 Möglich ist auch der umgekehrte Fall, in dem der Hintermann meint, der Vordermann sei bösgläubig, obwohl er tatsächlich gutgläubig ist:

> **Beispiel:**
> *Jäger A fordert den Jäger B zum Schuss auf, wobei A davon ausgeht, B habe erkannt, dass er auf den Jäger O schießt. In Wahrheit ist B gutgläubig und meint, auf einen Hirsch zu schießen.*

B macht sich mangels Vorsatzes nicht gemäß § 212 StGB strafbar. Es kommt jedoch, sofern ihm gegenüber ein Fahrlässigkeitsvorwurf erhoben werden kann, eine Strafbarkeit gemäß § 222 StGB in Betracht.

Zwar weist B aufgrund seiner Gutgläubigkeit Werkzeugqualität auf. Dem A fehlt jedoch der Vorsatz zur Tatherrschaft über B. A macht sich daher nicht wegen Totschlags in mittelbarer Täterschaft strafbar.

701 Mangels objektiv vorliegender vorsätzlicher rechtswidriger Haupttat kommt auch eine Strafbarkeit des A wegen Anstiftung zum Totschlag nicht in Betracht. Zwar wird zum Teil erwogen, den Hintermann wegen vollendeter Anstiftung zu bestrafen (*Baumann/Weber/Mitsch*, AT, § 30 Rdn. 26 f.). Dies widerspricht jedoch dem eindeutigen Wortlaut des § 26 StGB. A kann daher nicht wegen vollendeter Anstiftung zum Totschlag bestraft werden.

702 Im Einklang mit der herrschenden Meinung (*Fischer*, StGB, Vor § 25 Rdn. 9; *Jäger*, AT, Rdn. 251 b) ist A wegen versuchter Anstiftung zum Verbrechen gemäß §§ 30 Abs. 1, 212 StGB zu bestrafen.

Hinweis: Sollte ein Vergehen in Rede stehen, bleibt der Hintermann straflos, da nur die versuchte Anstiftung zu einem Verbrechen unter Strafe steht.

703 Abschließend ist zur mittelbaren Täterschaft noch auf den Fall einzugehen, dass das Werkzeug einem **error in persona** erliegt:

> **Beispiel:**
> *A macht sich die Schuldunfähigkeit des B zunutze und veranlasst ihn dazu, den X zu töten. A beschreibt dem B dabei das Aussehen des X. B erliegt jedoch einem error in persona und tötet den dem X ähnlich aussehenden O. Hat sich A wegen Totschlags in mittelbarer Täterschaft strafbar gemacht?*

Objektiv hat A den B als schuldunfähiges Werkzeug zur Tat benutzt. Fraglich ist, ob es Auswirkungen auf den Vorsatz des A hat, dass B einem error in persona erliegt.

704 Teilweise wird die Ansicht vertreten, der error in persona des Tatmittlers sei eine aberratio ictus für den Hintermann (*Jescheck/Weigend*, AT, § 62 III 2). Danach wäre der Vorsatz des A zu verneinen.

Andere stellen auf die Bösglaubigkeit ab: Bei vorsätzlichem Handeln des Tatmittlers sei der Irrtum unbeachtlich, bei unvorsätzlichem Handeln liege eine aberratio ictus vor (*Welzel*, AT, § 13 I 3 a. E.). Aufgrund Bösgläubigkeit des B liegt danach ein unbeachtlicher error in persona des A vor.

Eine Reihe von Autoren differenziert (*Wessels/Beulke*, AT, Rdn. 550): Habe der Hintermann dem Tatmittler die Individualisierung des Opfers überlassen, liegt ein unbeachtlicher error in persona vor. Ist das nicht der Fall, sei von einer aberratio ictus auszugehen. Hier hat A dem B die Individualisierung überlassen, sodass der Irrtum keine Auswirkung auf den Vorsatz hat.

Stellungnahme: Der Geschehensablauf hat sich nicht so ereignet, wie es sich der A   **705** vorgestellt hat. Maßgeblich ist daher, ob der Irrtum des B eine unbeachtliche oder wesentliche Abweichung von der Vorstellung des A darstellt. Das beurteilt sich danach, ob der Irrtum sich noch in den Grenzen des nach allgemeiner Lebenserfahrung Vorhersehbaren gehalten hat und keine andere Bewertung der konkreten Tat rechtfertigt. Wenn der B ein dem X ähnlich aussehendes Opfer tötet, dann liegt dies noch innerhalb der allgemeinen Lebenserfahrung und rechtfertigt bei Gleichwertigkeit der Rechtsgüter auch keine andere konkrete Bewertung der Tat. Der Irrtum des B ist daher auch für den A unbeachtlich. A handelt auch rechtswidrig und schuldhaft und hat sich daher wegen Totschlags in mittelbarer Täterschaft gemäß §§ 212, 25 Abs. 1 Alt. 2 StGB strafbar gemacht.

IV. Ergänzende Anmerkungen

Handeln mehrere Täter unabhängig voneinander, spricht man von **Nebentäterschaft.**   **706** Es fehlt dann an einem gewollten Zusammenwirken.

> **Beispiel:**
> *A und B schießen unabhängig voneinander auf den O. O wird durch den Schuss des A tödlich getroffen. Der Schuss des B geht fehl. Strafbarkeit gemäß § 212 StGB?*

A ist zu bestrafen wegen vollendeten Totschlags. B hat sich wegen versuchten Totschlags strafbar gemacht. Die Tötungshandlung des A kann dem B mangels gemeinsamen Tatplans und damit fehlender Mittäterschaft nicht zugerechnet werden, sodass B nicht auch wegen vollendeten Totschlags zu bestrafen ist, sondern nur wegen täterschaftlichen Versuchs.

Weiterhin ist auf § 30 Abs. 2 StGB hinzuweisen, der neben dem Bereiterklären zu   **707** einem Verbrechen und der Annahme des Erbietens insbesondere auch die **Verabredung zu einem Verbrechen** selbstständig unter Strafe stellt. Hierbei geht es um den Fall, dass Mittäter die gemeinsame Verwirklichung eines bestimmten Verbrechens verabreden. Dabei setzt die Verabredung wie bei der Mittäterschaft nicht die Festlegung aller Einzelheiten der Tat voraus, sondern nur, dass diese in ihren wesentlichen Grundzügen konkretisiert ist. Zeit, Ort und Modalitäten der geplanten Ausführung im Einzelnen können also noch offenbleiben (BGH, NStZ 2007, 697), jedoch müssen die Täter zur Begehung der Tat entschlossen sein (BGH, NStZ 2009, 497, 498). Wird die Straftat verwirklicht, hat § 30 Abs. 2 StGB keine eigenständige Bedeutung mehr.

V. Die Anstiftung

Scheidet ein täterschaftliches Verhalten des Beteiligten an einer Straftat aus, liegt   **708** also weder Mittäterschaft noch mittelbare Täterschaft vor, ist zu erörtern, ob sich der Betreffende möglicherweise wegen Teilnahme an der Straftat strafbar gemacht hat.

1. Einleitende Bemerkungen

709 Es wurde bereits darauf hingewiesen, dass das StGB im Bereich des Vorsatzdelikts zwei Teilnahmeformen kennt. Einmal ist in § 26 StGB die Anstiftung geregelt, zum anderen findet sich in § 27 StGB die Beihilfe. Dabei ist von der Prüfungsreihenfolge zunächst immer an Anstiftung zu denken. So wird der Anstifter gleich einem Täter bestraft, hingegen sieht § 27 Abs. 2 S. 2 StGB bei der Beihilfe eine obligatorische Strafmilderung vor.

710 Nach der Schuldteilnahmetheorie liegt das Unrecht des Teilnehmers darin, den Täter in Schuld und Strafe zu verstricken. Demgegenüber stellt die überwiegende Auffassung darauf ab, dass der Teilnehmer an der Rechtsgutsverletzung mitwirkt.

711 Da Teilnehmer eben nicht Täter sind, können sie sich auch wegen Anstiftung oder Beihilfe an einer Tat strafbar machen, wenn sie eine im Gesetz geforderte besondere Täterqualität **nicht** aufweisen. So kann ein Nichtamtsträger Anstifter zu § 348 StGB sein; in diesem Fall ist dann jedoch, da das **besondere persönliche Merkmal** (vgl. dazu auch § 14 Abs. 1 StGB) der Amtsträgereigenschaft bei § 348 StGB strafbegründend ist, die Strafe des Anstifters über § 28 Abs. 1 StGB i. V. m. § 49 Abs. 1 StGB zu mildern. Führt die Subjektqualität lediglich zur Qualifikation – wie z. B. in § 258 a StGB und § 340 StGB – ist der Nichtamtsträger, der Teilnehmer ist, gemäß § 28 Abs. 2 StGB nur wegen Teilnahme am Grunddelikt – § 258 StGB oder § 223 StGB – zu bestrafen.

712 Auch braucht der Teilnehmer von einer Strafbestimmung geforderte besondere subjektive Merkmale (z. B. die Zueignungsabsicht) in seiner Person nicht aufweisen; er muss nur wissen, dass sie beim Haupttäter gegeben sind, da dem Anstifter oder Gehilfen anderenfalls der Vorsatz hinsichtlich der Vollendung der Haupttat fehlt.

713 Stets ist bei der Prüfung von Anstiftung und auch Beihilfe im Auge zu behalten, dass eine Strafbarkeit des Teilnehmers ausscheidet, sofern die Strafbestimmung gerade seinen Schutz bezweckt. Insofern geht es dann um so genannte **notwendige Teilnahme**:

714 Die **notwendige Teilnahme** umfasst Konstellationen, bei denen ein Delikt zwingend die Beteiligung mehrerer voraussetzt. Insofern werden zwei Deliktsarten unterschieden (*Roxin*, AT II, § 26 Rdn. 41 ff.). Unproblematisch sind die so genannten **Konvergenzdelikte**, bei denen die Tatbeiträge in derselben Art und Richtung wirken. Insoweit gelten keine Besonderheiten.

Hinweis: Beispiel dafür ist die Gefangenenmeuterei gemäß § 121 StGB, die voraussetzt, dass sich Gefangene zusammenrotten und mit vereinten Kräften vorgehen.

715 Schwieriger sind die so bezeichneten **Begegnungsdelikte**, bei denen mehrere Beteiligte in entgegengesetzter Richtung auf dasselbe Ziel hinwirken.

Hinweis: Das ist etwa bei der Tötung auf Verlangen gemäß § 216 StGB der Fall, bei der der Täter und das Opfer mitwirken müssen.

Insofern gilt: Dient die Vorschrift gerade dem **Schutz des notwendig Beteiligten**, bleibt er straflos.

Fordert also A den B auf, ihn zu töten, überlebt nun aber der A, kann A nicht wegen Anstiftung zu § 216, 22, 23 StGB bestraft werden.

Zudem ist derjenige notwendig Beteiligte bei Begegnungsdelikten nach h. M. straflos, wenn er sich auf **das vom Tatbestand beschriebene Maß der notwendigen Teilnahme beschränkt**.

Beispiel:
Der bei § 283 c StGB begünstigte Gläubiger ist nach h. M. strafloser notwendiger Teilnehmer, wenn er keine über die bloße Annahme der Sicherheit oder Befriedigung hinausgehende Tätigkeit entfaltet (Lackner/Kühl, StGB, § 283 c Rdn. 8).

Im Bereich der Teilnahme ist ein zwingender Aufbaugrundsatz zu beachten: **Bevor** 716
Teilnahme erörtert wird, ist immer erst die täterschaftlich begangene Haupttat zu
prüfen. Kurz gesagt: **Täterschaft ist vor Teilnahme zu erörtern**.

Das folgt aus der so genannten **limitierten Akzessorietät** (begrenzte Abhängigkeit) 717
der Teilnahme von der Haupttat: Die Teilnahme setzt ausweislich des ausdrücklichen Wortlauts der §§ 26, 27 StGB das Vorliegen einer rechtswidrigen, vorsätzlichen Haupttat voraus. Diese Akzessorietät ist jedoch limitiert, denn der Teilnehmer
kann, wie sich nochmals aus § 29 StGB ergibt, auch bestraft werden, wenn der Haupttäter schuldlos handelt. Eine schuldhaft begangene Haupttat ist also nicht erforderlich, wohl aber eine vorsätzlich und rechtswidrig begangene Haupttat.

Oftmals bestehen in Prüfungsarbeiten Schwierigkeiten, hinreichend deutlich die 718
Anstiftung zum vollendeten Delikt, die **Anstiftung zum versuchten Delikt** sowie die
versuchte Anstiftung zur Tat voneinander abzugrenzen. Insofern sind folgende Konstellationen zu unterscheiden:

> **Beispiel:**
> *Der A fordert den B auf, den O zu töten. B ist einverstanden und führt die Tat*
> *aus. Strafbarkeit nach § 212 StGB?*

In diesem Fall macht sich B wegen vollendeten Totschlags des O strafbar. A ist strafbar wegen vollendeter Anstiftung zum vollendeten Totschlag gemäß §§ 212, 26 StGB.

> **Beispiel:**
> *Der A fordert den B auf, den O zu töten. B ist einverstanden, schießt auf den O,*
> *verfehlt jedoch den O. Strafbarkeit gemäß § 212 StGB?*

B macht sich in dieser Konstellation wegen versuchten Totschlags gemäß §§ 212, 22, 719
23 StGB strafbar. A ist zu bestrafen wegen vollendeter Anstiftung zum versuchten
Totschlag gemäß §§ 212, 22, 23, 26 StGB. Da die Teilnahme akzessorisch ist, kann
der Anstifter nur im Hinblick auf die tatsächlich verwirklichte Haupttat, also wegen
Anstiftung zum versuchten Totschlag, bestraft werden. Es liegt jedoch eine vollendete Anstiftung vor. Insofern ist als Regel festzuhalten: **Die Anstiftung (Teilnahme)**
ist immer dann vollendet, wenn es zum Versuch der Haupttat gekommen ist.
Schließlich noch folgendes

> **Beispiel:**
> *Der A fordert den B auf, den O zu töten. B weigert sich, die Tat auszuführen.*
> *Strafbarkeit nach § 212 StGB?*

Aufgrund der Weigerung des B macht sich dieser nicht strafbar. Zu prüfen ist die 720
Strafbarkeit des A. Mangels zumindest versuchter Haupttat kann A nicht wegen vollendeter Anstiftung bestraft werden. Es liegt vielmehr nur eine **versuchte Anstiftung**
vor; solange die Haupttat nicht das Versuchsstadium erreicht hat, ist lediglich eine
versuchte Anstiftung gegeben. Gemäß **§ 30 Abs. 1 StGB** ist die versuchte Anstiftung,
die dort durch die Formulierung „einen anderen zu bestimmen versucht" zum Ausdruck kommt, **nur dann** strafbar, wenn es sich um die versuchte Anstiftung **zu einem**
Verbrechen handelt. Da § 212 StGB gemäß § 12 Abs. 1 StGB ein Verbrechen darstellt,
ist A folglich wegen versuchter Anstiftung zum Totschlag gemäß §§ 30 Abs. 1, 212
StGB zu bestrafen.

Bei der Frage, ob es sich um ein Verbrechen oder Vergehen handelt, ist auf die Sicht 721
des Anstifters abzustellen. Jedoch kommt es bei strafbegründenden Merkmalen im
Sinne des § 28 Abs. 1 StGB darauf an, ob die Tat für den potenziellen Täter ein Verbrechen ist. Umstritten ist, ob dies auch dann gilt, wenn die Tat über § 28 Abs. 2 StGB

für den Täter ein Verbrechen, für den Anstifter aber nur ein Vergehen ist oder umgekehrt. Der BGH stellt dann auf die Person des Täters ab (BGH, NJW 2009, 1221).

Hingewiesen sei darauf, dass eine versuchte Anstiftung auch denkbar ist, obwohl die Haupttat durchgeführt worden ist. Dies kommt insbesondere in Betracht, wenn der Haupttäter zur Tat bereits fest entschlossen war und daher kein erfolgreiches Bestimmen, also keine erfolgreiche Anstiftungshandlung, vorliegt.

722 **Die versuchte Anstiftung zu einem Vergehen ist nicht strafbar. Die versuchte Beihilfe ist** unabhängig davon, ob ein Vergehen oder Verbrechen in Rede steht, **insgesamt nicht unter Strafe gestellt.**

723 Bevor auf die einzelnen mit der Anstiftung verbundenen Probleme eingegangen wird, soll zunächst der Aufbau der Prüfung bei der vollendeten Anstiftung vorgestellt werden:

Aufbau der Prüfung der vollendeten Anstiftung
1. Objektiver Tatbestand
    a) Vorsätzliche rechtswidrige Haupttat
    b) Bestimmen (Anstiftungshandlung)
2. Subjektiver Tatbestand
    a) Vorsatz in Bezug auf die Haupttat und deren Vollendung
    b) Vorsatz hinsichtlich der eigenen Anstiftungshandlung
3. Rechtswidrigkeit
4. Schuld

724 Sollte einmal eine Konstellation vorliegen, in der es um die versuchte Anstiftung zu einem Verbrechen geht, ist folgender Versuchsaufbau zu wählen.

Aufbau der Prüfung der versuchten Anstiftung (§ 30 Abs. 1 StGB)
1. Nichtvollendung der Anstiftung
2. Strafbarkeit der versuchten Anstiftung (es geht um ein Verbrechen)
3. Tatentschluss
    a) Vorsatz in Bezug auf die Haupttat
    b) Vorsatz in Bezug auf die eigene Anstiftungshandlung
4. Unmittelbares Ansetzen zur Anstiftungshandlung
5. Rechtswidrigkeit
6. Schuld
7. Fehlgeschlagener Versuch
8. Rücktritt gemäß **§ 31 StGB**

Im Folgenden sind nunmehr die Voraussetzungen der Anstiftung zu einer Tat im Einzelnen zu erörtern.

2. Die Voraussetzungen der Anstiftung

725 *Fall: A und O sind verfeindete Nachbarn. Insbesondere ärgert A, dass O sein Fahrzeug oftmals so abstellt, dass A aus seinem Fenster auf das Auto schauen muss. Als A aus der Regionalzeitung erfährt, dass Graffiti-Sprayer in seiner Wohnumgebung illegal nachts tätig sind, stellt A auf das blaue Fahrzeug des O eine Sprühdose mit rosaroter Lackfarbe. Diese Lackfarbe reagiert beim Auftrag sehr aggressiv und beschädigt darunter liegende Farbschichten. Graffiti-Sprayer B sieht in der nächsten Nacht die Dose und besprüht damit, wie von A geplant, das Fahrzeug des O, wobei B eine Beschädigung des blauen Lacks in Kauf nimmt. Hat sich B wegen Sachbeschädigung strafbar gemacht und A wegen Beteiligung an dieser Tat?*

B könnte sich wegen Sachbeschädigung gemäß § 303 StGB strafbar gemacht haben. Das Fahrzeug ist für B, da im Eigentum des O stehend, eine fremde Sache. B könnte das Fahrzeug beschädigt haben. Beschädigen ist jede nicht unerhebliche Beeinträchtigung der Substanz oder bestimmungsgemäßen Brauchbarkeit einer Sache (*Fischer*, StGB, § 303 Rdn. 6). Laut Sachverhalt wird durch den Auftrag der rosaroten Lackfarbe eine darunter liegende Farbschicht beschädigt. Eine Substanzbeeinträchtigung ist daher zu bejahen. B hat den objektiven Tatbestand des § 303 StGB erfüllt.

Hinweis: Aufgrund der Sachverhaltsangaben muss nicht diskutiert werden, ob und in welchen Fällen entfernbare Graffiti, welche nicht mit einer Substanzbeeinträchtigung verbunden sind, den Tatbestand des § 303 StGB erfüllen (beachte insofern § 303 Abs. 2 StGB).

B hat mit der Möglichkeit der Beschädigung des fremden Fahrzeugs gerechnet und sie billigend in Kauf genommen, sodass er mit dolus eventualis handelt, der für § 303 StGB ausreichend ist.

B handelt ebenfalls rechtswidrig und schuldhaft und hat sich daher gemäß § 303 StGB strafbar gemacht.

A könnte sich wegen Sachbeschädigung in Mittäterschaft gemäß §§ 303, 25 Abs. 2 **726** StGB strafbar gemacht haben. Es fehlt jedoch bereits an einem gemeinsamen Tatplan zwischen B und A, sodass Mittäterschaft schon aus diesem Grund ausscheidet.

Auch liegt keine Figur der mittelbaren Täterschaft vor. B weist weder ein Strafbarkeitsdefizit auf noch handelt es sich um eine unter dem Stichwort „Täter hinter dem Täter" diskutierte Fallgruppe.

Hinweis: Da sowohl Mittäterschaft als auch mittelbare Täterschaft des A offensichtlich ausscheiden, könnten diese beiden Prüfungspunkte auch entfallen. Das entbehrt aber nicht von der Notwendigkeit, stets die Möglichkeit im Auge zu behalten, dass im Einzelfall Täterschaft in Betracht kommen kann.

A könnte sich jedoch wegen Anstiftung zur Sachbeschädigung gemäß §§ 303, 26 **727** StGB strafbar gemacht haben.

Eine **vorsätzliche rechtswidrige Haupttat** ist mit der von B verwirklichten Sach- **728** beschädigung gegeben.

Nochmals der Hinweis: Handelt der Täter nur fahrlässig oder handelt er gerechtfertigt, kommen weder Anstiftung noch Beihilfe in Betracht. Gemäß § 11 Abs. 2 StGB gelten jedoch erfolgsqualifizierte Delikte als Vorsatztaten, an denen Teilnahme möglich ist. Hinsichtlich der schweren Folge muss dann auch der Teilnehmer den Fahrlässigkeitsbezug aufweisen. Unbeachtlich für das Vorliegen der Haupttat ist dagegen, ob der Täter schuldhaft handelt oder ob ihm möglicherweise der persönliche Strafaufhebungsgrund des § 24 StGB zugutekommt.

A müsste eine **Anstiftungshandlung** vorgenommen haben, mit anderen Worten den B **729** zur Tat **bestimmt** haben. Vom Ausgangspunkt besteht dabei Einigkeit, dass unter **Bestimmen** das **Hervorrufen des Tatentschlusses** beim Täter zu verstehen ist.

Problematisch erscheint jedoch, dass zwischen A und B gar **kein geistiger Kontakt** **730** hergestellt worden ist, sondern A für den B lediglich eine **tatanreizende Situation** arrangiert hat. Fraglich ist, ob das für ein Bestimmen ausreichen kann (*Hillenkamp*, AT, Problem Nr. 23).

Die engste Auffassung verlangt zwischen dem Anstifter und dem Angestifteten einen „**Unrechtspakt**" (*Puppe*, GA 1984, 101, 112 f.). Da schon gar keine Kommunikation zwischen A und B stattgefunden hat, würde danach ein Bestimmen zu verneinen sein.

Ein erheblicher Teil des Schrifttums fordert zumindest einen **geistigen Kontakt** zwischen dem Anstifter und dem Täter, also eine kommunikative Beeinflussung (*Wessels/Beulke*, AT, Rdn. 568). Auch danach würde eine Anstiftung des A ausscheiden.

Am weitesten geht die Auffassung, welche den Einsatz beliebiger Mittel für das Bestimmen genügen lässt (*Hilgendorf*, Strafrecht, S. 163), also insbesondere auch die **Schaffung tatanreizender Umstände** (*Blei*, AT, § 79 II 2). Sie kann bei A ein Bestimmen bejahen.

731 **Stellungnahme:** Der drittgenannten Auffassung mag zuzugeben sein, dass durchaus auch die Schaffung einer subtilen tatanreizenden Situation den Tatentschluss hervorrufen kann. Andererseits ist zu beachten, dass der Anstifter gleich einem Täter bestraft wird. Das gebietet jedoch eine restriktive Interpretation der Voraussetzungen des § 26 StGB. Zwar ist kein Unrechtspakt zu fordern, da dies ein Element der Mittäterschaft (gemeinsamer Tatplan), nicht jedoch der Teilnahme ist. Zu verlangen ist aber eine kommunikative Beeinflussung, ein geistiger Kontakt zwischen Anstifter und Täter. A hat sich daher mangels Bestimmens nicht wegen Anstiftung zur Sachbeschädigung strafbar gemacht.

A macht sich jedoch strafbar wegen Beihilfe zur Sachbeschädigung gemäß §§ 303, 27 StGB (zur Beihilfe siehe im Einzelnen unten Rdn. 748 ff.).

732 Problematisch ist weiterhin im Zusammenhang mit dem Erfordernis des **Bestimmens**, was zu gelten hat, wenn der Täter bereits vor der Aufforderung des Anstifters zu der **Tat fest entschlossen** war.

> **Beispiel:**
> *A möchte den O töten, traut sich jedoch selbst die Tat nicht zu. Er fordert B zu der Tat auf. B war aber schon zuvor entschlossen gewesen, den O zu töten. B führt die Tat aus. Strafbarkeit der Beteiligten gemäß § 212 StGB?*

B macht sich wegen vollendeten Totschlags gemäß § 212 StGB strafbar.

A könnte wegen Anstiftung zu dieser Tat gemäß §§ 212, 26 StGB strafbar sein.

Eine **vorsätzliche rechtswidrige Haupttat** liegt mit dem von B verwirklichten Totschlag gemäß § 212 StGB vor.

733 Fraglich ist, ob A den B zu der Tat **bestimmt** hat. B war jedoch bereits vor der Aufforderung zu der Tat fest entschlossen **(omnimodo facturus)**. Ein Bestimmen im Sinne des Hervorrufens des Tatentschlusses ist dann nicht mehr möglich. A hat sich daher nicht wegen (vollendeter) Anstiftung zum Totschlag strafbar gemacht.

734 **Hinweis:** Möglich ist, dass der zu einer Tat fest Entschlossene zu einer anderen Tat **umgestiftet** wird. Umstritten ist jedoch, ob bei einem zur Tat fest Entschlossenen eine so genannte **Aufstiftung** möglich ist. Beispiel: B ist zu einem einfachen Diebstahl (§ 242 StGB) entschlossen, A fordert ihn nun zu einem Diebstahl mit Waffen (§ 244 Abs. 1 Nr. 1 a StGB) auf. Mitunter verlangt man für die Annahme der Anstiftung lediglich eine wesentliche Unrechtserhöhung (andere stellen darauf ab, ob eine wesentliche Tatabwandlung vorliegt), was selbst im Rahmen **desselben Tatbestands** gegeben sein kann, z. B. durch Erhöhung der Schadenssumme bei § 263 StGB (*Roxin*, AT II, § 26 Rdn. 104 ff.). Danach wäre A gemäß § 244, 26 StGB zu bestrafen. Das gilt auch für die Ansicht, welche eine **Anstiftung zur Qualifikation** verlangt (*Otto*, AT, § 22 Rdn. 38). Andere lehnen auch die Anstiftung zur Qualifikation ab; Anstiftung komme nur insofern in Betracht, als zu einem selbstständigen Tatbestand aufgefordert werde, im Übrigen sei **Beihilfe** zu prüfen (*Hoyer*, in: SK, StGB, § 26 Rdn. 19 f.). Einigkeit besteht, dass die **Abstiftung** (A fordert den B auf, statt § 244 StGB „nur" § 242 StGB zu begehen) nicht § 26 StGB unterfällt, jedoch bleibt Beihilfe möglich.

735 In Betracht kommt jedoch eine Strafbarkeit des A wegen Beihilfe gemäß §§ 212, 27 StGB. Auch die Beihilfe setzt zunächst eine vorsätzliche rechtswidrige Haupttat voraus, die mit dem vollendeten Totschlag durch B vorliegt. A müsste dem B Hilfe geleistet haben. Insofern kommt allenfalls eine psychische Beihilfe durch Bestärken des Tatentschlusses des B in Betracht (zu den Einzelheiten siehe unten bei der Beihilfe Rdn. 762). Für eine derartige Stärkung enthält der Sachverhalt jedoch nicht genügend Anhaltspunkte. Ein Hilfeleisten scheidet daher aus. A hat sich folglich nicht gemäß §§ 212, 27 StGB strafbar gemacht.

Es verbleibt die Prüfung einer Strafbarkeit des A wegen versuchter Anstiftung zum Verbrechen (§§ 30 Abs. 1, 212 StGB). Die Anstiftung ist nicht vollendet, ein erfolgreiches Bestimmen liegt nicht vor. Da es um die Aufforderung zu einem Verbrechen geht (§ 212 StGB, § 12 Abs. 1 StGB), ist die versuchte Anstiftung strafbar. Es handelt sich um einen untauglichen Versuch, da A bereits entschlossen war. § 30 StGB verweist jedoch auf § 23 Abs. 3 StGB, sodass der untaugliche Versuch auch bei § 30 StGB im Grundsatz strafbar ist.

736

A wollte den B zu dem Totschlag bestimmen. Er wollte, dass B den O tötet. Mit der Einwirkung auf B hat A auch unmittelbar zur Anstiftungshandlung angesetzt. A handelt ebenfalls rechtswidrig und schuldhaft. Die versuchte Anstiftung ist fehlgeschlagen, sodass ein strafbefreiender Rücktritt gemäß § 31 StGB ausscheidet. A hat sich daher wegen versuchter Anstiftung zum Totschlag gemäß §§ 30 Abs. 1, 212 StGB strafbar gemacht.

Bei der Anstiftung bedarf es dann **nach Bejahung des objektiven Tatbestands** (Vorliegen einer vorsätzlichen rechtswidrigen Haupttat, Anstiftungshandlung) der Prüfung des **subjektiven Tatbestands**. Hierbei ist zu erörtern, ob der Anstifter **Vorsatz in Bezug auf die Haupttat und deren Vollendung** sowie hinsichtlich der **eigenen Anstiftungshandlung** hatte.

737

> **Beispiel:**
> *Polizeibeamter A will endlich den Kleinkriminellen B überführen. Daher spricht A in Zivil gekleidet den B in einer Gaststätte an und verwickelt ihn in ein Gespräch. Im Rahmen der Unterhaltung erzählt A dem B, dass die Alarmanlage im Juweliergeschäft des O defekt sei; man könne dort wertvolle Schmuckstücke stehlen. Wie von A erwartet erklärt B, der nicht weiß, dass A Polizeibeamter ist, er werde sich dort umsehen. Als B am nächsten Abend die Tür zum Geschäft geöffnet hat, erwarten ihn dort mehrere Polizeibeamte, die ihn festnehmen. Dies war von A so geplant. Strafbarkeit der Beteiligten nach § 242 StGB?*

B könnte sich wegen versuchten Diebstahls gemäß §§ 242, 22, 23 StGB strafbar gemacht haben. Die Tat ist nicht vollendet, der Versuch gemäß §§ 23 Abs. 1, 12 Abs. 2, 242 Abs. 2 StGB strafbar. A wollte fremde bewegliche Sachen wegnehmen und hatte auch Zueignungsabsicht. A wusste, dass die Zueignung rechtswidrig ist. Tatentschluss liegt daher vor. Durch das Betreten des Geschäfts hat B auch unmittelbar zur Tatbestandsverwirklichung angesetzt, zudem handelt er rechtswidrig und schuldhaft. Es liegt ein fehlgeschlagener Versuch vor, sodass strafbefreiender Rücktritt ausscheidet.

Zu denken ist allenfalls daran, ob der Gesichtspunkt der Provokation der Tat durch den Polizeibeamten A zu einem Strafverfahrenshindernis (Verwirkung des Strafanspruchs) führt (so *Herzog*, StV 2003, 410). Der BGH (BGHSt. 32, 345) sowie Teile des Schrifttums (*Beulke*, Strafprozessrecht, Rdn. 288) lehnen dies grundsätzlich ab, berücksichtigen jedoch die Tatprovokation bei der Strafzumessung. Danach ist B wegen versuchten Diebstahls zu bestrafen.

A könnte sich wegen Anstiftung zum versuchten Diebstahl gemäß §§ 242, 22, 23, 26 StGB strafbar gemacht haben. Eine vorsätzliche rechtswidrige Haupttat liegt in dem versuchten Diebstahl des B. A hat bei B auch den Tatentschluss zu diesem Diebstahl hervorgerufen. Der objektive Tatbestand ist daher erfüllt.

Fraglich ist, ob die Voraussetzungen des subjektiven Tatbestands gegeben sind. A wollte bei dem B den Tatentschluss hervorrufen und handelt daher hinsichtlich **seiner Anstiftungshandlung vorsätzlich**. A wusste, dass als Haupttat ein Diebstahl in Rede steht, **ihm fehlt jedoch der Vorsatz in Bezug auf die Vollendung der Haupttat**. A ist so genannter **agent provocateur** und macht sich daher nicht wegen Anstiftung zum versuchten Diebstahl strafbar.

738

Auch eine Strafbarkeit wegen Beihilfe zum versuchten Diebstahl scheitert daran, dass dem A der Vorsatz hinsichtlich der Vollendung der Haupttat fehlt.

A bleibt daher straflos.

739 **Ergänzender Hinweis:** Umstritten ist, was zu gelten hat, wenn der Anstifter **zwar die Vollendung der Haupttat, nicht jedoch deren materielle Beendigung will**.

Beispiel-Abwandlung:

A hätte im vorerwähnten Fall die Sachlage so arrangiert, dass die Polizeibeamten den B erst nach dem Verlassen des Juweliergeschäfts festnehmen, in einem Zeitpunkt also, in dem der Diebstahl durch das Einstecken des Schmucks in die Jacke des B bereits vollendet ist. Wie ist jetzt die Strafbarkeit zu beurteilen?

Teile der Lehre bejahen in diesen Fällen den Vorsatz des Anstifters, wobei möglicherweise eine Rechtfertigung (§ 34 StGB) in Betracht kommen könne (*Seier/Schlehofer*, JuS 1983, 50, 54). Andere lehnen dagegen den Vorsatz ab, wenn zwar die Vollendung der Haupttat in Kauf genommen wird, aber durch rechtzeitiges Eingreifen deren erfolgreiche Beendigung oder jedenfalls der Eintritt einer Rechtsgutsverletzung verhindert werden soll (*Lackner/Kühl*, StGB, § 26 Rdn. 4). Der BGH hat speziell im Bereich des Betäubungsmittelhandels trotz formeller Vollendung eine Strafbarkeit des Anstifters abgelehnt, wenn seine Tätigkeit letztlich darauf gerichtet war, den Stoff aus dem Verkehr ziehen zu lassen (BGH, StV 2007, 527).

740 Weiterhin ist im Zusammenhang mit dem Anstiftervorsatz auf das klassische Problem einzugehen, ob und wie sich ein **error in persona des Angestifteten auf den Vorsatz des Anstifters** auswirkt.

Beispiel (Preußisches Obertribunal, GA 7 [1859] 322; Rose-Rosahl-Fall):

Der Holzhändler Rosahl (A) bot seinem Arbeiter Rose (B) eine Belohnung dafür, dass dieser den Viehhändler Schliebe (X) töte. Daraufhin legte sich Rose – wie mit Rosahl abgesprochen – abends an einem Weg auf die Lauer, um Schliebe zu erschießen. Aufgrund einer Verwechslung tötete er jedoch den dem Schliebe ähnlich aussehenden Gymnasiasten Harnisch (O). Strafbarkeit von A und B gemäß § 212 StGB?

B könnte sich wegen vollendeten Totschlags strafbar gemacht haben. B hat den Tod eines anderen Menschen, des O, verursacht und verwirklicht den objektiven Tatbestand des § 212 StGB. Fraglich ist, ob B auch vorsätzlich gehandelt hat. B wollte den des Weges kommenden Menschen, auf den er gezielt hat, töten. Dass B dabei sein Opfer verwechselt hat, ist ein unbeachtlicher Identitätsirrtum, der den Vorsatz unberührt lässt. Der error in persona hat keine Auswirkungen auf den Vorsatz. B handelt auch rechtswidrig und schuldhaft und hat sich daher wegen vollendeten Totschlags strafbar gemacht.

Möglicherweise ist B auch wegen versuchten Totschlags des X zu bestrafen. Die Tat ist nicht vollendet, X hat überlebt. Der Versuch des Totschlags ist strafbar (§§ 23 Abs. 1, 12 Abs. 1 StGB). Fraglich ist, ob B Tatentschluss gehabt hat. B hat sich auf die Lauer gelegt, um den X zu töten. Unter diesem Blickwinkel könnte man zur Annahme des Tatentschlusses gelangen. Hierbei erscheint jedoch bedenklich, dass man bei einer solchen Sicht im Ergebnis bei B zweifachen Tötungsvorsatz annehmen würde, nämlich sowohl hinsichtlich des X als auch im Bezug auf den O, obwohl B nur einen Menschen töten wollte. Von daher sprechen gute Gründe für die Ablehnung des Tatentschlusses. Wer hingegen den Tatentschluss bejaht, muss weiter prüfen, ob B unmittelbar zur Tat nach seiner Vorstellung angesetzt hat. Insofern ist zu überlegen, ob nicht möglicherweise der Schuss auf das falsche Opfer O ein unmittelbares Ansetzen hinsichtlich des eigentlichen Opfers X darstellt. Wenn es auch beim unmittelbaren Ansetzen auf die Vorstellung des Täters ankommt, bedarf es immer auch der Berücksichtigung einer objektive Komponente. X hat sich nun aber im Zeitpunkt des Schusses gar nicht in der Nähe des Tatorts aufgehalten. X befand sich damit nicht im Gefahrenbereich der Tathandlung; wesentliche Zwischenschritte waren bis hin zur Tatbestandsverwirklichung durchzuführen: so das Hineingelangen des X in den Gefahrenbereich des Täters, das Zielen auf X sowie die Schussabgabe. Das Zielen auf das falsche Opfer ist somit kein Ansetzen hinsichtlich des eigentlichen Opfers. Daher scheidet ein unmittelbares Ansetzen aus. Folglich hat sich B nicht wegen versuchten Totschlags strafbar gemacht.

A könnte sich wegen Totschlags in Mittäterschaft gemäß §§ 212, 25 Abs. 2 StGB strafbar gemacht haben. Voraussetzung wäre ein gemeinsamer Tatplan und eine gemeinsame Tatbegehung. A und B waren sich darüber einig gewesen, dass X sterben sollte. Andererseits sollte der B die Tat allein begehen, was gegen einen gemeinsamen Tatplan angeführt werden kann. Entscheidet man sich anders, bedarf es der Prüfung der gemeinsamen Tatbegehung. Insofern käme bei A überhaupt nur Mittäterschaft im Vorbereitungsstadium in Betracht. Selbst diejenigen, welche entgegen der hier vertretenen Ansicht die bloße Mitwirkung in der Vorbereitungsphase als Form der Mittäterschaft ausreichen lassen, verlangen jedoch überwiegend einen wesentlichen Beitrag des Betreffenden in der Vorbereitung, der hier nicht ersichtlich ist. Mittäterschaft scheidet aus.

B ist volldeliktisch handelnder Täter, ohne dass hier eine unter dem Stichwort „Täter hinter dem Täter" diskutierte Konstellation vorliegt, sodass auch mittelbare Täterschaft des A ausscheidet.

741 A könnte sich jedoch wegen Anstiftung zum Totschlag gemäß §§ 212, 26 StGB strafbar gemacht haben. Eine vorsätzliche rechtswidrige Haupttat ist mit dem von B verwirklichten Totschlag gegeben. A hat auch bei B den Tatentschluss hervorgerufen, ihn also zu der Tat bestimmt. Der objektive Tatbestand ist daher erfüllt.

Zu prüfen ist der subjektive Tatbestand. A handelt vorsätzlich in Bezug auf seine Anstiftungshandlung. Er wollte bei B den Tatentschluss hervorrufen. Auch wollte er, dass ein vollendeter Totschlag begangen wird. Andererseits wollte A, dass X getötet wird, nicht jedoch der O. Es stellt sich daher die Frage, ob der error in persona des Angestifteten Auswirkungen auf den Vorsatz des Anstifters hat.

742 Das Preußische Obertribunal hat dies in der Rose-Rosahl-Entscheidung (GA 7 [1859] 322) abgelehnt. Der für den Angestifteten unbeachtliche **error in persona sei auch für den Anstifter unbeachtlich** (ebenso etwa *Ebert*, AT, S. 213).

743 Der BGH hat im so genannten Hoferbenfall (BGHSt. 37, 214; ebenso BGH, NStZ 1998, 294), dem ein vergleichbarer Sachverhalt zugrunde liegt, ausgeführt, zwar habe die Haupttat einen anderen Verlauf genommen, dies sei aber nach den allgemeinen Regeln zur Kausalabweichung zu behandeln, das heißt, die **Verwechslung sei rechtlich unbeachtlich, wenn sie sich in den Grenzen des nach allgemeiner Lebenserfahrung Voraussehbaren halte**, was regelmäßig der Fall sei.

744 Im Schrifttum wird teilweise ausgeführt, der Irrtum sei dann unbeachtlich, wenn der Anstifter dem Angestifteten die Individualisierung des Opfers überlassen habe (*Wessels/Beulke*, AT, Rdn. 579).

745 Ein nicht unerheblicher Teil der Literatur erachtet den error in persona des Angestifteten als eine aberratio ictus für den Anstifter (*Jescheck/Weigend*, AT, § 64 II 4). Danach sei der Anstifter zu bestrafen gemäß §§ 30 Abs. 1, 212 StGB wegen versuchter Anstiftung zum Totschlag (hinsichtlich des X) und fahrlässiger Tötung in Bezug auf den O, sofern dem A insofern ein Fahrlässigkeitsvorwurf gemacht werden kann (vgl. *Roxin*, AT II, § 26 Rdn. 119). Andere wollen hingegen innerhalb der aberratio-ictus-Lösung wegen Anstiftung zum versuchten Totschlag und fahrlässiger Tötung bestrafen (*Stratenwerth/Kuhlen*, AT, § 8 Rdn. 98).

746 **Stellungnahme:** Zunächst kann nicht der Ansicht gefolgt werden, die den Anstifter wegen (vollendeter) Anstiftung zur versuchten Tat bestrafen will. Wie sich gezeigt hat, macht sich der unmittelbar Handelnde nämlich nicht wegen versuchten Totschlags im Hinblick auf das eigentliche Opfer strafbar, sodass bereits aus Akzessorietätsgrundsätzen der Anstifter nicht wegen Anstiftung zur versuchten Tat bestraft werden kann. Tatsächlich geht es bei der hier in Rede stehenden Problematik beim Anstifter um eine Abweichung des vorgestellten vom wirklichen Geschehensablauf. Diese Abweichung ist jedoch dann für den Vorsatz **unbeachtlich, wenn sie unwesentlich ist, das heißt sich im Rahmen des nach allgemeiner Lebenserfahrung Vorhersehbaren hält und keine andere konkrete Bewertung der Tat rechtfertigt.** Dabei ergibt der Umstand, dass der Angestiftete eine andere als die eigentlich intendierte Person tötet, für sich genommen keine andere konkrete Bewertung der Tat. Es wird der Mensch getötet, auf den gezielt worden ist. Die Verwechslung durch B lag nun auch nicht außerhalb der Lebenserfahrung, sodass der error in persona des B keine Auswirkungen auf den Anstiftervorsatz des A hat. Der subjektive Tatbestand ist daher erfüllt. A handelt auch rechtswidrig und schuldhaft und hat sich daher wegen Anstiftung zum Totschlag gemäß §§ 212, 26 StGB strafbar gemacht.

747   **Abschließender Hinweis:** Umstritten ist, wie bestimmt die Haupttat im Vorsatz des Anstifters aufgenommen worden sein muss. Nach der Rechtsprechung ist zwar nicht notwendig, exakt Zeit und Ort der Tat festzulegen. Andererseits ist nicht ausreichend, den Täter zu Straftaten einer lediglich dem gesetzlichen Tatbestand nach beschriebenen Art (z. B. Körperverletzung) zu veranlassen (BGHSt. 34, 63). Erforderlich sei in der Vorstellung des Anstifters die Tat als wenigstens umrisshaft individualisiertes Geschehen. Teile der Literatur lassen es hingegen schon ausreichen, wenn die „wesentliche Dimension des Unrechts" bestimmt sei.

VI.   Die Beihilfe

748   Scheidet eine Strafbarkeit wegen täterschaftlicher Begehung eines Delikts aus und macht sich der Betreffende auch nicht wegen Anstiftung zur Straftat strafbar, ist zu erörtern, ob möglicherweise Beihilfe in Betracht kommt.

1.   Einleitende Bemerkungen

749   Ebenso wie bei der Anstiftung gilt in Bezug auf die Beihilfe der Grundsatz der **limitierten Akzessorietät**: Die Beihilfe ist also nur strafbar, wenn eine (versuchte oder vollendete) **vorsätzliche rechtswidrige Haupttat** vorliegt, wobei die Schuld des Haupttäters keine Rolle spielt (§ 29 StGB).

750   Im Gegensatz zur Anstiftung besteht die **Teilnahmehandlung bei der Beihilfe** in einem **Hilfeleisten**. Insofern ist umstritten, was darunter im Einzelnen zu verstehen ist. Darauf wird in den nachfolgenden Erörterungen eingegangen.

751   Im **subjektiven Tatbestand** ist zu untersuchen, ob der Gehilfe **Vorsatz in Bezug auf die Haupttat und deren Vollendung** gehabt hat. Zudem bedarf es der Prüfung, ob auch **Vorsatz** des Gehilfen im Hinblick auf seinen Unterstützungsbeitrag, also **bezüglich seiner Beihilfehandlung** (Hilfeleisten), besteht.
Liegen Rechtswidrigkeit und Schuld des Gehilfen vor, ist die in **§ 27 Abs. 2 S. 2 StGB** vorgesehene obligatorische Milderung der Strafe zu beachten.

752   Im Unterschied zur Anstiftung, bei der die versuchte Anstiftung zu einem Verbrechen in § 30 Abs. 1 StGB unter Strafe steht, ist die **versuchte Beihilfe insgesamt straflos**.

Für die Beihilfe kann somit folgender Aufbau festgehalten werden: **753**

Aufbau der Prüfung der Beihilfe
1. Objektiver Tatbestand
   a) Vorsätzliche rechtswidrige Haupttat
   b) Hilfeleisten (Beihilfehandlung)
2. Subjektiver Tatbestand
   a) Vorsatz in Bezug auf die Haupttat und deren Vollendung
   b) Vorsatz hinsichtlich der eigenen Beihilfehandlung
3. Rechtswidrigkeit
4. Schuld

Im Folgenden ist nunmehr auf die Voraussetzungen der Beihilfe, insbesondere auf die Beihilfehandlung (Hilfeleisten), detaillierter einzugehen.

2. Die Voraussetzungen der Beihilfe

> *Fall: B will den O töten. Zu diesem Zweck besorgt er sich bei A eine Waffe. Als*   **754**
> *B mit der Waffe auf O schießt, muss er feststellen, dass diese einen vorher nicht*
> *erkennbaren technischen Defekt aufweist. Unverzüglich zieht B sein Messer,*
> *das er stets bei sich trägt, und tötet damit den O. Strafbarkeit der Beteiligten*
> *gemäß § 212 StGB?*

B hat sich wegen vollendeten Totschlags gemäß § 212 StGB strafbar gemacht.
In Bezug auf A kommt eine Strafbarkeit wegen Beihilfe zum Totschlag gemäß §§ 212, 27 StGB in Betracht. Eine vorsätzliche rechtswidrige Haupttat liegt mit dem von B begangenen Totschlag vor.
Fraglich ist, ob A im Sinne des § 27 StGB zu dieser Tat Hilfe geleistet hat. Es besteht Uneinigkeit, was im Einzelnen unter diesem Begriff zu verstehen ist (*Hillenkamp*, AT, Problem Nr. 27).
Ein Teil des Schrifttums verlangt, dass der Gehilfenbeitrag den Erfolg der Haupttat   **755** mit **verursachen** muss (etwa *Gropp*, AT, § 10 Rdn. 145 ff.). Danach würde eine Strafbarkeit des A wegen Beihilfe zum vollendeten Totschlag ausscheiden. B könnte jedoch wegen Beihilfe zum versuchten Totschlag (untauglicher Schuss auf O) bestraft werden.
Die Rechtsprechung (BGH, NStZ 1985, 318; BGH, NStZ 2007, 230, 232) sowie Teile   **756** des Schrifttums (*Beulke*, Klausurenkurs I, Rdn. 389) lassen es genügen, dass der Gehilfenbeitrag die Tat **irgendwie erleichtert oder gefördert** hat. Nicht erforderlich sei, dass die Beihilfe condicio sine qua non für den Erfolg der Haupttat ist. Danach könnte man im Ausgangsfall durchaus argumentieren, dass A durch die Hingabe der Waffe die Tat gefördert hat, da der B zunächst mit dieser Waffe die Tat begehen wollte. Da nach dieser Auffassung irgendeine Förderung reicht, wäre A wegen Beihilfe zum vollendeten Totschlag zu bestrafen.
Schließlich wird vertreten, es sei zu prüfen, ob eine **Risikoerhöhung** für das durch   **757** die Haupttat geschützte Rechtsgut vorliege (*Otto*, AT, § 22 Rdn. 53). Insofern könnte man in der Tatsache, dass A dem B ein Tatwerkzeug (die Waffe) überlässt, wohl eine Risikoerhöhung für das durch § 212 StGB geschützte Rechtsgut „Leben" annehmen. A ist daher nach dieser Auffassung wegen Beihilfe zum vollendeten Totschlag zu bestrafen.
Stellungnahme: § 27 StGB verlangt als Gehilfenbeitrag lediglich ein Hilfeleisten. Es   **758** geht daher nach dem Wortlaut um eine bloße Tätigkeit, ohne dass mit der Beihilfehandlung als solcher ein Erfolg verbunden sein muss. Dabei verlangt § 27 StGB keine Abstraktion von den Umständen des Einzelfalls. Dann setzt aber § 27 StGB nichts anderes als die **konkrete Gefährlichkeit der Tathandlung** voraus (*Zieschang*,

Festschr. für Küper, 2007, S. 733, 744). Diese ist aus der Sicht ex ante eines objektiven Dritten in der Situation des Gehilfen zu beurteilen. Insofern stimmt § 27 StGB mit § 257 StGB überein. Aus der Sicht ex ante in der Situation des Täters war die Waffe geeignet, den O zu töten. Daher liegt ein Hilfeleisten vor, der objektive Tatbestand der Beihilfe ist erfüllt.

A handelte auch persönlich in Bezug auf die Beihilfehandlung vorsätzlich. Auch wollte er, dass es zur Vollendung des Totschlags kommt.

Rechtfertigungsgründe und Schuldausschließungsgründe sind nicht ersichtlich. A hat sich daher wegen Beihilfe zum Totschlag strafbar gemacht.

759 **Ergänzender Hinweis:** Soeben wurde erwähnt, dass sowohl § 27 StGB als auch § 257 StGB insofern übereinstimmen, als beide Vorschriften ein Hilfeleisten erfordern. Es kann nun im Einzelfall problematisch sein, ob der Betreffende wegen Beihilfe zur Tat oder gemäß § 257 StGB wegen Begünstigung zu bestrafen ist. Insofern gelten folgende Grundsätze:

760 **Beihilfe** ist bereits im **Vorbereitungsstadium** der Tat möglich. Sie kommt ebenso vom **Versuchsbeginn bis zur Vollendung der Tat** in Betracht. **Nach Beendigung** der Tat ist **Beihilfe ausgeschlossen.**

761 **Umstritten** ist, ob **zwischen Vollendung und Beendigung** der Tat so genannte **sukzessive Beihilfe** möglich ist. Ein erheblicher Teil des Schrifttums verneint dies, da es sich um eine gegen Art. 103 Abs. 2 GG verstoßende Ausdehnung der Beihilfe handele (z. B. *Roxin*, AT II, § 26 Rdn. 259 ff.). Nach ständiger Rechtsprechung (BGHSt. 3, 40, 43 f.) und einem Teil des Schrifttums (etwa *Krey/Esser*, AT, Rdn. 1088) ist Beihilfe hingegen bis zur materiellen Beendigung möglich. Für diese letztere Ansicht besteht dann das Problem der Abgrenzung zur Begünstigung. Die Rechtsprechung stellt insoweit auf die Vorstellung und den Willen des Täters ab, mit denen er seinen Beistand leistet (BGHSt. 4, 132, 133). Will er die Haupttat fördern, sei Beihilfe einschlägig, will er dagegen nur die Vorteile der Tat sichern, liege Begünstigung vor (*Beulke*, Klausurenkurs III, Rdn. 288).

Stellungnahme: Gegen die Ausdehnung der Beihilfe auf den Zeitpunkt zwischen Vollendung und Beendigung der Tat spricht die gesetzliche Ausgestaltung. § 257 StGB will gerade diejenigen Fälle erfassen, in denen nach der Begehung einer rechtswidrigen Tat Hilfe geleistet wird. Daher ist der Zeitraum nach Vollendung der Tat der Begünstigung vorbehalten, sodass Beihilfe dann nicht mehr in Betracht kommt.

762 Beihilfe ist möglich in **physischer Hinsicht** (Überlassen des Einbruchswerkzeugs) als auch in **psychischer Form** (Ratschläge zur Tatbegehung). Nach der Rechtsprechung und h. M. im Schrifttum kommt **psychische Beihilfe** auch durch **bloße Stärkung des Tatentschlusses** in Betracht. Vereinzelt wird das jedoch abgelehnt (*Hruschka*, JR 1983, 177 ff.). Insofern ist nach hiesiger Ansicht jedoch wiederum die konkrete Gefährlichkeit des Gehilfenbeitrags maßgeblich: Diese kann aber durchaus auch bei der bloßen Stärkung des Tatentschlusses gegeben sein.

763 Abschließend soll zur Beihilfe noch auf das Problem eingegangen werden, ob auch bei so genannten **neutralen Handlungen** eine Strafbarkeit wegen Beihilfe möglich ist.

> **Beispiel:**
> *Gärtner A verkauft dem B Rattengift. Dabei hat A Kenntnis davon, dass die Ehe von B zerrüttet ist und die Ehepartner im Streit leben. Tatsächlich benutzt B das Gift zur Tötung seiner Frau O. Strafbarkeit der Beteiligten gemäß § 212 StGB?*

B hat sich wegen vollendeten Totschlags der O gemäß § 212 StGB strafbar gemacht. Möglicherweise kommt eine Strafbarkeit des A wegen Beihilfe zu dieser Tat gemäß §§ 212, 27 StGB in Betracht. Eine vorsätzliche rechtswidrige Haupttat liegt in dem Totschlag. Zu prüfen ist, ob A zu dieser Tat Hilfe geleistet hat.

Tatsächlich hat B das ihm von A verkaufte Gift zur Tötung seiner Frau benutzt. Andererseits ist zu berücksichtigen, dass der Verkauf von Rattengift für sich genommen grundsätzlich ein Alltagsgeschäft ist. Ob und inwieweit bei derartigen so genannten „neutralen" Handlungen eine Strafbarkeit wegen Beihilfe in Betracht kommt, ist stark umstritten (*Hillenkamp*, AT, Problem Nr. 28). Im Wesentlichen werden folgende Positionen vertreten:

Ein Teil des Schrifttums ist der Auffassung, dass für „neutrale" Geschäfte keine Besonderheiten gelten (*Beckemper*, Jura 2001, 163, 169). Liegen die Voraussetzungen der Beihilfe in objektiver und subjektiver Hinsicht vor, ist der Täter danach wegen Beihilfe zu bestrafen, ohne dass strafbarkeitseinschränkende Kriterien heranzuziehen sind. **764**

Andere schränken den objektiven Tatbestand der Beihilfe ein, indem sozialadäquates Verhalten ausscheiden soll (*Murmann*, JuS 1999, 548, 552) oder Gesichtspunkte der objektiven Zurechnung mangels relevanter Risikosetzung zu einer Einschränkung führen (*Gropp*, AT, § 10 Rdn. 154 b).

Einige Autoren wollen erst auf subjektiver Ebene eine Eingrenzung vornehmen. So soll dolus eventualis zur Begründung einer Strafbarkeit wegen Beihilfe bei berufsmäßig tätigen Personen nicht ausreichen (*Otto*, AT, § 22 Rdn. 68). Andere differenzieren: Kennt der Hilfeleistende den Deliktsentschluss, liege Beihilfe vor, wenn der Beitrag einen eindeutigen deliktischen Sinnbezug hat. Hat der Beitragende bezüglich der Tat lediglich dolus eventualis, darf er darauf vertrauen, dass der andere keine Straftat begeht, soweit nicht die erkennbare Tatgeneigtheit des anderen diese Annahme entkräfte (*Roxin*, AT II, § 26 Rdn. 221 ff., 241 ff.).

Der BGH (BGHSt. 46, 107, 112 f.) nimmt Beihilfe an, wenn der Hilfeleistende weiß, dass der Haupttäter eine Straftat begehen will. Hält der Hilfeleistende dies nur für möglich, komme eine Strafbarkeit wegen Beihilfe nur dann in Betracht, wenn der Vordermann erkennbar tatgeneigt sei. **765**

Stellungnahme: Zunächst erscheint der Begriff der „neutralen Handlung" verwirrend. Maßgeblich ist allein, ob ein strafrechtlich relevantes „Hilfeleisten" vorliegt oder nicht. Die Bezeichnung „neutral" kann daher eher den Zugang zu der Problematik verstellen. Soweit im Schrifttum auf die Gesichtspunkte der Sozialadäquanz oder der objektiven Zurechnung abgestellt wird, ist dem (wiederum) vorzuwerfen, dass damit Unsicherheitsfaktoren in die Prüfung hineingetragen werden; derartige Gesichtspunkte lassen die notwendige Bestimmtheit vermissen. So ist ganz offen, wann ein Verhalten noch sozialadäquat ist oder ein relevantes Risiko setzt. Zur Lösung des Problems kann vielmehr auf die zum Begriff des „Hilfeleistens" bereits entwickelten Grundsätze zurückgegriffen werden: Es geht hierbei um die konkrete Gefährlichkeit des Verhaltens für das durch die Haupttat geschützte Rechtsgut. Das ist aus der Sicht eines objektiven Dritten in der Situation des Gehilfen ex ante zu beurteilen, wobei etwaiges Sonderwissen des Gehilfen sowie Sonderfähigkeiten zu beachten sind. Das bedeutet aber nun, dass aus der Sicht des Dritten irgendwelche Anhaltspunkte dafür bestehen müssen, dass das Mittel zur Deliktsbegehung benutzt wird. Die bloße theoretische Möglichkeit, ohne dass dafür tatsächlich Anhaltspunkte gegeben sind, reicht nicht. Sollte im Einzelfall die konkrete Gefährlichkeit des Verhaltens zu bejahen sein, ist zudem in der Regel in subjektiver Hinsicht davon auszugehen, dass dann, wenn der Hilfeleistende lediglich die Möglichkeit der Tat sieht, normalerweise darauf vertraut werden kann, dass der andere keine Straftat begeht, es sei denn, dieser ist erkennbar tatgeneigt. Im Ausgangsfall genügt allein der Umstand, dass die Eheleute getrennt sind und im Streit leben, noch nicht, um in dem Verkauf des Gifts ein in Bezug auf das Leben der O konkret gefährliches Verhalten zu sehen. Insofern sind keine erkennbaren Anhaltspunkte dafür gegeben, dass das Mittel zur Tötung eingesetzt werden soll. Beihilfe scheidet daher bereits im objektiven Tatbestand mangels Hilfeleistens aus. **766**

7. KAPITEL
Die Konkurrenzen

Dann, wenn die gutachterliche Prüfung ergibt, dass mehrere Strafbestimmungen einschlägig sind, ist zu erörtern, in welchem Verhältnis diese Vorschriften zueinander stehen. Hierbei handelt es sich um nichts anderes als um die Frage der Konkurrenzen. **767**

I. Einleitende Bemerkungen

In den meisten Prüfungsfällen werden von den zu untersuchenden Beteiligten mehrere Strafbestimmungen verwirklicht. Damit stellt sich automatisch die Konkurrenzfrage. In Klausuren und auch Hausarbeiten fällt jedoch auf, dass die Konkurrenzen oftmals nicht hinreichend beherrscht werden. Im Folgenden sollen die wesentlichen Grundsätze dargelegt werden, um die Frage, in welchem Verhältnis mehrere verwirklichte Strafvorschriften zueinander stehen, angemessen beantworten zu können. **768**

An welcher Stelle eines strafrechtlichen Gutachtens ist überhaupt auf die Konkurrenzen einzugehen?

Unmittelbar im Anschluss an die Feststellung, dass der Betreffende ein bestimmtes Delikt verwirklicht hat, sollte man die Konkurrenzen ansprechen, wenn diese unproblematisch sind. Tritt dabei ein Delikt hinter ein anderes zurück, kann bereits die Prüfung des zurücktretenden Delikts entsprechend kurz ausfallen. **769**

Hinweis: Nach der Untersuchung, dass A sich wegen Raubes strafbar gemacht hat, bietet sich etwa folgende Formulierung an: „Der bereits im Raub enthaltene Diebstahl gemäß § 242 StGB sowie die von A durch den Raub verwirklichte Nötigung gemäß § 240 StGB treten hinter das speziellere Delikt des Raubes zurück." Oder: Hat die Prüfung ergeben, dass A einen Diebstahl begangen hat, kann man schreiben: „Die von A gleichzeitig begangene Unterschlagung tritt aufgrund der in § 246 StGB ausdrücklich enthaltenen formellen Subsidiaritätsklausel hinter den Diebstahl zurück."

Bei einem Tötungsdelikt sollte man die dadurch verwirklichte Körperverletzung – wenn auch in der gebotenen Kürze – nicht bloß mit einem Satz abhandeln. Zum einen bedarf es im subjektiven Tatbestand der Äußerung zu dem Problem, ob sich Tötungsvorsatz und Körperverletzungsvorsatz gegenseitig ausschließen oder – so die zutreffende h. M. – der Körperverletzungsvorsatz im Tötungsvorsatz enthalten ist. Zum anderen ist nicht selten auch eine Variante des § 224 StGB verwirklicht, sodass eine sorgfältigere Erörterung notwendig ist.

Bietet es sich nicht an, unmittelbar nach der Prüfung einer Strafbestimmung sofort auf die Konkurrenzen einzugehen, sollte man diese jeweils a. E. der Prüfung eines Tatkomplexes ansprechen. **770**

Spätestens müssen die Konkurrenzen, sofern mehrere Strafbestimmungen verwirklicht sind, a. E. der Prüfung vor der Darstellung des Gesamtergebnisses erörtert werden. Bei mehreren Tatkomplexen ist hier auch der richtige Ort, um die Konkurrenzen zwischen den in den jeweiligen Tatkomplexen verbleibenden Vorschriften zu behandeln. **771**

Maßgeblich für die Lösung der Konkurrenzfrage ist, ob mehrere Strafbestimmungen durch **eine Handlung** oder **mehrere Handlungen** verwirklicht worden sind. **772**

Insofern lassen sich zunächst einmal vom Ausgangspunkt folgende Grundsätze festhalten:

773   Sind mehrere Strafvorschriften durch eine Handlung begangen worden, liegt **Ideal-konkurrenz** (= Tateinheit, § 52 StGB) zwischen diesen Strafbestimmungen vor, sofern nicht ein Fall der Gesetzeskonkurrenz gegeben ist.

774   Hat der Betreffende mehrere Strafvorschriften durch mehrere selbstständige Handlungen erfüllt, stehen diese Strafbestimmungen in **Realkonkurrenz** (= Tatmehrheit, § 53 StGB), wenn nicht ein Fall der mitbestraften Vor- oder Nachtat vorliegt.

Im Folgenden ist zunächst auf die Idealkonkurrenz einzugehen, sodann auf Fälle der Realkonkurrenz.

II.   Die Idealkonkurrenz

775   Idealkonkurrenz zwischen Strafbestimmungen kommt nach dem soeben angeführten Merksatz nur unter zwei Voraussetzungen in Betracht. Zum einen müssen die Strafvorschriften durch **eine Handlung** begangen worden sein, zum anderen darf **kein Fall der Gesetzeskonkurrenz** vorliegen.

1.   Handlungseinheit

776   Es gibt unterschiedliche Konstellationen, in denen Strafbestimmungen nur durch eine Handlung (Handlungseinheit) verwirklicht werden.

a)   Handlung im natürlichen Sinn

777   Handlungseinheit ist gegeben, wenn mehrere Vorschriften nur durch eine **Handlung im natürlichen Sinn** realisiert worden sind. Es liegt in diesem Fall eine Willensbetätigung und damit nur eine Handlung vor (BGHSt. 1, 20, 21 f.).

> **Beispiel:**
> *A drückt auf den Auslöser einer Bombe, wodurch zehn Menschen getötet und fünfzig Personen verletzt sowie Häuser und Fahrzeuge beschädigt werden. A hat dann durch eine Handlung im natürlichen Sinn mehrere Strafvorschriften (u. a. §§ 211, 223, 224, 227, 308 Abs. 1, 308 Abs. 3, 305, 303 StGB) verwirklicht.*

Sofern kein Fall der Gesetzeskonkurrenz gegeben ist, stehen diese Vorschriften dann in Idealkonkurrenz.

b)   Abgrenzungsfragen

778   Zu unterscheiden von der Handlungseinheit sind Konstellationen, in denen, obwohl **mehrere Handlungen im natürlichen Sinn** vorliegen, nur **eine Gesetzesverletzung** anzunehmen ist. Hierbei geht es nicht um eine Frage der Konkurrenzen, sondern zunächst darum, ob eine Strafvorschrift nur einmal oder mehrfach verwirklicht worden ist. Zu erwähnen sind in diesem Zusammenhang die nachfolgenden Konstellationen.

Nur eine Gesetzesverletzung liegt bei **zusammengesetzten Delikten** vor, wie etwa beim Raub gemäß § 249 StGB, der eine Nötigung sowie eine Wegnahme erfordert.

Ebenfalls nur eine Gesetzesverletzung ist bei **mehraktigen Delikten** anzunehmen. Das ist etwa bei § 146 Abs. 1 Nr. 3 StGB (Nachmachen, Verfälschen oder Sichverschaffen und dann als echt in den Verkehr bringen) der Fall.

Weiterhin ist nur eine Gesetzesverletzung bei Delikten mit **pauschalierender Handlungsbeschreibung** gegeben, sofern die einzelnen Handlungen noch in einem räumlichen und zeitlichen Zusammenhang stehen. So kann sich ein „Quälen" im Sinne des § 225 StGB erst aus einer Summierung von Einzelhandlungen ergeben. Es liegt dann nur eine Gesetzesverletzung vor.

Eine Gesetzesverletzung ist auch bei **Dauerdelikten wie § 239 StGB** (Freiheitsberaubung) anzunehmen, selbst wenn sie durch mehrere Tätigkeitsakte verwirklicht werden.

Die Rechtsprechung zieht des Weiteren insbesondere im Bereich der Betäubungsmittelkriminalität die Figur der **Bewertungseinheit** heran (BGHSt. 30, 28, 31): Danach ist der Erwerb einer bestimmten Menge Rauschgift zum Zwecke gewinnbringender Veräußerung zusammen mit allen seinen weiteren hierauf bezogenen Tätigkeitsakten – z. B. Strecken und allmähliche Veräußerung – als Bewertungseinheit nur eine einzige Tat (eine Gesetzesverletzung) des Handeltreibens gemäß § 29 Abs. 1 Nr. 1 BtMG.

In den genannten Fällen stellt sich also **gar keine Konkurrenzfrage**, da nur **eine Gesetzesverletzung** gegeben ist, der Tatbestand folglich nur einmal verwirklicht wird.

Ergänzend ist darauf hinzuweisen, dass die Rechtsprechung über die Rechtsfigur der **fortgesetzten Handlung** einzelne Deliktsverwirklichungen lange Jahre als eine Gesetzesverletzung betrachtet hatte. Ohne ausdrückliche gesetzliche Grundlage wurde zur Annahme der fortgesetzten Handlung erforderlich gehalten (etwa BGHSt. 36, 105, 109 ff.), dass mehrere sich gegen das gleiche Rechtsgut richtende Einzelakte durch eine im Wesentlichen gleichartige Begehungsweise und durch einen zeitlichen und räumlichen Zusammenhang verbunden waren. Zusätzlich forderte man einen Gesamtvorsatz, der sämtliche Teile der vorgesehenen Handlungsreihe in den wesentlichen Grundzügen umfasste.

779

> **Beispiel:**
> *Der in einem Baumarkt arbeitende A hat den Entschluss gefasst, innerhalb eines Zeitraums von einer Woche bei seinem Arbeitgeber jeweils nach Arbeitsende je zwei Tapetenrollen zu entwenden.*

In einem solchen Fall wäre nach der früheren Rechtsprechung **eine** (fortgesetzte) Tat des Diebstahls zu bejahen gewesen. Der Große Senat für Strafsachen (BGHSt. 40, 138) hat jedoch die Rechtsfigur der fortgesetzten Handlung (faktisch) **abgeschafft**. In derartigen Fällen ist danach also von Handlungsmehrheit auszugehen, sofern nicht aus anderen Gründen (etwa Bewertungseinheit; Delikte mit pauschalierender Handlungsbeschreibung) nur eine Gesetzesverletzung anzunehmen ist oder Handlungseinheit vorliegt.

c) Die natürliche Handlungseinheit

Eine Zwitterstellung zwischen nur einer Gesetzesverletzung einerseits und Handlungseinheit andererseits nimmt die insbesondere von der Rechtsprechung herangezogene Figur der **natürlichen Handlungseinheit** ein.

780

Nach dem BGH (BGHSt. 43, 312, 315) ist dazu erforderlich, dass der Täter aufgrund eines einheitlichen Willens im Sinne derselben Willensrichtung handelt und die einzelnen tatbestandsverwirklichenden Handlungen in einem derart engen zeitlichen, räumlichen und sachlichen Zusammenhang stehen, dass sie bei natürlicher, an den Anschauungen des Lebens orientierter Betrachtungsweise als ein einheitliches zusammengehörendes Tun erscheinen.

781

Hinweis: Wenn der A den O im unmittelbaren Zusammenhang mehrere kräftige Tracht Prügel versetzt, liegen zwar mehrere Handlungen im natürlichen Sinn vor, jedoch werden sie über die **Figur der natürlichen Handlungseinheit zu einer Gesetzesverletzung** zusammengefasst. Es liegt dann nur ein § 223 StGB vor. Ähnliches gilt, wenn der A gegenüber O im unmittelbaren Zusammenhang eine Vielzahl von Schimpfwörtern ausspricht: nur eine Beleidigung gemäß § 185 StGB.

782 Die Rechtsprechung hat jedoch die natürliche Handlungseinheit ausgedehnt und zieht sie auch heran, wenn unterschiedliche Strafbestimmungen in Rede stehen, die durch eine Mehrzahl von Einzelakten begangen werden, was zur Konsequenz hat, dass von Handlungseinheit auszugehen ist und zwischen den verschiedenen Delikten dann **Idealkonkurrenz** vorliegt.

Insbesondere in den Polizeifluchtfällen fasst der BGH (BGHSt. 22, 67, 76 f.) aufgrund des einheitlichen Handlungswillens, den Verfolgern zu entkommen, mehrere Gesetzesverletzungen (in Betracht kommen insbesondere § 21 StVG, §§ 224, 113, 315 b, 142 StGB) entgegen der Ansicht im Schrifttum (*Wessels/Beulke*, AT, Rdn. 765) zur Handlungseinheit (Idealkonkurrenz) zusammen.

d) Handlungseinheit aufgrund Teilidentität der Ausführungshandlung

783 Von Handlungseinheit ist auszugehen, wenn sich die Verwirklichung verschiedener Delikte zumindest teilweise überschneidet.

> **Beispiel:**
> *A schlägt sein Opfer O mit einem kräftigen Faustschlag bewusstlos. Dann nimmt er O – wie von vornherein geplant – die Geldbörse ab.*

In diesem Fall überschneiden sich die Körperverletzung und der Nötigungsakt des Raubes. § 249 StGB und § 223 StGB stehen daher in Tateinheit.

Problematisch ist, was zu gelten hat, falls sich ein Dauerdelikt mit einem Zustandsdelikt überschneidet. Insofern gelten folgende Grundsätze:

784 Handlungseinheit liegt vor, wenn durch die Begehung des Zustandsdelikts zugleich das Dauerdelikt **begründet** wird. Beide Delikte überschneiden sich dann. Sie führt zur Idealkonkurrenz, wenn kein Fall der Gesetzeskonkurrenz gegeben ist.

> **Beispiel:**
> *A springt durch eine Festerscheibe, um in die Wohnung des O zu gelangen. In diesem Fall stehen § 303 StGB und § 123 StGB in Idealkonkurrenz.*

785 Handlungseinheit ist gegeben, wenn während des Dauerdelikts ein Zustandsdelikt begangen wird, welches das Dauerdelikt **aufrechterhält**. Beide Delikte überschneiden sich dann.

> **Beispiel:**
> *A schlägt den Wohnungsinhaber O nieder, um in der Wohnung bleiben zu können. §§ 123, 223 StGB stehen dann in Idealkonkurrenz.*

786 Handlungsmehrheit ist anzunehmen, wenn das Dauerdelikt ein Zustandsdelikt **ermöglichen** soll, ohne dass sich die Ausführungsakte der Delikte zumindest teilweise überschneiden. Das ist aber umstritten. Andere Autoren nehmen in diesem Fall Handlungseinheit an. Dagegen spricht jedoch, dass auch dann, wenn ein Zustandsdelikt ein anderes Zustandsdelikt ermöglichen soll, Handlungsmehrheit vorliegt.

> **Beispiel:**
> *A übersteigt den Zaun eines weitläufigen Villengrundstücks, um nach dem anschließend erfolgenden Eindringen in die Villa eine seltene Münze zu suchen, die er stehlen will. Im Zeitpunkt des Übersteigen des Zauns ist § 123 StGB verwirklicht, der Diebstahl ist aber noch nicht einmal in das Versuchsstadium gelangt, da noch wesentliche Zwischenschritte zu überwinden sind. Dann stehen § 123 StGB und der spätere Diebstahl in Realkonkurrenz.*

Handlungsmehrheit liegt folglich auch dann vor, wenn ein Dauerdelikt verwirklicht wird und nun der Täter währenddessen ein Zustandsdelikt „bei Gelegenheit" begeht, ohne dass sich die Ausführungsakte überschneiden. **787**

> **Beispiel:**
> *A verwirklich einen Hausfriedensbruch, um in der Wohnung zu stehlen. Da A nichts Brauchbares findet, entschließt er sich spontan, die Wohnung zu verwüsten. § 123 StGB und § 303 StGB stehen in diesem Fall in Tatmehrheit.*

e) Handlungseinheit kraft Klammerwirkung

Handlungseinheit ist schließlich zu bejahen, wenn sich ein Delikt mit zwei anderen Delikten überschneidet, die durch dieses Delikt zur Tateinheit verbunden werden (str.). **788**

> **Beispiel:**
> *A fährt im Zustand der absoluten Fahruntüchtigkeit sein Fahrzeug und beleidigt dabei aus seinem Wagen heraus einen Passanten. Später nötigt er einen anderen Autofahrer.*

Obwohl sich § 185 StGB und § 240 StGB tatbestandlich nicht überschneiden, werden sie durch § 316 StGB zur Tateinheit verklammert.

Vorausgesetzt ist, dass das verklammernde Delikt mit den anderen beiden Delikten im konkreten Fall annähernd im Unrechtsgehalt gleich schwer wiegt (BGHSt. 31, 29). Dabei ist der Gesichtspunkt der Verklammerung im Einzelfall eher restriktiv anzuwenden. So kann eine als Vergehen strafbare Dauerstraftat mehrere selbstständige Verbrechen nicht verklammern; auch eine Verklammerung von Vergehen ist nicht möglich, wenn deren im Strafrahmen zum Ausdruck kommendes Gewicht dasjenige des Dauerdelikts erheblich überwiegt (BGH, NStZ 2008, 209, 210; *Fischer*, StGB, Vor § 52 Rdn. 32). **789**

2. Gesetzeskonkurrenz

Ist nach den vorstehenden Grundsätzen von Handlungseinheit auszugehen, liegt zwischen den Delikten Idealkonkurrenz (Tateinheit) gemäß § 52 StGB vor, wenn kein Fall der Gesetzeskonkurrenz gegeben ist. Im Folgenden ist daher auf die Konstellationen der Gesetzeskonkurrenz näher einzugehen. Gesetzeskonkurrenz ist anzunehmen, wenn der Unrechtsgehalt einer Handlung durch einen von mehreren, dem Wortlaut nach anwendbaren Straftatbeständen erschöpfend erfasst wird (BGHSt. 39, 100, 108). **790**

a) Spezialität

Das speziellere Gesetz verdrängt das allgemenere Gesetz. Sind in einer Strafvorschrift sämtliche Merkmale einer anderen Bestimmung enthalten und enthält die Vorschrift darüber hinaus noch weitere zusätzliche Voraussetzungen, geht sie als spezielleres Gesetz der allgemeneren Regelung vor. **791**

Daraus folgt insbesondere, dass eine Qualifikation lex specialis zum Grundtatbestand ist. Auch die Privilegierung ist das speziellere Gesetz zum Grundtatbestand.

So geht etwa § 224 StGB als spezielleres Gesetz der Körperverletzung gemäß § 223 StGB vor. § 244 StGB ist lex specialis zu § 242 StGB. § 216 StGB ist lex specialis zu § 212 StGB.

Aus der Regel folgt aber auch, dass etwa der Raub lex specialis zum Diebstahl und zur Nötigung ist.

Auch geht die Körperverletzung mit Todesfolge im Wege der Spezialität dem § 222 StGB vor.

792   Zu beachten ist aber, sofern der Täter Tötungsvorsatz hatte, dass § 251 StGB und §§ 211, 212 StGB aus **Gründen der Klarstellung** in Idealkonkurrenz (klarstellende Idealkonkurrenz) stehen (BGHSt. 39, 100).

b)   Subsidiarität

793   In diesen Fällen ist eine Vorschrift nur heranzuziehen, wenn nicht schon nach einer anderen Bestimmung Strafe verhängt werden kann.

794   Zunächst gibt es Vorschriften, welche die Subsidiarität ausdrücklich anordnen. Sie enthalten eine so genannte formelle Subsidiaritätsklausel.

Etwa: § 145 d StGB („wenn die Tat nicht in § 164, § 258 oder § 258 a mit Strafe bedroht ist"); § 316 StGB („wenn die Tat nicht in § 315 a oder § 315 c mit Strafe bedroht ist"); § 246 StGB („wenn die Tat nicht in anderen Vorschriften mit schwererer Strafe bedroht ist").

Hinsichtlich des Prüfungsaufbaus ist dabei zu beachten, dass Delikte mit formeller Subsidiaritätsklausel ans Ende der gutachterlichen Untersuchung gestellt werden sollten, um eine Inzidenterprüfung, ob die Tat in anderen Vorschriften mit schwererer Strafe bedroht ist, zu vermeiden.

Weiterhin ist zu berücksichtigen, dass derartige Klauseln die Prüfung des Delikts nicht entbehrlich machen, da sie erst auf Konkurrenzebene Relevanz entfalten. Die Bestimmung sollte jedoch, wenn die Vorüberlegungen zu dem Ergebnis führen, dass die Subsidiarität greift, in der gebotenen Kürze möglichst straff angesprochen werden.

795   Umstritten ist die Reichweite von Klauseln, welche die Subsidiarität anordnen, sofern die Tat in anderen Vorschriften mit schwerer Strafe bedroht ist.

Im Schrifttum ist man zum Teil der Auffassung, die Subsidiarität gelte nur hinsichtlich Vorschriften mit vergleichbarer Schutzrichtung (*Eser/Bosch*, in: Schönke/Schröder, StGB, § 246 Rdn. 32; *Rengier*, BT I, § 5 Rdn. 29).

So wäre § 246 StGB insbesondere subsidiär gegenüber §§ 242, 244, 249 StGB, also Vorschriften, die ebenfalls Eigentum oder Vermögen schützen, nicht aber etwa gegenüber § 224 StGB.

Der BGH hat dem eine Absage erteilt und ausschließlich auf den Wortlaut der Subsidiaritätsklausel abgestellt, der nicht verlangt, dass es um Delikte mit vergleichbarer Schutzrichtung geht (BGHSt. 43, 237; ebenso etwa *Lackner/Kühl*, StGB, § 246 Rdn. 14).

So hat der BGH § 246 StGB als subsidiär gegenüber § 212 StGB erachtet (BGHSt. 47, 243).

796   Abgesehen von den Delikten, welche ausdrücklich eine Subsidiaritätsklausel aufweisen, gibt es die ungeschriebene Subsidiarität.

So sind etwa abstrakte Gefährdungsdelikte subsidiär gegenüber konkreten Gefährdungsdelikten, die wiederum subsidiär gegenüber Verletzungsdelikten sind.

Da jede Tötung notwendig eine Körperverletzung als Durchgangsstadium enthält, ist die Körperverletzung subsidiär gegenüber den Tötungsdelikten. Das gilt aber nicht, wenn der Totschlag nur versucht, hingegen die Körperverletzung bereits vollendet ist: Dann stehen aus Klarstellungsgründen (klarstellende Idealkonkurrenz) versuchter Totschlag und vollendete Körperverletzung in Idealkonkurrenz, um deutlich zu machen, welches Unrecht der Täter verwirklicht hat (BGHSt. 44, 196).

c)   Konsumtion

797   Schließlich kommt als Fall der Gesetzeskonkurrenz die Konsumtion in Betracht. Sie liegt vor, wenn der Unrechtsgehalt eines bestimmten Delikts typischerweise durch den einer anderen Vorschrift mitumfasst ist.

Klassisches Beispiel: Durch einen Wohnungseinbruchsdiebstahl werden typischerweise auch §§ 123, 303 StGB mitverwirklicht. Das wird vom Unrechtsgehalt des § 244 Abs. 1 Nr. 3 StGB mit umfasst. Er konsumiert §§ 123, 303 StGB.

Umstritten ist, ob auch §§ 242, 243 Abs. 1 S. 2 Nr. 1 StGB die §§ 303, 123 StGB konsumieren kann, wie es von der h. M. angenommen wird (etwa *Eser/Bosch*, in: Schönke/Schröder, StGB, § 243 Rdn. 59). Dagegen spricht, dass § 243 StGB eine bloße Strafzumessungsvorschrift ist, die keine eigenständigen Tatbestände verdrängen kann (so jetzt auch in der Tendenz BGH, NStZ 2001, 642).

798

3. Die Folgen der Idealkonkurrenz

Werden mehrere Strafvorschriften durch eine Handlung verwirklicht und liegt kein Fall der Gesetzeskonkurrenz vor, stehen die Straftaten im Verhältnis der Idealkonkurrenz.

799

> **Beispiel:**
> *A hat durch eine Handlung § 223 StGB und § 303 StGB begangen.*

A wird bestraft wegen Körperverletzung und Sachbeschädigung in Idealkonkurrenz gemäß §§ 223, 303, 52 StGB.

§ 52 Abs. 1 StGB bestimmt, dass dann, wenn dieselbe Handlung mehrere Strafgesetze (ungleichartige Idealkonkurrenz; etwa: § 223 StGB und § 303 StGB werden durch eine Handlung verwirklicht) oder dasselbe Strafgesetz mehrmals (gleichartige Idealkonkurrenz; etwa: Auslösen einer Bombe, wodurch mehrere Menschen sterben) verletzt, nur auf eine Strafe erkannt wird.

Gemäß § 52 Abs. 2 wird die Strafe nach dem Gesetz bestimmt, das die schwerste Strafe androht. Die Strafrahmenobergrenze darf dabei nicht überschritten werden. Die Strafe darf nicht milder sein als die anderen anwendbaren Gesetze es zulassen (eingeschränktes Absorptionsprinzip).

III. Die Realkonkurrenz

Realkonkurrenz, also Tatmehrheit im Sinne des § 53 StGB, ist gegeben, wenn mehrere selbstständige Handlungen vorliegen und kein Fall der mitbestraften Vor- oder Nachtat gegeben ist.

800

1. Handlungsmehrheit, mitbestrafte Vor- oder Nachtat

Die Frage, wann man es mit mehreren selbstständigen Handlungen zu tun hat, beantwortet sich dabei aus einer Negativabgrenzung: Dann, wenn nicht bloß eine Gesetzesverletzung gegeben ist und auch kein Fall der Handlungseinheit, liegt Handlungsmehrheit vor.

801

Realkonkurrenz kann aber nur angenommen werden, falls weder eine mitbestrafte Vor- noch eine mitbestrafte Nachtat gegeben ist. Hierbei handelt es sich um Konstellationen, die man ebenfalls mit den schon im Rahmen der Handlungseinheit erwähnten Begriffen der Subsidiarität und vor allem der Konsumtion umschreiben kann. Das Vor- oder Nachtatverhalten erlangt keine eigenständige und selbstständige Bedeutung, da es von der anderen Handlung jeweils im Unrechtsgehalt mitabgegolten wird oder nur hilfsweise relevant werden soll.

802

Typisches Beispiel für eine mitbestrafte Nachtat: A entwendet bei seinem Arbeitgeber O eine Bohrmaschine. O verdächtigt A und fragt ihn, ob er die Maschine genommen habe. A weist dies erbost zurück. O glaubt dem A.

Als A die Maschine an sich nahm, hat er sich wegen Diebstahls strafbar gemacht. Das wahrheitswidrige Leugnen ist eine Täuschung, die zu einem Irrtum bei O führt, der es daraufhin unterlässt, die Maschine herauszufordern. Darin kann man eine Schadensvertiefung sehen, die zu einem Vermögensschaden führt. Der damit von A verwirklichte Betrug ist jedoch ein bloßer Sicherungsbetrug, der gegenüber dem Diebstahl keine eigenständige Bedeutung erlangt. Der Betrug ist daher mitbestrafte Nachtat. A macht sich allein nach § 242 StGB strafbar.

Beispiel für eine mitbestrafte Vortat: A unterschlägt den ihm überlassenen Autozweitschlüssel, um später das fremde Fahrzeug stehlen zu können. Die zuvor begangene Unterschlagung ist mitbestrafte Vortat zum Diebstahl.

2. Die Folgen der Realkonkurrenz

803 Verwirklicht der Täter durch mehrere selbstständige Handlungen Strafvorschriften und liegt kein Fall der mitbestraften Vor- oder Nachtat vor, stehen diese Delikte in Realkonkurrenz.

Beispiel:
A begeht am 5.1. einen Diebstahl, am 15.1. eine Sachbeschädigung und am 17.1. eine Körperverletzung. A macht sich dann strafbar wegen §§ 223, 242, 303, 53 StGB, also wegen Körperverletzung, Diebstahl und Sachbeschädigung in Realkonkurrenz.

Gemäß § 53 Abs. 1 StGB wird dabei auf eine Gesamtstrafe erkannt. Für jede Handlung wird also eine Einzelstrafe festgelegt. Die höchste Einzelstrafe, die so genannte Einsatzstrafe, ist dann gemäß § 54 StGB zu erhöhen (Asperationsprinzip). Die Gesamtstrafe darf die vorgesehenen Strafrahmenobergrenzen überschreiten (bei zeitiger Freiheitsstrafe ist aber Obergrenze fünfzehn Jahre), sie darf jedoch die Summe der Einzelstrafen nicht erreichen.

8. KAPITEL
Tatsachenzweifel

In Prüfungsarbeiten kann es vorkommen, dass der Sachverhalt bezüglich einzelner Gesichtspunkte (bewusst) unklar ist. Dann ist zunächst zu prüfen, ob eine lebensnahe Sachverhaltsauslegung in Betracht kommt.

804

Hinweis: Wenn im Sachverhalt mitgeteilt ist, dass A sein Opfer erstochen hat, dann ist in lebensnaher Sachverhaltsauslegung davon auszugehen, dass A zur Begehung der Tat ein Stichinstrument benutzt hat.

Niemals jedoch dürfen Umstände zu Lasten des Täters unterstellt werden.

805

Beispiel:
A und B, die beide große Mengen Alkohol getrunken haben, sitzen in einer Waldhütte, als B plötzlich der Erstickungstod droht. A fährt B trotz seiner absoluten Fahruntüchtigkeit zum Arzt. Ist A strafbar?

Falsch wäre es nun, bei der Prüfung, ob § 316 StGB über § 34 StGB gerechtfertigt ist, zu Lasten des Täters davon auszugehen, dass A doch sicher ein Handy bei sich gehabt hat und somit einen Notarzt hätte telefonisch herbeiholen können, sodass die Gefahr anders abwendbar war. Das wäre eine Unterstellung zu Lasten des Täters und würde gegen den Grundsatz in dubio pro reo verstoßen. Nur dann, wenn der Sachverhalt Anhaltspunkte bietet, indem etwa mitgeteilt wird, dass ihm ein Telefon zur Verfügung stand, um den Notarzt zu rufen, wären derartige Erwägungen zulässig. Immer dann, wenn Sachverhaltszweifel nicht durch eine lebensnahe Sachverhaltsauslegung beseitigt werden können, ist der Grundsatz in dubio pro reo in den Blick zu nehmen.

I. Der Grundsatz „in dubio pro reo"

Verbleiben auch nach lebensnaher Auslegung des Sachverhalts Tatsachenzweifel, muss stets an die Anwendung des Grundsatzes „im Zweifel für den Angeklagten" gedacht werden. Es ist dann also von der für den Täter günstigeren Sachlage auszugehen.

806

Dabei ist in Prüfungsarbeiten genau darauf zu achten, dass dieser mit Verfassungsrang ausgestattete Grundsatz nicht im Hinblick auf Rechtsfragen Anwendung finden darf:
Der Streit, ob ein Erlaubnistatbestandsirrtum einen Verbotsirrtum darstellt oder allenfalls zur Fahrlässigkeitsstrafbarkeit führt, darf daher nicht zu Gunsten der letztgenannten Alternative mit dem Argument entschieden werden, dies sei die für den Täter günstigere Lösung.

807

Andererseits ist der Grundsatz in dubio pro reo nicht nur auf Tatbestandsebene, sondern auch hinsichtlich Tatsachenzweifel in Bezug auf die Rechtswidrigkeits- und die Schuldebene anzuwenden. Er gilt sogar nach h.M. im Bereich der Strafausschließungs- und Strafaufhebungsgründe sowie für Strafverfolgungsvoraussetzungen (so BGHSt. 18, 274 für die Verjährung).

808

Der Grundsatz in dubio pro reo bedeutet nicht immer, dass die Alternative Strafbarkeit oder Straflosigkeit besteht. So kann er ebenfalls Anwendung finden, wenn z.B. nach den vorhandenen Tatsachen nicht feststeht, ob der Täter dem Opfer i.V.m. einem Schlag ins Gesicht die Geldbörse entwendet hat oder das Opfer den Diebstahl

809

gar nicht bemerkte. Dann ist in dubio pro reo zwar nicht von Raub auszugehen, es bleibt jedoch nach beiden Alternativen (Schlag oder keiner) eine Strafbarkeit wegen Diebstahls, weil die Delikte in einem **Stufenverhältnis** (der Diebstahl ist im Raub enthalten) stehen.

810 Entsprechendes wird angenommen für das Verhältnis Täterschaft und Teilnahme: Zwar ist kein Stufenverhältnis im engen Sinn gegeben, jedoch ist der Grundsatz in dubio pro reo **entsprechend** anzuwenden (BGHSt. 23, 203, 207). Das Schrifttum versteht teilweise das Stufenverhältnis normativ und wendet den Grundsatz in dubio pro reo unmittelbar an (so etwa *Jescheck/Weigend*, AT, § 16 II 2).

811 Im Bereich Vorsatz und Fahrlässigkeit erachtet die Rechtsprechung das Fahrlässigkeitsdelikt als **Auffangtatbestand** (BGHSt. 17, 210), wenn den Täter wenigstens ein Fahrlässigkeitsvorwurf trifft. Das Schrifttum wendet teilweise auch hier den Grundsatz unmittelbar an (*Jescheck/Weigend*, AT, § 16 II 2).

Stets zu prüfen ist im Bereich der Anwendung des in-dubio-pro-reo-Grundsatzes, ob nicht möglicherweise über die Gesichtspunkte der unechten Wahlfeststellung, der Postpendenz oder Präpendenz oder der echten Wahlfeststellung eine Verurteilung in Betracht kommt.

II. Die unechte Wahlfeststellung – Tatsachenalternativität

812 Ergibt sich bei beiden zu untersuchenden Alternativen eines Sachverhalts jeweils die Strafbarkeit nach einer bestimmten Strafvorschrift, ist der Täter nach dieser Bestimmung zu bestrafen.

> **Typisches Beispiel:**
> *A sagt am 15.5. vor dem Strafgericht aus, er habe mit dem Angeklagten O den gesamten Tattag verbracht. Zwei Monate später am 17.7. sagt A im Zivilverfahren aus, er sei mit dem O am Tattag nicht zusammen gewesen. Es ist nicht zu klären, welche Aussage richtig ist.*

Bei unklarer Sachverhaltslage bedarf es der alternativen Lösung.

1. Alternative: A hat mit O den Tattag verbracht: Dann macht sich A wegen Falschaussage vor Gericht gemäß § 153 StGB durch seine Aussage am 17.7. strafbar.

2. Alternative: A hat mit O nicht den Tattag verbracht: Dann hat sich A am 15.5. gemäß § 153 StGB strafbar gemacht.

Nach beiden Alternativen ist damit eine Strafbarkeit des A gemäß § 153 StGB gegeben. Unklar ist nur, wann er die Tat begangen hat. Steht fest, dass der Täter sich nach einer bestimmten Norm strafbar gemacht hat, kann er über den Grundsatz der Tatsachenalternativität nach dieser Norm bestraft werden.

III. Postpendenz und Präpendenz

813 Auch in dieser Konstellation kommt eine Verurteilung des Angeklagten in Betracht, obwohl Unsicherheiten in tatsächlicher Hinsicht bestehen.

> **Beispiel:**
> *A erwirbt von B Diebesgut. Es steht jedoch nicht fest, ob er als Täter an dem Diebstahl beteiligt war.*

1. Alternative: A war an dem Diebstahl beteiligt: In diesem Fall macht sich A gemäß § 242 StGB strafbar. Zwar hat sich A Diebesgut im Sinne des § 259 StGB verschafft, er kann jedoch als Täter der Vortat nicht nach § 259 StGB bestraft werden, da § 259 StGB die Vortat eines anderen voraussetzt.

2. Alternative: A war an dem Diebstahl nicht beteiligt: A ist in diesem Fall wegen Hehlerei zu bestrafen.

Da hier unterschiedliche Strafvorschriften in Rede stehen, kommt die Tatsachenalternativität nicht in Betracht. Auch ein Stufenverhältnis zwischen § 242 StGB und § 259 StGB besteht nicht. Folglich scheint es, dass A in Anwendung des Grundsatzes in dubio pro reo freizusprechen wäre. Andererseits ist zu beachten, dass die Nachtatbeteiligung des A feststeht. Nur seine Vortatbeteiligung ist problematisch, was wiederum für die Strafbarkeit wegen der Nachtat relevant ist.

In derartigen Postpendenzfällen lassen der BGH und die h. M. im Schrifttum eine eindeutige Verurteilung wegen des Nachtatgeschehens zu (BGHSt. 35, 86; *Fischer*, StGB, § 1 Rdn. 30).

Entsprechendes gilt für die Präpendenz: Dort steht der zeitlich frühere Sachverhalt fest und der spätere Sachverhalt ist unsicher.

IV. Die echte Wahlfeststellung

Selbst dann, wenn der Täter nach den jeweiligen Sachverhaltsalternativen unterschiedliche Strafbestimmungen verwirklicht hat, sodass Tatsachenalternativität ausscheidet und im Übrigen weder ein Stufenverhältnis gegeben ist noch ein Fall der Post- oder Präpendenz, kann nach der Rechtsprechung und h. M. im Schrifttum eine Verurteilung auf wahldeutiger Grundlage über die Grundsätze der echten Wahlfeststellung erfolgen.

    Beispiel:
    Bei A wird wertvoller Schmuck, der bei dem Juwelier O gestohlen worden ist, gefunden. Es steht dabei nicht fest, ob A diesen Schmuck selbst gestohlen hat oder ob A diesen Schmuck angekauft hat.

Aufgrund des unklaren Sachverhalts bedarf es wiederum der alternativen Prüfung.

1. Alternative: A hat den Schmuck selbst gestohlen: In diesem Fall hat sich A wegen Diebstahls strafbar gemacht.

2. Alternative: A hat den Schmuck angekauft: Unter Zugrundelegung dieser Variante macht sich A wegen Hehlerei strafbar.

A macht sich nach beiden Varianten strafbar, sodass ein strafloser Hergang, der in dubio pro reo anzunehmen wäre, ausscheidet. Eine Tatsachenalternativität ist nicht gegeben, da unterschiedliche Strafbestimmungen in Rede stehen. Ein Stufenverhältnis besteht zwischen § 259 StGB und § 242 StGB nicht. Da nicht feststeht, dass A den Schmuck von einem anderen erworben hat, kommt auch eine Verurteilung wegen Hehlerei nach den Grundsätzen der Postpendenz nicht in Betracht.

Folglich müsste nach den bisherigen Überlegungen der A freigesprochen werden. Andererseits steht fest, dass sich A entweder wegen Diebstahls oder wegen Hehlerei strafbar gemacht hat.

In einer solchen Konstellation ist zu prüfen, ob eventuell A entweder wegen Diebstahls oder wegen Hehlerei verurteilt werden kann. Das wäre der Fall, wenn die Voraussetzungen der so genannten **echten Wahlfeststellung** vorliegen.

Der BGH lässt eine Verurteilung auf wahldeutiger Grundlage zu, sofern die beiden Verhaltensweisen **rechtsethisch** und **psychologisch** vergleichbar sind.

814

815

816

Rechtsethische Vergleichbarkeit bedeutet eine vergleichbare Schwere der Tatvorwürfe und eine nach allgemeinem Rechtsempfinden sittlich und rechtlich vergleichbare Bewertung; dies ist insbesondere der Fall, wenn die Verhaltensweisen zumindest ähnliche Rechtsgüter verletzen (*Wessels/Beulke*, AT, Rdn. 806).

Das Erfordernis der **psychologischen Vergleichbarkeit** setzt eine einigermaßen gleichgeartete seelische Beziehung des Täters zu den mehreren infrage stehenden Verhaltensweisen voraus (BGHSt. 9, 390, 394).

In Bezug auf §§ 242, 259 StGB geht es jeweils um den Schutz von Eigentum und Vermögen. Nach allgemeinem Rechtsempfinden sind die Taten sittlich vergleichbar. Zudem liegt eine vergleichbare Motivationslage des Täters zu den Delikten vor. So hat denn auch der BGH Wahlfeststellung zwischen Diebstahl und Hehlerei für zulässig erachtet (BGHSt. 23, 360, 361). Prozessual ist dabei Voraussetzung für die Wahlfeststellung, dass die Anklage beide Verhaltensweisen umfasst.

Wahlfeststellung kommt etwa auch in Betracht bei § 257 StGB und § 242 StGB (BGHSt. 23, 360), hinsichtlich § 263 StGB und § 263 a StGB (BGH, NJW 2008, 1394, 1395) sowie in Bezug auf § 164 StGB und § 153 StGB (BGHSt. 32, 146, 149). Nicht zugelassen hat die Rechtsprechung die Wahlfeststellung zwischen Diebstahl und Beihilfe zum Betrug (BGH, NStZ 1985, 123) oder zwischen Diebstahl und Erpressung (BGH, NStZ-RR 2008, 143). Dann ist der Täter also freizusprechen.

Zu beachten ist, dass die rechtsethische und psychologische Vergleichbarkeit möglicherweise durch eine Reduktion herbeigeführt werden kann: So besteht keine Vergleichbarkeit zwischen § 249 StGB und § 259 StGB, sie kann jedoch hergestellt werden, indem § 249 StGB auf § 242 StGB reduziert wird.

Stichwortverzeichnis

(Die Zahlen beziehen sich auf die Randnummern.)

- erfolgsqualifiziertes – s. dort
deskriptive Merkmale 114 ff.
Diebstahl 178, 277 ff., 502 ff.
- Aufbau 178
Differenzierungstheorie 243, 371
Dispositionsbefugnis 285, 304
dolus
- alternativus 172 ff.
- antecedens 137
- directus 120 ff., 177, 217
- eventualis 123 ff., 177, 197, 217, 385, 474
- Billigungstheorie 126 ff., 197
- Einwilligungstheorie 126 ff.
- Gleichgültigkeitstheorie 130
- Möglichkeitstheorie 130
- Wahrscheinlichkeitstheorie 130
- generalis 168
- subsequens 137
Doppelbestrafung 23
Doppelirrtum 348, 361
Duldungspflicht 189, 201

E
echte Wahlfeststellung 814 ff.
echtes Unterlassungsdelikt 583, 630 ff.
  s. auch Unterlassungsdelikt
eigenhändiges Delikt 39, 643, 666
eingeschränkte Schuldtheorie 356 ff.
Eingreifen Dritter 106 ff., 441 ff.
Einheit der Rechtsordnung 186, 287
Einsichtsfähigkeit 331
Einverständnis 277 ff.
- Willensmangel 281, 297
Einwilligung 8, 187, 275 ff., 672
- Dispositionsbefugnis 285, 304
- Einwilligungsfähigkeit 286 f., 304
- hypothetische – 311 f.
- mutmaßliche – 300 ff.
- Willensmangel 291 ff.
Einwilligungsfähigkeit 286 f., 304
Einwilligungstheorie 126
Einzelakttheorie 543
Einzellösung 513
Entsprechungsklausel 619
entschuldigender Notstand 243, 327, 371 ff., 671, 686, s. auch Notstand
Entschuldigungsgrund 16, 327, 362, 371
Erfolgsdelikt 32, 53 ff.
erfolgsqualifiziertes Delikt 395 ff., 468 ff., 532 ff., 576 ff., 728
- Aufbau 398
- Letalitätstheorie 404
- Rücktritt 576 ff.

- Unmittelbarkeitszusammenhang 403 ff.
- Versuch 468 ff., 576 ff.
Erlaubnisirrtum 348, 360
Erlaubnistatbestandsirrtum 201, 321, 349 ff., 685
- Lehre von den negativen Tatbestandsmerkmalen 352 f.
- Unrechtstheorie 354
- Schuldtheorie
  - eingeschränkte – 356 ff.
  - rechtsfolgenverweisende – 358
  - strenge – 355
Europäische Menschenrechtskonvention 25, 217
Erpressung 226 ff.
error in persona 142 ff., 659 ff., 693, 703 ff., 740 ff.
Eventualvorsatz, s. dolus eventualis
Exzess bei Mittäterschaft 657

F
Fahrlässigkeit 2, 14, 42, 407 ff., 415 ff.
- bewusste – 123 ff., 417
- unbewusste – 417
Fahrlässigkeitsdelikt 415 ff.
- Alternativverhalten 428, 434
- Aufbau 422
- Eingreifen Dritter 441 ff.
- Handlung 427
- Kausalität 428
- Leichtfertigkeit 410, 418
- luxuria 123 ff., 417
- Pflichtwidrigkeitszusammenhang 422 ff.
- Rechtswidrigkeit 436
- Risikoerhöhungslehre 435
- Schuld 437
- Sonderfähigkeit 432
- Sonderwissen 432
- Sorgfaltswidrigkeit 422, 429 ff., 438
- Vertrauensgrundsatz 431
- Vorhersehbarkeit 422, 429 ff., 438
Fahruntüchtigkeit
- absolute – 245
- relative – 245
fakultative Strafmilderung 38, 344
fehlgeschlagener Versuch 535 ff.
Festnahmerecht 185, 232, 318 ff.
finale Handlungslehre 110
Flaggenprinzip 19
Folter 192, 224 ff., 268
Formel von der gesetzmäßigen Bedingung 63
fortgesetzte Handlung 779

- Putativnotwehrexzess 367
- Verteidigungsabsicht 368
- vorzeitig-extensiver – 366
Notwehrlage 200 ff.
Notwehrüberschreitung s. Notwehrexzess
notwendige Teilnahme 534, 714 ff.
nulla poena sine culpa 325

O
objektive Bedingungen der Strafbarkeit
    179 ff.
objektive Zurechnung 27, 64 ff., 83 ff.
- allgemeine Lebensrisiken 89 f.
- Eingreifen Dritter 106 ff., 441 ff.
- Risikoverringerung 94 ff.
- Schutzzweck der Norm 97 ff.
- sozialadäquates Verhalten 100 f., 764
objektiver Tatbestand 13, 26 ff.
obligatorische Strafmilderung 38, 344, 641,
    675, 709, 751
offener Tatbestand 194
omissio libera in causa 597
omnimodo facturus 733
Ordnungswidrigkeitenrecht 35
Ort der Tat 21

P
Parallelwertung in der Laiensphäre 118
Person
- juristische – 35, 49
Personalitätsprinzip 21
Pflichtenkollision
- rechtfertigende – 623 ff.
Pflichtwidrigkeitszusammenhang 422 ff.
physische Beihilfe 762
positives Tun 41 ff., 427, 441, 589 ff.
Postpendenz 813
Präpendenz 813
präventive Notwehr 206
Privilegierung 140 f., 459, 791
provozierte Notwehrlage 220 ff.
psychische Beihilfe 762
Putativnotstand 383
Putativnotwehr 351, s. auch Erlaubnistat-
    bestandsirrtum

Q
Qualifikation 38, 198, 459, 502, 573 ff., 711,
    734, 791
Quasikausalität 598

R
Realkonkurrenz 553 f., 774, 800 ff.
rechtfertigende Pflichtenkollision 623 ff.

rechtfertigender Notstand 243 ff., 371, 385,
    s. auch Notstand
Rechtfertigungselement
- subjektives – s. dort
Rechtfertigungsgründe 15, 182 ff., 622 ff.
rechtsfolgenverweisende Schuldtheorie 358
Rechtsgüterschutz 10, 26
Rechtsmissbrauch 215 ff.
Rechtswidrigkeit 12 ff., 182 ff., 436, 527,
    622 ff.
Regelbeispiel 503 ff.
- Indizwirkung 507 ff.
Regressverbot 72, 441
relative Fahruntüchtigkeit 245
Risikoerhöhungslehre 435
Risikoverringerung 94 ff.
Rücktritt 392, 452, 528 ff.
- Alleintäter 550 ff.
- Aufgabe 552 ff.
- außertatbestandliches Handlungsziel
    555 ff.
- beendeter Versuch 540 ff., 564 ff.
- Einzelakttheorie 543
- erfolgsqualifiziertes Delikt 576 ff.
- fehlgeschlagener Versuch 535 ff.
- Freiwilligkeit 558 ff.
  - normative Betrachtung 559 ff.
  - psychologisierende Betrachtung 559 ff.
- Gesamtbetrachtungslehre 545 ff.
- mehrere Tatbeteiligte 569 ff.
- Rücktrittshorizont 545
- Tatplantheorie 544
- Teilrücktritt 573 ff.
- unbeendeter Versuch 540 ff., 551 ff.
- Unterlassungsdelikt 579 f.
- Verhindern der Vollendung 564 ff.
Rückwirkungsverbot 7

S
Sachbeschädigung 147, 283, 725
Sachqualität von Tieren 147
Schengener Durchführungsübereinkommen
    23
Schuld 12 ff., 324 ff., 437 ff., 527, 626
Schuldausschließungsgrund 16, 327 ff.
Schuldbegriff
- normativer – 326
Schuldfähigkeit 35, 324 ff., 683 ff.
Schuldprinzip 32
Schuldtheorie 346 ff., s. auch Erlaubnistat-
    bestandsirrtum
- eingeschränkte – 356 ff.
- rechtsfolgenverweisende – 358
- strenge – 355